烟农增收

典型经验100例

中国烟叶公司　编著

中国农业出版社

编委会

主　　编：陈江华

副 主 编：刘建利

委　　员：周义和　黄晓东　黄建兴　刘相甫

　　　　　王津军　杜　毅　张宇晓

案例撰稿：各产区烟草公司

前　言

　　"三农"问题的核心是农民问题，农民问题的核心是增收问题。2017年中央1号文件明确提出，要深入推进农业供给侧结构性改革，加快培育农业农村发展新动能。习近平总书记多次强调"农民的钱袋子鼓起来了没有，是检验农业供给侧结构性改革成效的重要尺度"。汪洋副总理在2017年中央农村工作会上提出，推进农业供给侧结构性改革要守住三条底线，其中最关键的一条就是确保农民增收势头不逆转。国家烟草专卖局党组认真贯彻落实中央决策部署，高度重视烟农增收工作，强调指出"促进烟农增收是烟叶转型发展、夯实产业基础和助农脱贫致富的迫切需要，是行业履行社会责任、彰显社会担当的必然要求，是贯彻落实中央农业供给侧结构性改革的具体行动，要作为全行业又一项重要的历史任务"。

　　近年来，国家烟草专卖局多次召开专题会议，研讨部署烟农增收工作。杨培森副局长先后作出"坚持五项原则、突出五大重点"，"提高质量稳增收、科技创新促增收、专业服务助增收、多元经营拓增收、精准扶贫保增收"，"转变观念、转化方式、转型发展"，"因地制宜选择增收项目、因地制宜拓展销售渠道、因地制宜建立组织形式、因地制宜创新体制机制"等一系列指示。中国烟叶公司把烟农增收作为烟叶工作的重中之重，深入产区调研，狠抓工作落实，出台指标体系，加强督促指导，有力地推进了烟农增收工作。

　　产区公司在推动烟叶减工降本、提质增效、降损减灾，深化主业增收的基础上，围绕烟基设施、基本烟田、劳动力、农村生态等各种资源，进行全要素规划、产业化开发和资源化利用，积极开展多元产业经营，培育烟农增收新动能。通过打造品牌、创意包装、创新加工、丰富品类等措施，培育拳头产品、核心产品，提升产品附加值，增强市场竞争力。大力实施规模开发、联合经营、批量供应，发展"互联网＋"、电商平台、订单生产、定点供应、网点营销等方式，创新营销手段，提升运营速度，降低经营成本，提高市场占有率。积极利用育苗工场、烘烤工场和基本烟田，发展食用菌、蔬菜、瓜果、花卉、有机稻、中草药等中短期高效产业，培育特色农产品，优化产业结构，提升产业化经营水平。稳妥推进合作社投资领办有机肥厂、育苗基质厂、地膜处理加工厂、生物质能源生产厂等企业，增强合作社发展造血功能。积极探索利用当地生态资源、人力资源发展规模养殖业、手工业、初加工、农业观光旅游等新型业态，激发农村发展活力与智慧，充分挖掘农业产业链条的增收潜力。落实行业"一依托四带动"，把产业扶贫与易地扶贫搬迁、新农村建设、小城镇建设和教育等公共事业发展紧密对接，增强内生动力促增收。开展精准扶贫，突出贫困烟农脱贫，因户施策与因村施策相结合、定向帮扶与项目带动相结合，变输血为造血，变短期脱贫为永久脱贫。

通过产区积极探索和持续推动，烟农增收工作呈现蓬勃发展态势，走出了一条专业化运作、产业化经营、市场化营销、多部门联动的新路子，取得了良好效果，并涌现出了一批先进的可复制的典型经验做法。据统计，2017年产区规划利用大棚2万余座、面积约700万㎡，利用率45.03%，预计产值2.1亿元；规划利用5座以上集群密集烤房6.57万座，利用率8.86%，预计产值3.05亿元；规划利用设施配套基本烟田1 468万亩、利用率39.31%，预计产值159亿元；农机8.95万台（套）、利用率19.42%，预计业务收入4.36亿元。截至2017年3月底，实际已利用大棚6 277个、面积252.6万㎡（主要是闲置大棚）、已完成规划的36.3%，初步实现销售收入1 227.9万元；密集烤房1.9万座、已完成规划的28.7%，初步实现销售收入480.5万元；基本烟田619万亩、已完成规划的42.2%，初步实现产值15.3亿元；农机4.27万台（套）、已完成规划的47.7%，实现业务收入1.1亿元。

为了进一步推进烟农增收工作，中国烟叶公司积极组织产区公司总结优秀经验做法，认真编写《烟农增收典型经验100例》，期望起到交流经验、启发借鉴的作用。本书在编审过程中由于时间仓促，难免有不足之处或文字编辑等错误，恳请批评指正。

编　者

2017年4月

目 录

前言

◎第三篇　基本烟田综合利用 ……………………………………………… 119

◎第四篇　农业废弃物资源化利用 …………………………………………… 199

◎第五篇　综合探索 …………………………………………………………… 269

第一篇
密集烤房综合利用

贵州毕节利用基础设施种植双孢菇

【项目背景】

毕节地处云贵高原腹地，曾经是中国西部贫困地区的典型。1988年6月经国务院批准，建立毕节"开发扶贫、生态建设"试验区。毕节作为全国精准脱贫工作的主战场，我们紧紧依托烟叶产业，将毕节烟草产业发展高度融入毕节试验区脱贫攻坚战略当中，始终坚持贯彻产业富民政策，助力烟农增收。"十二五"期间，共种植烟叶396.72万亩①，收购烟叶740万担②，烟农累计实现收入90.45亿元。为深入贯彻中央农村工作会议和中央扶贫开发工作会议精神，切实转变烟草产业发展方式，拓宽烟农增收渠道，促进烤烟生产持续发展，全面实现国家局、省局提出的烟草产业扶贫的目标任务及毕节烟草"以烟为主、产业富民、生态特色、循环烟草"的发展战略。近几年来，毕节烟草商业积极探索以烟为主的产业配套模式，统筹烟叶生产设施设备综合利用，充分利用闲置设施设备拓展多种经营，不断延伸产业链，建立和完善以烟为主的产业配套机制。2013年，贵州省烟草公司毕节市公司、贵州工程应用技术学院、贵州毕节灵丰复肥有限责任公司签订三方合作框架协议，共同建立"食用菌研究中心"，正式开展利用烤房闲置期间种植双孢菇技术研究，2014—2015年连续两年在黔西县高锦烘烤工场试种成功。2016年利用烤房闲置期大范围种植双孢菇效益显著，并扩展到利用育苗大棚闲置期试种双孢菇取得全面成功。因此，毕节烟区目前利用烟叶生产设施闲置期种植食用菌类已经是成熟的技术。毕节市是玉米种植大区，废弃玉米秸秆为双孢菇等菌类栽培提供了丰富的原料。且毕节烟区地处亚热带，具备低纬度高寒山区的特殊生态条件，气候条件非常适应双孢菇的生长，所产双孢菇品质属上乘。同时，毕节市育苗大棚、烤房等相关配套设施较完善，全市可利用烤房36 000座左右、育苗大棚110万米²以上。加之毕节地租和劳动成本也较低，开发配套产业具有市场竞争优势。因此，以烤房、大棚等烟用基础设施闲置期为契入点，开展双孢菇栽培可促进烟农增收和闲置资产综合利用，助推烟区烟农脱贫致富，确保烟农稳定、烟区稳定、规模稳定、烟叶主业稳定。

【发展思路】

1. 指导思想 以稳定烟农增收、促进烤烟生产持续发展为宗旨，坚持以现代烟草农业为统领，全面落实国家局提出的"转变观念、转化方式、转型发展"的总体要求和毕节烟

---

① 亩为非法定计量单位，1亩≈666.7米²。
② 担为非法定计量单位，1担=50千克。

草"以烟为主、产业富民、生态特色、循环烟草"的发展战略，统筹设施设备综合利用，充分利用闲置设施设备拓展多种经营，建立和完善以烟为主的产业配套机制，发展绿色有机农产品种植，不断延伸产业链，提高设施设备综合利用效益，保持烟农收入稳定增长，促进烟叶产业持续稳定、转型升级和协调发展。

2.发展定位　以坚持"做精做强主业、做特做优辅业"为主要目标，全面构建设施综合利用、促进烟农增收综合体系，全面建成毕节产业扶贫、产业富民示范区。按照"龙头企业＋合作社＋烟农"的经营方式，搭建利用烤房等设施闲置期间种植双孢菇集"研发、培训、种植、加工、销售及循环利用"为一体的"全产业链"模式，实现"一二三"产业深度融合。打造"中国山地生态有机双孢菇"品牌，确保毕节烟农年户均增收1 800元以上。

3.实施方式　在遵循"市场有前景、技术可研究、产品能开发、种植本地化、加工有条件、销售有保障、循环能利用"发展路径的前提下，毕节市烟草公司联合毕节灵丰公司、贵州工程应用技术学院共同搭建"食用菌研发中心"，成功研发双孢菇产品。采取"龙头企业＋合作社＋烟农"经营模式，由毕节灵丰公司全面负责双孢菇产业技术指导、产品加工和市场销售，烟农合作社组织烟农就地取材利用当地玉米秸秆等制作双孢菇栽培料，在烤房和育苗大棚闲置期种植双孢菇。同时种植双孢菇产生的菇渣就地集中发酵加工成有机肥，构建"循环农业"模式。

4.预期目标　预计从2017年起，围绕"研究培训、生产加工、销售服务、循环利用"一条龙的双孢菇"全产业链"发展模式，按照"龙头企业＋合作社＋烟农"经营方式，由合作社组织烟农利用烤房、育苗大棚闲置期逐年扩大双孢菇种植面积，开发高附加值的双孢菇深加工产品，确保毕节烟农2017年户均增收1 800元以上、2018年户均增收2 000元以上、2019年户均增收2 200元以上、2020年户均增收2 500元以上。

【主要做法】

1.组织形式　总体按照"产、学、研"结合和"龙头企业＋合作社＋烟农"的经营模式，由毕节烟草牵头，搭建两个"三方合作协议"：一是由毕节市烟草公司、贵州工程应用技术学院、毕节灵丰公司签订校企三方合作框架协议，全面负责双孢菇研发、培训和产品开发。二是由毕节市烟草公司、毕节灵丰公司与毕节所属各县（区）烟农专业合作社签订三方合作协议，全面负责组织实施。其中毕节市烟草公司给予相关支持与配合，2016年每间烤房补贴300元，其中200元用于烤房改造费用，100元建立风险保障基金。毕节灵丰公司负责技术指导和回收双孢菇就地加工成相关产品并负责销售。合作社组织烟农种植双孢菇，主要有两种方式进行：第一种方式是合作社负责所有

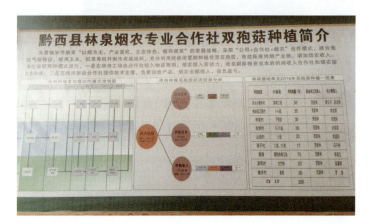

种植费用，烟农投工投劳，合作社付给烟农投工报酬，利润按照合作社40%、烟农60%分配；第二种方式是合作社负责组织，烟农负责所有种植费用，合作社只提取管理人员报酬，其它收益全部返给烟农，实现零利润经营。

2.运行管理 着力构建"研发、生产、加工、销售、循环"五大体系，全面支撑双孢菇"全产业链"运行发展。

（1）研发体系。毕节市烟草公司与贵州工程技术学院、毕节灵丰复合肥有限公司进行校企合作，整合多方资源，组建研发团队，共建微生物研发中心，共同开展技术攻关和产品开发。解决双孢菇种植关键技术和双孢菇系列产品开发，解决双孢菇菇渣生产有机肥技术问题，并负责双孢菇全产业技术培训。

（2）生产体系。建立"龙头企业＋合作社＋农户"的生产组织模式。一是由毕节灵丰公司负责利用当地废弃玉米秸秆生产双孢菇栽培料有偿供应给合作社，并提供双孢菇菌种（有偿）和技术指导；二是由合作社组织烟农开展烤房、育苗大棚等设施设备改造，按照技术要求组织双孢菇种植和管理；三是由合作社组织烟农采收双孢菇，经初捡包装后统一配送到毕节灵丰公司。

（3）加工体系。由毕节灵丰公司出资建立双孢菇系列产品生产线，加工管理、储藏运输全权由毕节灵丰公司负责。

（4）销售体系。一是合作社生产的双孢菇由毕节灵丰公司按照8元/公斤①价格回收；二是毕节灵丰公司通过对市内外、省外市场订单及份额进行分析，根据订单组织加工相关产品并分类销售。销售方式主要为：在距离种植点较近的地方建立冷库，进行鲜菇销售。在灵丰公司加工点建立蘑菇罐头和保健食品生产线，面向国内外销售。同时，积极培育品牌，将双孢菇融入毕节烟草现有"杜鹃情"服务品牌，扩大品牌影响力。

（5）循环体系。双孢菇菇渣生产有机肥由毕节灵丰公司和贵州烟草科学研究院提供技术指导，合作社组织实施，生产的有机肥按照微利的原则供应给烟农。

3.工作措施 搭建"全员参与、全领域推进、全流程管控、全产业链延伸"的"四全"工作格局，确保双孢菇产业稳定持续发展。

（1）坚持全员参与。建立"层层有人牵头、环环有人负责"工作机制，制定双孢菇产

---

① 公斤为非法定计量单位，1公斤＝1千克。

业促进烟农增收推进计划、目标任务、工作措施和考核办法，目标任务层层分解到各县级分公司、烟叶站、收购线、生产网格和个人。将双孢菇产业促进烟农增收与全员绩效挂钩，市、县两级均成立双孢菇产业发展办公室和项目组，选派精兵强将，集中力量抓好双孢菇产业链延长、促进烟农增收工作，开创全员助农、精准助农的良好局面。

（2）坚持全领域推进。以合作社为平台，主动融入毕节试验区大农业发展领域，充分发挥烟叶主营业务的辐射带动作用，以现有育苗设施、烘烤设施为依托，以双孢菇名特优农产品为龙头，充分整合农业板块经济圈，全力推动双孢菇产业促进烟农增收理念、产品、业态、格局、营销和服务的全域发展。

（3）坚持全流程管控。按照标准化＋的要求，导入精益管理模式，双孢菇产业从研发试验、组织模式、技术指导、市场营销、物流配送、管理服务全过程均建立标准流程体系，实现标准化作业、流程化管控。

（4）坚持全产业链延伸。依托烟叶主业相关资源，以已经开发成功的"双孢菇"产业链为突破口，全面整合技术、信息和设施设备资源，建立了完整的"研发、培训、生产、加工、销售、循环利用"双孢菇全产业链体系，为做稳、做精、做强双孢菇产业，促进烟农增收提供坚强保障。

【主要成效】

1. 投入产出分析

（1）利用烤房种植双孢菇经济效益（按1间烤房计算）

——种植总成本（含烤房改造、栽培料、菌种、管理工资等）：每间烤房2 119.5元左右（平均按照27平方米计算）。

——收入：每间烤房3 564元（每间烤房按生产405公斤蘑菇×保底收购价8.00元/公斤＝3 240元计算，菇渣324元）

——纯收入：每间烤房1 444.5元。

（2）双孢菇循环利用经济效益。种植双孢菇每平米可回收优质有机肥原料（菇渣）至少60公斤（可以生产40公斤有机肥成品），按照销售价格与市场价格每公斤减少0.3元左右计算，每平方米双孢菇产生的菇渣可为烟农减少生产投入1.2元。如果按照1亩烟地100公斤有机肥计算，每亩可为烟农减少生产投入30元。

2. 社会效益分析　发展双孢菇全产业链经营模式，可以实现当地资源循环利用，在促进烟农增收的同时，全面带动"一二三"产业共同推进。同时，双孢菇产业并不局限于烟农。随着双孢菇产业的发展壮大，可以带动毕节试验区更多农民参与双孢菇种植，为毕节试验区产业扶贫、产业富民树立新的典范。

【主要经验】

（1）找准增收项目。综合分析现有的设施和环境资源优势，立足挖掘有市场需求又具地方特色优势的双孢菇农产品，建立完整的"研发、培训、生产、加工、销售、循环利用"全产业链发展体系，做好"产品、品牌、市场"的有机融合，确保烟叶基础设施发挥最大效应，为做稳、做精、做强烟农增收产业提供坚强保障。

（2）抓住技术关键。充分利用合作方在技术、人才、资源、资金和生产条件等各方面的优势开展全面合作，将先进、适用的科研成果转化为现实生产力，推进配套产品良种化、集约化、标准化生产，建立了完善的双孢菇种植科技合作机制和技术创新体系，实现产业化经营和可持续发展。

（3）打开营销路子。根据国内外双孢菇市场需求，合理开发适销对路的双孢菇系列产品，通过鲜菇加成品，构建线上线下营销网络，确保产销两旺。

【综合点评】

毕节市各烟区目前配置了烤房、育苗大棚、农机具等大量的可经营性设施，而由于烟叶生产的季节性，导致这些资产出现季节性闲置。大部分烟用设施用途单一、闲置时间长，造成了隐形浪费。当前，毕节烟草以"做强主业、做精副业"为总领，按照"广受益、普惠制"的基本原则，全面整合资源，发挥毕节生态优势、原料优势和双孢菇品质优势，按照"市场有前景、技术可研究、产品能开发、种植本地化、加工有条件、销售有保障、循环能利用"发展路径，因地制宜开创了"研究培训、生产加工、销售服务、循环利用"一条龙的双孢菇"全产业链"发展模式，经济效益和社会效益均显著，充分彰显了"一二三产业"融合发展的优势，实为烟农增收的优秀案例，值得各产区学习、借鉴和推广。

（联系人：顾怀胜，联系电话：13985359126）

案例2

福建南平利用烤房集群设施生产食用菌

【项目背景】

1. 项目提出的原因　多年以来，烟草行业一直把支持烟区发展、促进烟农增收，作为解决"三农"问题的重点工作方向。而在当前烟叶产业宏观调控的大形势下，促进烟农增收、稳定烟农队伍则更显迫切。与此同时，当前行业大量设施闲置率过高，优质资源未得到高效利用，产业增效空间没有得到充分挖掘。

为贯彻中央1号文件精神，响应行业号召，南平市于2014年底正式启动烟基设施设备综合利用（木耳）经营探索项目，确立了以烟基设施设备利用为手段、以高端品牌木耳经营为内容、以烟农增收为目标的课题探索。

2. 资源优势分析　南平市把开展木耳多元化经营作为烟农增收的主要探索领域，主要优势在于：首先，木耳是烟叶产业适宜的配套产业。木耳生产季节与烟叶主要生产期错开，技术门槛低、易操作，且产品价值较高。其次，木耳生产在当地有较好的生产条件。南平市历来就有种植木耳的传统，有良好的发展氛围和技术基础，并与中国黑木耳之乡——浙江龙泉县毗邻，有优越的市场条件。最后，木耳经营适宜发挥行业优势：既可以有效利用合作社平台组织生产，大量利用闲置设施设备；又可以与卷烟营销网络和物流体系对接，形成完整的商业链，实现各环节增效。

【发展思路】

1. 指导思想　坚持"高起点谋划、高品质定位、高标准推进"的工作基本原则，逐步推动木耳品牌化经营的稳步发展。积极实践"种植在户、管理在社、专业经营"的发展思路，提升合作社的实体经营能力；搭建产供销一条龙的经营模式，充分发挥和利用烟草产业优势资源；探索"烟叶＋木耳"的配套发展模式，拓展烟叶产业非烟经营范围，切实提高烟农和零售户收入。

2. 发展定位 一是全产业链的商业经营模式。木耳生产经营定位于全产业链经营模式，串联行业的品牌、网络、物流等优质资源，形成产供销一条龙的产业链。二是高品质生态安全产品。产品质量定位高端市场，以生态安全为主要特点，以"通仙"品牌系列产品投放市场。三是配套发展的多元化经营方向。多元化经营以烟叶产业为主体，建立"烟叶＋木耳"的配套发展模式，形成南平市多元化经营与合作社经营的基本模式，并引入或对接其他适宜产业。

3. 预期目标 "十三五"期间，南平市多元化经营的预期目标为：

（1）产业形成一定规模。木耳经营规模逐步提升到100万袋/年，"烟叶＋木耳"的模式经验得到推广，形成稳定的高端产品供给能力。

（2）实现烟农增收。烟农通过多元化经营收入得到明显提升，低收入烟农群体逐步纳入合作社生产，参与农户年均收入提高3万元以上。

（3）实现品牌化经营。实现统一品牌、统一包装，通过卷烟物流配送进行全省连锁门店投放，并进一步拓展至零售户销售网络。与海晟连锁形成紧密对接，实现产销平衡，努力打造成海晟非烟经营的主打产品之一。

【主要做法】

该项目在武夷山开泰烟农专业合作社试点开展木耳生产经营，以合作社为生产组织平台、"通仙"商标为授权品牌、海晟连锁为销售网络、卷烟物流为配送体系，搭建产供销一条龙的完整商业链。主要作法包括以下方面：

1. 平台组织生产，形成全流程管控

（1）统分结合的生产方式，确保生产质量。木耳生产以合作社为生产组织平台，实行"管理在社、种植在户"的生产方式，按照"三统一分"的管理机制，即合作社作为经营主体，统一计划安排、统一技术管理、统一产销对接；烟农为种植主体，在合作社的管理下进行分户种植。

坚持全程质量控制：一是控制源头。由烟农向合作社申请种植计划并与合作社签订生产协议，合作社根据合同计划量统一按生态安全的技术配方，进行菌棒生产并销售给烟农。二是过程控制。农户购回菌棒，在合作社的技术指导下进行大田管理，严把生产环境质量标准，严禁各类化学药剂的使用，规范田间采收与晾晒操作。

三是末端控制。烟农产出的干耳由合作社按质量等级分类入库，严格按质量标准进行统一清选，不达质量要求的一律剔除。

（2）代收代销的收购机制，应对市场影响。一是以销定级，对接市场需求。合作社根据市场需求，结合自身产品定位，确定当年产品销售等级和种类，制订相应等级质量标准。二是分类入库，区分产品档次。运用质量标准对烟农交回的木耳进行代收，论质不论价，按等级入库，入库等级和重量作为烟农最终测算交易权重的依据。三是代收代销，均担市场风险。合作社以代收的形式将烟农的木耳集中进行清选分类，并以代销的形式统一销售，整个过程是代理行为，木耳依然归属烟农个人所有，过程不赚取差价。四是据实返还，合理分配利润。销售所得提留5%管理费后，根据交易权重进行测算后，全额返还种植烟农。

2. 发挥资源优势，促进各环节增效

（1）产业实现并联，多渠道促进增收。木耳的种植特性适宜作为烟叶的配套产业，烟农在合作社的组织下，可以实现"烟叶＋木耳"的全年生产。一是种植季节上，烟农在3月至10月进行烟叶生产，10月至次年3月进行木耳生产，两种产业互不影响，互为补充。二是在生产设施上，烤房5月至7月应用于烤烟生产，7月至11月可以用于木耳发菌操作。南平市开发了烤房吊袋栽培"竹耳"技术

后，烤房利用季拓展到7月至次年4月，利用率进一步提高。两种产业并联发展，拓宽了烟农的收入渠道。

（2）资源实现串联，各环节合力发展。木耳产品生态安全的质量定位，与"通仙"品牌形象以及海晟连锁的高端定位相符，且产品投放渠道又与物流配送网络重合，串联各方资源，形成产供销一条龙的潜力巨大。2016年1月，合作社取得"通仙"品牌授权，当月完成与海晟连锁的定价与销售对接，随即在南平市辖区延平区投放试销，5月随即在全市16家海晟门店全面投放。同时开展在武夷山中维海晟大酒店、福建评茶师协会等高端消费平台的推介销售。3月，启动了木耳的SC食品生产许可及绿色食品认证工作，进一步提升产品的附加值；6月，引导木耳配送进入卷烟物流配送体系。由南平市邵武市物流中心作为集中调运点，物流配送范围覆盖南平10个县（市、区），并已延伸至福州、厦门等地。

【主要成效】

2016年度，合作社共吸纳烟农30户，生产黑木耳30万袋；以有机生产与常规生产相结合的方式，共产出黑木耳1.18万公斤，其中有机产品约0.31万公斤，总产值约90万元。2017年度，合作社生产黑木耳50万袋，竹耳10万袋，预计产出黑木耳2.5万公斤，竹耳0.5万公斤。产品分为精包装的品牌渠道以及散装的批发渠道，总产值预计为180万元，社会效益与经济效益稳步提升。

1. 烟农实现增收 2016年参与生产的烟农户均种植黑木耳1万袋，平均生产成本2.1万元，户均销售收入3.1万元，户均纯利润约1万元，种植均价比常规种植户高20%，总效益比当地常规木耳种植户高10%左右。2017年，应用烤房进行竹耳吊袋栽培，每袋实现降本0.4元，成本降低15%，烟农节省成本4万余元。

2. 产业实现增效 一是设施利用率提高。合作社利用烘烤工场的密集式烤房、串烟棚、仓库等设施2 300米^2，以及堆烟隔板、分级台等各类生产工具，共节省成本投入2万余元。二是经营品牌得到认可。市场对"通仙"木耳初步形成高端、生态的产品印象，"通仙"木耳平均销售价格85元/公斤，相对常规批发价格高出25%左右。三是卷烟销售物流网络增效：2016年度，海晟连锁销售合作社精包装木耳1 021公斤、散装木耳2 025公斤，卷烟物流完成销售配送订单1 123份，528公斤，相比社会物流合作社节省成本约4 000元，产业链的价值已经显现。

【主要经验】

1. 密集式烤房具有较好的应用前景 密集式烤房在密封、保温、加热方面的性能特点，使得其综合利用的前景广阔，应用于食用菌生产及稻谷烘干等方面具有良好的应用效果。在此基础上，可以引导建立专业化服务模式，形成集群化烤房的综合利用模式。

2. 多元化模式探索的突破点在合作社建设 开展多元化经营，必须要有组织平台带领烟农有序发展，要求合作社在管理机制、激励机制和分配机制上进行改进完善，以适应模式运行的要求。经营良好的烟农合作社是对接农业订单生产的优质平台。

3. 产品经营应寻求细分市场 农业生产的多元化经营，其产品定位应着眼于高端市场，以适应消费发展趋势，避开常规产品的竞争。高端产品的附加值可以产生更高的利润，确保经营模式中各环节的利益，形成利益驱动的运行，确保模式健康发展。

【综合点评】

该项目在利用烤房创新发展模式、增加烟农收入、稳定烟农队伍方面做了大量尝试，主要成效体现在三个方面：

一是"公司+合作社+烟农"的发展模式具有价格稳、市场稳的特点。项目搭建的生产组织与销售模式，形成了可控的生产平台与稳定的销售渠道，发展相对稳定，有利于作为烟农增收渠道，长期发展，并为以后更多非烟产业提供借鉴和经验积累，拓宽烟农和零售户的收益渠道。

二是烤房"一用"变"多用"，产业基础设施利用率持续提升。烤房由原来的"一用"变成现在的"多用"，在非烟季节用于生产食用菌（木耳）、烘烤香菇和稻谷等用途。特别是，新引种的竹耳在烤房吊袋栽培，既节省成本又提高质量，市场潜力巨大。

三是增加烟农收入，稳定烟农队伍。在计划稳控的大背景下，烟农的烟叶产业收入上升空间不大。通过其他非烟渠道增加烟农收入可以切实提升烟农对烟草行业的依赖感，减少烟农流失、稳定队伍，为产业夯实发展基础。

（联系人：练烨晶，联系电话：13850923599）

案例3

贵州安顺平坝利用密集烤房生产双孢菇

【项目背景】

1. 基本情况 平坝烟区是安顺市的烟叶主产区之一，"十二五"期间，累计收购烟叶27.66万担，累计烟农实现收入3.91亿元，户均收入8.51万元，烟草产业的发展为当地农户脱贫致富起到了至关重要的作用，在当地农业、农村经济发展中占有重要的地位。平坝利民烤烟综合服务农民专业合作社于2010年工商登记注册，现有社员368人，烟农入社率达100%。合作社服务天龙基地单元2万亩烤烟种植面积，解决了部分生产主体用工难和生产技术掌握不到位的顾虑，生产主体劳动强度和用工减少，种烟成本降低，同时，开展多元经营给烟农社员带来了较好的经济效益，合作社也于2014年被评为行业示范社。

2. 项目提出原因 密集烤房是一种用途相对单一的烟叶调制设施，随着现代烟草农业的发展，各烟区均建成规模不等的烤房群或烘烤工场。烤房修建成本较高，使用时间短，有70%的时间处于闲置状态。为引导广大烟区生产、服务主体走"以烟为主，多种经营"的发展道路，提高烤房的利用率和经济效益，2009年安顺市烟草公司指导利民合作社在平坝区天龙片区烘烤工场进行双孢菇栽培试验，并取得成功，取得了一定的经济、社会和生态效益。

【发展思路】

1. 指导思想 深入贯彻"创新、协调、绿色、开放、共享"的发展理念，围绕"烟叶增效、烟农增收、生态增值"为目标，按照"因地制宜多元化、因社制宜特色化、市场导向产业化"的思路，积极延伸产业链，引导合作社拓展设施综合利用，推进配套产业发展，促进烟农持续稳定增收，推动烟叶产业转型升级。

2. 发展定位 构建合作社与烟农利益联结机制，稳定产品质量，逐步加大产出规模，打造生态特色品牌，稳定销售渠道，形成一条促农增收的典型模式。

3. 实施方式 建立了"技术＋生产＋销售"的合作共赢机制，推动设施设备、用工、技术等生产要素和资源配置，以烟草公司为纽带，充分利用社会资源，与贵州科学院生物研究所技术保障单位紧密联系，确保技术到位、产品优质，与临近的卢车坝蔬菜合作社建立积极合作，借助该合作社多年经营的销售平台销售产品，确保销售稳定、经济效益显著。

4. 预期目标 预计2017年栽培双孢菇密集烤房800座，每座烤房16.8米^2，面积1.344万米^2，总产值可达120万元以上，总利润达70万以上；烟农可收益95万元（其中务工收入25万元），人均可增收2 500元以上。

【主要做法】

1. **组织形式**　总体按照"技术、生产、销售"结合和"合作社＋烟农"的经营模式，烟农合作社为生产主体，利用社会资源两端搭建"技术、销售"两个保障：一是与贵州科学院生物研究所签订合作框架协议，由贵州科学院生物研究所全面负责烟农专业合作社栽培双孢菇的技术培训和指导，强化技术保障。二是与临近的卢车坝蔬菜合作社建立合作共赢机制，借助该合作社多年经营的销售平台销售产品，既弥补卢车坝蔬菜合作社产品品种不多的缺陷，又解决烟农合作社产品季节性强、暂时难以形成销售链的问题。合作社自主经营、自负盈亏，原料购进、生产安排、用工管理等均由合作社自主进行。在生产过程中组织社员按照技术规范统一生产。在利益分配上，社员参与生产领取劳务工资，销售双孢菇的收益按每个农户承包面积或交售双孢菇数量进行分配，以此激励生产人员的责任心和技术执行到位率。

2. **运行机制**

（1）技术体系。安顺市烟草公司与贵州科学院生物研究所合作，着眼市场，研究密集烤房种植双孢菇技术方案，栽培优质双孢菇，有针对性地建立密集烤房栽培双孢菇技术体系，并全面负责烟农专业合作社栽培双孢菇的技术培训和指导。

（2）生产体系。建立"合作社＋农户"的生产组织模式。由烟农专业合作社统一负责原料购进、生产安排、用工管理等，烟农领取薪酬参与双孢菇种植、管理和包装并按承包面积或交售双孢菇数量进行销售利润分配。

（3）销售体系。卢车坝蔬菜合作社负责利用成熟的蔬菜销售平台统一组织销售，并协助烟农专业合作社培育品牌，烟农专业合作社优先保证卢车坝蔬菜合作社的产品供应，协议利润分配实现共赢。

3. **配套技术**　烤房内分别放置菇床，中间为过道，设置三层。为防止培养基的水分下渗损坏烟架，在铺垫培养基之前先在烟架上覆一层塑料薄膜。生产按照《密集烤房栽培双孢菇技术规范》操作管理。

【主要成效】

1. **产出投入情况**　2016年在安顺市平坝区利用闲置期密集烤房栽培双孢菇100座，16.8米²/座，共计0.168万米²，采菇1.64万公斤，收入24.16万元，纯利润13.68万元，社员参与生产务工收益5.5万元，共计收入19.18万元，人均收入2 592元。

经分析，每100米²双孢菇栽培收入9 575元，总投入3 904元，其中：稻草、干牛粪、稻壳、土等原料及用工等成本共计1 930元，设备、煤炭、发酵剂等生产成本1 974元，每100米²的纯收入5 671元。

2. 社会效益

（1）烤房以用促管。推广该项目后，烟叶烘烤结束后，无需拆卸控制仪器，继续使用这些设施设备为双孢菇的生长创造合适的温湿度条件。在生产双孢菇的同时，起到烤房管护的作用。

（2）农户及专业化服务组织经济效益提高。烟农合作社实施双孢菇栽培项目，拓展了经营范围，增加了经营效益，扩大了经营规模。同时，在栽培双孢菇期间，烟农务工或者投劳，增加了农户收入。

（3）综合利用农村资源。以往农户在田间直接焚烧秸秆给环境带来污染。通过双孢菇项目的实施，解决了部分秸秆、牲畜粪便对农村生活居住环境造成的脏乱差等现象，而且带动农户积极合理利用这些废弃资源。

（4）资源循环利用。双孢菇生产产生的废弃培养基可作为有机肥施入烟田，可熟化土壤耕作层，改善土壤（团粒结构、微生物群落等）的性状，为实现烟叶生产走生态化、有机化的道路奠定坚实的基础。

【主要经验】

1. 构建思路　构建了"统一组织栽培，统一经营，利益共享，集中销售"的经营销售思路。即以烤房群或烘烤工场为单位，统一组织双孢菇的栽培，生产的双孢菇统一经营。集中销售给具备稳定渠道的卢车坝蔬菜合作社，产生的利益按每个农户承包面积或交售双孢菇数量进行分配。这种统一的生产组织模式解决了分户生产难以形成规模的难题，也降低了分户销售带来的经营成本。

2. 强化技术　充分利用合作

方在技术、人才、资源、资金等各方面的优势开展全面合作，针对安顺市烤房设备特点及自然气候特点形成一套确保产量质量、降低成本的栽培技术体系，持续完善《安顺市密集烤房栽培双孢菇技术规范》，实现产业化可持续发展。

3. 整合资源 全方位整合烟草部门、合作社及相关社会资源优势，利用烟农专业合作社平台与技术单元及其他合作社等社会资源，实现"资源共享、合作共赢、持续发展"的目标。

【综合点评】

安顺市推广密集烤房栽培双孢菇栽培是提高烤房利用率和产出率的有效途径，可以使烤房的使用时间达到最大化，同时带来可观的经济效益，改变农村现有的产业结构，促进烟农增收，带动农户提高资源利用的自觉性，避免的秸秆等资源的浪费。废弃培养基的还田，实现了资源的循环利用，实现了农业生产的生态化和有机化。鉴于双孢菇在储存、转运过程中存在易开伞、难保管的问题，可以思考、探索、引进双孢菇简易深加工设备和技术或尝试与相关加工企业进行合作。

（联系人：罗远辉，联系电话：18985323024）

案例4

贵州贵阳开阳利用烤房群实施品牌化经营

【项目背景】

2013年，中国食用菌协会提出我国国民的最佳饮食结构叫"一荤一素一菇"。这里的"一菇"指的就是食用菌，俗称蘑菇。如今，蘑菇已经成为我国消费者日常餐桌上最受欢迎的菜肴，中国也成为食用菌生产的第一大国。在我国农村，很多人已经把食用菌当成致富的首选。土鸡具备肉质鲜美、营养丰富、无污染等特征，近年来在市场上颇受广大消费者的青睐，尤其林地放养的土鸡。土鸡经过采食大批草籽、有机质和虫类，维持了其特有的风味，近年来，市场前景好，价格也节节攀升。

目前，烟叶提价触顶、规模提升乏力、生产成本骤增、单产提高有限，持续推进烟农增收致富的难度进一步加大。在烟草生产过程中，密集烤房每年烘烤期间仅利用3个月左右，其余时间都处于闲置状态，造成了资源的浪费。为进一步拓展烟农经济收入途径，盘活闲置资源，开阳县烟草分公司开展了烤房群闲时利用的探索，积极开展烤烟烤房空闲期综合利用研究。

【发展思路】

依托烟农专业合作社，积极开发富有特色、附加值高的特色农产品，实施规模化生产、产业化发展，盘活生产要素，深入挖掘烟农增收潜力。试点烤房进行设施设备改造以不损坏烤房为基础，以不影响来年烟叶烘烤需求为前提。

【主要做法】

2016年开阳龙腾农民烤烟合作社开展了烤房群闲时利用探索，具体做法为：

（1）项目组织形式。按县局（分公司）和烟叶站指导、合作社实施的组织模式进行。2016年开阳龙腾农民烤烟合作社开展了烤房群香菇、虫草花种植和土鸡养殖，取得初步效益。

（2）配套技术。通过光氧、温差和湿度的变化刺激相结合，促进食用菌成长发育。菌丝生长阶段有光无光都可以，但是为了制造光照变化，菌丝生长阶段最好少见光，常规栽培的蘑菇会在菌丝生长时给它盖上一层黑色薄膜，等菌丝长满后，将薄膜掀开，刺激子实体的萌发。烤房群通过安装灯管和烤房门的开关进行光照、温湿度、氧气的调控，可较好地满足香菇和虫草花的种植、生长环境条件，实现良好生长。

在土鸡的圈养上，白天将土鸡放养在烤房群周边的山坡上，设置一定的围护措施。为了便于集中管理，晚上将土鸡赶回烤房群，形成半圈养半放养模式。在土鸡育雏期喂全价配合料，采用少喂多餐的方法，让雏鸡始终处于食欲旺盛状态，以促进雏鸡生长发育。放养期多喂青绿饲料、土杂粮、农副产品等。鸡群在上午放养前不宜喂饱，要让鸡只在林地上多采食小草、虫类等。下午鸡群回棚时补足料，必要时可在饲料中拌入驱虫药物和抗病药物。

（3）市场开发。用好"大数据"平台，实现简、捷、快的销售目的，为了更好地产销农产品。开阳龙腾农民烤烟合作社建立了龙腾金叶星火公共微信账户，主要进行相关农产品的推销并开设了微店，关注微信公众号即可进行农产品预售。通过大数据电子商务平台的建设，正逐步打开农产品销售渠道，为下一步的扩展经营打下坚实基础。

（4）培育品牌。为了更好地销售烤房出产的农产品，开阳龙腾农民烤烟合作社正积极注册商标，打造绿色安全农副产品品牌。

烤房种植虫草花

【主要成效】

利用闲置期间的烤房6座进行香菇、虫草花种植和土鸡的养殖，2016年，开阳龙腾农民烤烟合作社累计生产销售香菇6 250公斤、土鸡242只，创收6.76万元。

【主要经验】

1.加强领导，积极引导　各级领导对此项工作重视程度很高，直接促进助农增收措施的实施；同时，只有通过积极引导，才能解放思想，促进观念改变，寻求新的出路。

2.烟农的参与是发展的基础　在产业项目实施工作中，必须充分调动烟农生产的积极性，只有把烟农的积极性调动起来了，项目的实施规模才能扩大，烟农增收覆盖面才更大更实，辐射面才更宽更广。

3.走品牌化营销之路　好的产品要取得不错的经济效益离不开品牌规范化销售。在发展过程中，充分发挥了市场主体的独立自主的作用，通过以品牌为载体，在品牌取得发展成就和经济效益的同时，带动大多数烟农参与到产销中来，切实为农民增收致富提供了有效渠道。

【综合点评】

烤房是烤烟生产的必要设备，烟草行业在发展烟叶生产中建设的密集烤房群、烘烤工场及配套相关附属设施，建设水平高，设施完善，但只在烘烤季节使用。按照烤烟生产规律，一年用于烘烤烤烟生产的时间只有3个月左右，其他时间多为闲置。开阳龙岗龙腾烟农专业合作社充分利用烤房闲置期间生产香菇等，为烟农提供了创收条件，为食用菌产业化发展探索了有益之路，此模式可复制、可推广，具有较好的推广应用价值。

（联系人：饶陈，联系电话：13595015073）

案例5

山东潍坊诸城利用资源优势建立食用菌生产基地

【项目背景】

诸城孟友合作社是一家以开展烟叶生产专业化服务为主的综合性合作组织，成立于2008年1月，位于诸城市贾悦镇郑家坡村。目前合作社拥有烟农社员369户，社员大多以烤烟种植为主，其他副业较少，一年中除在5—10月从事烟叶生产外，其他时间大多处于农闲状态。为持续提升社员收入水平、增强合作社发展动力，孟友合作社在认真研究探讨、深入市场调研的基础上，自2015年开始启动"食用菌富民"项目，建立食用菌生产基地，引导烟农社员发展食用菌产业，为他们提供"菌棒制作、原料供应、技术指导、销售组织"全方位的一条龙服务，带动烟农致富增收。

开展食用菌生产，孟友合作社有着众多的资源优势和发展便利：一是具备现成的硬件设施。烟区烤烟育苗方式的优化和烟叶种植计划的调控，使孟友合作社部分育苗大棚闲置，设施状态良好，只需稍加改造即可作为食用菌栽培棚使用。二是拥有丰富的原材料。诸城是全国重要的粮食生产大县，年产秸秆120余万吨，其中麦麸、玉米芯、豆渣等富含氮磷钾和有机养分，为制作食用菌菌棒提供了充足的原料。三是地理位置优越。贾悦镇自然环境好、空气质量优良、水源充足、温带气候、昼夜温差大，极为适宜食用菌栽培；合作社位于主要交通干道旁，交通便利，便于食用菌的收集、调运。四是劳动力资源丰富。合作社烟农社员农闲时间较长，村镇有着较多剩余劳动力，能够满足食用菌产业化生产对劳动力的需求。同时，开展食用菌生产还能有效缓解周边人群的就业问题。

【发展思路】

孟友合作社以促进社员增收为宗旨、以打造安全诚信品牌为目标，充分发挥自身平台作用和资源优势，引导带动社员发展食用菌生产，努力在提高社员收入、促进当地劳动力就业、推动新农村建设方面做出积极贡献。

实际操作中，孟友合作社采取"合作社＋基地＋农户"的产业化经营机制，先以种植成本较低、技术性不高的平菇、黑木耳为主营产品，为社员提供食用菌的"菌棒制作、原料供应、技术指导、销售组织"一条龙服务，与社员之间结成利益共享、风险共担的经济共同体，使食用菌栽培成为烟农社员除烤烟之外的第二大收入来源。

2017年发展社员96户，全年种植食用菌230万棒，实现销售收入700万元，社员户均增收2万元。2018年发展150户，种植食用菌360万棒，实现销售收入1 000万元。2019年发展200户，种植食用菌480万棒，实现销售收入1 400万元。2020年发展260户，种植食用菌

600万棒，实现销售收入1 800万元。

【主要做法】

1. **建立食用菌生产基地，搭建促农增收平台** 2014年年底，孟友合作社在省、市局（公司）有关政策的资助下，建设了菌种原料库、拌料仓、灭菌车间等基础设施，购置粉碎机、锅炉、拌料机等设备，对占地10余亩的闲置育苗大棚进行改造，打造了一个集菌棒制作供应、菌种栽培示范、生产技术培训于一体的综合性食用菌生产基地，具备日均生产2.5万个菌棒的能力。生产的菌棒成本价供应给社员，带动发展食用菌种植产业。合作社常年聘请技术人员2名负责食用菌生产指导、社员技术培训等工作。另外，根据生产需要，合作社将周边闲散的烟农组织起来，经过严格培训，到生产基地从事菌棒加工、种植管理、食用菌采摘、产品包装等工作。

2. **构建"五统一"生产模式，实行产供销一条龙服务** 食用菌生产过程中，合作社实行"统一物资采购、统一菌棒制作、统一技术服务、统一质量标准、统一组织销售"。合作社将统一制作的菌棒以成本价供应给社员，并与社员签订种植合同，根据市场情况合理安排食用菌的种植品种和规模。栽培过程中，合作社针对不同品种的食用菌，分别制定统一的生产标准，进行统一技术服务；食用菌采摘后，由合作社通过泰山"1532"销售渠道、"订单生产"配送到超市、与商贩建立"贩销联合体"等方式进行统一销售。社员通过合作社销售的食用菌实行独立结算，合作社在整个服务环节中不收取任何费用。合作社销售食用菌形成的利润补贴到专业化服务成本中，降低烟叶生产环节服务价格，实现以"副"补"主"，促进烟农增收。

3. **突出技术保障，夯实食用菌发展基础** 食用菌产业发展初期，合作社通过多地考察学习、邀请专家授课、聘用技术能手等手段，全面学习掌握食用菌生产技术，保证合作社有技术明白人。生产过程中，定期组织社员开展食用菌技术培训，使社员熟练掌握食用菌培养管理、采摘、精选、分级技术；在重点环节合作社落实专人，包户到棚为社员提供产前、产中、产后全程跟踪服务，协调解决社员遇到的生产问题，保证食用菌生产顺利开展。

4. **坚持标准化发展，打造绿色食用菌品牌** 合作社始终坚持"绿色、生态、安全"的生产理念，狠抓标准化生产，先后制定食用菌生产流程、作业流程，建立作业标准、采摘标准、包装标准，实现从备料、装袋、灭菌，到管理、采摘、加工、分级、包装、运输、外销等环节的全过程质量控制。建立卫生管控制度，明确节点卫生管控指标，全过程对食用菌生产环境、原辅材料、机械设备进行控制，杜绝源头污染，确保产品安全。坚持品牌引领，完成"孟源"食用菌品牌市场定位，进一步优化完善开发、栽培、加工于一体的食用菌生产营销网络，培育泰山"1532"、当地商超、行业职工等集团消费群体，提升"孟源"食用菌品牌市场认可度。目前"孟源"品牌正在商标申请注册中。

【主要成效】

食用菌产业的壮大和发展，提高了设施利用和产品经营的组织化、规模化程度，有效促进了烟农增收，具有较强的经济效益和社会效益。主要体现在三个方面：

1. **促进了产业壮大** 合作社"五个统一"的经营模式为社员在食用菌种植、加工、销售等方面提供了全面优质的专业化服务，实现了规模化、标准化生产，降低了经营成本，提高了产出效益，带动了当地食用菌业的快速发展，逐步走出了一条社员与合作社共享经营成果的"双赢"之路。

2. 增加了社员收入　三年来，参与合作社食用菌生产的社员越来越多，产业规模逐年增大，促农增收效果极其显著。目前，食用菌社员队伍已发展到96户、社员自有菌棚214座。预计2017年，食用菌栽培量将达到230万棒，实现销售收入700余万元，社员户均增收接近2万元。另外，合作社食用菌生产基地每年可为烟农和闲置劳动力提供临时用工3 600余个，一定程度上增加了群众收入，缓解了农村剩余劳动力的就业压力。

3. 实现了生态环保　食用菌生产使用的原材料主要是秸秆等废弃农作物，这些以往多是通过焚烧进行处理，现在利用秸秆作原料制作菌棒，实现了变废为宝，不但增加了农民收入，还一定程度上解决了环境污染问题。同时，用过的菌棒废料可以作为有机肥直接还田，减少了化肥的用量，促进了土壤保育。

【主要经验】

经过近年的实践与探索，开展食用菌生产，真正带动烟农增收，必须坚持做好以下几个方面：

1. 需要外部的扶持引导，为产业发展鼓劲助力　食用菌的产业化发展是一项系统工程，产业的形成、发展及壮大需要烟草和政府部门在项目引进、技术推广、产品流通等环节的政策支持和资金扶持，需要多方群策群力、精诚合作，想办法、找出路，营造出良好的内外部环境，促进食用菌产业持续健康发展。

2. 需要建立完善的生产体系，全面抢占消费市场　产品质量是提升市场竞争力的基础。完善的经营服务体系是产品质量的根本保证。通过建立实施全过程的生产流程、操作规程和产品质量标准，全面实行"五统一"组织管理模式，才能以优质、安全、高效的食用菌产品赢得市场的青睐。

3. 需要发挥合作社的示范作用，推动产业持续发展　合作社具有良好的人员组织、设施设备、原料生产等优势。要充分发挥合作社示范平台作用，对接市场、引进技术、率先试点，在总结经验、完善标准的基础上，以点带面，加强组织，带动更多烟农加入食用菌生产，推动产业发展。

【综合点评】

该项目充分发挥了烟草部门的龙头作用和烟农合作社的资源优势，实行的"合作社＋基地＋农户"的产业链机制和"五统一"生产管理模式，很好地带动了当地食用菌产业的发展，社员增收效果明显，具有较强的推广价值。希望下步工作中，烟草部门和合作社要明确定位，积极合作，持续加大对产业的资金投入、技术指导、市场开发的工作力度，吸引更多的烟农入社，扩大食用菌基地规模，走出一条特色鲜明的促农增收之路。

（联系人：孙衍光，联系电话：13793666007）

案例 6

江西抚州黎川利用烤房生产黑木耳经验介绍

【项目背景】

新庄合作社所处的潭溪乡地处城郊，距县城仅3千米，全乡辖11个村和1个社区，人口5 460户21 882人，辖区面积68千米^2，以种植水稻为主，烤烟种植面积稳定在4 000亩以上。近年来，随着国家和地方财政投入的不断加大，全乡基础设施建设有了长足的发展，农村生产生活也有了明显的改善。但是，尚有因疾病、天灾、伤残等因素影响一些农村家庭仍处在贫困线下，贫困人口中因病、因残致贫比重较大，有劳动能力的贫困人口较少，自身发展难度大。为响应国家精准扶贫的号召，2016年5月，根据黎川县县委、政府扶贫工作会议部署，成立新庄烤烟专业合作社产业扶贫示范基地，形成了合作社＋产业＋贫困户的扶贫模式，现有274户贫困户入股合作社抱团发展产业脱贫。合作社建立了"百千万"扶贫工程项目，即种果百亩、种烟千亩、种黑木耳百万筒；合作社每年按照项目经营利润分红给贫困户，贫困户通过抱团发展产业来实现脱贫致富梦。

1. 种植黑木耳的可行性

（1）黑木耳种植前景广阔。近年来，随着社会经济的发展以及人们生活水平的提高，人们在食品消费观念上发生了很大的变化，更加注重绿色、营养、健康和安全。食用菌作为天然的食品以其鲜美的口感、丰富的营养成分和独特的保健功效受到广大消费者的普遍青睐。随着我国食用菌消费需求的不断上升，食用菌工厂化也蓬勃发展。经过多年的市场培育，目前我国食用菌工厂化的生产技术和生产模式日趋完善，工厂化生产不断专业化，分工不断精细化，并且带动了食用菌生产相关领域技术的深入和提升，促进了生产技术和产能的大幅提升。2014年我国食用菌工厂化产品日产量达到6 134吨，年产量达到184万吨，食用菌工厂化比例由2008年的1.37%上升至2014年的5.63%。但是，目前我国的食用菌工厂化生产比例较低，相比于国外发达国家及地区90%的水平差距较大，工厂化尚有很大的发展空间。根据目前食用菌工厂化生产行业的发展特点和市场规模趋势来分析，食用菌行业正处于成长期，预计未来将会是发展的黄金时期。

（2）合作社自身资源优势。合作社内2 000米^{2}的凉烟棚及空闲地未利用，烤房在非烘烤时间也处于闲置状态，而黑木耳生产时间是每年的8月至第二年4月，与烤烟的时间相错开，为充分利用资源，合作社选取了种植黑木耳为主要扶贫项目。

2. 增收制约因素分析

（1）经验缺失。虽然合作社引进了一条专业的黑木耳生产线，但是合作社之前从事的是烟叶种植、烘烤及烤烟技术推广等工作，对黑木耳种植的经验不足，难免会影响到一部分产量。

（2）渠道缺失。合作社销售黑木耳渠道单一，不像其他大企业有多种渠道。

【发展思路】

合作社认真贯彻落实中央决策部署和习近平总书记关于扶贫工作系列重要讲话精神，按照省、市、县扶贫开发工作会议要求，按照县委、县政府"十三五"期间扶贫工作的相关指示，加大工作力度，精准扶贫，精准脱贫，确保合作社贫困户在2018年年底全部实现脱贫，在全面建成小康社会进程中不掉队。以产业扶贫示范基地为载体，以合作社为纽带，通过产业直补、资产收益、合作扶贫等方式，发展黑木耳种植产业，增加贫困户收入。通过"基地＋合作社＋贫困户"合作模式，贫困户主要通过资金入股、土地出租、劳力务工等方式受益。一是资金入股分红，贫困户每年红利不低于股金总量的20%；二是土地出租分红，贫困户每年每亩土地租金520元，另外享受不低于田租金10%的年终分红；三是劳力务工分红，参与务工的贫困户每年可得务工收入8 000余元；四是盈利分红，合作社每年将黑木耳纯利润的50%作为贫困户年度红利。

【主要做法】

1.项目组成

（1）人员组成。由潭溪乡政府主导，合作社协助管理，具体如下：主要负责人：张国春（潭溪乡党委委员、副乡长）、李国华、徐华明。

（2）资金来源。由县扶贫移民局投资60万元，用于引进一条黑木耳生产线和厂房建设等固定资产的建设。另外，274户贫困户每户入股2 000～4 000元不等，约70万元；合作社入股30万元，合计160万元（其中100万元为生产流动资金）。

2.项目发展规划

一是强化质量控制，在保证产品质量上求突破，全面规划黑木耳标准化生产示范基地，切实搞好小流域综合治理，实行产地环境监测，强化供水水质管理，从源头上把好质量安全关。在此基础上全面推行标准化生产和质量追溯，实现"执法者能监督、生产者能追溯、消费者能查询"。

二是强化科研推广，对黑木

耳产业中的重点环节和重点项目，适时聘请有关专家进行重点研究、重点扶持，实现重点突破。同时，整合国内外先进的技术，不断完善黑木耳标准化生产服务。

三是实施品牌营销，加快推动合作社黑木耳商标注册，统一生产标准，统一质量标准，打造特色品牌，加强与省内农产品龙头企业合作，积极构建产品营销平台，逐步开展初加工业务，进一步提高产品价值。

【主要成效】

1. 生产收入 2017年计划生产黑木耳40万筒，成本预计每筒2.5元，人工费预计每筒2元，每筒可产黑木耳0.1公斤，收购价每公斤50元，除去成本及生产投资，每筒可获利0.5元，年获利约20万元。

2. 劳力务工分红 合作社优先安排贫困户参与黑木耳的生产工作。贫困户每年得务工收入8 000余元。

3. 盈利分红 合作社每年拿出食用菌产业纯利润的50%作为贫困户年度红利。合作社获利约10万元。

【主要经验】

合作社近年来一直在追寻多元化经营以扩大收入，已经开展了苗棚延伸利用、烟用物资团购、烤烟用煤团购、烟用地膜回收等业务。黑木耳项目的加入使得合作社找到了一条新的致富路，贫困户的加入也使得合作社有了更强的责任感。项目实施后，大量使用农作物秸秆、稻糠、豆粉、锯末等，使得农业生产废料得到了合理利用。对附近农民收购这些农业废料也免去他们焚烧产生的环境污染。以贫困户入股分红及务工的形式参与进来也使得贫困户脱贫致富。

【综合点评】

本项目的建设符合国家和江西省有关产业政策。该项目通过科技创新与产业科技化示范，对带动黎川县食用菌产业的快速健康发展、推动农业生产结构的调整、增加农民收入、促进农业和农村经济的可持续发展及推动社会主义新农村建设都具有重大意义。

（联系人：周旋，联系电话：13755995559）

案例7

河南信阳平桥综合利用烟叶烤房生产食用菌

【项目背景】

面对当前烟草行业严控规模的形势，进一步提高规模化种植效益已出现瓶颈。为认真贯彻落实行业关于促进烟农增收的相关精神，信阳平桥区分公司结合实际，选取了烤烟种植乡镇龙井乡作为一个增收试点。龙井乡现有可用烤房104座，其中一座烘烤工场，有密集烤房50座，配套较为完备，但烘烤季节仅2个多月，其余9个多月都处于闲置状态，可利用时间长，能够满足无土栽培和干燥加工等需求。于是，我们就扶持龙井乡金叶烟叶种植专业合作社利用烤房进行多元化生产经营研究。

【发展思路】

按照"绿色、生态、安全、高效"的发展要求，以烟叶专业化服务为主、多元化经营发展为辅，以有效利用基础设施为载体，依托专业合作社专业化服务队伍开展多元化经营，大力发展无公害有机蔬菜种植及食用菌生产种植等多元化生产经营。通过多元化生产基地的建设，将烟叶示范区的发展及烤房食用菌的生产与加工有机结合起来，在基地周边形成以生产烟叶原料为主，非烟绿色高效农产品为辅，非烟经济作物生产与加工、观光农业为一体的多元化循环经济，探索出一条适合本地发展，具有信阳特色的现代烟草农业示范区多元化发展新模式，从而有效拓宽烟农增收范围，拉长专业化服务链条，拓展合作社服务覆盖范围，不断提升合作社社会化服务水平，实现农业增效、农民增收。项目前期试验周期为3年，项目建成后实现年产食用菌生产种类3～5个，年均生产食用菌2.5万公斤，年产值20余万元。

【主要做法】

1. **项目组织形式及产品遴选** 项目前期以市公司自立科技项目《河南烟区烤烟密集烤房综合利用技术研究项目》形式开展，并获得省、市专家和领导支持。项目生产实验初期，选取了当前市场需求量较大且效益较好的平菇低端菇和猴头菇、珍宝菇中高端菇类为主的食用菌主产品及干制种类。

2. **项目生产运行模式** 项目由公司委托给龙井乡金叶烟叶种植专业合作社进行生产管理，与其签订委托生产劳务协议，由其负责进行日常生产种植与产品干制筛选，公司选派1～2名得力的人员负责项目的日常管理。公司根据项目需要及客观实际，下达生产计划底线，同时将生产出来的产品实行多向流通——大部分流向市场，多余部分进行干制。

3.**加强项目管理** 合作社选派人员赴省农科院食用菌研究实验基地学习生产技术，并定期组织对选聘的合作社入社农户进行专业培训，同时在生产管理过程中严格按照生产技术规程进行标准化生产，突出抓好产前环境质量控制、产中温湿度控制和栽培关键技术管理，实现全程无公害化标准化生产。制定了岗位职责管理制度、蔬菜供应管理制度、财务管理制度、兑现考核制度。

4.**开展市场开发** 为有效拓展市场，定期组织人员到各大型超市进行市场调研，进行有效的市场预判，根据市场上的品种销售情况来动态调整产品生产，由公司出面积极与本地各大超市进行了洽谈，实现了产品销售渠道的畅通与稳定。同时，我们积极运用现代化市场营销手段，融入"互联网+"，实行订单化生产销售的模式、线上线下同步推广营销的模式、线上建立微信公众号、以朋友圈进行产品广告宣传销售、线下与各大超市保持良好的商业关系、以销售人员在各大超市进行推广，促进了销售的良性循环。

5.**开展品牌培育** 为有效实施品牌带动战略，促进销售，专门成立了产品品牌小组，在品牌策划、产品包装、品牌宣传、售后服务等方面进行品牌的培育，建立了"金叶"品牌，目前品牌效应已初步显现，消费者已对该品牌有了一定的趋向度、满意度，有了一大批忠实的消费者。

6.**分配收益形式** 合作社生产的产品利润，除扣除一定比例的公积金外，剩余用于支付社员的劳动报酬及股东红利。股东红利按照几个股东的股份份额进行利润分配，社员按照签订的劳动服务协议进行考核并兑现报酬。

【主要成效】

目前项目已实现了年产食用菌种类3～5个，涵盖大众化需求量大的平菇和高端、经济附加值高的猴头菇、珍宝菇及灵芝等，年均生产食用菌总量2.5万公斤，并建立了标准化生产管理体系及流程，年实现产值35万元，已实现利润48万元，后期年利润可达20万元，承担生产的烟农年均增加收入3万元，烟农增收效益明显。其中2户烟农已完全脱贫。项目同时获得本地乡镇领导的高度赞扬，部分当地群众积极申请入社和参加培训，有力地带动了当地烟农增收致富，促进了社会经济的发展。

【主要经验】

1.**产品质量是根本** 牢固树立质量就是生命的理念，建立完善的标准化生产体系及管理流程，并严格按照要求进行生产，对于劣次产品坚决不向市场进行销售，宁肯自己多受损失，也不让消费者吃亏。建立健全考核标准，运用绩效考核的方式促进生产效率的提升和产品质量的提高。不断学习新技术、新知识，在产品种类、产品质量等方面下功夫，促进产品更新升级及质量的不断提升。

2.**品牌宣传是重点** 品牌是产品的灵魂，项目一开始我们便树立了以质量求生存、以品牌带动销售、以销售促进增收的理念，牢牢牵住品牌战略这个牛鼻子，在各大超市及线上线下进行品牌宣传，不定期组织宣传促销活动，以让利给消费者和超市不断占领市场份额。有了好的产品质量，就有了口碑，再加上广泛的品牌宣传就会建立起广泛的信誉度，就能培养一大批忠实的消费者，从而能够不断扩大市场份额，增加收益。

3.销售方法是关键　好的产品卖不出去就是销售方法出了问题。零散的销售既不能满足产品生产的需要，也不能获得规模化的收益，对于增收是杯水车薪。在产品销售初期，可以以低于其他品牌的同类产品价格进行销售，首先要以价格赢得消费者的关注，其次才是靠质量赢得消费者的认可，最后才是靠品牌赢得消费者的口碑。对于各大超市在产品销售初期可以进行让利，首先获得在超市的销售权才能有顾客进行消费。

项目的推广成功主要因素就在于质量、品牌和销售，只要具备有一定数量的闲置烤房均可以进行生产，技术简单易学。

下一步我们将不断扩大生产规模，积极进行品牌宣传，努力打开市场，不断扩大市场占有额，提高项目的综合收益，促进烟农持续增收，带动脱贫致富，促进本地社会经济的发展。

【综合点评】

近些年来，烟草行业在农业基础设施建设上投入了大量资金，改善了农业的生产基础条件，促进了烟农的增收，获得了社会的赞誉。为了提高这些设施设备的利用率，平桥区烟草分公司创新思维，主动与科研单位联系，帮助引导合作社引进先进农业生产发展模式，在烟叶烘烤设备烤房作业闲置期间，探索研究烟草—菇菌结合生产，取得了很好的效果，有效推动了农业合作社建设，拉长了产业链条，实现了烟农收益的进一步提高，符合国家提出的农业发展方向。希望能够进一步以点带面，示范引导，带动发展，实现农业多元化、可持续发展。

为有效促进烟农增收，信阳市平桥区烟草分公司以烟叶专业化服务为主、多元化经营发展为辅，以有效利用基础设施为载体，依托专业合作社开展多元化经营，依靠科研机构和高等院校的技术资源，引导合作社大力发展无公害有机蔬菜种植及食用菌生产，拓展了合作社服务覆盖范围，稳定了专业化服务队伍，有力地带动了当地烟农增收致富和社会经济的发展。希望进一步深入拓展，努力打造出一个集烟叶种植、生态旅游、技术创新、文化体验、休闲采摘等为一体的综合型现代生态农业示范园，有效发挥典型示范、模范带动作用，带动当地烟农增收致富。

（联系人：郭磊，联系电话：0376—3775645）

案例8

湖南永州利用工场设施开展多元经营

【项目背景】

冯发烟农专业合作社（以下简称冯发合作社）成立于2009年11月，注册资金66万元，可经营资产原值2 244.65万元，服务湖南江华白芒营基地单元。江华瑶族自治县是国家级贫困县，又是全国浓香型烟叶主产区。合作社成立之初，所服务辖区有烟农209户，户均收入3.5万元，其中贫困烟农176户。由于该地相对偏远，交通不便，离县城35千米，离市区150千米，经济发展缓慢，脱贫任务艰巨。

冯发合作社成立前后，投入大量的烟草基础设施建设。该社占地面积99 900米²，其中育苗大棚35 280米²、烘烤工场22 487米²、分级场4 200米²，除办公设施外其他空地37 933米²。但这些设施设备除育苗工场上年12月至次年3月用于育苗、烘烤工场6～8月用于烘烤、分级棚8～9月用于分级外，其他时间均为空闲。2012年，冯发合作社积极响应国家脱贫致富和行业烟农增收号召，在做实烟叶生产专业化服务的同时，大力开展工场设施综合利用，利用育苗大棚种植西瓜、水果黄瓜、贝贝南瓜、高温秀珍菇、紫薯等；利用烤房培育食用菌；利用分级棚生产育苗基质。同时利用现有设施设备开展土地流转、信息化服务以及各类试点试验等业务（详见表8-1）。2012—2016年共实现多元经营收入1 964.8万元，盈利445.2万元，为社员分红345.9万元，目前所服务辖区烟农有487户实现脱贫，烟农户均收入7.2万元，是2012年的两倍。

表8-1　2012—2016年冯发合作社多元经营效益及社员分红情况

单位：万元

年份	开展项目	收入	成本	利润	分红
2012	平菇、西瓜、小棚育苗、烤房改造、劳务外包、基质生产	232.5	192.9	39.7	27.8
2013	西瓜、秀珍菇、平菇、基质生产、劳务外包、辅助业务承包	299.3	236.7	62.6	43.8
2014	水果黄瓜、贝贝南瓜、秀珍菇、平菇、基质生产、劳务外包、辅助业务承包、试验项目（水体增温、不同装烟方式烘烤、高温秀珍菇试验、烤房改造）	442.2	341.9	100.3	80.2
2015	紫薯、蜂蜜、平菇、基质生产、劳务外包、试验项目（烟蚜茧蜂、精益化施肥、精准化烘烤）	488.1	371.8	116.3	93
2016	基质生产、紫薯粉、试验项目（有机肥、烟蚜茧蜂、精益化施肥、精准化烘烤）	502.7	376.4	126.3	101
合计		1 964.8	1 519.7	445.2	345.9

【发展思路】

冯发合作社在开展多元经营时，始终坚持"以烟为主、多元经营、自我发展"原则，突出"四个围绕"的发展方向，大胆探索，勇于实践，力争实现多元经营，年收入达300万元以上、为烟农每年分红80万元以上。

【主要做法】

1.围绕"烟草"做项目，突出服务主业 近些年该社开展了11个多元化经营项目，其中有9个是与烟叶生产密切相关的，并且所有项目都充分利用了现有的设施设备，减少了投入风险。在这样的前提下开展业务，一方面能更好地彰显为烟农服务的宗旨，得到烟农的大力支持；另一方面能降低成本投入、减少市场风险。

2.围绕"市场"做产品，降低经营风险

始终坚持以市场为导向，选择适销对路、利润空间大的品种，并坚持走"订单农业"之路。每年的烟叶收购结束后，合作社相关人员均要到外"跑市场"，争取更多业务量。2011年、2012年冯发合作社与深圳金津公司签订合同联合种植蜜童西瓜，2013年与金津公司签订合同联合种植日本水果黄瓜和贝贝南瓜，2014年与深圳发华园果蔬公司签订合同联合种植紫薯。通过走市场求发展，基本实现了经营零风险。

3.围绕"品质"做生产，提升产品信誉 由于所开展的多元经营项目多数是第一次接触，该社通过"走出去请进来"的方式，认真学习生产技术，不断提升产品质量。在开展育苗大棚种植西瓜时，该社组织相关人员到全国大棚西瓜生产基地广东海丰实地考察学习，还请了贵州农大和永州职院的教授现场指导培训。在生产育苗基质前，该社组织技术人员到永州烟科所基质生产基地学习，还请了烟科所的高级农艺师来现场指导生产。为种好秀珍菇，合作社专程去福建罗源县学习。通过学习，合作社的生产水平不断提高，产品质量也得到较好信誉。

4.围绕"效益"做管理，实现利润最大化 合作社实行目标管理责任制，总经理与理事会，各项目负责人与总经理层层签订目标管理责任书，明确总体目标和具体指标，明确权、责、利，严格考核，兑现奖罚，充分调动积极性、主动性。例如，冯发合作社育苗大棚综合利用的目标管理的经济指标是完成利润30万元，如果没有完成，差额部

分50%由大棚综合利用项目负责人承担；如果超额完成，超额部分50%奖励给项目负责人。

【主要成效】

1. 对乡镇经济发展发挥了支撑作用　该社近5年开展多元经营项目共实现收入1 964.8万元、盈利445.2万元，收入、利益居全镇第三产业之首。

2. 对农民增收脱贫致富发挥了促进作用　当前烟农种烟由于价格相对稳定、规模难以扩大、劳力成本不断增加，种烟收入相对稳定，仅靠种烟脱贫致富的空间不断变窄。那么，通过合作社开展多元经营增收不愧是一条好的渠道。近三年，冯发合作社因开展多元经营，长期为当地解决富余劳动力60余名，高峰期达200余名。截至目前，该社共支出劳务用工工资613万元，社员分红345.9万元。

3. 对烟区基础设施投入发挥了主体作用　自开展多元化经营以来，烟草公司、政府、合作社以及相关部门投入了大量资金开展基础设施建设，截至目前，该社拥有固定资产总值2 244.65万元，其中合作社自行投入基础设施资金84.5万元，这在当地所有涉农部门中是首屈一指的。

4. 对现代农业建设发挥了引领作用　近些年来，合作社为不断拓宽经营渠道，大力发展现代烟草农业，得到了上级有关部门的高度认可，2012年该社被湖南省委省政府评为"为民办实事合作社"，连续4年被评为省级示范社，2015年成为首批行业示范社，自2012年以来连续4次在全国有关烟叶会上作经验交流，为地方大农业发展发挥了引领示范作用，产生了良好的社会效益。

【综合点评】

该社在开展多元经营时，始终坚持"以烟为主、多元经营、自我发展"原则，既体现了烟农合作社的服务宗旨，又体现了烟农合作社的发展方向。该社提出的"四个围绕"发展方向具有很好的借鉴作用。特别是该社开展多元经营所带来的成效是非常可观的，为促进烟农增收作出了较大贡献。

（联系人：唐专明，联系电话：0746-8410631）

案例9

河南南阳西峡利用烤房烘干香菇经验介绍

【项目背景】

近年来，经济发展进入新常态，整体经济"L"形逐渐探底，烟叶生产面临工业企业库存增加、需要减少、结构调整的阵痛。如何增加烟农收入，成为烟草企业面临的急需解决的问题。西峡烟草经过多方调研，经过和相关专家的沟通交流，积极探索实践，在烤房设备空置期内，利用烤房烘干香菇，为烟农增收提供了可复制的产业发展模式，走出了一条"以烟为主，多种经营"的发展道路。

项目可行行分析：一是香菇产业资源优势明显。西峡区位独特，香菇资源丰富，闻名全国。此地出产的香菇是中华人民共和国地理标志保护产品、无公害农产品，被誉为"菇中珍品"，是国家质量监督检验检疫总局正式批准的生态原产地保护产品，准予使用生态原产地产品保护标志。二是西峡农民种植食用菌具有传统技术优势。全县建成香菇专业乡镇15个，专业村110个，带动全县3万农户从事香菇生产，占全县农户的1/3，近20万人从事香菇生产经营，香菇加工企业100余家，袋料香菇种植有着广阔的发展前景。三是烤房设备资源优势明显。西峡植烟乡（镇）均分布有规模不等的烘烤工场，地域分布优势明显；直接利用现有烤房资源，烟农无需购置香菇专用烘干设备，减少投入成本；烤房设备操作简单，易掌握；利用烤房加工后的香菇，体圆齐正、菌伞肥厚、盖面平滑、质干不碎、色泽黄褐、远闻有香气，符合优质香菇的标准。四是品牌经营优势。西峡的仲景大厨房公司生产的仲景香菇酱是国内知名品牌、绿色健康食品，已成为营养佐餐知名品牌，产品供不应求，所需的原材料主要是香菇，价格优势明显。

【发展思路】

烟草公司＋烟（菇）农＋知名品牌，三方协作，多赢发展。烟草公司提供烤房，大厨房公司对香菇生产和烘烤包技术、包投资、包收购，烟农在烤房不用的季节，转身成为菇农，发展香菇，收购香菇，烘烤香菇，增加收入。

【主要做法】

香菇产业短平快、产出比大、占地面积小、带动力强。经过3年多尝试，在充分利用现有烤房设备进行烘烤加工调试、充分彰显和保留鲜菇的香味、改进烤房烘烤香菇技术上总结出了一套经验。在抓好烟叶主业增收的前提下，综合利用现有烤房设备80座，实现现有设备利用率达到15%以上，带动400户以上烟农开展烘烤香菇业务，提高烟农收入。主要采取了三步走的方法：

第一步：选择试验。在具有一定密集烤房规模的植烟乡镇范围内，优先选择信誉度较高、有香菇种植经验的烟农，无偿提供烤房场地，鼓励开展初期尝试工作。

第二步：扩大推广。在项目取得一定经济效益，且配套技术成熟之后，采用有偿帮扶的形式，在全县烟农中推广，一方面拓展烟农收入渠道，另一方面减轻公司在烤房管理维护及后期设备更换方面的资金投入。

第三步：形成产业。与大厨房公司生产合作，建立香菇产业重点发展农户，开展"无公害"香菇生产和烘烤加工。主要狠抓了以下几个方面工作：

（1）探索组织形式加强引导。经过近20年的不断探索总结，香菇种植技术在全县已经成熟完善，如何在烘烤加工方面精益求精，是西峡香菇产业发展的必然选择。我们充分发挥烤房群资源优势，在香菇烘烤加工过程中的温湿度控制方面进行了大胆探索。通过多次试验，精确掌握烘烤加工过程中温湿度关键控制点，为烟农增收提供技术支撑，形成以烟农为主，烟草部门给予烤房使用与技术指导为辅的生产管理模式，逐步做大做强利用烤房进行香菇再加工的产业链。

（2）探索加工工艺技术。香菇的装袋、上架越夏、灭菌、接种方式、菌袋刺孔、越夏管理等环节严格按照标准化规程操作。香菇的加工、存储环节要做好以下几点：一是烤房设备检查检修。操作人员要严格卫生操作，烤房内环境要干净整洁。在加工前，要重点检查烘干设备排烟性能是否良好，温湿度仪器、通风设备是否正常运转。二是焊制骨架。放置香菇的骨架由角钢、不锈钢板、冷钢板焊制，底部装有四个轮子，便于操作。骨架内隔板共计15层，每层搁板上香菇放置要均匀，不能太密，保证烤房内气流活动均匀。三是温湿度把握。烤房内温湿度控制的是否合适是决定香菇质量的关键因素。四是仓储安全管理。严禁在贮存过程中使用任何农药和有毒有害物质，防止香菇产品受潮及间接或直接受到污染。

（3）开展技术培训指导。因地制宜，因时制宜，开展香菇种植技术及利用烤房进行香菇调制加工的技术培训。着重培育自有烤房、自有劳动力、有一定香菇种植水平的烟农。要根据烟农的年龄和文化程度区别对待，编写适合烟农喜闻乐见、容易接受和掌握的技术培育资料，融知识性、趣味性、通俗化于一体，便于系统地培育和烟农间学习、交流。在农闲季节，公司邀请烤房设备厂家技术人员到我县进行烤房设施操作以及常见烤房设备问题处理培训。

（4）进入知名品牌。积极与西峡仲景大厨房公司洽谈、合作，采用"烟草公司+烟（菇）农+知名品牌"模式，三方协商，就香菇的生产、烘烤和收购达成一致协议。凡签订协议的农户，烘烤的香菇由大厨房公司全部上门收购，收购价格高于普通散户产品。

（5）完善收益分配方式。项目开展的第一年，为了鼓励烟农广泛参与，公司无偿为烟农提供烤房。在香菇烘烤加工时节，由烤房所属辖区内烟站人员分包烤房，以便及时处理、上报问题。项目开展第二年，依据第一年烤房利用情况，在政策允许范围内，公司将对上一年项目开展较好的农户所使用的烤房设备进行免费维护。项目开展的第三年，公司将对烤房实行租赁承包，每次抽取一定的费用，用于烤房设备维护。

【主要成效】

1.直接经济效益 单炕鲜菇烘干需要24个小时，用煤量150公斤，即可加工干菇250公斤。2016年，该试点利用烤房5座，种植香菇10万袋，分三批采收结束，共获得干菇1.4万公斤。由于烘烤设备操作得当，烘制出的干菇成色好、质量高，售价在60元/公斤，毛利润84万元，各项投入73.11万元，实现纯利润10.89万元。各项成本投入：

配料、装袋等初装成本4元/袋，共计40万元。

烘烤材料费：11 060元。具体加工费用如下：干菇250公斤/炕加工费用：用煤150公斤，煤价600元/吨，共计180元；电费25度，0.7元/度，电费17.5元。

用工成本：采收、剪腿、烘烤共需要3 200个工，平均用工100元/（人·个），共计32万。

2.社会经济效益 香菇采收、剪腿、烘干工作需要大量的劳动力。该产业的发展壮大，将提供大量工作岗位，既解决了农村闲置劳动力就业问题，她们在家门口就能获得稳定的收入，又能兼顾家庭。该项目的发展，促使更多烟农生产生活条件明显改善。西峡仲景大厨房公司获得了更多优质的香菇原料，愿意反哺烟农、让利于烟农。

【主要经验】

该项目在2016年取得可观经济效益，烟农收入增幅较大，达到预期目标。实践证明，走"以烟为主，综合利用"的发展之路具有可行性。

1.严把烘干加工关键点 一是烤房内温湿度控制是香菇烘干质量好坏的关键。在整个烘烤过程中，温度控制在35～55℃，不能超过55℃；温度由低逐步升高，起始温度为35℃，逐步升高到42℃（稳温10个小时）、52℃（稳温14个小时）。采用间接式升温，从而达到最好的烘干效果。及时排湿也是重要环节。排湿的基本原则是：在香菇烘烤前期，烘干室温度为35～42℃时，应满负荷排湿；当温度上升到42～52℃时，可间断排湿。二是质量检验。烘烤至16～18个小时后，打开烤房，检验香菇是否符合干菇标准。

2.实施中遇到的问题

（1）种植规模与烤房容量、分布之间的矛盾。香菇出菇时间较为集中，成熟后必须马上采收、加工，否则极易腐烂，失去使用价值，这就需要有足够数量的烤房与之相匹配。如果香菇种植规模过大，而没有足够数量的烤房，给烟农造成的损失将是惨重的。因此，现有烤房数量及分布情况将作为香菇种植发展规模的重要标杆，不可盲目扩大香菇种植规模。

（2）机械化水平较低。香菇种植周期较长，制袋（拌料、装袋、转运、灭菌、接种）、采收、剪腿、烘烤等环节均需要大量人工操作，机械化水平较低。香菇集中成熟后，需要及时加工，这要求操作人员数量较大、相对固定且具有一定经验，劳动力成本投入必然增加。

（3）设备维护滞后。密集烤房在我县主要用于烤烟调制，烤房设备维修人员集中上门服务时间在每年6～10月份。在香菇烘烤加工期内，如果设备出现故障，人员处理周期相对较长。我们将加强和厂家的沟通协调，确保在香菇烘烤加工时间内设备维护及时。

【综合点评】

西峡县是全国最大的香菇生产基地，产业链条早就形成。西峡县烟草分公司利用烤房闲置期积极与种植香菇户对接，加强培育引导，既减少了农户对烘干设备的投入，又发挥下排湿烤房的先进性，烤出了色香味俱佳的香菇，还减少了用工和耗煤量，养护了烤房设备。同时，积极与仲景大厨房公司合作，生产国内知名品牌绿色健康食品仲景香菇酱，促进了烟农增收，社会效益增加。"烟草公司＋烟（菇）农＋知名品牌"，三方协作，多赢发展，做法值得学习借鉴。

（联系人：李志，联系电话：13623773516）

案例10

福建龙岩漳平利用烤房培育食用菌

【项目背景】

1. **基本情况**　漳平属福建省龙岩市的一个山区县级市，常年种植烤烟4.5万～5万担，其他主要经济作物有食用菌、茶叶、毛竹等传统产业。近年来，漳平烟区种植模式主要以烟—稻、食用菌—稻为主，其中种植食用菌规模较大，仅种植香菇生产规模就达1000万棒以上，年产干菇约850吨，种植烤烟和食用菌是烟农的主要经济收入来源。

2. **提出原因**　漳平产区目前拥有烤房957座，烤房群多，设施完善，而烤房作为烟叶烘烤设施每年利用时间仅有2个月，其余时间处于闲置状态，利用率较低。根据国家局促进烟农增收要求，龙岩市借助食用菌产业优势，探索利用烤房培育食用菌，为提高烤房利用率、增加烟农收入，寻求新的出路。2014下半年以来，漳平分公司先后成功开展了烤房内栽培茶树菇、毛木耳的试验，为烤房及附属设施的综合利用奠定了基础。

【发展思路】

1. **指导思想**　以利用主业优势，加大资源整合，创新"合作社＋"的组织模式，积极引导烟农合作社带领烟农利用烤房培育食用菌为重点，努力拓宽烟农增收渠道。

2. **发展定位**　充分发挥烟农专业合作社的架构优势及漳平食用菌产业优势，以烟叶种植为主体，配合食用菌种植进行多元化发展；以"烟叶＋食用菌"的模式作为漳平烟农增收的主要方式，走特色路带动烟农增收。

3. **实施方式**　采取"烟草引领、合作社管理、烟农参与"的发展模式，采用统一选址、集中管护的原则，通过创建示范基地，加大技术培训，加强加固产业发展。烟农合作社坚持"解决两头难题、促进中间生产"、按户收取服务费、不以赢利为目的的原则，做到"三统一"：统一生产菌棒，节约成本，以优惠价格供应农户；统一培训种植食用菌技术，提高种植户栽培水平；统一销售，拓展多渠道的销售模式和手段，以取得最佳经济效益。

4. **实施步骤**　烟农合作社围绕降低菌棒成本、生产规范管理、销售利润最大化等三项服务，一是信息服务，包括协调烤房群、不定期发布菌种菌棒价格信息等；二是技术服务，包括人员的组织、指导督促技术落实等；三是销售服务，包括联系销售渠道、进行价格谈判等。

5. **预期目标**　力争到"十三五"末，达到综合利用烤房及附属设施500座，培育食用菌200万袋，总产值1000万元，每座烤房利用时间增加4个月，烟农户均增收0.81万元/万袋，形成一套成熟的食用菌种植增收模式。

【主要做法】

1. **积极探索，努力创新** 2015年开展烤房培育香菇菌棒项目和烤房烘烤加工，效果良好，并取得实用新型专利证书。2016年，通过"合作社+"的形式，发挥能人带动，推广应用辐射到周边镇村，全年共推广应用105座烤房培育食用菌，通过海晟连锁与烟农合作社组织销售网络，项目取得较大成功。

2. **积极宣传，政策引导** 为落实好烤房综合利用，促进烟农增收，以烟农自愿开展为原则，福建省烟草公司龙岩市公司制定出台了《密集烤房综合利用培育食用菌技术及其运作模式研究项目实施方案》（岩烟司〔2016〕89号），该项目已在福建省局（公司）立项；漳平分公司也连续两年制定出台了《密集烤房综合利用项目实施方案》（漳烟司〔2015〕33号、漳烟司〔2016〕31号），明确了年度目标任务、运作模式、组织保障及费用预算等内容。

3. **依托平台，能人带动** 一是依托烟农合作社平台，以烟农为主，将有意向参加该项目的烟农组成一个群体，本着风险自担的原则，开展菌袋采购接种、烤房走菌丝、田间栽培管理、采收加工、用工管理等食用菌的生产栽培。二是由烟农合作社在烤房综合利用项目团队中挑选组织管理能力较强、威望较高、诚信度好和有经验的管理者，担任项目实施"先锋"，发挥承上启下、中间纽带的重要作用，负责协调烤房群、协调食用菌种植户、指导督促栽培技术落实、示范项目全程跟踪记录等。

4. **规范运作，完善设施** 签订烤房培育食用菌服务协议，明确双方责任义务；根据烤房群的不同情况，测算改造所需材料，烟农合作社组织完善烤房技改，烟草部门予以补贴；由烟农合作社、烟草部门共同参与，落实菌袋的规范摆放，清点落实烟农培育食用菌的数量，统一造册登记，按规定扶持标准0.2元/袋，予以补贴运输费用，然后以在线支付的形式兑现。

5. **完善模式，严把技术** 一是督促烟农做好烤房培育食用菌前的准备工作；二是把好前期烤房培育食用菌的技术关键；三是落实中后期田间生产的规范技术，确保产质量的提高。

6. **多方互动，产销结合** 烟草公司、烟农合作社与种植户三方互通信息，充分利用海晟连锁的销售渠道进行精包装销售。同时由烟农合作社统一联系集团消费、土特产商店、农产品加工企业等，辅以微信、微店等网络方式，实现产品多渠道投放，夯实了产业发展基础。

【主要成效】

1. **经济效益**

（1）降低生产成本。通过利用烤房及附属设施培育食用菌，相比常规可降低成本11

元/米^2，按照每座烤房及附属设施面积45米^{2}计算，每座烤房可降低生产成本495元，降本效果十分显著。

（2）促进烟农增收。通过利用烤房及附属设施培育食用菌，可提高菌棒利用率5%以上，相比常规生产具有成本下降、增加收益、投入产出比提高等优势，平均增收0.19元/袋。按照每座烤房培育食用菌4 000袋计算，每座烤房培育食用菌可增收760元，烟农的户均纯收益由0.49万元增加至1.3万元，增长幅度高达165.31%，烟农增收效果十分显著。

（3）实现废物利用。漳平分公司研发了以食用菌菌渣为主体原料的功能性有机肥，并生产了500吨供烟叶生产使用，实现了有机废弃物资源化处理，同时为烟叶生产提供了安全肥源。

2. 社会效益

（1）优化产业。目前，食用菌产业作为一项成熟的产业链，前期材料费用投入大，使用时间短，一定程度上制约着该项目的发展。利用烤房及附属设施培育食用菌能节省部分材料费用，而且场所较为宽敞，菌棒的堆放、翻堆整理便于操作，堆放数量较多，同时可以减少占用良田面积，优化烟田的合理布局，为提升烟叶质量打下基础。烤房设施完善后，还可以具有调节烤房群内的温度和湿度功能，创造有利于菌丝快速生长的暖湿小气候。

（2）良性对接。因地制宜综合利用烤房及附属设施发展辅助产业，实现烟草和食用菌产业的良性对接，既丰富了当地食品的供应，又解决了烤房闲置时间长的问题。利用烤房＋稻谷烘干器烘烤加工香菇，形成一套当地利用密集烤房烘烤加工食用菌品类的加工技术体系，研究成果获国家专利。

【主要经验】

1. 发挥优势，助力增收　一方面充分发挥海晟连锁的成熟销售平台优势，在海晟门店全面投放产品；另一方面由合作社牵头，串联各方资源，形成一条潜力巨大的产业链，将地方小产业做成大品牌，为烟农增收添砖加瓦。

2. 创新模式，合作共赢　改变之前农户单打独斗小户经营模式，以合作社组织带动产业发展，从而带动烟农增收。在发展中充分发挥市场主体独立自主的作用，通过合作社为载体，带动烟农参与到生产中来，健全产业链，达到在合作社取得发展成就和经济效益的同时保证烟农增收的双赢效果。

3. 程序严格，规范操作　从制度上对烤房综合利用的年度目标任务、运作模式、组织保障等做出了明确界定，保障了项目的严肃性。同时还制定了周密的实施方案和科学的工作进度表，确保按时按质完成工作任务。

4. 技术规范，提高水平　通过烟农合作社牵头，根据食用菌生产环节制定详细的生产技术培训计划，召开技术培训会，加强现场技术指导，统一技术规范和要求，提高烟农食用菌种植技术水平。

【综合点评】

该项目探索充分利用密集烤房（群）及附属设施，在非烘烤季节培育食用菌、生产经营食用菌类产品，主要利用烤房种植，经初加工后可长时间保存、远距离销售。解决了密集烤房每年利用时间短、闲置时间长的问题，形成以烟为主、食用菌为辅的农业产业链，在稳定烟农队伍、培育职业烟农、促进烟农增收等方面具有重要的意义，经济、社会效益明显。

（联系人：程思逸，联系电话：18250029072）

案例11

江西赣州信丰利用烤房经营稻谷烘干经验介绍

【项目背景】

水稻是信丰县种植面积最大的农作物。稻谷一般以晾晒干燥为主，在晾晒过程中需要将稻谷铺平铺薄，以加速水分散失。晚稻在日照时间较短的10月份收割，需要3~4天才能晒干。重复的铺平、集堆，增加了农民的用工成本。随着种植规模的增大，因受场地限制导致大量稻谷未能及时晒干而霉烂，造成较大的经济损失。此时烤房正是使用空闲期。利用烤房烘干稻谷在行业网站已有报道，鉴于此，信丰烟草积极指导合作社综合利用烤房为烟农开展稻谷烘干，降低稻农晾晒成本，促进烟农增收。

【发展思路】

1. 以烟为主，综合利用 烤房在5~8月需要用于烟叶烘烤，其他时间段属于闲置期。在闲置期综合利用烤房的容纳空间、供热设备服务大农业，既能发挥烤房的作用，又能给烟农带来一笔额外的收入。

2. 因地制宜，选好项目 通过调查研究，在信丰水田乡镇，烟叶户均规模在40亩以上，一般在烟叶采收结束后都会轮作晚稻，而在晚稻集中收割时，受场地限制及短日照影响，稻谷难以及时晒干，易引起霉烂。据了解，在赣北地区，有利用供热设备进行稻谷烘干而防止霉烂的做法。鉴于此，信丰烟草积极指导合作社利用现有烤房的供热功能开展稻谷烘干。

3. 积极探索，分步实施 目前，大部分烤房属于气流下降式热风循环类型，底部有个回风口。根据烤房的这一特性构造，技术人员在密集烤房回风口以上位置安装了一层分风铁筛网，将稻谷铺在分风网上，既利于排湿又可以热风循环。在明确稻谷烘干技术措施后，采取一点试验、分步推广的模式实施，在一座烤房试验成功后，立即在其他乡镇按照烟农需求进行示范推广，推广面积2 500亩。

【主要做法】

1. 争取支持，拓宽资金来源 安装稻谷烘干设备需要投入0.3万~0.4万元/套，资金投入量较大，合作社现有资金难以做到大规模示范推广。因此，西牛金黄烟叶合作社积极与乡镇农业部门衔接，争取涉农资金扶持，增加设备安装数量。

2. 积极协作，扩大服务范围 积极与水稻合作社协作，引导水稻种植专业户参与稻谷烘干服务，既能服务大农业，又能提高设备利用率、扩大服务范围、增加服务收入。

3. **合作社引导，动员社会参与** 在密集烤房集中的地方，由合作社组织开展稻谷烘干服务；在烤房设施分散、地理位置相对偏远的地方，由烟草部门（合作社）提供稻谷烘干技术指导，鼓励动员烟农（种粮大户）自主投资应用烤房烘干稻谷技术，提高烤房设施利用率，促进农民增收。

4. **科学定价，突出主体优势** 稻谷烘干经营定价由社员代表在综合考虑各项成本投入、预计服务数量等因素后一并核算确定，并对社员烟农与非烟农采取差异化定价收费模式——烟农社员以保本经营定价收费，非烟农种粮大户以略有盈利定价收费，价格相差约20元/吨，充分体现烟农主体的优势，提高合作社的吸引力。

5. **规范管理，有序经营** 参与合作社稻谷烘干服务涉及的财务资金均采取电子非现金结算。在服务过程中，合理设置搬运工岗、加煤工岗、现场管理员岗，明确各岗位职责、作业流程、薪酬待遇、考核办法，确保服务有序开展。

【主要成效】

（一）合作社效益

1. 成本测算

（1）固定资产成本。稻谷烘干设备安装费约0.4万元/套，按每年每套服务稻谷8万斤[①]，每套服务时间5年，折算资产投入成本约为0.01元/斤。

（2）电力、煤炭成本。每烤次稻谷重量约为8 500斤左右，需消耗电费90元左右，燃料费250元左右、折合能耗成本约为0.04元/斤。

（3）人力成本。烘干每烤稻谷，加煤炭工工资30元、搬运工150元，折合人工成本约为0.02元/斤。

（4）总成本。总成本约为0.07元/斤（7分/斤）。

2. 收入情况

（1）服务定价情况。社员烟农为0.08元/斤（8元/担），种粮大户（非烟农）为0.1元/斤（10元/担）。

（2）服务收入情况。服务社员烟农约1 800亩，稻谷烘干量为865吨，收取服务费13.84万元；服务非社员约700亩，收取服务费：稻谷烘干量为360吨，收取服务费为7.2万元，合计收取费用21.04万元。

（3）成本投入情况。电力成本2.63万元，煤炭成本7.25万元，人工成本5.4万元，设备折合成本约为3万元，累计成本投入约为18.28万元。

---

① 斤为非法定计量单位，1斤＝500克。

（4）盈利情况。盈利＝总收入－成本投入＝21.04－18.28＝2.76万元。

（二）服务对象效益

1. 传统稻谷晾晒成本投入　每人每天晾晒稻谷2 000斤左右（1吨），晚稻晾晒时间至少3天，期间需要重复地将稻谷铺散、集堆，工人工资70元/天，工资至少需要210元；遇阴雨天气，成本将更高。

2. 稻谷烘干成本投入　按照服务定价收费标准，烘干1吨稻谷，收取烟农社员服务费160元，种粮大户（非烟农）200元，为烟农节约成本至少50元/吨，种粮大户10元/吨。

3. 效益测算　烟农种植户均规模40亩，稻谷产量约20吨，产生经济效益1 000元/户；种粮大户规模约100亩，稻谷产量约50吨，产生经济效益约500元/户。

4. 隐形效益　防止稻谷霉变，加固稻谷干燥速度。

（三）社会效益。

（1）促进了水稻种植集约化生产。
（2）减少了用工投入，解决了用工难题。
（3）推动了水稻种植规模化生产，解决了水稻规模化种植中的稻谷干燥难题。

【主要经验】

1. 选择项目是前提　结合实际需求，因地制宜选择有市场需求的项目，防止出现投入大量成本最后颗粒无收的现象。

2. 规范管理是关键　服务定价方面，综合考虑服务成本、市场价格、烟农利益、合作社适当收益等因素，测算服务对象能接受的价格，双方互赢；人员管理方面，合理设置岗位，明确各自职责、薪酬、考核办法等；财务管理方面，采取非现金电子结算，收支平衡。

3. 烟农增收是目标　利用综合设施开展多元化经营，要以烟农增收、普惠烟农、服务大农业为目标，这样合作社才能有生命力。

【综合点评】

充分利用烤房闲置期因地制宜开展稻谷烘干经验，既有利于解决规模化发展中存在的水稻干燥难题，又有利于实现水稻干燥减工降本，在促进农户增收的同时，合作社能获得一定经营效益。水稻是信丰的主要农作物，推进该项目实施具有很大的市场，对于推动规模化水稻种植有一定的作用。

（联系人：刘典三，联系电话：15879751393）

案例12

湖南永州宁远利用烤房烘干稻谷

【项目背景】

永州市位于湖南省西南部，是一个典型的农业大市，由于其得天独厚的土壤、温度、水分、热量等自然生态条件，成就了永州这一全国烟叶生产最适宜区，目前年生产规模稳定在65万担左右，是湖南第二大产烟区。烟稻轮作是永州历来的种植习惯。2014年9月至11月，正是二季稻成熟与收割的季节，永州宁远遭遇连续阴雨天气，导致二季稻无法收割，或收割后无法晾晒，给当地烟农带来了严重的经济损失。永州市宁远县柏家坪镇烟农刘兴文当年种植二季稻80亩，原本打算赚几万，因天气原因，有的收割回来的稻谷多次晾晒花费了大量人工成本，有的早以发芽在田里，最后还是亏了本。

刘兴文是永州宁远县柏家坪镇的一位普通烟农，今年48岁，初中文化，2004年开始种植烤烟，由于懂技术、勤钻研，烟叶生产水平逐年提升，生产规模也不断扩大，烟叶种植由起初的10多亩，发展到2015年的150亩。刘兴文又是一个永不言败的烟农，2014年虽然种二季稻亏了本，但他仍不放弃，2015年种植烤烟150亩，烤烟收割后继续种上了二季稻。除此以外，他还承包了村里其他烟农50亩空地一起种上了二季稻。由于上一年的教训，刘兴文一边忙于农事，一边思考如何解决稻谷晾晒问题。

起初，刘兴文想到购买烘干机烘干稻谷，得知购买烘干机虽然国家有补贴，但自己仍然要出8万元成本，对于一个普通烟农来说，8万元不是一个小数字。有一天，刘兴文突发奇想：我们的烤房可以用来烘烤烟叶，是否也可以用来烘干稻谷呢？大胆设想、大胆尝试是刘兴文一贯的作风。为了让想法变成现实，刘兴文独自一人来到湖南郴州，向烘干机经销商学习稻谷烘干原理，虚心向专家请教。回到家里，刘兴文先对两座烤房进行改造试验。通过试验，烘干出来的稻谷质量很好，且省工省力。周边烟农也纷纷效仿，加之本服务区烟农合作社的有效组织，一时间在该镇全面铺开。从此，该镇烟农再也不担心二季稻的晾晒问题，二季稻种植面积由2014年的2.01万亩发展到2.31万亩，据不完全统计，至少为当地农民增收130万元。

【发展思路】

以助农增收为目的，以创新烤房利用为手段，采取"烟农试验，合作社搭建平台"的方式，将烤房功能由原有烘烤烟叶拓展到烘干稻谷，充分发挥烤房的综合利用，力争实现新增全镇二季稻种植面积3 000亩，新增农民收入120万元。

【主要做法】

1. **简易改造烤房**　烟农刘兴文是位老烟农，对烟叶烘烤技术非常了解，也很熟悉烤房的烘烤原理，他认为用烤房烤谷与烤烟原理是一样的，烤烟是用烟秆将烤烟挂起来，如果要烤干谷子，也只能像烤烟一样悬空起来烤。弄明白了这个道理，刘兴文立即请来了焊接师傅，在烤房底部四周焊接支撑稻谷的钢柱。钢柱高于出风口，再在钢柱上面将事先准备好的铁丝网筛铺上，网筛孔略小于谷粒，这样简易的烤房改造工作就完成了。烘烤稻谷时，只需将谷粒平铺在网筛上即可。来年烤烟时再将铁丝网筛搬出烤房就可烤烟，改造后的设备还可多年重复使用。

2. **探索烘谷技术**　对于用烤房烘烤稻谷，烟农刘兴文心里很清楚，烘烤温度越高，时间越长，烘烤成本就越高。如何将稻谷烘干，又少用煤电，则成为这位老烟农探索的重点。在尝试烤第一房谷子时，他试着将温度控制在50℃，每过五六个小时就去查看一次稻谷的干燥情况，发现稻谷在烘烤三天后全部干燥。在烤第二房稻谷时，他试着将温度调控为45～48℃，三天后，谷子同样也达到了充分干燥，相比第一房，第二房烘烤用煤较少。就这样，经过反复的试验对比，他总结出烘烤温度控制在40～45℃效果最佳，开大风机，连续烘烤72小时，稻谷即可烘干。

3. **搭建合作平台**　听说烤房能烘干稻谷，其他烟农也纷纷效仿，可由于改造一座烤房需要3 000元左右的费用，有很多一年只烤1至2房的小户觉得不划算。刘兴文于是想到了以烟农合作社为平台，像组织烟叶烘烤一样来组织专业化烤稻，这样既解决了小户成本高的难题，还保障了烘烤质量。刘兴文将自己的想法与合作社进行了沟通，合作社全力支持。一方面加强宣传，将烤房烘烘的业务及好处一一告知社员；另一方面统一改造烤房，让规模小的烟农几户共用一个烤房，费用分摊，烘烤技术由合作社统一负责，烟农省心省事，参与度极高。2016年共改造烤房100多座，烤谷服务面积达6 000余亩。

【主要成效】

1. **解决"无地晒"的难题**　随着现代化建设的深入推进，当前农村晾晒稻谷的地方越来越少，有很多烟农不得以将稻谷晾晒到学校操场或公路旁，严重影响了社会秩序和交通安全。如今有了烤房烤谷，一房一次可烤2万斤，三天烤一房，可解决20亩的稻谷晾晒问题。一座烤房按烘烤5次计算，半个多月可烤100亩水稻，100座烤房可满足1万亩稻田的烘烤服务，从此再也不愁稻谷无地晒的难题了。

2. **解决"成本高"的难题**　经测算，若按之前晾晒在地上计算，晒1 000斤谷子需要2个人工，按照80元/天计算，则需要费用160元，折算每斤成本为0.16元；如在晾晒过程中遇下雨，则需更多用工，甚至有的稻谷直接被雨水冲走或发霉变质。而现在用烤房烤谷子，成本大为减少。经测算，烘烤一房20 000斤的谷子，只需用煤600元、用电105元、人工费200元，折算下来烘干成本约为0.05元/斤，每亩二季稻按1 000斤计算，每亩可节约费用110余元。

3. **解决"不愿种"的难题**　之前，有部分烟农由于种二季稻无地晾晒或晾晒成本高，采摘烤烟后不愿意种二季稻，导致烟田下半年抛荒，难以全面落实烟—稻轮作制度，不仅减少水稻种植收入，还直接影响来年烟叶生产。现在有了烤房烤谷，烟农不再为稻谷晾晒问题而发愁。从今年承包烟田的情况来看，当地烟田实现"零"抛荒，烟烟—稻轮作全面实现。

【主要经验】

1. **改造烤房要适用**　在改造烤房时，烤房底部钢柱要牢固不能松动，并且要高于烤房底部出风口，否则会影响烤房出风口气流量。铁丝网筛孔要合适，直径应略小于谷子直径，筛孔太大会掉谷子，太小会影响气流循环速度。

2. **烘烤重量要适度**　太多，影响气流循环并压坏网筛和钢柱支架；太少，影响烘烤效率，增加烘烤成本，一般每房装2万斤谷比较适宜。

3. **烘烤温度要稳定**　烤谷与烤烟一个原理，不能忽冷忽热，要保持温度的均匀性。温度太高，容易烤焦，还浪费煤；温度太低，达不到烘干的效果，最好维持在40～45℃比较合适。

4. **烘烤周期要灵活**　烘烤周期不是一成不变的，而是要根据稻谷的干湿程度灵活处理：湿度大适当延长烘烤周期，湿度小适当缩短烘烤周期，一般为72小时左右。

【综合点评】

该项目通过烟农自行创新烤房利用，由合作社搭建平台全面推广，实现烤房功能由原有烘烤烟叶拓展到烘干稻谷，增加了烟农收入。此项目具有"简单易操作、实用易复制"的特点，不仅具有较好的经济效益，还有较好的社会效益，是一个多赢的项目。

（联系人：唐专明，联系电话：0746-8410631）

❦ 案例13 ❧

云南丽江古城区利用烤房烘烤玛咖等农产品

【项目背景】

密集式烤房是烟叶生产基础设施中建设数量最多、投入最大的项目之一，而在烟叶生产中，烤房使用时间仅为3个月左右，其他时间基本上均处于闲置状态。为有效解决闲置烤房利用的难题，古城区局（分公司）积极引导烟农专业合作社利用烤房烘烤玛咖等农产品。

玛咖，原产于海拔3 500～4 500米的南美安第斯山区，因其具有可强壮身体、提高生育力、改善性功能、抗抑郁、抗贫血等特殊功能备受推崇。但玛咖种植需要特殊的环境和气候。它要求海拔4 000米以上，气候恶劣而土地肥沃，日夜温差达60℃以上，这样的地方在全世界都是很少见的。位于丽江市境内的玉龙雪山是青藏高原范围内最边远的有海洋性冰川分布的高山，气候雪线在海拔5 000米左右，地形雪线为4 000～4 500米，其地理环境、气候、海拔、土壤与秘鲁安第斯山脉极为相似。曾有国外植物学家长驻丽江专职研究玛咖种植项目，从而在雪山一带散布着较为丰富的野生玛咖。经中国科学院工程院测定，该地区的玛咖营养成分已达秘鲁玛咖水平。据悉，该地区生长的玛咖是国内唯一能提供正宗玛咖原料的产地。

丽江玉龙雪山一带得天独厚的地理环境为玛咖生长提供了有利的条件，因此种植玛咖也成为当地农民一项主要的经济来源。冬季丽江玛咖丰收上市，新鲜玛咖销路有限，要想延长玛咖使用寿命需将玛咖烘干后储存，也便于丽江玛咖销往全国各地。但按照原始方法，依靠太阳晾晒玛咖费时、费力，若遇到阴雨天，很多未能及时晒干的玛咖将腐烂损坏。而很多农民自行发明的烘烤方法，技术上难以掌握，烘烤出的玛咖质量不佳，还费时、费柴、费煤。

由于密集式烤房保温保湿性能好、能加热，而且冬春季节闲置，非常适合烘烤玛咖。2013年，古城区共和烟农专业合作社开始探索利用烤房烘烤玛咖。经过前期探索，用烤房烘烤出的玛咖质量好、颜色好、卖相好，且费用低、操作方便，因此广受农民欢迎。

在利用烤房烘烤玛咖取得成功后，合作社进一步探索了利用烤房烘烤其他农产品的服务，并取得了成功。

【发展思路】

以增加农民收入和发展烟农专业合作社事业为目的，探索闲置烤房的综合利用，拓宽合作社发展通道，引入多元化产业发展模式，切实提高合作社"自我造血"能力。通过烤房闲置期间的综合开发利用，不仅能多元化利用现有基础设施增加烟农收入，同时也能引

导广大烟区合作社走"以烟为主，多种经营"的发展道路，提高其积极性和自我发展能力、

【主要做法】

古城区共和烟农专业合作社服务范围覆盖古城区所有种烟区域。2013年，共和合作社结合丽江玛咖的品牌效应，抓住机遇，与四川双亿公司合作推广电烤房进行烘烤服务，通过烘烤试验及实践，总结出了玛咖烘烤的程序，为客户提供玛咖烘烤（上下车、清洗、装出炉、挑选、包装、上车）"一条龙"的服务。在局部试点成功后，合作社对全区烤房点进行培训，统一烘烤流程，统一服务标准，统一收费服务，将全区的玛咖烘烤工作纳入了统一的标准。

2015年，利用烤房烘烤玛咖项目经历了两年的有效操作，逐渐形成了更加规范的服务流程，也逐步确定了古城区区域利用烤房烘烤玛咖的唯一方式。

与此同时，合作社还积极探索其他诸如药材和蔬菜的烘烤技术，并于2014年试行，且取得了成功。目前，合作社已经可以利用闲置烤房做好玛咖、三七、重楼、天麻、附子和蔬菜的烘烤服务。

【主要成效】

一是成本低，烘烤周期短。利用烤房烘烤玛咖仅需3～7天。一座烤房每炉可烘烤玛咖4吨，按1 000元/吨收费，共需费用4 000元/炉。而用晾晒方法要1～2个月，而且要求场地大，还要反复翻晒和天气晴好，耗工耗时，产生的人工成本高。

二是烘烤技术易掌握。拥有烤烟的基础，烘烤玛咖更能得心应手，而且烤制的玛咖外观质量好，颜色更鲜亮。

三是利润高。利用烤房烘烤玛咖除了成本低以外，还能产生一定的利润。烤房烘烤每炉可烘烤玛咖4吨，毛收入4 000元，烘烤人工成本（上下车、清洗、烘烤、装出炉、分拣、包装）为1 500元，生产成本（电费、燃煤）1 300元，利润为1 200元/炉。产生的利润，除拿出一小部分用来维护烤房外，大部分收入将分红给社员。

四是覆盖范围广。经过合作社的运行，目前古城区范围内的所有烤房都能实现在闲置期烘烤玛咖或其他农产品的作业。2016年，共和合作社利用烤房共烘烤玛咖1.5万吨，按1 000元/吨收费，共为合作社和烟农增收1 500万元。

【主要经验】

一是进行玛咖或其他作物烘烤之前，需要对烤房进行清理。

二是在烘烤服务过程中，要严格按照既定的标准进行操作。

三是提前联系好客户，提前与客户做好沟通，在烤房闲置的第一时间就可以开始烘烤各种农产品的服务，充分利用好每一座烤房。除玛咖在冬季烘烤外，其他农产品可根据其生产周期在烘烤烤烟以外的时间进行烘烤，实现烤房全年的综合利用。

四是不同农产品的烘烤技术不同，需要合作社提前做好试点工作，并做好人员培训。

【综合点评】

转变单一的设施利用，在服务好烟叶生产的基础上，闲时也可为大农业服务，以发挥更大作用、取得更大效益。近年来，古城烟区利用烤房烘烤码咖的经验和做法为丽江市烤房综合利用找到了一条可行之路。

（联系人：童君，联系电话：15012230554）

案例14

云南文山马关利用烤房烘烤三七等农产品

【项目背景】

马关县位于云南省东南部，文山壮族苗族自治州南部，是一个集边疆、民族、贫困、山区为一体的县份，全县国土面积2 676千米^2，辖4乡9镇124个村委会（社区），总人口37.7万人，其中农业人口31.7万人，耕地面积44.36万亩。马关县立体气候明显，生物资源较为丰富，年平均气温16.9℃，总积温4 900℃～8 250℃，年平均降水量1 345毫米，相对湿度84%。由于海拔高低悬殊，马关县气候类型跨北热带、南亚热带、中亚热带和北亚热带。低坝河谷炎热，中山浅丘温暖，高山温凉，形成了"一山有四季，隔里不同天"的立体气候，适宜发展商品蔬菜、热区经济林果、烤烟、地产药材、畜牧养殖等特色农业，2001年被农业部命名为"中国草果之乡"，是世界茶树起源地之一。

全县现有三七种植面积1.9万亩，草果种植面积12.9万亩，辣椒种植面积6万亩。目前，种植户大多采用自然晾晒风干方法加工，传统方式耗工耗时，基本需要15天以上，人工成本高，同时受马关气候湿润、空气湿度相对较大影响，晾晒过程中极易霉变，晾晒干后水分控制达不到要求，保管过程中也会出现发霉变质，影响产品质量，给种植户造成很大的经济损失，是困扰种植户的一大技术难题。

烤烟产业是马关县经济发展、财政收入的重要支撑和烟农的主要经济收入手段。近年来，随着烤烟种植产业的不断发展，已配套建成卧式密集烤房2 045座，但因烤烟种植季节性强，烟叶收购结束后，烤房闲置，形成资源浪费，且烟农大部分处于农闲状态，形成人力资源浪费。为此，马关县分公司把当前农副产品难控干保管的现状与烤房具有自动控制功能，容易控制温、湿度和消毒灭菌及利用烤房烘烤加工时间短、易操作、成本低、烤后易保管不变质的优势充分结合起来，指导合作社建立了以烟农专业合作社为服务主体，利用密集式烤房闲置期间和烟农农闲时开展三七、辣椒、草果等农副产品进行代烘烤加工业务，从而开辟了烟农增收的一条新途径。

烤房综合利用既解决了马关县因气候原因造成三七、辣椒、草果等农副产品难保管、易霉变、自然晾晒成本高的难题，同时也解决了烤房闲置浪费和增加烟农收入问题，获得良好的经济效益和社会效益。

【发展思路】

围绕五大发展理念，打开烟农增收新局面。马关县分公司始终坚持以党的十八大和十八届五中、六中全会精神为指导，深入贯彻全国烟叶工作电视电话会议精神，认真贯彻落实"创新、协调、绿色、开放、共享"五大发展理念，以烟农专业合作社为服务主体，积极探索烟农增收途径，稳步推进烟农增收工作，稳定烟农队伍。紧紧依托及用好烟草行业烟叶生产基础设施优势和烟农专业合作社组织优势，利用烤房群空档期及烟农的农闲期，开展烘烤三七、草果、辣椒等多种农副产品代烘烤加工业务，潜力较大，找到了促农增收新途径，有效地推动了马关社会经济发展。

以点带面，稳步推广，规范运作。2016年，马关县烟草专卖局（分公司）以大栗树乡、八寨镇为试点，开展密集式烤房烘烤农产品实验，效果良好，现计划于2017—2019年在全县范围内逐步铺开。2017年，计划引导全县6个合作社组织烘烤三七0.1万亩，预计实现收入22.5万元；烘烤辣椒0.2万亩，预计实现收入24万元；烘烤草果0.2万亩，预计实现收20万元，计划共可利用烤房250座。2018年计划组织烘烤三七0.3万亩，预计实现收入67.5万元；烘烤辣椒0.4万亩，预计实现收入48万元；烘烤草果0.4万亩，预计实现收入10万元，计划共可利用烤房440座。2019年计划组织烘烤三七0.5万亩，预计实现收入112.5万元；烘烤辣椒0.6万亩，预计实现收入72万元；烘烤草果0.6万亩，预计实现收入60万元，计划共可利用烤房800座。

【主要做法】

马关县分公司通过调研论证，在不影响烤房结构及烘烤性能的基础上，以烟农专业合作社为服务主体，组织烟农利用闲置烤房烘烤辣椒、三七、草果等加工业务，主要采取工作措施：

一是强化组织领导，有力推进各项工作的开展。2016年县局（分公司）高度重视烟农增收工作，把烟农增收工作作为一项重要工作来抓好、抓实，并明确了以烟农专业合作社为服务主体，通过效益对比分析，加大宣传，为推广利用好闲置烤房烘烤辣椒、三七、草果等业务提供有力保障。

二是以点带面，试点先行，成效明显。随着烟叶规模不断缩减，面对烟农增收压力倍增，马关县分公司认真思考谋划烟农增收途径、增收潜力。为此，想到了烟叶烘烤结束后，有这么多闲置的烤房，能为烟农带来什么收益？2015年马关县烟草专卖局（分公司）在大

栗树乡和平小坡烤房群选择3座烤房分别用来进行烘烤辣椒、草果、三七实验。烘烤实验结果与常规自然晾晒加工对比，首先烤干的与自然晾晒干外观色泽上无明显区别，但前者含水量可控制在10%以内，保管不会出现霉变现象，而自然晾晒的水分在15%左右，难以长时间保管；其次是大幅度缩短了加工时间，自然晾晒要15天以上，而烤房烘烤只需3天时间，缩短了加工周期，有效降低了种植户加工费用，同时为烟农、合作社带来创

收。实验成效明显，得到了种植户和烟农的认可，引起极大反响。同时摸索出一套烘烤加工技术，为我县2016年推广使用烤房烘烤辣椒、三七、草果等农副产品奠定了坚实基础。

三是以烟农专业合作社为平台，强化宣传、组织实施。2016年，大栗树金秋烟农专业合作社、八寨丰隆烟农专业合作社将在2015年试点取得的成功经验进行推广，带动烟农多元化经营发展，把综合利用烤房烘烤三七、辣椒、草果等经济作物的优势印制成宣传册进行宣传，组织种植户、烟农代表进行经验交流，积极开展利用烤房开展烘烤加工业务。5月合作社制定并与种植户、烟农签订相关烤房租赁及代加工协议，明确各方权责利及烟农、合作社的收益分配制度。7月完成了烤房烘烤加工所需架子、箩筐等设施的配套，烤烟烘烤结束后及时启动了烘烤代加工业务。大栗树金秋烟农专业合作社组织了两群烤房群20座烤房共500亩辣椒代烘烤加工业务；八寨丰隆烟农专业合作社组织了三群烤房群30座烤房的三七、草果代烘烤加工业务，其中两群20座烘烤加工草果400亩，一群10座烘烤加工三七200亩。

【主要成效】

2016年，以烟农专业合作社为服务主体，开展了利用烤房烘烤辣椒、三七、草果业务，实现了烟农专业合作社、烟农及种植户增收的目标，主要取得以下成效：

一是拓宽了烟农专业合作社稳定发展渠道。2016年通过开展烘烤辣椒、三七、草果业务，共创收14.5万元。烟农专业合作社按10%提取管理费，实现收入1.45万元，提高了合作社自身发展的能力，有力促进了烟农专业合作稳定、持久、高效、健康发展，助推全县烟叶工作再上新台阶。

二是开辟了烟农增收新途径，有效改善烟农生产生活条件。共创收14.5万元，实现烟农创收13.05万元，占总收入的90%。其中大栗树金秋烟农专业合作社组织利用闲置烤房以代加工的形式烘烤辣椒实现收入6万元，其中合作社收取管理费0.6万元、烟农收入5.4万元；八寨丰隆烟农专业合作社组织利用闲置烤房以代加工形式烘烤草果、三七业务，其中烘烤草果实现收入4万元，其中合作社收取管理费0.4万元，烟农收入3.6万元，烘烤三七实现收入4.5万元，其中合作社收取管理费0.45万元，烟农收入4.05万元。

三是有效降低了三七、草果、辣椒种植户的加工成本。烘烤三七亩均费用486.5元，比自然晾晒亩均费用567.6元减少81.1元；烘烤辣椒亩均费用401.3元，比自然晾晒亩均费用450元减少48.7元；烘烤草果亩均费用240元，比自然晾晒亩均费用288元减少48元。

四是有效解决了三七、草果、辣椒等的保管问题。通过烘烤加工，能把水分控制在合理范围内，可长时间保管，不会发霉变质。

【主要经验】

2016年马关县烟草专卖局（分公司）在通过调研论证，在不影响烤房基本结构及烘烤性能的基础上，以烟农专业合作社为服务主体，组织烟农利用闲置烤房开展烘烤辣椒、三七、草果加工业务，主要取得以下几点经验：

一是领导高度重视，措施有力，确保烟农增收行动计划有序开展。

二是烟农专业合作社开拓创新意识逐步增强，自我造血功能得到了提高，拓宽了多元化经营促农增收途径，同时为做强烟农专业合作社打牢基础。

三是通过示范效应，辐射带动，真正让合作社、烟农、种植户三者都受益，形成了"合作社＋烟农＋种植户"的经营模式。

四是合作社不断积累了烘烤加工技术及管理经验，为完善下一步综合利用烤房促农增收奠定了一定的基础。

【综合点评】

通过该项目的实施及推广，为烟农增收工作开辟了一条新途径，减少了烟农在非烘烤季节维护密集式烤房的时间和精力，真正实现了"双赢"，同时为解决周边农民就近务工、增加农民收入作出了新贡献。在下一步工作中还可以紧密结合密集烤房的优势，综合利用发展种植蘑菇、木耳等产业，进一步提高烟农收入。

（联系人：黄绍贵，联系电话：13769600932）

第二篇
育苗大棚综合利用

案例15

贵州贵阳开阳利用育苗工场综合实施品牌化经营

【项目背景】

目前，受烟叶提价触顶、规模提升乏力、比较效益下滑、单产提高有限等诸多因素的影响，持续推进烟农增收致富的难度进一步加大。

每年我们的育苗大棚利用的时间段仅4个月左右，其余时间均处于闲置状态，造成了资源的浪费。为进一步拓展烟农经济收入途径，盘活闲置资源，我们开展了育苗大棚闲时利用的探索。

积极开展育苗大棚空闲期综合利用研究，不仅解决了资源闲置的问题，还带来了可观的经济效益。过去，农民在自己家的地里，以露天的形式栽培一些本地的应季蔬菜，收获后到市场上进行销售。这些蔬菜由于品种单一、品质低，并且应季蔬菜同时集中上市，市场竞争激烈，效益不佳。现在城镇居民生活水平普遍提高，除蔬菜上市的春夏季，其余时间对绿色无公害、新鲜蔬菜的需求也开始增长。这一需求就是一个一个市场，但这个市场用过去的露天栽培方法不能满足，利用大棚进行蔬菜等经济作物种植，已经成为新时期经济效益较好的一个产业。如能根据市场的需要，进行科学规划，发展种植名、优、特有机蔬菜，并且进行产、供、销的整合，可以开辟一个全新的高利润产业模式。为此我们闲时对烤烟育苗大棚进行了合理利用。

【发展思路】

一是全面贯彻"五大发展理念"，推进农业供给侧改革，把增加烟农收入作为工作的核心任务，以转变烟叶生产方式为主线，以减工降本为中心，以适度规模种植为着力点，做精做强主业，持续提升烟农收入，创新工作机制，降低烟叶生产成本，拓宽增收渠道，提高烟农多元收益，切实促进烟农持续增收，为行业稳定发展奠定坚实的基础。

二是依托烟农专业合作社，积极开发富有特色、附加值高的特色农产品，实施规模化生产、产业化发展，盘活生产要素，深入挖掘烟农增收潜力。

三是不损坏育苗大棚原则。育苗大棚进行种植管理要以不得损坏育苗大棚为前提，不得影响来年烤烟育苗需求。

【主要做法】

2016年开阳龙腾农民烤烟合作社在开阳县局的领导和支持下，开展了育苗大棚闲时利用探索，经过一年多的探索初见成效。

1. **项目组织形式**　由县局、烟叶站指导，合作社实施的组织模式进行。2016年开阳龙腾农民烤烟合作社开展了丝瓜、葡萄、西瓜、豇豆、黄瓜等蔬菜瓜果种植，取得了成功。

2. **配套技术**

（1）葡萄种植。通过对大棚进行改造，在不影响烤烟育苗的前提下，充分利用大棚剩余空间，合理设置葡萄苗木生长区域，并保持多年相对稳定。

（2）蔬菜种植。烤烟种植育苗结束后根据市场需要，提早播种空心菜等喜温速生蔬菜，提早上市。部分棚种植西瓜、黄瓜，冬季栽培生菜、葱蒜类蔬菜，采取多种种植，把种植风险分散，合理间套作，在大棚拱杆旁种植丝瓜任其沿拱杆爬蔓，或在番茄生长后期，在畦边定植冬瓜，利用番茄的支架爬蔓，增加大棚产出。

（3）大棚管理。大棚蔬菜种植技术环节中，肥害和高温危害是影响蔬菜产量、品质和效益的重要因素。一是肥料管理。化肥宜深施或溶解在水中浇施。因大棚内肥料流失少，其施用量应该低于露地蔬菜。尤其是栏肥和人畜粪尿，必须要充分腐熟发酵后施用。施后要加强通风换气，夜间也要保持一定的通风量，以防

肥料分解时产生的有害气体在大棚内积累，对蔬菜产生毒害。二是温湿度管理。大棚内白天温度保持20～25℃，夜间15～18℃。控温可结合通风换气、喷水等措施进行。大棚土壤缺水时，应及时补充水分，以水调温，减少高温危害。特别要加强通风，调节大棚内空气，使空气新鲜，排除大棚内一切有害气体。外界气温上升到18℃左右时要逐渐进行通风。

（4）市场开发。为了更好地产销农产品，开阳龙腾农民烤烟合作社建立了龙腾金叶星火公共微信账户，主要进行相关农产品的推销并开设了微店，关注微信公众号即可进行农产品预售。通过电子商务销售正逐步打开农产品销售渠道，为下一步的扩展经营打下坚实的基础。

（5）品牌培育。为了更好地销售闲时利用烤房出产的农产品，开阳龙腾农民烤烟合作社正积极注册商标，打造绿色安全农产品品牌。

【主要成效】

2016年利用闲置期间的育苗工厂13 200米²，种植丝瓜、葡萄、西瓜、豇豆、黄瓜等蔬菜瓜果，创收6.44万元。

【主要经验】

一是加强领导，积极引导。各级领导对此项工作的认识和重视程度，直接影响助农增收的实现；同时，只有通过积极引导，才能解放思想，促进观念改变，寻求新的出路。

二是发展的基础是烟农的参与。在产业项目实施工作中，要充分调动烟农生产的积极

性，只有把烟农的积极性调动起来了，项目实施的规模才能扩大，烟农增收覆盖面才能更大更实。

三是走品牌化营销之路。好的产品要取得不错的经济效益离不开品牌规范化销售。在发展过程中，充分发挥了市场主体的独立自主的作用，通过以品牌为载体，在品牌取得发展成就和经济效益的同时，带动大多数烟农参与到产销中来，切实为农民增收致富提供了有效渠道。

【综合点评】

烤烟育苗工场服务于烤烟生产只是在每年1～4月，其他大部分时间多为闲置，给管护工作带来很大困难。开阳龙岗龙腾烟农专业合作社充分利用育苗工场在非烤烟育苗季节开展蔬菜、水果栽培，为烟农就业提供保障，增加了合作社造血功能，同时达到以用促管的目的，此模式为烟区烟基设施综合利用指明了方向，具有较好的推广应用价值。

（联系人：饶陈，联系电话：13595015073）

案例16

云南大理祥云利用育苗大棚种植秋豌豆

【项目背景】

近年来，祥云烟区逐步发展了烟田套种豌豆模式，产值效益可观，但受8～9月份天气条件的影响，尤其是降雨较多的年份，对豌豆播期及苗期生长影响较大，从而导致烟田套种年度产值效益波动较大，气候适宜的年份，亩产值可达5 000～6 000元，而不利的年份仅2 000元左右。目前祥云县用于烤烟育苗的大棚有621个，当年在利用的大棚479个，因烟叶计划调减闲置大棚142个。本项目探索了育苗大棚栽种秋豌豆模式，以期提高育苗大棚利用率，增加烟农收入，同时借助大棚设施条件，探索豌豆优质高产栽培技术，为提高烟田套种管理水平提供理论技术支撑。

【发展思路】

以烟农合作社为主体，联合涉农企业，依靠县内近两年形成的豌豆产、供、销交易平台，瞄准全国青豌豆市场需求季节性变化，利用育苗设施对作物生长田间小气候的可控性，探索大棚豌豆优质高产种植技术体系，分析产值效益，在促进大棚豌豆种植规模化发展的同时，为提高烟田套种豌豆管理水平、实现高产稳产提供理论技术支撑。

【主要做法】

1. **组织形式与运行机制**　采取"合作社＋企业"组织形式。合作方由祥云下川合作社、昆明农禾农资有限公司和云南鑫锐农资有限公司三方组成。三方签订合作协议，明确责任分工：合作社提供刘厂松梅和下庄张泗营两个育苗棚群80亩育苗大棚设施，派出三个管理人员负责日常生产组织管理；昆明农禾公司负责配套资金；云南鑫锐农资有限公司负责提供籽种及种植技术，并派专人驻点指导，驻点费用自行承担，不计入项目经营成本；所需化肥、农药、爬藤网等物资核算成产前投入，由三方共同承担。

2. **产品市场销售模式**　由昆明农禾农资有限公司按照最低保护价9.0元/公斤与杭州、上海、宁波豌豆收购方签订购销合同，实施订单供应。通过本地红青冷库进行包装处理，保证在72小时内通过冷链物流直接到达省外销售终端。

3. **收益分配结算方式**　合作社建立专项财务科目，对生产经营支出、收入实施明细账管理，统一经营核算管理。在经营结束后，合作社、昆明农禾、云南鑫锐三方按照20：45：35的比例分配盈利总额。

4. **配套技术组织生产**　在7月中旬，由合作社按照种植技术方案进行大棚整地播种，每

130厘米开墒，墒宽90厘米，沟宽40厘米，使用的豌豆品种为绿海珍珠长寿仁甜脆豌豆，播种量每亩3～4公斤，株距8厘米，覆土2厘米。豌豆出苗后，重点做好拉网引蔓、水肥、病害防治种植技术管理。在豆荚谢花后25天左右，豆粒鼓起，荚果出现明显断腰时，适时持续分批用小折剪采收青荚，到采收结束，生育期110～120天。

【主要成效】

1. **大棚豌豆种植效益显著**　种植成本主要由物资成本和人工成本构成，其中物资成本包括籽种、竹竿、爬藤网、滴灌带、农药、化肥，每亩物资成本合计1 278元；人工成本包括整地、播种、搭网引蔓、施肥打药和成熟采摘环节用工，每亩用工成本合计1 768元。总计亩种植成本3 046元。每亩大棚豌豆平均产量为1 000公斤，按照市场平均价格9元/公斤，亩产值9 000元，扣除种植成本，利润5 954元（表16-1）。通过测算大田亩种植成本1 638元。每亩大田套种豌豆平均产量为500公斤，按照市场平均价格8元/公斤计算，亩产值4 000元，扣除种植成本，利润约2 362元。育苗大棚充分体现设施农业高投入高产出的优势，单株结荚20个左右，亩产青荚可达1～1.2吨，亩产量为大田产量的2倍，可比烟田套种豌豆提前上市，市场价格每公斤比大田豌豆高1元，亩产值高5 000元左右，利润高3 724元。

2016年下川合作社育苗大棚栽种豌豆80亩，合作社经营收入73.056万元，成本24.368万元，总计利润48.688万元，每亩纯收入6 086元。按照确定的利润分配比例，合作社收入9.74万元。

表16-1　每亩育苗大棚豌豆种植效益统计表

类别		项目	数量	单价	金额（元）	备　注
成本	物资成本	籽种	4.5公斤	35元/公斤	157	
		滴灌带	800米		200	
		爬藤网	750米	0.1元/米	75	
		竹竿	180根	1.2/根	216	
		农药			150	
		肥料	120公斤	4元/公斤	480	
		小计			1 278	
	人工成本	整地			230	含播种整地及收获后整地机械人工
		播种	1.4个	90元/个	126	
		搭网引蔓	2个	90元/个	180	含插竿、拉网、引蔓
		施药与水肥管理	4.8个	90元/个	432	施药8次、施肥4次，每次0.4个工
		成熟采摘	1 000公斤	0.8元/公斤	800	
		小计			1 768	
		合计成本			3 046	
收入		亩产值	1 000公斤	9元/公斤	9 000	
		效益			5 954	

2.形成了大棚豌豆种植技术规范　通过实践，初步建立了播期、播种、引蔓、水肥、病虫害防治和成熟采收大棚豌豆种植技术体系，为提高烟田套种管理水平提供理论技术支撑。

3.建立"合作社＋公司"经营模式　合作三方签订合作协议，实现了"风险共担，利益共享"的共赢合作机制。

【主要经验】

一是在合作模式上，按照合作社出场地、人员，公司配套资金、物资和技术，并负责市场销售，解决了项目资金、技术和市场三个难题，实现了共赢发展。

二是在播期选择上。豌豆为半耐寒性植物，开花结荚期以良好的光照和15℃左右气温为宜。受北方作物茬口矛盾和气候条件限制，9～12月是全国青豌豆市场供不应求期。在类似大理气候的烟区，结合市场需求状况，大棚种植豌豆适宜播期在7月中旬至10月。若播期过早，在开花结荚期大棚平均温度在25℃以上就会影响产量、质量；播期过晚，开花结荚期温度过低，同样影响产量、质量，同时与大田豌豆同期上市，形成不了价格优势。

三是在种植管理上。豌豆出苗期大棚温度保持在11～22℃，茎叶生长适温为12～16℃，开花结荚期保持在最适温度15～20℃，棚内温度超过25℃以上易使花器官败育落花落荚。同时豌豆不耐淹渍，按照苗期控水保墒，花荚期保持土壤湿润的原则加强水分管理，严防淹水或干旱造成落花落果。在施肥管理方面，按照足磷、钾肥的原则施肥。若磷肥不足，主茎基部节位分枝减少，植株伸长不足；钾肥不足，则会影响荚粒生长和鲜品甜度，从而影响产品质量、价格。

四是在市场销售上。大棚豌豆要较大田豌豆提前上市，才能实现最大种植效益。按照目前物流销售模式，需要一定的规模才能形成销售订单，因此需处理好小生产与大市场的关系。

【综合点评】

祥云下川合作社利用闲置育苗大棚，采取"合作社＋公司"形式，从市场定位、生产组织、配套技术、市场销售等方面率先开展大棚青豌豆种植经营项目，创新了大棚综合利用新方式，也为提高全州7万亩烟田套种豌豆管理水平、实现高产提供了技术借鉴。加之青豌豆是不同于一般蔬菜类的农产品，市场前景广阔，是带动烟农增收的一个好项目，值得在广大烟区推广。

（联系人：单奎，联系电话：18008725055）

案例17

贵州贵阳清镇利用育苗大棚培育生态有机蔬菜

【项目背景】

这几年来，芦荻哨村植烟土地一直被4～5户大户流转，年均烤烟种植计划保持在1 000担左右，烤烟产值约115万元。清镇市松峰烟农专业合作社在该片区建立了育苗、机耕、植保、烘烤和分级专业队伍，服务率均达到100%。但随着经济新常态的出现和农村社会生活水平不断提高，近年来芦荻哨村烤烟产业也面临严峻的考验。

(1) 国家局2013年以来出台三年烟叶总量调控政策，芦荻哨村在地方政府领导下，在清镇市烟草专卖局（分公司）党组的指导下严格执行烟叶总量调控政策。2011年芦荻哨村烤烟收购1 310.8担，2016年收购850担，下降35.15%，且2017年计划仅750担。尽管烟草企业在"提质增效、减工降本"方面做了不少努力，烤烟主营收入依然受到极大影响。

(2) 土地资源流转成本、劳务成本居高不下，种植主体存在知难而退的行为。土租维持在600元/亩以上、劳务成本90元/日·人以上，在烟叶面积缩减的情况下，通过烤烟营收支付土租和劳务费用，种植大户成本压力巨大。

(3) 烟叶生产基础设施闲置期间综合利用率低、管护成本高成为烟草企业难于解决的矛盾。芦荻哨村拥有50座一体的烘烤工场一座，承烤烟叶面积1 250亩，育苗工厂一个，面积6 912米^2，再加烟水配套工程、机耕道等，投资近1 000余万元。烟农专业合作社虽然开展了一些管护工作，但由于资金问题不能完全解决，给烟草企业带来了不小的经济负担。

(4) 全国经济波折致返乡农民工增加，无形中增加了当地农村就业压力。2014年以来，仅芦荻哨村返乡青壮年农民工就达30余人，返乡农民工不断增加，当地就业岗位严重不足的矛盾日益突显。此外，烟叶总量缩减情况下，烟农专业合作社专业队伍工资下降，队伍后备保障能力开始削弱。

近年来，贵阳市烟草专卖局（公司）审时度势、精准研判，在2016年启动"金叶星火"烟农增收计划，要求县局（公司）在做稳、做精、做强烟叶主业的前提下，加大推进专业化服务，以烟农专业合作社为主要依托，积极开展多种经营。2014年，清镇市红枫湖镇芦荻哨村育苗工场利用其优越的地理优势，综合开发大棚利用，开展有机生态蔬菜培育，开拓大型酒店、农家乐、超市等中高端市场，按照"家庭农场＋合作社＋投资商"模式不断探索、发展。由此，芦荻哨村有机生态蔬菜品牌应运而生。

【发展思路】

清镇市烟草专卖局（分公司）在清镇市市委、市政府领导下，按照"以烟为主，普惠共享，多种经营"的工作思路，认真盘活资源，精准定位市场，联合贵州省农业科学研究院、贵州大学、贵州财经大学等科研机构，加大对烟农专业合作社和种植主体的扶持和引导，力争在清镇市建成红枫湖生态示范园时，孵化、培养出芦荻哨村生态有机蔬菜特色品牌。

【主要做法】

通过三年来的发展，清镇市烟草专卖局（分公司）摸索出一条"怎么种→种什么→怎么销"的工作方法，确保芦荻哨村生态有机蔬菜特色品牌形成，健康、持续打入贵阳及周边地区中高端市场。

1.种什么

（1）摸清市场。清镇市芦荻哨村有机生态蔬菜项目坚持以市场为导向、以特色品牌赢客户的思路。一是多元化数据收集与分析、形成数据共享机制。利用计算机、手机等网络设备，设置专人对贵阳及周边地区，包括城市、城乡结合部及开发区的大中型酒店、农家乐等的需求量进行调研，筛选确定供货方，确保生产—销售信息互通；二是认真听取相关专家意见。依托贵州省农业科学研究院、贵州大学、贵州财经大学及工商等部门，预测市场导向，确定种植品种及规模，降低项目风险、保证项目收益。

（2）找准定位。随着人们生活水平的不断提高，对原生态食物的种类和品质日益重视。芦荻哨村与贵黄高速公路、青黄大道相邻，加上新建的贵安新区将会在其周围修建大量的高速公路，交通网路极其发达，和清镇市区、贵阳市区及安顺地区距离较近，区位优势显著。一是清镇市一直是贵阳市的蔬菜、水果、食用禽类等生

产、供应基地；二是芦荻育苗工厂处于红枫湖生态观光旅游地。通过认真分析，培育的漂盘蔬菜彰显其无公害、原生态本质，具有食味鲜等特色。芦荻哨村有机生态蔬菜品牌在近年来得到了市场的充分肯定。

2.怎么种

（1）错峰计划种植。根据市场供求关系，观察市场动态，利用育苗大棚中可以创造小气候的优势，灵活实行"错峰种植"生产计划，获得良好效果。努力确保产品的"量"和"质"：市场没有的时候，抓紧蔬菜的培育经营，做"量"；市场多的时候，培育更优质的蔬菜，做"质"。做到"人无我有，人有我优"。

（2）特色品种选择。结合市场，找准定位。芦荻哨村有机生态蔬菜项目培育周期短

（5～15天）、品种新的蔬菜苗，符合"错峰种植"生产计划。2016年，芦荻哨村育苗工厂主要培育小白菜、意大利生菜、台湾圣菊、油麦菜、上海青、美国花叶生菜和小米菜等特色产品，深得消费者喜爱。

（3）开创文明消费。摸清消费群体心理，抓好红枫湖镇正大力建设生态旅游基地的契机，从消费者生理健康的角度出发，培育有机生态的高端蔬菜，提供绿化观赏园地，开创文明消费方式。

3．怎么销

（1）大中型高端酒店。从2014年开始，芦荻育苗工厂已与贵阳及周边地区多家酒店、宾馆及农家乐等大中型高端餐饮企业签订特色蔬菜直供协议。

（2）特殊群体直销。通过广告宣传，芦荻育苗工厂引来大量游客在大棚内观光购买，建立起"观光—消费"模式。针对小区、医院等特殊人群，芦荻育苗工厂负责将蔬菜采摘后送货到户。此外，特色蔬菜已逐步上架农村淘宝、美团和微信等电子商务平台。

【主要成效】

1．创收效益明显　2016年，芦荻哨村育苗工场主要种植小白菜、意大利生菜、台湾圣菊、油麦菜、上海青、美国花叶生菜和小米菜等，每年每种蔬菜产出8批次，产出蔬菜16.24万斤，销售额约150万元，成本约130万元（包括人工、物资和土地租赁费用），利润20万元左右。2017年里短短两个月，实现利润收入4.72万元。

2．合作社利益共享　2016年，育苗工厂生态有机蔬菜项目为合作社创收4.9万元左右。合作社不断增添活力，烟农稳步获利。

3．创造就业机会，解决就业问题　芦荻哨村育苗工厂生态有机蔬菜项目带动周边农户长期稳定就业8人，人均月工资约3 000元，2016年稳定发放工资28.8万元，零散就业10余人，日结工资为90元，发放工资5.4万元，烟农在当地就业，相对外出务工减少了不少开支。

4．管护水平提升　芦荻哨村育苗工厂生态有机蔬菜项目收益明显，合作社更加注重管护工作，在零星养护、维修上更加主动，并聘请专人在现场进行值班，2014年至2017年2月，直接为烟草行业节约直接维护费用6.8万元。

【主要经验】

一是精准把握中央三农政策、国家烟草局、省烟草局以及地方政府关于助农增收的重大决策部署，依靠政策寻出路、找方法、找帮助、谋发展。

二是精准研判形势和市场，借助科研单位调研结果，做好品牌定位，从地理位置交通多方考虑，做优做强产品，诚信经营，和市场商家建立良好合作关系，提升产品市场竞争力。

三是紧盯发展目标，力求打造特色品牌，结合当地大农业、大旅游、大交通、大健康、大生态、大数据，谋求市场地位。

四是加大对烟农专业合作社的引导，认真盘活基础设施资源，建立一支组织稳定、业务能力强的干事队伍，引导合作社与投资商合作，盈利共享，发展共享。此外，烟草企业积极指导和帮助合作社建立运行制度、考核办法。

五是在以烟为主的前提下，开展多元化增收经营，确保烟农群体不流失、烟农收入不减少。

【综合点评】

1.**设施利用就是最好的管护**　烟农专业合作社利用闲置育苗大棚，开发有机生态蔬菜项目，提升基础设施运作效率，保障产品质量，彰显产品特色，主动形成管护制度。通过精细管理、加强教育，落实责任到人，让烟农明白闲置大棚利用就是自家的高端菜园。

2.**合作社守着金饭碗创收**　烟农专业合作社开展专业服务之余，充分盘活现有闲置资源，通过有机生态蔬菜培育，拓宽了创收面。

3.**为地方精准扶贫攻坚做贡献**　芦荻哨村有机生态蔬菜项目为社会创造了就业机会，在国家精准扶贫攻坚大局的进程中，走出了一条自己的路子。

（联系人：魏光钰，联系电话：18286129546）

案例18

贵州铜仁沿河利用育苗工场生产黑木耳

沿河益加益烤烟种植农民专业合作社位于沿河县官舟镇境内，地处沿河县西部，距县城36千米，服务区域覆盖黄土烟叶基地单元的官舟、思渠等6个乡镇，境内山峦起伏、土壤肥沃，常年气候适宜、温光同步、雨热同期、十分适宜烤烟生长，是沿河县烤烟生产的重点产区之一。

【项目背景】

沿河县黄土单元"沿河益加益烤烟种植农民专业合作社"自成立以来，秉承为"烟农增收、企业增效、社会增益"的理念，扎实开展各项工作。但是，由于合作社地处乡镇，条件较差，缺乏好的项目和合作对象，基础设施多元化经营未能有效开展。2011年、2012年两年，合作社也曾利用育苗工场种植过蔬菜、水果等项目，但都因没有稳定的市场，收益极不稳定，合作社多元化经营反而处于亏损的尴尬状态。因为缺乏稳定的合作对象、有益的销售渠道，2013年、2014年合作社甚至没有开展多元化经营工作。

沿河金阳菌业有限公司位于官舟镇黄龙箐高效农业示范园区，是沿河县政府招商引进的一家民营企业，建有2 000余米^{2}的厂房，办公楼正在建设中。该公司主要从事高效农业生产技术服务，重点开展食用菌的生产、栽培、加工和销售工作。自2015年引进以来，在黄龙箐高效农业示范园区开展农业技术服务指导，并实施蔬菜无土栽培演示，进行黑木耳的栽培示范，取得了较好效果。

【发展思路】

1. **指导思想** 沿河县烟草局（分公司）以促进烟农增收为导向，针对黄土单元育苗工场设施较为完善、空置闲放期较长的现状，以培植烟农合作社经营能力为抓手，鼓励合作社开展育苗工场的综合利用，探索以"企业+合作社+农户+市场"的方式开展多元化经营，为烟农增收提供多元化保障。

2. **发展定位"合作社+市场订单"** 作为烟农合作社与普通农民相比具有较好的优势，一个优势在于有一些现成的设施设备，如大棚、烤房、农机具等，另一个优势在于劳动力的组织和稳定的队伍的组建。益加益合作社走"合作社+市场订单"的发展模式，通过以提供场地、设施、服务的方式，实现合作社、烟农的多元化增收。

【主要做法】

1. **合作社生产、企业收购** 为保障合作社权益，金阳菌业有限公司根据业务需求和益加益合作社签订供需订单。合作社所需的菌棒由金阳菌业出售给益加益烟农合作社，益加益合作社组织人员开展平整场地、安装设施、菌棒栽培、采收黑木耳等工作，生产出的黑木耳由金阳菌业负责全部收购，生产过程中如出现不长菌等问题造成的损失，由合作社自行承担。

2.**企业提供技术培训、合作社组建服务队伍**　为确保场地设施安装到位、菌棒栽培措施准确，由金阳菌业组织技术人员对各项技术、措施等开展实时实地培训，提供技术服务。益加益合作社组织服务人员参与技术培训，培训操作合格的才能聘用上岗。

3.**队员聘用烟农优先**　为确保烟农权益，促进烟农增收，合作社在聘请服务人员时，优先聘请烟农或烟农亲属。据了解，黑木耳培育工作开展至今，合作社共计聘用工人30名，其中烟农27名，占全部聘用人数的90%；聘用人次185人，其中烟农173人次，占比93.5%，充分保障了烟农权益。

【主要成效】

1.**项目规模逐步扩大**　沿河益加益烤烟种植农民专业合作社与金阳菌业合作的项目在2016年9月初引进，通过不断探索与发展，沿河益加益烤烟种植农民专业合作社出台了关于育苗工场黑木耳产业基地发展规划，明确了发展的总体思路和目标，出台了规范化生产、壮大基地规模、强化政策保障与激励机制等保障措施。项目刚开始面积仅2 358米^2，经过逐步发展，目前栽培面积已扩大到8 773米^2。双方均对合作前景看好，合作意愿较强，下一步准备将规模扩大到15 000米^2。

2.**合作社收益稳步增加**　通过黑木耳生产，合作社收入渠道又有所增加。据统计，合作社共计生产菌棒43 850支，购买菌棒费用12.3万元。截至目前，合作社共计交售黑木耳1 371公斤，销售收入约8.05万元，预计还能交售黑木耳1 300公斤，收入7.5万元，支出6 440元，有5 640棒出现不长菌扣除购买菌棒费用1.58万元，预计合作社净收入1.86万元。此外，合作社在取得经济效益的同时，也增长了合作社管理人员经营的知识与能力，极大地提高了合作社管理人员拓展业务、开展多元化经营的决心和信心。

3.**烟农收入逐步提升**　从2016年9月安置菌棒开展黑木耳栽培工作以来，合作社共计聘用工人30名，其中烟农27名，共计185人次：其中栽培用工52个、管理用工25个、采收用工108个，用工支出30 459元，人均增收1 015.3元。以烟农张永兵为例，他先后参加平整场地、安装设施工作8天，菌棒栽培1次，工作3天，人工每天100元，收入1 100元；他妻子参加菌棒栽培1次，每次工作4天，采收3次，人工每天90元，收入1 080元，两口子

合计收入2 180元。此外，根据合作社章程，盈余的60%用于分配。届时，烟农还有分红收入。通过参加多元化经营，即使在烟叶生产空闲期烟农也有钱可赚，还能增加合作社的盈余分配，得到广大烟农的一致好评。

【主要经验】

1. **发展的基础是烟农的参与** 烟农合作社的发展壮大，离不开烟草行业的指导与引导，更离不开烟农的主动积极参与。沿河益加益烤烟种植农民专业合作社管理人员充分意识到这一点，因此在务工人员的选择上优先考虑烟农，"先发展烟农来参与菌棒栽培，确认烟农劳动人数不够的情况下再考虑外聘其他人员来打工"，合作社理事长罗永杰如是说，"我们的合作社既然叫烟农专业合作社，那么烟农就是我们的基础，是我们的底气。"

2. **重点是提升服务** 烟农合作社作为服务型组织，要想拓展业务，提升服务质量是关键。益加益烤烟种植农民专业合作社管理人员是这么想的，也是这么做的，怎么样能留住客户选择合作社来为客户提供服务，关键是要提高服务质量、提升业务水平，只有质量到位了、业务提升了才有与客户长期服务的基础。此外，通过培养一支多专多能的专业化服务队伍才能更好地吸引更多的客户选择与合作社合作。合作社经理陈茂强认为："现在我们的多元化经营刚开始，我们先组建一支黑木耳栽培队伍，以后，烤房综合利用、农机具综合利用抓起来了，我们还是要以成立专业化服务队伍为主，提供优质、高效的服务。"

3. **难题是市场较小** 沿河益加益烤烟种植农民专业合作社虽然开展了育苗工场多元化经营，但由于量太小，因此利润并不多，仅1.86万元。且参与服务的人员太少，仅30名。很显然，仅靠一个育苗工场多元化利用实现烟农增收是不够的。因此，如何拓展烘烤设施、农机具、烟地综合利用等，拓展、拓宽市场是一个值得深入思考、认真面对的难题。

【综合点评】

黄土单元官舟镇有种植黑木耳项目产业的历史，育苗工场又能为之提供较好的场所和较为完备的管理，两者间具备合作发展农业特色产业的资源优势。通过以市场、项目带动合作社的发展，既能增加合作社的收益，又能为当地烟农或农民提供工作岗位，促进增收，可行性较强。金阳菌业有限公司作为沿河县政府引进的民营企业，具有较强的实力，本身具有较大的市场需求。沿河烟草部门要积极协助合作社与金阳菌业充分合作，扩大经营规模，充分利用现有的育苗设施，为金阳菌业提供服务，为更广大的烟农争取就业机会。同时在市场足够的情况下，沿河猫阡富民烤烟种植农民专业合作社、沿河后坪利民烤烟种植农民专业合作社也可与金阳菌业合作。

（联系人：朱钧，联系电话：15985624337）

案例19

贵州遵义余庆县利用育苗大棚种植麒麟西瓜

【项目背景】

余庆地处黔中腹地，多低山丘陵缓坡地貌，是一个以农业为主的县，烟叶产业在全县农业产业结构中占有举足轻重的地位。"十二五"以来余庆县大力发展现代烟草农业，全县已建成3个设施配套完善的基地单元，并培育稳定了一大批职业烟农、烟草产业服务工人，构建了"种植在户、服务在社、管理在站"的新型烟叶生产组织方式。近年来，由于烟叶生产计划减少，加之减工降本、提质增效潜力有限，支撑烟农增收的传统动力逐渐减弱，提升空间也逐渐变窄，要稳定烟农、稳定烟区，迫切需要在促进烟农增收上拓宽新渠道、挖掘新潜力、培育新动能。同时，单元内配套建设的现代育苗设施，每年用于育苗的时间只有4个月左右，多数时间处于空闲状态，加之烟叶生产计划减少，导致部分苗棚闲置。如何管好用好空闲与闲置育苗设施，切实提高设施利用效率，已成为提升现代烟草农业建设水平的迫切需要。基于此背景，余庆县白沙、江北烟农合作社在育苗空闲季节，利用单元内配套建设的育苗大棚，组织烟草产业服务工人，按照无公害生产方式种植口感好、有特色、市场需求量大的麒麟西瓜，不仅有效提高了育苗设施利用率，还促进了设施增效、烟农增收，并引领了我县设施农业、绿色农业发展，得到了县、乡党政部门高度认可。

【发展思路】

坚持"绿色发展、创新发展、共享发展"理念，围绕设施利用促升级、多元经营促转型、助农增收促发展工作思路，结合当前大力推进农业供给侧结构性改革，进一步完善设施利用机制、产品生产组织模式，以市场需求为导向，引导合作社与龙头农产品经营企业合作，引进特色品种与配套技术，统一组织烟农、烟叶产业服务工人，利用已建配套设施积极发展高效农业和现代设施农业，持续推动设施增值、烟农增收、产业增效。

【主要做法】

1. **选定经营项目** 选好项目是确保实现增效增收的前提和保障。通过市场调研和与当地农业部门座谈，我们确定利用育苗大棚种植麒麟西瓜，主要基于以下理由：一方面，麒麟瓜是近年来培育出的一个西瓜新品种，不仅口感好、外观好，而且基本在2.5公斤/个左右，大小比较适中，很受消费者喜欢，市场销售价格也较稳定。其次，麒麟瓜大田生育期60天左右，对栽培环境、温湿度，特别是移栽后的管理技术要求较高。2015年我们为提高苗棚利用率，经农口部门协调，我社选派了2名育苗管理能手到遵义市九丰现代农业科技有限公司打工，已初步掌握了利用大棚种植生态麒麟西瓜的技术与管理要点。第三，利用闲置苗棚育苗或购买九丰公司培育的苗，在育苗结束后即时移栽瓜苗，5～6月份棚内温度正适合麒麟瓜生长、还可有效克服露地栽培因多雨天气造成土壤湿度过大的缺点，7月上中旬棚内气温升高需遮荫降温时，麒麟瓜正好上市销售，与育苗不冲突。在麒麟瓜收购结束后，还可利用苗棚在9月下旬种植一季蔬菜。

2. 统一组织模式 麒麟瓜种植技术要求较高，特别是修枝剪叶、人工授粉等技术，我们起初基本是一片空白。为确保成功，同时也为带动更多的农户参与项目实现增收，经合作社理事会办公会研究，项目采取"公司＋合作社＋农户"的模式运行。其中：九丰公司负责瓜苗供应、栽培与管理技术指导，合作社负责苗棚维护、生产组织、技术培训、标准生产监管与产品统一销售，烟农、育苗能手负责按技术规范搞好瓜苗移栽与栽后水肥、苗棚温湿度管理、瓜苗剪枝修叶、人工授粉、病虫防治等操作，由合作社支付用工投入。在麒麟瓜销售后，除去成本投入所获取的纯利润，60%返还单元内入社烟农，40%奖励合作社经营管理人员。

3. 坚持绿色生产 始终将农产品质量安全作为做好多元经营促增收的前提和保障。在麒麟瓜种植过程中，我们坚持无公害农业发展方向，种植麒麟瓜所需基肥全部使用合作社自制有机肥。有机肥主要是以秸秆圈肥为原料加工生产。追肥使用九丰公司提供的专用追肥。病害防治方面，一是利用苗棚内配套的空间电场设施进行防病，二是在苗棚内安放黄板诱杀害虫，三是使用生物农药防病杀虫。同时，在整地施肥、瓜苗移栽、追肥搭蔓、修枝剪叶、人工授粉等关键环节，我们还组织瓜果商贩与工场周围的农户进行现场观摩，打消了潜在消费者对麒麟瓜品质安全的顾虑。

【主要成效】

1. 经营成效明显 2016年，在松烟育苗工场利用苗棚面积5.64万米²（折合面积约84亩）种植无公害麒麟瓜，总产量14.8万公斤、销售总产值39.97万元，亩均产值达4 758元，这比2015年种植常规蔬菜亩产值增加近3 000元。除去

各项成本，2016年种植麒麟瓜共实现利润10.34万元，这是自2013年开始探索苗棚综合利用以来，我们首次实现赢利。

2. 促进了烟农增收　对大棚综合利用的收益，我们严格按照分配方案执行，总利润的60%用于分配给工场所属松烟单元内的烟农。2016年，松烟单元内859户烟农共分得6.2万元。仅此一项，平均每户烟农增收72元。

3. 稳定了合作社产业工人　麒麟瓜种植用工量大、投入高。2016年苗棚种植麒麟瓜总成本共29.63万元，其中人工成本就占了19.57万元。整个种植过程中的用工，优先安排合作社专业育苗队员，日常管理由育苗管理能手承担。2016年，共支付18位专业育苗队员用工费用15.48万元，其中，通过投工参与麒麟瓜种植人员人均实现增收0.86万元，2名育苗管理能手负责日常管理与标准生产监管，共获得收益2.1万元。

4. 带动了精准扶贫　积极响应政府精准扶贫号召，主动安排松烟镇2名精准扶贫户在我社麒麟瓜种植项目务工，共获得务工收入1.99万元，人均近万元。今年，此2户贫困户已加入我社专业育苗队伍，通过参与育苗服务与苗棚利用项目，每年均能获得较为稳定的务工收益从而实现脱贫。

【主要经验】

利用苗棚在育苗空闲季节种植麒麟瓜获得成功，主要有以下经验：

1. 龙头企业技术支撑　九丰现代农业科技有限公司是遵义市引进的专门从事大棚无公害特色果蔬生产销售的龙头企业，在我县农口部门的协调与帮助下，他们不仅为我社提供了优良的瓜苗，还专门派技术人员到现场指导。同时，在修枝留权、人工授粉等关键环节，我们多次组织人员到九丰公司花茂种植基地现场学习取经。

2. 建立了一个好的激励机制　发展多元经营能人作用至关重要，我们通过理事会研究，明确苗棚综合利用纯收益的40%用于奖励合作社经营管理团队，营造了一个让管理团队主动创业干事、积极干成事的良好氛围。2016年，按合作社奖励制度，所聘请的专职执行经理、副经理、财务人员等7名管理人员共分配麒麟瓜项目奖励资金4.14万元，人均获得奖励0.59万元。

3. 注重搞好宣传　无公害、绿色的农产品是市场需求的主流，但怎么让消费者相信很关键。我们采取现场观摩方式积极宣传我社麒麟瓜种植技术特点，同时还采取现场品尝方式让消费者亲身感受我社麒麟瓜的口感与品质。通过以上措施，我社种植的麒麟瓜得到了广大消费者的认可。2016年，我们种植的麒麟瓜均价达到了3元/公斤，而且价格一直稳定，每公斤较我县其他农户种植的西瓜要高1～2元。

2016年，我社利用育苗大棚种植麒麟瓜虽然取得了成功，但也存在一些不足。一方面，合作社作为实施主体开展多元经营存在资金投入不足的困难，导致种植规模难以扩大。另一方面，由于未开展三品一标认证，我们种植的特色产品难以进入超市和周边大的果蔬市场，只能就近批发销售。第三，由于种植规模不大，加之未采取措施交替种植，导致麒麟瓜不仅不能满足大宗订单客户需求，而且产品集中成熟采收上市也会影响价格稳定。下一步，我们将进一步加强与龙头经营企业合作，在完善麒麟瓜种植技术体系基础上，开展无公害农产品与产地地理标识认证，争取创出品牌，从而扩大销售市场。同时，争取政府、农口部门资金支持，在解决好投入资金不足的基础上，进一步扩大种植规模，搞好错时交替移栽以延长产品上市时间，从而不断满足市场供应。2017年，力争利用苗棚种植麒麟瓜规模达10万米^{2}以上。

【综合点评】

江北烟农合作社采取"公司＋合作社＋烟农"模式，标准化、规模化、组织化开展利用育苗大棚种植无公害麒麟瓜，解决好了合作社、烟农自行经营无技术，种植标准不统一、产品质量难保障等问题，实现了设施、技术、劳动力等资源的有效整合，大幅提高了现代育苗设施利用率，有效增强了合作社创业与烟农就业能力，促进了农民增收，成绩值得肯定。希望进一步总结经验，完善利用苗棚种植麒麟瓜的技术、质量、保障等标准体系，在创品牌、上规模、扩市场、增效益上下功夫，为我县发展设施农业、高效农业作好示范带动。

（联系人：屈云鹏，联系电话：18685215787）

案例20

四川凉山会理南阁打造"绿色香菇"品牌

凉山彝族自治州会理县南阁烟农合作社依托合作社闲置资产，以多元化经营为抓手，紧密围绕助农增收课题，按照"管理在社，种植在户"的经营理念，充分发挥当地生态资源优势，利用闲置育苗大棚、中棚开展香菇种植，逐步打造"绿色香菇"品牌，参与社员年户均增收3万余元，同时为烟农合作社增加年收入3.2万元，在增强烟农合作社自身造血功能的同时，为带动当地生态农业发展提供了可复制的模板。

【项目背景】

会理县隶属于四川省凉山彝族自治州，位于四川省凉山彝族自治州最南端、攀西战略资源创新开发示范区腹心地带，下辖3个街道、9个镇、40个乡、1个民族乡，辖员面积4 527.73千米^2；地形以山地、丘陵、平坝为主，其中山地约占幅员面积的40%，丘陵约占50%，平坝约占10%，全县可使用土地面积44万公顷。2009年会理县被确定为国家局直接联系的全国4个现代烟草农业试点县之一，常年种植烟叶24万亩左右，年产"山地原生态优质"烟叶62万担左右。近年来，国家局高度重视转变烟叶产业发展方式，把多元化经营作为引导产业链延伸、拓展生产经营领域、实现烟农增收和产业降本增收的重大举措。根据上级"减工降本、提质增效"的部署要求，作为全国首批"国家局行业示范社"，南阁合作社因地制宜，充分发挥当地盛产多种类食用菌生态气候资源优势，在"以烟为主"的前提下，积极开展探索多元化经营，始终将"增加烟农种烟收益，促进烟农持续增收"作为一项重点工作来落实，进一步拓宽烟农增收渠道。

【发展思路】

1.品种选择 南阁烟农合作社经过对攀西地区食用菌销售市场调研，综合各类食用菌价格并对菌类种植专业户进行走访，对食用菌培育品种进行筛选。结合当地光照充足、空气干燥等气候特点，选取了附加值高、产量较大、市场需求旺盛的香菇和鸡菇作为种植品种。

2.种植培训 多次邀请具有种植经验的种植专业户对合作社管理人员和有意愿开展菌类种植的社员进行培训，并在培训过程中形成了香菇种植手册和鸡菇种植手册等经验材料，为食用菌种植打下了理论基础。

3.产销分离 合作社主动承担食用菌销路探索责任，在进行市场和种植专业户调研过程中，通过积极磋商，获取了昆明、成都、攀枝花、西昌及周边县市菌类市场分销商信息，以合作社为桥梁，形成订单管理，实现"1+N"的种植社员与分销商的对接模式。

【主要做法】

1.综合利用，积极引导寻产业　南阁合作社常年储备育苗大棚80个40余亩，2010年育苗结束后，育苗棚长期闲置不再用于开展育苗。按照多元化发展思路，南阁合作社充分利用闲置育苗设施，化问题为盈利点，找准发展路径，于2012年开始首批食用菌种植试点，目前，已经形成香菇、鸡菇食用菌的规模化种植。合作社作为经营主体，统一计划安排、统一技术管理、统一产销对接。2013年合作社通过公开选聘方式，选拔专业技术人员张启富全程负责食用菌栽培技术指导与监管，引导烟农在合作社的管理下发展香菇种植，至今已近4年之久。

2.绿色生产，标准化管理保质量　坚持定位中高端消费特色农产品的发展理念，打造绿色、生态品牌，在生产过程中严格绿色管理。一是强化食品安全规范管理措施，在常规生产技术的基础上，严把生产环境质量标准；二是严格控制灌溉水源水质，确保水源水质清净无污染；三是严禁污水喷菇、浸洗；四是场地采取翻土、晒白、灌水等措施取代农药进行消毒，严禁栽培田块使用除草剂、杀虫剂等；五是严禁栽培设施内外存放菇根、死菇、虫口菇、培养基弃料，实现栽培全过程绿色管理。

3.规模生产，产业化发展助农增收

（1）生产规模逐渐壮大。发展起初，合作社仅选用1个智能化大棚用作发菌房，20个中棚用作香菇的培育房，每个育苗中棚可以培育菌包3 000个，共计约可培育菌包6万个，年产香菇约2.1万公斤。随着市场对南阁"绿色香菇"为生态产品印象的形成，消费者认同度不断提高，市场对合作社绿色香菇需求量越来越大。合作社根据市场需求的上升态势，在不断发展消费者的同时，逐年扩大生产规模，现已发展到2个发菌房、80个香菇培育棚，单季约可培育菌包24万个，年产香菇约16.8万公斤。

（2）种植队伍不断壮大。种植初期仅有南阁村冉从刚等5户烟农加入分户种植，如今已发展到24户专业种植户。

（3）从一年种植一季发展为一年种植两季。为了有效利用资源、节约土地成本，根据当地环境气候条件，结合香菇种植操作规程，由最初的一年种植一季香菇发展为一年进行两季香菇种植。在每年的5月和12月分别开始进行配料、装袋等操作，到9月份及来年的4月香菇成熟时进行采菇出售。

【主要成效】

1.减工降本，切实提高烟农收入　发展初期，每年单个育苗中棚投入的原料、用工成本、土地租金、合作社指导管理费约9 600元/棚，折合菌包的成本约3.2元/个，产出香菇约1 050公斤，按照市场价格12元/公斤出售，毛收入为12 600元，净利润3 000元/棚。20个育苗中棚可为5户烟农增收约6万元，户均可增收12 000元。随着种植规模、种植队伍不断壮大，种植户间合作越来越紧密，有效减少了用工成本。而后，又发展为一年种两季，更大大节约了土地成本，提高了资源利用率。现在每个育苗中棚投入的原料、用工成本、土地租金、合作社指导管理费约18 400元/棚，折合菌包的成本约3.07元/个，产出香菇约2 100公斤，按照市场价格14元/公斤出售，毛收入为29 400元/棚，净利润11 000元/棚。80个育苗中棚可为24户烟农增收约88万元，户均可增收3万余元（表20-1）。

表20-1　香菇种植成本　　　　　　　　　　　　　　　单位：元/棚

年份	原料成本	用工成本	土地租金	合作社管理费	合计
2013	5 400	3 000	1 000	200	9 600
2016	11 000	6 000	1 000	400	18 400

2. 绿色先行，保障社员社会双赢　一是水源纯净。通过使用合作社水体过滤装置将河水进行过滤后用于菌类种植，并配合当地村组共同出资将山泉水引入种植区域，有效避免菌包污染。二是土壤清洁。每一季菌类生产结束后，合作社组织菌类种植户集中开展种植区域清洁工作，通过无偿向菌类种植户提供微耕机，对种植区域土地进行排污、深翻、晾晒，有效避免病虫害发生。三是环境干净。合作社出资在菌类种植区旁建造废弃物堆放点并不定期对种植区域进行废弃物残留检查，督促种植社员将废弃物进行集中。

3. 市场多元，减轻销售环节压力　一是"1+N"订单分销。合作社管理人员在采收前将各种植社员预计采收数字进行汇总，汇总后联系各个分销商，由分销商提出意向订单。合作社按照"公平、公正、公开"的原则组织所有种植社员对订单详情进行讨论，按照"平等、自愿"的原则，将订单分解到各个种植户。订单分解后，合作社与分销商签订供需合同，规范销售流程，避免种植户受到欺诈的风险。二是配送销售，合作社主动开展对各个餐饮店的信息采集工作，与潜在合作餐饮店保持联系，成功

将当地27家餐饮店纳入销售对象。为方便双方按时省时交货，合作社出资为种植社员购买电动货运三轮车一台，由各种植社员轮次送货，合作社依照供需协议按月向餐饮店进行结算，之后按照送货单将货款支付给各个种植社员。

【主要经验】

在绿色香菇多元化经营模式探索过程中发现：一是多元化经营要顺应市场选择才能降低转型发展的风险。二是烟农是行业发展的同行者，促其增收，才能更好地促进行业发展。三是绿色安全既是产品的市场定位，更是产品的质量底线。我们要有好质量、稳质量，才能赢得市场信任、稳定市场、开拓市场。

下一步，南阁合作社将继续坚持多元化经营触角延伸原则，进一步推动合作社改善运营模式、拓展市场渠道、提升多元化服务水平、扩大自主品牌影响，为实现烟农脱贫致富、行业发展转方式作出新的有益探索。

【综合点评】

会理县南阁合作社"绿色香菇"种植项目，利用烟农合作社闲置资产，创新"管理在社，种植在户"的经营理念，增加了合作社效益，增加了社员收入，其模式具有一定可复制性，但受气候和市场限制性强，建议在项目推广前做好对市场和种植品种的调查，确保烟农合作社和社员利润。

（联系人：周然，联系电话：15181591076）

案例21

广东韶关南雄育苗大棚综合利用

【项目背景】

南雄市湖口镇位于南雄市腹地，距市区9千米，辖12个村委会，194个村民小组，8 021户，33 984人，劳动力4 355人。该镇社会总产值3.9亿元，其中农业总产值1.52亿元，工业总产值0.76亿元，第三产业总产值1.62亿元。2011年年末，当地耕地面积36 141亩，宜烟面积31 477亩，家庭人均纯收入9 198元。

南雄市作为中央苏区县，制约当地烟农增收的主要原因主要有以下几点：一是劳力缺乏，当地濒临珠三角，大部分年轻人选择外出务工，剩下的多为年老体弱者留守在家；二是自然因素致贫，该地主要以大农业生产为家庭收入主要来源，这种靠天吃饭的方式受自然灾害影响较大；三是低文化素质导致思想安贫守旧，观念落后，致富本领不强，靠种几亩薄田、打小工养家糊口。

2008年南雄市开始现代烟草农业建设，随着烟叶生产基础配套设施不断推进，湖口共建设了11个育苗大棚、46个育苗中棚，占地面积约34亩。由于当地育苗期是从上年11月下旬至次年2月下旬，烟苗移栽后育苗大棚就处于长达7～8个月的闲置期，造成资源的浪费。

【发展思路】

为了提高烟叶基础设施配套资源的利用率、为烟农提供增收途径，南雄市按照"普惠制、广受益"的思路，坚持"输血"与"造血"相结合，通过高效利用育苗棚，培养合作社自我发展能力，为当地烟农提供利用基础设施增加收入的新致富途径，达到"主业稳收、辅业增收、扶贫助收"的目的。南雄市采取"研—产—销"相结合的方式来实施，首先与科研单位合作研究在育苗棚种植农产品的关键生产技术，其次由合作社组织烟农进行管理种植高端有机农产品，最后向企业单位或大型超市供应农产品。2011年进行大棚改造以及基础研究，2012年集成关键生产技术，2013年扩大示范推广面积。力争利用三年的时间，以湖口为示范基地，建立烟草育苗温室休闲期农产品生产示范基地4 200米^2，年生产12吨有机农产品，带领烟农持续稳定增加收入。

【主要做法】

1. **加强技术创新**　公司通过与华南农业大学、南雄烟科所合作，结合当地气候特点对湖口太和育苗大棚进行评估改良，建立降温通风、水肥自动一体化系统；采取水培和基质栽培两种模式种植甜瓜、贝贝瓜、水生蔬菜、五彩甜椒、番茄等高端农产品。通过1～2个生长周期的试验研究，对部分开发产品进行调整和完善，最终从种苗繁育、栽培管理、营养施肥、病虫害管理等关键环节遴选出适合当地种植的品种，集成一套适合当地烟草育苗棚休闲期综合利用的关键技术，并对整个生产环节投入进行评估，提出规模化开发的运行管理机制。

2. 实行有序管理 在育苗棚综合利用过程中，南雄市通过采取由当地烟农自发组建的合作社来进行日常管理维护，为烟农创造就业途径。同时，对烟农进行培训指导，提高技术操作水平和种植能力。有机农产品成熟后，由合作社进行采摘、包装、销售。通过综合利用育苗棚所产生的经济效益由合作社根据当年种植面积量化到所有社员，保障当地烟农都能享受基础设施综合利用带来的好处，提高烟农的经济收入。

3. 发挥带动效应 由于湖口地处南雄腹地，太和育苗工场地处公路沿线，通过在湖口太和育苗工场进行研究示范，充分发挥示范区的中心辐射作用，以点带面，全面推进，较好地带动其余各基地单元合作社开展育苗棚综合利用，把当地贫困烟农培育成有机农产品生产技术能手，带动当地烟农脱贫致富。

【主要成效】

南雄市从2011年开始在湖口开展育苗大棚休闲期综合利用，2011—2012年进行产品筛选与技术研究开发，2013年大面积示范推广。2013年湖口基地示范推广了3个育苗大棚、2个育苗中棚，实施规模达6.3亩。从经济效益来看，大棚改造费用共计8.4万元，使用寿命15～20年，按照15年计算，每年改造成本为972元/亩，每年维护成本97元/亩，栽培基质及温室大棚消毒成本171元/亩，用工费640元/亩，肥料及病害防治费用312元/亩，更换损

伤滴灌带、地膜及吊绳等280元/亩。购买甜瓜（心意品种）种子611元/亩，五彩甜椒种子1 030元/亩。甜瓜共种植了5.3亩，产量为2 097公斤/亩，共采收11 114公斤。五彩甜椒棚种植了1亩，产量为1 484公斤/亩，共采收1 484公斤。扣除生产成本后，如果按市场单价24元/公斤计算，可实现28万元收入。但是甜瓜和五彩椒主要销往当地机关饭堂、超市和菜市场，由于销售途径的限制，在当地销售价格仅为3元/

公斤，实际盈利1.8万元。按资产量化到烟农的股份进行分配，平均每户约增收146元。

通过本项目的开展，南雄市在大棚综合利用方面，构建了一套生产技术体系，主要涵盖以下内容：一是集成配套了完善的降温、水肥自动一体化系统，实现了自动化供应肥水，提高了肥水利用率，达到了节本增效的目的。二是提出了大棚内微环境控制系统的技术方案，在高温天气实现棚内降温以及消毒杀菌，以改善棚内微环境。三是开发出了适宜不同农产品生长的有机营养液配方。四是筛选出了适宜当地育苗温室休闲期生长的品种，并探索出了不同品种关键生产技术。

总的来说，主要取得了以下几方面的成效：一是采取秸秆和木屑等废弃物作为基质，消耗了农林废弃物，变废为宝。二是在闲置期综合利用育苗棚，提高了资源的有效利用率，降低了育苗棚闲置期管护成本。三是提供了烟农增收途径。虽然当年销售利润不理想，但是技术较成熟，亩产量较高，一旦开拓了销售途径形成订单生产模式，将获得非常可观的经济效益。四是形成了一套大棚综合利用生产技术体系，对于以后大规模的开发提供了技术支持。

【主要经验】

在进行育苗棚休闲期综合利用过程中集成的一套生产技术体系可以为气候相似的产区提供借鉴，同时在实施过程中遇到的困难也可以作为参考尽量避免。在实施过程中我们主要遇到以下问题：

（1）育苗棚休闲期温度较高，不利于部分瓜果蔬菜的种植。我们主要采取配套降温喷雾系统和遮荫网的方式来解决，同时选择耐高温品种种植。

（2）部分农产品不耐存储，一旦未销售出去在高温天气下品质下降，容易坏。后来经过品种筛选，我们主要选择适合当地的心意甜瓜种植，其皮硬耐储存，且有利于运输到其他地区销售。

（3）前期投入成本较高。大棚种植采用水肥一体化系统，可以通过一键式按钮实现定量灌溉，日常管理模式先进，同时采用防虫网和黄板防治病虫害，生产的农产品绿色安全。但是前期投入成本较高，对于当地烟农来说，如果大规模生产前期需要投入较大资金，可以通过订单生产模式和生产高端有机产品来解决。

（4）销售途径有限。由于棚内农产品成熟时间较集中、产量高，主要在本地销售，受当地生活水平限制，销售单价较低，市场容量有限，导致收益较低。如果以后能实现与珠三角大型超市对接或者通过电商模式销往外地，不仅可以解决农产品销路问题，而且可以增加烟农收入。这也是项目是否可以进行大面积推广的关键决定因素。经过三年的探索，在技术方面虽然比较成熟，但是由于未寻求到稳定大型的经销商，前期投入成本较高，导致本项目未持续开展下去。以后一旦形成大面积订单生产模式，对于当地烟农的生产生活以及社会经济的发展将产生较大的影响。

【综合点评】

该项目在烟草育苗大棚高效综合利用方面进行了探索，筛选出了适宜的育苗大棚综合利用种植品种和配套生产技术。但是由于产品数量有限、销售方面不理想，未能获得较好的经济效益，但是为烟农专业合作社开展多元化经营、提升合作社自身发展能力、促进烟农增收等提供了较好的思路，具有一定的借鉴意义。建议在当地政府和烟草部门的支持帮扶下，通过开拓市场和规模化生产，发挥育苗大棚综合利用的巨大经济效益，为烟农增收致富开拓新的途径。

（推荐人：王海波，联系电话：0751-8881041）

案例22

广西百色利用育苗大棚种植黄金哈密瓜

【项目背景】

广西壮族自治区烟草公司百色市公司自2008年以来在8个烟叶种植县投资约2 550万元建设育苗工场10个，占地面积350余亩，建设育苗大棚97座，棚内可使用面积180亩，每年的固定土地租金费用32.1万元，维护费用39.6万元。烤烟育苗大棚除了在12月至次年2月份作为烤烟育苗用之外，其余9个月的时间处于闲置状态，即浪费资源又使育苗成本增加；结合育苗大棚闲置的时间段以及百色市属于亚热带季风气候等气候特点，完全适宜哈密瓜大棚种植。因此，为了解决合作社每年高达71.7万元的费用压力、提高育苗大棚综合利用率、降低育苗成本、提高烟农收入，于2015年以科研项目的形式在两个主产区靖西市、德保县探索棚内种植经济类作物创收试验，试验种植品种有黄金哈密瓜、白皮香瓜、厚皮甜瓜、黄美人（西瓜）、黄瓜、苦瓜、四季豆、黄秋葵等。试验结果显示，黄金哈密瓜经济效益最佳，亩产值为12 600元，每亩净收入达到6 130元（单季）。

【发展思路】

通过利用烤烟育苗大棚设施建设优势，通过"党支部＋合作社＋农户"平台在育苗大棚闲置期种植经济效益较高的作物，增加合作社收入，解决大棚租金和维护费用问题，开拓烟农多元化增收渠道，提高烟农收入。

项目由百色市公司牵头，"党支部＋合作社＋农户"新型合作社组织实施，广西大学农学院作为技术支持，严格按照技术要求进行标准化生产，2016年在靖西、德保75个大棚种植哈密瓜产值达300万元以上，利润150万元以上，带动当地农民增收致富。

【主要做法】

1.加强合作社组织，找准市场定位

（1）依托合作社组织主体的优势。全市合作社社员4 908户，占烟农比例为92%，实现合作社统一计划、统一组织生产、统一技术管理、统一产销对接，有效降低劳动强度和技术难度。

（2）实行股份制，倡导烟农入股创业。为解决资金不足问题，开发育苗大棚资金采用入股筹集方式，烟农自愿投资参股并参与投工投劳，利润由合作社与烟农按比例分成（合作社占10%，烟农占90%），烟草公司不参与资金入股及利润分配，只负责技术指导及后期销售联系协调工作。

（3）依托产品特色，寻求市场优势。经过市场调查发现，广西市场上销售的哈密瓜绝大部分从外省调运，而且还没有色相绝佳、品味甘甜的黄金哈密瓜出售。因此，可以引进特色品种，通过改进栽培方式，培育自己的绿色、有机品牌。

2. 实行试点推进，按步有序开展实施 为确保育苗大棚综合开发利用工作顺利进行，百色市公司出台方案，明确育苗大棚综合开发利用按三个阶段有序推进。第一阶段，在靖西、德保各选择两个大棚开展试验试种，重点筛选出适合当地大棚生态条件的效益最佳的品种；第二阶段，筛选种植品种后，在靖西、德保共75个育苗大棚进行示范推广，摸索种植配套技术、生产组织管理模式、制度配套建设、销售产业链模式；第三阶段，在全市97个大棚推广种植，加大与市场主体对接力度，形成产、供、销一体化运行模式。

3. 加强技术合作，引进科学管理方式 为了提升大棚作物种植技术、提高水肥利用率、高效管理，百色市公司和广西大学、崇左市生态科技园开展技术交流与合作。一是解决品种筛选难题，通过试验不同品种，筛选出适合大棚种植的最佳品种。二是解决配套技术难题，根据不同的水源来源，配套不同的浇灌方式，引进水肥一体化配套技术，既能节约水肥资源，又能降低人力成本，大大提高施肥效率，并根据不同

病理病害，配套不同预防措施，有效控制病虫害的发生。三是解决队伍技术难题，通过广西大学农学院、崇左市生态科技园深入一线进行培训指导，培训人数180人次，为有效开展科学管理奠定了基础。

4. 开辟销售渠道，增强产品畅销能力 利用黄金哈密瓜特有的新、奇等特点，结合有

利销售网络资源，多方式、多渠道、多途径解决哈密瓜销售难题。一是结合周边秀丽的乡村旅游资源，开展了农家乐自采游、亲子游活动，价格为普通哈密瓜的两倍，达到12元/公斤，上市期间供不应求。同时亲身食用体验效果后，作为当地的特色水果当做送礼佳品。二是倡导员工为了广大烟农朋友脱贫增收吃爱心瓜，烟草员工出力销售哈密瓜。三是进驻本市大型超市和水果专卖店

销售。与水果超市加强双方合作，建立长期稳定销售渠道。四是与崇左市绿色生态园建立合作关系，利用其原有的销售渠道顺带外销，不仅解决了哈密瓜销售问题，还解决了其他农产品的销路问题。

【主要成效】

1.利用大棚优势，解决合作社资金困难　大棚哈密瓜由于环境相对独立，受外界自然变化影响比较小，生长期无雨水冲刷，成熟期果皮呈金黄色，色泽均匀、饱满。果内肉质甜脆、香甜可口，为果中上品。上市期间供不应求，价格达到12元/公斤。其单季平均亩产值就达12 900元、平均亩利润7 730元，全年总产值为361.46万元，累计新增利润为216.6万元。合作社与烟农分别增收93.3万元（包括租金和维护费71.7万元）和123.3万元，烟农户均纯增收608元。

2016年在靖西、德保两地利用大棚闲置期种植黄金哈密瓜140.1亩，于5月份收获第一季，9月份收获第二季，亩均产量达2 150斤，总产量达60.24万斤，亩均成本费用为5 170元/亩，总成本费用为144.86万元。

2.减少维护成本投入及烟株感病风险　通过开展大棚综合利用，育苗大棚在闲置期得到了很好的管护，从而减少了育苗时所必须的维修费用。据统计，靖西、德保两个县的7个育苗工场，年减少用工7人，节约人力成本10.5万元/年；减少购买大棚育苗设施配件每个2万元，每年育苗工场设施配件费用可节约14万元。合计管护维修维护费用可节约24.5万元。

通过育苗大棚综合利用，避免了大棚内外杂草丛生，来年育苗时无需花费大量人力物力进行清除杂草、平整均地和场地消毒等工作，合计可减少平整场地和消毒费用6.4万元，同时还降低了烟苗育苗感病的风险。

3.编写并发布大棚黄金哈密瓜生产技术规程体系文件　根据对大棚黄金哈密瓜种植技术的研究及经验积累，联合崇左市宁明县绿色生态园哈密瓜种植技术情况，编写并发布《黄金哈密瓜大棚栽培技术规程》（Q/BSYC.G18.24—2016），为今后大棚栽培黄金哈密瓜提供技术支撑。

【主要经验】

1.依托"党支部＋合作社＋农户"新型合作社　结合广西特点，建设了"党支部＋合作社＋农户"实体化的新型农民合作社，充分发挥基层党组织的政治优势、组织优势和烟草农业的产业优势，为进一步拓宽增收渠道，推动集体增收、农民致富打下了良好基础。

2.打造绿色、有机、生态的特色农产品 为了打造绿色、生态、安全农产品，严格控制化学农药的使用，尽量不使用农药，改用物理防治和生物防治，使用黄板、防虫网、性诱灯、释放蚜茧蜂、人工捕杀等绿色植保防治手段，控制病虫害的发生，以达到绿色、安全的目的。在肥料使用上，尽量使用有机肥，减少使用无机肥料，适当增施钾肥，以自行沤制的有机肥作为基肥，花生麸与少量复合肥混施追肥，少量多次。

3.采用全棚铺膜与滴灌技术 为了减少水肥的流失和杂草的危害，减少用工成本，全棚均采用黑色薄膜铺盖，膜下安装滴灌设施，补水增肥采用水肥一体化滴灌，既减工降本，又减少因人接触带来的病害。

【综合点评】

该项目通过创新建设"党支部＋合作社＋农户"新型合作社经营实体，充分发挥了基层党组织战斗堡垒作用和党员先锋模范作用，对育苗大棚闲置期进行开发利用，增加了合作社的经济来源，扩大了合作社附近人员的就业机会，促进了当地烟农及贫困户增收，帮助贫困烟农脱贫摘帽，为当地的精准扶贫作出了贡献。此外还提高了土地资源的利用率，避免了宝贵土地资源闲置浪费，增加了经济、社会效益。建议下一步充分利用百色独特绿色生态条件，通过可追溯的标准化作业，打造市场需要、有产品竞争力的绿色生态特色品牌，提高品牌的附加值；加大对大棚综合利用产品的宣传力度，利用"互联网＋"技术，开发和利用电商销售平台。

（联系人：罗刚，联系电话：18677629090）

案例23

河南三门峡卢氏利用育苗大棚生产无公害蔬菜

【项目背景】

随着现代烟草农业的推进,三门峡市卢氏县相继修建了多个高标准的育苗工厂,为烤烟集约化育苗提供了设施保障。但是由于大棚的利用时间短、闲置期长、用途单一、维修费用高,造成了隐形浪费,不仅降低了资产利用率,也浪费了宝贵的土地资源。探索对育苗大棚的综合利用,已成为亟须解决的问题。近几年,在对育苗工厂综合利用的探索和实践过程中,我们发现,利用烟叶育苗大棚种植绿色无公害蔬菜有着得天独厚的优势。第一,育苗大棚内作物生长快、周期短、产量高;第二,育苗大棚构造相对封闭,能最大限度地减少病虫害传播,减少肥料、农药的使用和对环境的污染,真正做到绿色无公害;第三,育苗大棚的设计合理,通风、灌溉、施肥等操作相对便利,降本增效潜力较大;第四,对育苗大棚的综合利用,无需设施方面的巨额投资,在产业化、规模化和成本方面有巨大的优势。此外,马院育苗工场所在的杜关镇,是卢氏县的蔬菜种植基地,蔬菜种植水平高,销售渠道也相对稳定。

综上考虑,在卢氏县马院育苗工厂种植绿色无公害蔬菜,并筛选出了西瓜、圣女果、香瓜、黄瓜等种类和品种,当年共盈利30余万元,大大提高了育苗大棚的利用率,增加了当地烟农的收入。

【发展思路】

目前,我国的食品安全问题频发,化肥过量、农残超标、药物"加工"比比皆是,人们对食品不敢买、不敢吃已经成为一种常态,这些问题不仅严重威胁消费者的生命健康,还引发了全社会的恐慌。绿色无公害食品以无污染、品质高、口味好等优点越来越受到广大消费者的青睐。围绕当前市场需求和国家局关于促进烟农增收的要求,我们认为种植品质好、档次高、增收能力强的绿色无公害蔬菜是顺应市场需求的决定,是马院育苗工厂综合利用的必然选择。结合卢氏县的实际情况,我们积极引导对马院育苗工场的10个大棚进行综合利用,采用先进高效的种植方法,生产圣女果、西瓜、黄瓜、香瓜等绿色无公害蔬菜。同时利用烟草行业的金字招牌,实行品牌化经营,充分利用现有的设施、物流和销售网络等资源,最大限度提高了产品效益和产区烟草从业人员的收入水平。

【主要做法】

1.加强绿色生产技术应用 一是严格配套栽培技术。通过培育壮苗、起垄栽培、地膜覆盖、合理密植等技术，充分利用光、热、气等条件，创造出有利于蔬菜生长的环境，达到高产高效的目的。二是加大有机肥的使用比例。主要包括动植物的粪便及残体、植物沤制肥、草木灰、饼肥等，另外还包括有机认证机构认证的有机专用肥和部分微生物肥料。三是应用水肥一体化技术。根据不同作物的需肥规律，在植物需肥的节点，定时定量供应所需营养，保证施肥曲线和植物的需肥曲线高度一致。在减少肥料使用的同时，确保产品的产量和品质。四是采取有机蔬菜病虫草害防治技术。充分发挥行业优势，把烟草行业推广的绿色防控技术（如蚜茧蜂、诱虫灯等）和水肥一体化技术应用在蔬菜种植上，并通过选用抗病品种、多样化间作套种、物理防治等手段保证产品竞争力。

2.项目运作策略

（1）产品策略。一是学习借鉴先进的种植技术。在烟草公司引导下，组织大棚承包人员到山东寿光等地参观学习蔬菜种植管理的先进技术，加大对种植工人的培训力度，并邀请当地蔬菜种植能手长期驻点协助生产，组建了一支素质较高、技能专业的栽培队伍。二是加强对技术人员管理。在生产各个环节，加强对操作人员的管理考核，严格按照技术要点进行操作，并由技术人员统一检查考核。对于完成效果好的，全额发放工资；对于完成情况较差的，责令其按照要求整改后，再发放工资。对于连续三次以上受到整改处罚的工人，将不再予以录用。通过对工人的奖惩，来调动其积极性。三是注重品牌宣传。在产品结构上，以中高档结合，高档为主；在产品宣传上，大打"绿色有机"牌，利用各种集会、现场会加强宣传，充分发挥行业内外交流、卷烟配送、卷烟销售网络等载体推广绿色无公害蔬菜品牌，为产品的销售奠定基础。

（2）销售策略。一是超市直供。考虑到育苗大棚蔬菜上市相对集中，为了保证固定的客户，把超市作为销售的主要途径。与南阳两家大型超市建立合作关系，每天为超市定量供应产品。以绿色无公害为卖点，在保证产品销售的同时，适当调高蔬菜价格，以保证种植收入。二是充分利用行业现有物流系统和销售网络。一方面利用卷烟配送，加大对育苗工场绿色无公害蔬菜的宣传力度；另一方面利用卷烟零售商户，将其作为蔬菜销售的门户，商品售出后，根据具体数量和金额，给予商户一定的抽成。三是开展"互联网＋"的农商供销模式。把种植过程中的各个环节通过网络平台向客户展示，解除客户对蔬菜产品是否为"无公害"的疑虑。通过微信支付定金的方式进行购买，育苗工场根据客户下单信息实时采摘，及时配送。

【主要成效】

马院育苗工场的综合利用初步构建了"育苗工厂＋烟草公司＋市场"的运行模式。前期准备、日常管理、收获、销售、人员安排、劳务支出等具体事务及最终经济效益归育苗工场；烟草公司在综合利用项目中，担负科技支撑、产业规划、服务引导等任务，负责种植品种筛选、种植技术指导与培训，并将行业先进的科技成果、现代技术应用于生产实际；在销售过程中，加大了品牌建设和推广力度，以定点超市为主要销售渠道，并辅助以互联网平台和卷烟销售网点等途径，确保了产品需求稳定。2016年马院育苗工场主要种植西瓜、圣女果、香瓜、黄瓜等，大棚、灌溉设施等均不需投资，主要投资项目为种子、肥料、人工和水电。其中种子共购进100包，每包300元，合计3万元；各类肥料购进60余袋，合计

7 800元；生产过程中水电费合计约9 000元；支付工人工资合计7万余元。育苗工场通过各类渠道共售出蔬菜42万元，净利润30余万元。

蔬菜种植期间共雇用技术人员1人，附近农户15人。其中技术人员按每月3 000元的标准发放工资，普通工人按照男工每天80元，女工每天60元的标准执行。技术人员长期在大棚驻点指导；普通工人均为短期用工，在需要用工时由育苗工场统一召集。在整个生产过程中，技术指导人员工资收入15 000元，普通用工平均每人收入4 000余元。

【主要经验】

1. **科学选择增收项目**　在项目选择前，要分析项目实施优势、劣势、机遇和挑战，避免盲目跟风。卢氏县马院育苗工场在项目选择前做过详细的调研，从产品质量、生产工艺、包装档次、价格定位、品牌形象、渠道策略、销售政策、宣传支持等几个方面入手，细致分析了自身的优势和劣势，尤其是在项目开展过程中，着力发挥了烟草行业在引导项目开展中的资源优势。

2. **加大对互联网的利用**　一方面，依靠互联网建立消费者的信任。通过网络把蔬菜生产的各个环节向消费者展示，消费者可以通过互联网，查看育苗棚内蔬菜种植的情况，建立了消费者的信任。另一方面，依靠互联网开展品牌推广和产品销售。网络推广传播范围广、交互性强、针对性明确、受众数量可准确统计、灵活且成本低、感官性强，对于品牌的传播和产品的销售至关重要。

3. **充分利用行业优势**　一是将烟草农业先进的技术理念应用到绿色蔬菜的生产上。烟草农业发展的先进技术和理念，已成为引领大农业现代化和产业化发展的推动力量，通过将这些理念引导、辐射到大农业上，辐射到无公害蔬菜的种植上去，形成先进的生产力，形成促农增收的动力。二是高效利用烟草行业设施设备。有效利用烟叶生产现有基础设施项目，尤其是烤房、育苗大棚等设施设备，开展烟农增收，能够大大减少项目投入。三是发挥烟草行业的品牌影响力。坚持品牌化、标准化、产业化发展思路，用好烟草行业的影响力，积极打造适应市场需求的非烟品牌，持续提升烟农盈利水平。

【综合点评】

卢氏县马院育苗工场严格按照国家局关于开展设施综合利用、促进烟农增收的要求，在充分调研、分析的基础上，最终确定栽培生产周期短、经济效益高、市场需求量大的绿色无公害蔬菜，通过对比不同作物的生态适配性，分析赢利水平，确定了西瓜、圣女果等附加值高的种类，并初步构建了"育苗工厂+烟草公司+市场"的运行模式，做到了有引导、有人员、有规划、有指标、有奖惩，在技术配套、过程管理、产品销售等方面探索出了新路子，提高了育苗大棚的使用率，符合经济发展规律，可复制、可推广，对持续促进烟农增收和卢氏经济发展起到了良好的推动作用。

（联系人：张玉林，联系电话：13949791217）

案例24

江西抚州乐安利用育苗大棚发展食用菌种植

【项目背景】

乐安县位于江西省中部腹地，地形以丘陵、山地为主，属亚热带湿润季风气候区，境内气候温和、光照充足，非常适于烤烟、桑叶、食用菌等的生长。2017年，乐安产区调控烟叶生产面积1.2万亩，育苗设施闲置近1.5万亩，蚕桑种植面积1.1万亩，产生废弃桑枝近千吨，为合作社利用废料开展食用菌种植提供了充足资源。招携金农烟草种植合作社联合招携桑菌合作社，利用蚕桑种植废弃的桑枝加工木屑，生产优质食用菌菌棒，发挥行业补贴建设育苗大棚资源优势，利用育苗大棚发展食用菌栽培，带动烟农增收脱贫。

【发展思路】

以中央农村工作会议和中央扶贫开发工作会议精神为指导，深入贯彻落实全国烟叶工作电视电话会议精神，全面落实行业促农增收工作任务，围绕"做强主业促增收、做精辅业助增收、做细扶贫稳增收"的总体思路，在推进主业促增收的基础上，积极探索发展辅业助增收。2016年，乐安产区坚持"政府推动、烟草引导、合作经营、烟农参与"的工作思路，积极寻找工作切入点，创新"社社联合＋贫困户（烟农）"的发展模式，由金农烟叶种植专业合作社、桑菌种植合作社及贫困烟农共同筹集资金，利用育苗大棚发展食用菌种植，种植优质黑木耳11.5万棒，种植香菇1万棒，产出干木耳8 625公斤、鲜香菇7 500公斤，产值超过50万元，实现利润9万余元，成功带动4户贫困户（烟农）增收脱贫。2017年计划种植香菇、黑木耳、灵芝等21万棒，实现经营利润30万元以上，合作社多元创收3万元以上，带动20户贫困烟农增收脱贫。

【主要做法】

1. **优势互补，整合资源** 按照"因地制宜、以销定产"的原则，深入挖掘当地特色产业，做好辖区内贫困户（烟农）调查摸底，有效整合烟农合作社育苗大棚、政府产业扶贫资金及桑菌种植合作社技术和销售等资源，依托当地合作社种植技术和销售优势，发挥烟农合作社资产和服务优势，探索"社社联合＋贫困户（烟农）"发展模式，积极引导组织贫困户（烟农）参与多元化经营，利用育苗大棚发展黑木耳、香菇等食用菌种植。2016年，金农烟叶种植专业合作社整合闲置育苗棚10个，折合资金3.5万元参与入股，镇政府无偿提供食用菌繁育场地30亩，桑菌种植合作社利用蚕桑产业废弃的百吨桑枝，粉碎加工成菌棒13万棒。通过有效整合烟农合作社、桑菌合作社、政府扶贫政策资源，为联合发展食用菌种植提供了资源支持。

2.拓宽渠道，整合资金　金农烟叶种植合作社联合桑菌种植合作社虽然共同筹集10万元食用菌种植基金（物资），但离30万元的最低投入资金相差甚远，为此，烟草部门主动牵头，加强与当地政府沟通，争取产业扶贫资金和扶贫项目贷款支持，帮扶合作社和贫困户（烟农）发展食用菌种植，提供扶贫资金9.8万元及扶贫项目贷款10万元。通过合作社自筹资金、产业扶贫资金和扶贫项目贷款，为联合发展食用菌种植提供了资金支持。

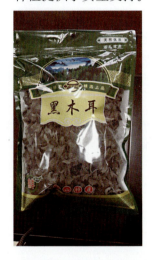

3.开拓市场，订单生产　桑菌种植合作社与浙江农产品贸易公司签订食用菌种植销售订单，按照农产品贸易公司要求种植产量高、品质好的陕耳3号、优质木耳T22、香菇等品种。产出的鲜香菇主要在乐安本地农贸市场、超市销售，产出的干木耳由合作社统一精选、统一包装，为江浙沪等高端农产品店、超市等供货，开拓了一个稳定的销售市场。2017年，将进一步扩大木耳、香菇等食用菌生产规模，在巩固本地现有市场和扩大浙江销售市场的同时，将注册商标、打造品牌，积极开拓电商、微商销售平台，进一步拓展销售市场。

4.基地引领，合作共赢　金农烟叶种植合作社、桑菌种植合作社、贫困户（烟农）以"基地引领、合作共赢"的理念开展桑菌种植，在招携镇坪上村建立食用菌种植标准化示范区，贫困户在自家房前屋后空地实施分散种植。合作社为贫困户提供成品菌棒、技术及销售渠道，贫困烟农生产的食用菌由合作社统一收购、统一包装、统一销售。贫困烟农利润主要通过分散种植食用菌、空闲时间在示范区务工、年终分红三个渠道获得，合作主体充分体现了"示范引领、合作共赢"的理念，取得了较好的经营增收效果。

【主要成效】

1.经济效益　2016年，合作社共种植木耳11.5万棒、香菇1万棒，产出干木耳8 625公斤、鲜香菇7 500公斤。干木耳平均售价54元/公斤，鲜香菇平均售价6.6元/公斤，累计产值达到50万元，实现总利润9万余元。贫困烟农平均利润0.36万元，取得了良好的经济效益。

2.社会效益　木耳、香菇生长季节为9月份至来年5月份，累计吸纳20余名贫困人口到桑菌种植基地务工，每月工作时间12～15天。贫困户通过基地务工工资加分红，家庭人均年收入明显提升。通过合作香菇种植，成功盘活金农烟叶合作社闲置育苗钢棚，有效利用了蚕农废弃的桑枝，减轻了环境压力，产生了明显的社会效益。

【主要经验】

虽然我县烟叶种植合作社初具规模，但是自身造血功能不强，且专业化服务的途径较单一，更没有充足的资金、专业人员、技术开展多元化经营项目。

1. 用好政策 合作社联合贫困烟农，争取政府支持，承接地方政府精准扶贫项目，用好精准扶贫政策，开展多元化经营，促进自身发展和贫困烟农增收。

2. 用好资源 在资金、人员、技术都缺乏的条件下，合作社要闯出一条多元化经营道路，只有通过优势互补、合作经营才能共赢，充分利用自身育苗设施资源、招携桑菌种植合作社的技术与销路资源，积极探索使用蚕农废弃的桑枝资源，变废为宝，开展食用菌种植，促进增收。

【综合点评】

该项目结合合作社的实际情况，在缺乏资金、技术、销路的情况下，充分利用政府产业扶贫项目帮扶资金，充分利用自身育苗设施资源、招携桑菌种植合作社的技术与销路资源，创新"社社联合＋贫困户（烟农）"发展模式，为当地烟农增收、资源充分利用和环境保护作出了积极贡献。

（联系人：尹冬，联系电话：15979566598）

案例25

湖北宜昌兴山利用育苗大棚构建"花卉+N"经营模式

【项目背景】

1. **烟农收入及经济社会发展状况** 2016年兴山基地单元共1 369户烟农，种植烟叶2.2万亩，户均种植面积16亩；收购烟叶4.47万担，均价25.21元/公斤，烟农收入5 635.35万元，亩均收入2 561.53元，户均收入41 164元。根据近年的统计数据显示，兴山基地单元烟叶种植规模稳定在2.5万亩、6万担左右，烟叶税收年均1 600万元，是地方财政收入的主要来源。烟农收入7 000万元左右，烟叶仍属于支柱产业，对维持农民生活水平至关重要。

2. **项目提出原因** 随着育苗设施的完善，烟苗培育方式逐渐转变为统一商品化育苗。育苗大棚1~5月集中运用于优质烟苗的培育，5月底完成烟苗发放，6~12月进入闲置期，设施资源没有得到充分利用。同时，育苗大棚维修管护成本高，统一商品化育苗经营利润难补管护资金缺口，无形中增加了专业化育苗的推广难度。为提高设施利用率，兴山基地单元自发展现代烟草农业起开始尝试利用育苗大棚培育花卉。

3. **资源优势分析**

(1) 平台优势。自2010年发展现代烟草农业以来，兴山依托基地单元建设共成立了金鹏、益联两个烟叶合作社。2015年12月，为更好地服务烟区发展，两社合并，整合了人力、物力和财力，总称为兴山县金鹏烟叶综合服务专业合作社。合作社成立以来，积极服务烟区烟叶生产，大力探索多元化经营，在拓宽增收渠道、促进烟农增收上起到了积极作用。

(2) 人力优势。一是管理队伍健全。合作社现有理事长1人，副理事长1人，总经理1人，成员代表70人，理事会成员11人，监事会成员5人，会计、出纳各1人。二是服务队伍健全。全县共有8个服务片区，均设有育苗专业化服务队，同时设置综合服务队，负责协调配合全县设施管护和综合利用工作。合作社在转岗转责技术人员中选择6人负责育苗大棚综合利用，其中2人为专职人员。三是烟农队伍稳定。随着合作社专业化服务水平不断提升，烟农参与合作社建设的积极性持续提高，连续4年入社率达到100%，稳定骨干烟农1 000余名，可实现稳定的劳务输出。四是技术培训到位。烟草行业技术人员转岗转责担任服务队长，全面实施网格化管理，组建"三师一手"队伍，建立健全职业烟农教育培训体系，对参与开展育苗及大棚综合利用的烟农进行指导和培训，保证综合利用产品质量。

(3) 设施优势。全县共有育苗大棚27座，棚内苗盘、基质、剪叶机具、喷灌设备、消毒机具等设施齐全，均可开展综合利用。合作社农机保有量520台（套），其中运输车10台，可用于大棚综合利用期间的运输。

4. **制约因素分析** 2010年，金鹏烟叶合作社成立，为提升合作社自我造血功能，对育苗大棚开展了一系列综合利用，其中包括培育花卉、培育食用菌、种植蔬菜。在试验过程中发现，这些项目都存在一些问题和困难。一是培育花卉方面。花卉交货验收标准严格，要求花卉色泽鲜艳、花冠整齐、花量大、花径健壮、病虫害少，导致不符合标准的花卉大量滞留。同时，培育花卉的技术含量要求高，合作社缺乏专业人才，培育成本居高不下，县城范围内花卉合作商选择面狭窄，选择外地合作商，运输成本高，无法获得最大收益。二是蔬菜种植和培育食用菌方面。蔬菜和食用菌面临的主要困难就是销售渠道问题，因量少、销售面窄，无法形成规模，投入产出比例失调，利润空间不足。由于以上问题的制约，育苗大棚综合利用效益很难突破发展瓶颈，发展动力不足。

【发展思路】

1. **指导思想**　全面深入贯彻落实全国烟农增收工作电视电话会议精神及省、市局促农增收决策部署，以提升烟草设施效能和促进烟农增收为根本目的，以优化资源利用、集中高效服务和规模化发展为主线，创新发展模式，探索多种经营，夯实产业基础，拓宽烟农增收渠道，全面落实行业促农增收任务。

2. **发展定位**　以基地单元为中心，以烟农合作社为平台，优先满足育苗大棚的专用需求。同时，根据烟区实际，坚持因地制宜、突出特色的发展原则，最大限度地发挥设施的综合作用，形成规模化经营，带动烟农共同发展。

3. **实施方式**　采取"以点带面"的方式，由烟农合作社带头探索，成立综合利用服务队，安排专人负责。2013年全面调研育苗大棚综合利用存在的短板和不足，专项研究、讨论改进措施和发展的方向；2014年在黄粮设立试点，探索"花卉+N"多元经营模式；2015年在总结2014年经验的基础上加大规模，在基地单元内推广；2016年在合作社统一经营的基础上，引导烟农参与"花卉+N"模式，争取利润最大化；2017年逐步完善，增加规模，继续推行；2018—2020年积极探索"合作社+"模式，实施规模化经营，打造品牌效应。

4. **预期目标**　2017年育苗大棚利用率达62%以上，收入达100万元，利润10万元；2018年育苗大棚利用率达63%，育苗大棚多元经营利润增长5%；至2020年，育苗大棚利用率达70%以上，利润稳定在15万元左右，烟农可分配利润达10万元以上。

【主要做法】

1. **项目组织形式**　合作社统一组织经营，由兴山营销部转岗转责到合作社的基层技术人员和育苗棚主人负责综合利用工作的具体开展，包括综合利用期间的请工、技术指导等，合作社设总经理负责综合利用项目的销售联络和具体经营，并对综合利用工作进行监督和指导。

2. **管理制度**　合作社结合建设实际，出台了合作社章程，编制了《兴山县综合服务型烟农专业合作社管理制度汇编》，内容包含综合管理制度、业务经营管理制度和财务管理制度。综合管理制度中对多种经营进行了详细说明，岗位职责细分中对综合服务队及队员职责有明确要求。设施综合利用工作的开展以多种经营管理制度和综合服务职责要求为指导，制定具体的实施方案，与负责综合利用工作的转岗转责技术员签订工作责任书，明确目标任务和考核标准。

3.商业模式 本着质量第一、品质最优的经营理念，依托农业龙头企业，实现订单生产、定向销售。

4.工作措施 一是合理规划。按照"优化项目，扩大规模，严控成本，提高效益"的总体目标，做好育苗大棚空闲利用规划，确保各类经营品种的质量和效益。二是合理分工。按照综合利用实施方案进行科学分工，签订工作协议、工作责任书，专人专责，保证育苗大棚综合利用工作顺利实施。三是创新方法。为规避花卉交售风险，2014年起合作社试验新的经营项目——种苗培育，依靠合作社专业化育苗团队和专业技术，降低培育成本和销售风险，提高利润。2015年起，"花卉+N"经营模式正式形成并逐步更新推广。

5.市场开发及分配收益 采用"以点带面"的方式，依托合作社建立育苗大棚综合利用示范点，发挥典型引导示范作用，带动烟农积极参与，提升育苗大棚综合利用率，拓宽经营项目，扩大生产规模，提升整体效益。在收益分配上，合作社统一经营形成的利润，在提取企业发展基金后均用于成员普惠，根据"73+64"利益分配模式，社员（即烟农）根据交易额（即烟叶交售数量）进行70％的利益分配。2016年金鹏合作社经营收入700余万元，社员可分配利润达9万元。

【主要成效】

1.育苗大棚综合利用率显著提高 通过合作社对育苗大棚综合利用的探索，经营成效突出，带动一批育苗户开展育苗大棚多元化利用，2016年全县育苗大棚利用率达41％（图25-1）。育苗大棚综合利用量逐年增长，到2016年，全县共11个育苗大棚开展综合利用（图25-2），实现经营效益。

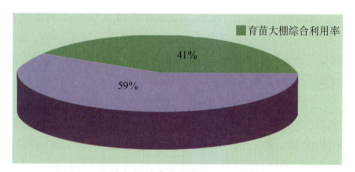

图25-1 金鹏合作社育苗大棚多元利用率占比图

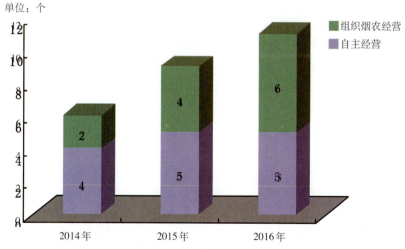

图25-2 2014—2016年合作社育苗大棚综合利用对比图

2. 育苗大棚综合利用经营效益提升

(1)"花卉+种苗"模式成效突出。2014年合作社探索种苗培育试验成功,2015年在此基础上,金鹏合作社选择两处育苗大棚进行"花卉+种苗"模式试点,与湖北华怡科技生物有限公司合作,运用3个育苗大棚培育种苗185万余株和仙客来花卉1 000余株,实现收入56万元,获得利润约5.5万元。2016年利用6个育苗大棚培育种苗413万株、花卉3 600余盆,实现收入90多万元、利润9万余元。具体经营效益情况如表25-1所示。

表25-1　2014—2016年烟叶合作社育苗大棚综合利用效益对比

年度	合同订单数量（万株）		实际培育数量（万株）		售出数量（万株）		总成本（万元）		总收入（万元）		利润（万元）
	花卉	种苗	花卉	种苗	花卉	种苗	花卉	种苗	花卉	种苗	
2014	—	80	—	58.2	—	58	—	16.93	—	17.46	0.53
2015	0.13	240	0.095	185.8	0.068	185.8	0.42	50.26	0.544	55.74	5.6
2016	0.5	420	0.52	413	0.36	305.4	2.6	82.1	2.16	91.6	9.06

经对比3年销售情况,2016年育苗大棚综合利用收益较2014年增加8万余元,种苗培育综合利用2016年较2014年增长近9万元。对比分析,2015年,花卉销售情况良好,"花卉+种苗"模式能有效提升整体经营效益;2016年,花卉行情较差,"花卉+种苗"模式能有效保障综合利用整体效益。

(2)"花卉+蔬菜"模式成效初显。2016年全县11个育苗大棚开展了多元化利用,其中组织烟农经营的6个育苗大棚中,有4座大棚种植的西红柿、辣椒实现了与蔬菜合作社的销售对接,实行订单生产,平均每座可实现收益6 900元,共盈利约2.8万元。另有部分育苗大棚通过合作社与当地餐馆签订蔬菜供应协议,种植黄瓜、眉豆、甘蓝等应季有机蔬菜,获得销售利润。

3. 大棚综合利用示范带头作用明显

合作社通过5年的不断探索完善,在设施综合利用上成效突出,得到了行业内外的普遍认可,先后获"全省优秀专业合作社""全市十佳特色专业合作社""全县先进单位""全县十佳农民专业合作社"等称号,并多次接待县、市级及省外农业合作社团队的实地学习、参观和交流。2015年,金鹏合作社荣膺国家级行业示范社称号。合作社积极示范带头,并引导育苗户探索"花卉+N"多元化发展模式,利用育苗大棚进行蔬菜、瓜果种植,食用菌培育,烟蚜茧蜂科研项目等综合利用,设施利用率大幅提升。

【主要经验】

在育苗大棚的多元经营、促农增收工作中,主要总结了以下几点经验做法,将在以后的工作中继续发扬:

1. 推行"合作社+龙头企业"模式

合作社以生产规模化、服务专业化、技术标准化、供应基地化为目标,切实提高产品质量,着力打造并形成品牌,通过市场调研、对外推广,寻求和吸引有市场优势和品牌优势的农业公司和其他产业合作社横向联合，建立长期合作关系，实行订单生产、定向销售，逐步探索"龙头企业＋合作社＋农户"的全产业链模式。

2.**推行"花卉＋N"模式** 为保证综合利用成效稳定且逐步提升，兴山结合地域条件，探索出了"花卉＋N"的综合利用经营模式，即以花卉为主，新增苗木培育、蔬果种植、科研示范、食用菌培育等多种经营项目，充分利用育苗大棚资源，发挥专业化服务团队和转岗人员的技术指导等资源优势，降低经营成本和风险，提升合作社及烟农多元经营效益。下一步将稳步发展"种植在户、经营在社"的生产组织形式，统一经营信息和生产资料，联合育苗户合作经营，开展订单生产，提高规模效益。

3.**充分利用劳务资源** 本着促农增收的目的，吸纳农村劳动力开展多元化经营与劳务输出。在合作社自主经营的育苗大棚多元经营过程中，指导育苗服务队长及育苗户优先雇佣当地烟农及其家庭成员参与劳动，增加劳务收入。下一步，将计划结合精准扶贫工作，组织一批有劳动能力的贫困户参与多元经营，帮助贫困户脱贫。

4.**保障设备购置的科学性** 以网格化管理为支撑，从各片区实际情况出发，理清育苗大棚在专用和多元经营方面所需的各类物资、设备，实现资源的优化利用，减少投入成本。

5.**完善经营设施的用管机制** 分层级对育苗大棚等经营设施签订管护协议，责任到人，加强对资产的管护，减少因人为或管理不善导致设备破损而支出的维修费用，降低支出成本。

【综合点评】

2011年，兴山县榛子乡被确定为国家烟叶基地单元，也是全国现代烟草农业建设试点区，按照国家烟草专卖局提出的"一基四化"总体要求，通过完善基础设施配套建设，烟农生产条件得到极大改善，在降低劳动成本、减轻劳动强度、保障烟农收入方面发挥了重要促进作用，被当地群众形象地称为"耕作弃锄头、管网铺地头、道路至田头、防雹有弹头，受益到人头"。近几年，为推进烟区经济增长，帮助烟农实现持续增收，兴山县在探索现代烟草农业试点建设上迈出新的步伐，成立了烟农专业合作社，在服务烟区烟叶生产的同时积极开展多种经营，并在设施综合利用上探索出了"花卉＋N"发展模式，与农业龙头企业合作生产花卉苗木，取得了喜人成效。2016年，兴山育苗大棚综合利用率达41%，合作社育苗大棚多元经营收入突破90万元，被当地政府列为现代农业发展的楷模和农业供给侧改革的样板产业。行业推进、政府支持、设施配套、队伍完备、规范经营、勇于创新、大胆实践，这些都是兴山设施综合利用实现新突破的关键条件，要做好经验的归纳和总结，进一步巩固扩大探索成果，不断创新完善，奋力将促农增收工作引向深入，为烟区经济发展发挥辐射与带动作用，为烟叶产业稳定做出积极努力。

(联系人：刘兰明，联系电话：13997708866)

案例26

福建三明明溪利用大棚生产香菇

【项目背景】

1. **合作社概况**　明溪县属福建省重要侨乡之一，素有"绿海金仓"之称。常年种植烤烟近8万担，烟农户均规模20亩。明溪县城郊归化烟农合作社于2012年3月注册成立，社员1 370户，烟农入社率100%，于2016年获评行业示范社。近年来，烤烟种植已成为明溪经济发展的重要支柱，也是社员发家致富的主要途径，户均种烟收入保持7万元水平。

2. **项目由来**　归化合作社现拥有设施完善的集中育苗大棚4座（占地面积8 290米^2），每年11月至次年2月供专业化育苗使用，其余时间处于闲置状态。大棚设施具有闲置时间长、利用率偏低、维护常态化的现状。为改变此现状，合作社积极响应烟草行业号召，在市场调查、筛选社员等基础上开展食用菌（香菇）试点种植，以促进烟农增收，稳定烟农队伍。

3. **资源优势及制约因素分析**　明溪有运作规范、技术娴熟、效益良好的食用菌合作社，能为香菇种植提供原料及技术服务；归化合作社拥有通风排湿等功能齐全的育苗大棚，而且香菇生产季节与烟叶主要生产期错开，社员烟叶生产基本依赖合作社专业化机耕等服务。因此，社员既有节余劳力从事香菇种植、节约菇棚搭建等成本，又无技术层面的担忧。尽管发展香菇种植产业具有以上有利条件，但依然存在着制约因素：一是社员技术掌握程度存在差异；二是香菇种植仍需要塑料布、遮阳网等材料费用投入。

4. **前期探索过程**　2015年，归化合作社因地制宜地开展香菇生产试点，选择种烟规模约20亩、配合程度高、香菇种植兴趣浓厚的社员10户，种植香菇菌棒10万袋，每户种植1万袋，但因缺乏食用菌合作社的技术指导，香菇产量不是非常理想，效益一般。2016年，选择与2015年同等条件的社员20户，种植香菇菌棒30万袋，每户种植1.5万袋，依托食用菌合作社的技术指导，归化合作社加强过程管理并协调解决销售，产品销售状况好，香菇生产实现良性发展。

【发展思路】

1. **指导思想**　在抓好烟叶产业创收的基础上，牢牢把握"试点先行，示范推广，稳步推进"的工作原则，充分挖掘大棚设施利用潜力，逐步推进香菇种植产业的稳步发展，实现促农增收。

2. **发展定位**　着眼适配和效益，巩固香菇产业"烟农合作社＋食用菌合作社＋社员"的发展模式，实施"种植在户、管理在社、协同经营"策略，摸索出一条操作简单、可复制的香菇产业发展路子。

3. 实施方式及步骤 围绕"烟农合作社＋食用菌合作社＋社员"模式，一是筛选种植户。根据香菇种植户应具备的条件筛选出符合要求的种植户30 ～ 50户。二是选购香菇菌棒。烟农合作社走访菌棒市场，统一采购价格合理、接菌规范、菌丝走透的菌棒。三是菌棒下田生产。总结2015、2016年种植经验，种植户对下田菌棒进行规范管理，探索菌棒出菇管理技术，食用菌合作社做好技术服务。四是香菇产品销售。按照"6：4"原则，三方订立合作社协议：食用菌合作社以香菇产品市场价80%的价格收购60%以上的香菇产品；种植户（社员）负责销售40%香菇产品，市场销售以鲜菇为主；烟农合作社协同销售香菇产品，以香菇销售额为基数提取3%管理费。

4. 预期目标

（1）100%使用合作社大棚。合作社集中大棚设施在香菇产业上得到有效使用，并实现非烟季节的有效管护。

（2）稳扩香菇种植规模。香菇种植规模稳扩到30万～ 40万袋/年，发展技术娴熟的稳定种植户20人，户均种植规模至少1.5万袋/年。"烟农合作社＋食用菌合作社＋社员"的种植管理模式经验得到推广，香菇产品得到市场认可，影响范围进一步扩大。

（3）烟农及合作社双方获益。一是烟农收入增加。参与香菇生产的种植户户均收入提高3万元以上。二是合作社造血功能增强。合作社建立起香菇生产管理机制，实现产品效益提升。

【主要做法】

以"烟农合作社＋食用菌合作社＋社员"模式为基础，搭建组织管理架构，推进香菇产业种植。

1. 积极宣传、政策引导，营造主动参与氛围 为切实提高大棚设施利用率，促进烟农增收，明溪县烟草公司、归化合作社积极争取到上级烟草公司关于香菇产业示范种植的政策，对其涉及的设施改造、技术指导等方面予以扶持。

2. 统一管理、分户种植，发挥联合运作优势

（1）落实职责分工。香菇种植实行"种植在户、管理在社、协同经营"的生产模式，即烟农合作社负责种植户筛选、菌棒采购、菌棒下田生产管理跟踪及协调产品销售；食用菌合作社负责生产接种菌棒、菌棒培养、菌棒下田生产技术指导及产品收购；社员作为种植主体，负责菌棒下田生产管理及产品销售。

（2）强化技术培训。聘请食用菌合作社为技术依托单位，协

同烟农合作社共同开展香菇种植技术培训；对香菇种植户进行分类管理，并挑选技术落实到位、生产效益突出的社员担任"领头羊"，发挥示范带头作用；建立健全种植户会商制度，集中交流香菇种植经验，及时解决遇到的困难。

（3）推崇安全生产。在落实香菇常规生产技术的同时，严格把握生产环境质量标准，严格控制水源质量，严禁栽培田块使用违禁农药，实现绿色生产、安全生产、科学生产，以提升香菇产品附加值。

3. 分类管理、代收代销，提升产业经营实效

（1）做好产品分类指导。烟农合作社、食用菌合作社根据市场需求，结合自身香菇质量，确定当年产品销售等级、种类和价格，并统一清选包装后进行销售。

（2）落实代收代销制度。香菇产品产权归属种植户所有，烟农合作社销售香菇及食用菌合作社收购香菇过程均属代理行为。烟农合作社销售香菇以产品销售额为基数提取3%管理费，作为来年项目发展专项资金。

4. 多措并举、质量营销，打造产品定位先驱

（1）实施质量营销策略。随着生活水平的提高，消费者对产品品质及安全性的要求明显提升。当前市场上香菇产品琳琅满目，市场竞争非常激烈。产品能否被市场接纳，关键要看品质及新需求导向。基于此，着重在质量宣传上下功夫，避免香菇产品滞销。

（2）深入推进产品推介。根据市场品牌意识，对香菇产品统一外观包装。通过制作宣传展架等形式宣传生产基地概况及产品品质。烟农合作社利用开展技术培训、入村走访及当地圩日等契机，着力推介香菇产品。利用各合作社、烟草公司的微信平台，适时发布香菇长势等信息，提高其知名度。此外，产品投放以来，已采取10家烟草行业海晟连锁店、全县16家市场定点零售户、合作社自营及电商平台等销售渠道，市场反映良好，产品家喻户晓。

【主要成效】

该香菇种植产业，促进烟叶产业链延伸，实现烟农增收，实现产业共赢。经总结，合作社探索发展香菇产业实现三方面成效：

1. **烟农增加收入** 以2016年香菇生产数据为例，归化合作社共产香菇近42万斤，扣除菌棒购置成本、菇棚维护等现金支出，户均增加香菇纯收入约2.8万元。以烟农杨文清为例，2016年种植烤烟19.5亩，卖烟

总收入8.6万元，纯收入6.1万元；参与合作社香菇种植1.5万袋，香菇总收入7.9万元，纯收入4.2万元。两项相加纯收入10.3万元，较普通社员家庭纯收入高出43%。

2.产业实现增效　一是设施利用率提高。充分利用育苗大棚设施8 290米^2，节约成本投入15万余元，同时也解决了设施管护问题。二是香菇产品推介成功。市场认为合作社香菇产品质优且生态，消费者认可度较高，为该产业发展并实现烟农增收打下良好基础。三是烟农队伍更加稳定。"烟叶＋香菇"配套产业给社员带来收入，增强了社员对烟叶产业的信赖和依附。

3.合作社运作顺畅　种植香菇的社员在烟叶生产上更加依赖合作社专业化服务，归化合作社通过多元经营增强盈利能力，彼此互惠互利的共赢机制彰显成效。

【主要经验】

1.发挥合作社组织优势　烟农合作社在提升专业服务的同时，引导社员积极参与多元经营，实现共赢态势。

2.产品推介至关重要　产品推向市场，要以质量为前提。借助微信等现代信息渠道，将产品信息宣传到位，提升了消费者对产品的关注度。

3.实现"四个紧密结合"　以烟农为主体，以烟叶生产为基础，实现香菇产业与烟叶生产紧密结合；以合作社为"导师"，引导种植户实现创收，实现合作社与种植户紧密结合；香菇产业以市场销售为主、以烟草行业海晟连锁为辅的销售优势凸显，实现了两者紧密结合；在利用行业补贴性设施的基础上，极力挖掘其他设施增收潜能，实现设施紧密结合。

【综合点评】

明溪作为福建重要侨乡之一，烟叶产业是当地不可或缺的经济支柱。引导烟农发展香菇产业作为烟叶产业链的延伸，既切实提高了设施利用率，又促进了烟农增收，稳定了烟农队伍，为解决今后"谁来种烟"问题找到良策。特别重要的是，"烟农合作社＋食用菌合作社＋社员"的经营模式运作成效明显，值得借鉴和推广。

（联系人：石桥富，联系电话：13507587721）

案例27

福建南平政和探索育苗大棚综合利用

【项目背景】

1. 政和烟叶产业现状 政和地处闽浙两省三市交接，耕地面积22万亩，农业以竹、茶、烟为主；常年种植烤烟面积1.6万亩，以高山区种植红花大金元为主；现有育苗大棚566座，苗棚育苗时间较短，在平原区为12月至次年3月，高山区为12月至次年4月；烟叶移栽后，苗棚处于长期的闲置状态，闲置期为4月中旬到11月下旬，长达8个月，不仅浪费资源，还需要投入资金进行日常管护和维修。

2. 烟农专业合作社现状 政和洞宫烟农专业合作社成立于2013年，现有入社烟农731户，服务面积1.4万亩。2016年，入社烟农平均亩产量114.09公斤，亩产值3 342.26元，均价29.30元/公斤。烟农收益渠道相对单一，缺乏其他有效增收手段。

3. 大棚利用前期探索 2015年，洞宫合作社就如何利用苗棚的潜在生产力，增加烟农收入展开积极探索，并依托城郊302省道旁距离县城5千米的东峰村育苗棚，选取了6座育苗大棚对6种果蔬进行对比性种植，探索利用育苗棚闲置期生产符合市场需求且效益最佳的果蔬品种。

【发展思路】

1. 指导思想 以烟农增收为立足点，以"精准市场定位，突出产品特色，科学区域布局"为原则，紧紧抓住大力发展蔬菜产业的机遇，整合现有优势资源，探索育苗棚的科学综合利用。

2. 发展定位 以政和洞宫合作社为主体，带动入社烟农，利用全县闲置烟草育苗大棚资源建立自主品牌果蔬基地，实现"一县多品"的订单生产模式，打造政和第一蔬菜生产品牌供应商。

3. 实施方式 通过合作社规划、先进社员引领、推动全员参与的方式，采用"商超企业＋行业合作社＋社员烟农"的合作模式，实施特色规模的品牌经营，促进烟农增收。

4. 实施步骤 品种筛选。2015年，合作社对适宜大棚种植的28种果蔬进行调查、对比分析和初筛，2016年对通过初筛的6种果蔬进行试种，2017年新增引入3种果蔬进行试种。市场对接。以"优质、安全、生态"为标准，2016年开展试种并注册"东峰"商标，形成产品订单生产；2017年逐步扩大规模，在本县商超和早市销售的基础上，依托两省三市交界的地理优势，以点带面逐步进入本省和浙江市场，稳步扩展销售渠道。

5. 预期目标 2016年带动示范烟农实现户均增收500元以上；2017年规模扩大到80个

大棚以上，带动烟农户均增收达到800元以上；在"十三五"期末，将蔬菜种植拓展至400个以上育苗大棚，带动烟农户均增收达到1 200元以上。

【主要做法】

1. **项目组织形式** 探索搭建"商超企业＋行业合作社＋社员烟农"的生产运营合作模式，合作社组织社员进行苗棚果蔬种植，并与商超和企业商榷供应订单、价格和销售方式，在扣除相关生产运营费用后，利润按50%返还给社员。

2. **运行机制**

（1）以市场为导向的调整机制。建立以市场为导向的调整机制，根据市场需求的变化及时调整蔬菜、瓜果种植种类，做到以销定产。

（2）以绿色安全为前提的监督机制。合作社定期与商超企业互动了解产品的质量情况，并组织人员对果蔬种植情况进行监督检查。

（3）以交流学习为基本形式的培训机制。合作社积极开展多种形式的交流，定期到有关蔬菜基地参观交流经验，举办培训班，对社员进行统一培训，接受技术咨询。

（4）以烟农增收为目标的运行保障机制。合作社做好各项市场调查和分析，签订果蔬种植种类订单，做好社员技术指导，确保产品全部实现按订单交售。

3. **管理机制** 合作社统一管理，分户生产的办法，对社员实行"七统一"服务：即统一种植规划、统一生产资料供应、统一生产标准、统一技术指导、统一经济谈判、统一信息发布、统一产品销售。发挥整体优势，保证产品质量，稳固销售市场。

4. **组织生产** 2016年选取6座育苗大棚，占地面积约3亩。育苗结束后，栽种西瓜、芹菜、黄瓜、莴苣、白菜和豇豆等6种经济作物。西瓜于4月25日移栽，9月底采收结束；芹菜、莴苣于6月5日移栽，10月底收获；白菜、豇豆于5月25日进行播种，分别于8月初、9月底收获结束；黄瓜于5月20日开始播种，9月底收获。2017年选取了80个育苗大棚，占地面积约40亩，在种植西瓜和芹菜的基础上，根据订单又增加了卷心菜、百香果和泰国空心菜。

【主要成效】

1. **促进了合作社增效和烟农增收** 2016年，合作社通过带动6户社员烟农开展大棚果蔬种植，实现利润7 263元（表27-1），通过盈利返还，6户烟农户均增收605.25元，合作社净利润3 632元。

2. **提高育苗棚综合利用率和管护能力** 烟叶育苗从开始到结束时间为4个月，通过闲置期内利用苗棚种植果蔬菜类经济作物5个月，苗棚利用周期增加到9个月，综合利用率由33%提高到75%。同时，通过不同品种的果蔬试种，形成了西瓜和芹菜进行茬口连作的方式。整体运行后，既达到了设施综合利用的目的，又减少了闲置期间育苗棚的管护费用。

表27-1 育苗棚综合利用经济效益分析

地点	种类	投入成本（元）						产量（公斤）	时价（元/公斤）	产值（元）	纯利润（元）
		种子	肥料	农药	人工	其他	合计				
东峰育苗大棚	西瓜	15	45	10	500	50	620	750	3.0	2 250	1 630
	芹菜	10	45	10	350	50	465	630	3.0	1 890	1 425
	莴苣	20	35	10	200	50	315	510	2.6	1 326	1 011
	白菜	10	30	10	200	50	300	550	2.4	1 320	1 020
	豇豆	10	30	10	400	50	500	420	4.0	1 680	1 168
	黄瓜	10	35	10	350	50	455	610	2.4	1 464	1 009

注：按1座普通钢架大棚计，人工按100元/工计。

3. 销售渠道稳定，规模逐步扩增 通过2016年果蔬的种植尝试和产销渠道的顺畅对接，对其他社员起到了很好的示范引领作用。2017年，规模由2016年的6个大棚（3亩）扩增到80个大棚（40亩），品种在种植西瓜和芹菜的基础上，根据商超企业订单又增加了卷心菜、百香果和泰国空心菜3类果蔬品种。

【主要经验】

1. 抓合作社作为，促烟农增收 育苗大棚的综合利用需要合作社发挥纽带作用，上联市场，下联农户，主动探索，积极作为。既要做通社员烟农的思想工作，使他们认识到农民专业合作社是广大农民联合发展生产，应对和降低市场风险，确保经济持续增长的新机制，又要以生产服务、技术服务、销售服务和增强社员收入为中心，促进社员小生产与大市场的有效联结，做到典型引路，保障种植户的收益，才能消除思想顾虑，引导发展，真正实现农民与合作社的双赢。

2. 抓质量特色，促品牌培育 在市场经济体制下，品牌是专业合作社的生命。为此，合作社从开始就注册了"东峰"商标，通过产品品牌来赢得市场。

3.**抓标准化生产，促机制建设**　打造自主品牌，需要产品特色和质量作为保障。在初期阶段，合作社从挖掘产品特色和提升产品质量着手，遴选合适的果蔬品种进行生产试种，打造属于合作社的名品。同时，在烟苗繁育标准的基础上，合作社制订了《育苗棚综合利用机制》，按技术要求生产蔬菜，并按需方要求进行科学的管理。建立了大棚果蔬种植的生产标准制度，推广使用生物有机肥，严格控制化肥用量，禁止使用高毒高残留农药，提倡使用频振式杀虫灯诱杀害虫，减少农药使用量，使生产的蔬菜达到优质、安全和无公害标准。

【综合点评】

在保证粮食安全的前提下，大力发展蔬菜生产，是增加农民收入最直接、最有效的途径之一。本案例结合当地实际，充分发挥合作社的纽带作用，大胆探索尝试育苗设施闲置期的利用，初步探索出了一条烟区利用闲置育苗设施增收的路子，对其他产区有一定的借鉴作用。今后，还可以向无公害、新品种、低成本、高效益的新型优良的经济作物和园艺作物进行进一步示范推广，提升合作社的生存力和发展空间，带动更多烟农增收。

（联系人：林勇，联系电话：15159945507）

案例28

山东日照五莲"绿色茄子"助推烟农增收致富

【项目背景】

五莲县地处山东半岛西南部,现辖12处乡镇(街道)和日照市北经济开发区、五莲山旅游风景区,共632个行政村,48.5万人口,总面积1 497千米^2。全县土地面积216万亩,常用耕地59.9万亩,宜烟面积43万亩。五莲属暖温带半湿润气候,年平均气温12.6℃,年均无霜期182天,年均降水量855毫米,烤烟大田生产期间平均日照时数8.3小时,光照充足、热量和水资源丰富是发展烟叶生产得天独厚的自然条件。近年来,五莲县金城烟叶专业合作社积极探索利用闲置烟基设施发展多元化经营,助农增收。其中,利用育苗大棚培育茄苗效益尤为突出、发展前景较好,被合作社确定为今后重点发展的项目之一。

1. **资源优势** 一是设施优势。五莲县金城烟叶专业合作社现有占地25亩的育苗工场,6座四联体标准化育苗大棚。育苗工场和育苗大棚配套设施齐全,完全具备培育茄苗的设施条件。二是技术优势。金城烟叶专业合作社位于素有五莲粮仓之称的汪湖镇,当地大部分烟农的农作物种植经验丰富,对茄子种植技术比较熟悉。三是人员优势。合作社现有社员252人,全部为烟农,大部分在30～50岁,年轻力壮,为合作社发展多元化经营提供了有力的人力保障。

2. **制约因素** 一是部分烟农存在顾虑思想,担心经营不善,赚不到钱。二是原先没有形成统一经营模式,市场销售渠道混乱,外地批发商来采购时,种植户之间互相比价砍价,导致恶性竞争,种植户受益微薄,给发展茄子栽培项目蒙上了阴影。

3. **探索突破** 合作社本着"烟农合作社为烟农服务"的宗旨,在充分调研了解当地茄子种植销售情况后,派人先后去青岛、济南、德州、徐州、宁波、杭州等大中城市蔬菜批发市场考察茄子市场行情。在此基础上,经过多次召开理事会、监事会研究、论证,决定建立"合作社+烟农+批发商"的茄苗培育模式,即合作社根据烟农种植茄苗实际需求,购进优良茄种,利用育苗大棚培育优良茄苗,茄苗嫁接后,销售给烟农;烟农利用自家建造的冬暖式大棚种植茄子,茄子采摘后,由合作社联系批发商统一销售,通过集中管理、规范经营,做好设施综合利用,助推烟农增收致富。

【发展思路】

1. **指导思想** 紧紧围绕国家烟草专卖局关于烟农增收工作的总体要求,在烟叶生产主业增收的基础上,利用闲置烟叶生产基础设施开展多元化经营,促农增收。

2. **实施步骤** 研究制定了"三个一"的实施策略:一是做好一个棚,实现盈利,起到示范引领；二是做好一个育苗工场，充分利用方城育苗工场6个标准化B型育苗大棚扩大茄苗培育规模，逐步摸索出一条较为成功的发展模式；三是在全县三处育苗工场（汪湖方城育苗工场、于里岳庄育苗工场和叩官龙潭育苗工场）统一全面推广，让全县烟农通过培育"绿色茄子"普遍增收致富。

3. 发展目标 2015年，做好一个育苗大棚茄苗培育，起到项目示范引领的作用，合作社预计培育茄苗16万株，实现盈利3.2万元，带动当地42户烟农增收致富，实现烟农增收270万元。2016—2017年，做好育苗工场6个育苗大棚茄苗培育，探索出一条较为成功的发展模式。预计培育茄苗96万株，实现盈利9.2万元，带动252户烟农增收致富，实现烟农增收1 600万元。2018年，争取在全县三处育苗工场全面推广下，计划培育茄苗300万株，合作社预计实现盈利60万元，带动全县烟农增收致富，实现烟农增收5 000万元，如表28-1所示。

表28-1 合作社培育茄苗发展目标明细

年份	培育茄苗数量（万株）	合作社盈利金额（万元）	烟农增收金额（万元）
2015	16	3.2	270
2016—2017	96	9.2	1 600
2018	300	60	5 000

【主要做法】

1. 突出绿色环保，树立生态品牌 以质取胜，质量过硬是赢得市场的根本保证。为了保证培育的茄子质量好、口感佳、绿色环保无公害。合作社开展深入的市场调研，最终确定采用荷兰瑞克斯旺公司生产的优良品种茄子——安德烈。该品种植株生长旺盛，开展度大，花萼小，叶片中等大小，无刺；早熟丰产，采收期长；果实紫黑色，绿把，绿萼，质地光滑油亮，比重大，果实整齐一致，味道鲜美。在确定好培育品种的基础上，在施肥和病虫害防治环节特别注重绿色环保，合作社依托五莲县农业局对每个大棚里的土壤进行了取样化验，实行测土配方施肥，由合作社统一采购有机肥料，成本价销售给烟农，并指导烟农在棚内安放害虫诱捕器，实行物理防治，整个种植过程中不使用化肥、不喷施农药，确保培育的茄子不但质量上乘而且生态有机绿色环保。

2. 实行订单生产，按需供应茄苗 在5月初，茄苗播种之前，合作社和烟农逐户签订供苗协议，明确培育品种、供苗数量、茄苗价格等具体事项，根据协议签订情况，合作社集中统计烟农茄苗需求数量，根据实际需求，购进种子，实行订单式生产。7月初茄苗嫁接后，合作社以每株0.8元的价格，按照购苗数量，向烟农收取茄苗款。订单生产不但避免了无计划生产造成的资源浪费，而且能够按时足量地为烟农提供优质的茄苗，使合作社和烟农之间逐步形成了按计划生产、按协议供苗的有序规范合作模式。

3. 聘请技术能手，长期跟踪指导 为了确保种植的茄苗质量过硬，能够赢得市场和批发商的青睐，合作社社员在充分学习借鉴收购方提供的种植技术的基础上，主动走出去，派人到潍坊寿光聘请种植茄苗技术能手到合作社进行现场指导，及时解答育苗过程中遇到的技术难题。茄苗培育期间，合作社工作人员严格落实营养土消毒、种子催芽、砧木嫁接等技术措施，通过精心管理，培育的茄苗根系发达，茎秆粗壮，叶色浓绿，无病虫害，优质壮苗率达到95%以上，移栽后还苗快，生长旺盛，烟农非常认可。

4.**统一集中经营，规范运行操作** 从茄苗购进到茄子销售，合作社实行统一集中管理，实现了三统一：一是实行统一品种购进，从源头保证茄苗质量；二是实行统一技术指导，在茄苗培育期间，每个育苗大棚安排4～5名技术人员，全程落实技术；三是统一批发销售，由合作社牵头与批发商联系，确定茄子销售渠道，实行统一批发销售，一方面保证了烟农生产的茄子随时有销量，另一方面避免了烟农各自销售，互相比价砍价，造成恶性竞争的现象发生，保证了茄苗经营规范有序。

5.**签订保障协议，打消烟农顾虑** 合作社与烟农除签订供苗协议外，还签订销售协议，烟农培育的茄子，由合作社保护价收购，彻底消除了烟农害怕产出后卖不出去的顾虑，充分调动了烟农开展茄苗培育项目的积极性。在烟农李金宝的大棚里，他的妻子刘运兰一边采摘着茄子，一边满脸喜悦地介绍着大棚茄子的种植、收入情况："第一年合作社鼓励俺建大棚，但俺心里没准，就没同意。看到邻居们赚到钱了，去年跟俺对象商量着也建了一个，收入还真不少哩，比种玉米、种花生好多了。茄子苗是工场化培育，品种是最好的，质量是最可靠的，不用俺操心费力，产出的茄子由合作社根据市场行情，统一合理定价，统一对外批量出售，价格不用愁，销路有保障，俺家当年就把建大棚的成本拿回来了。"

【主要成效】

1.**效益明显** 2015年，合作社培育茄苗18万株，实现盈利3.5万元，带动当地40户烟农增收致富，实现烟农增收311.5万元，户均增收7.79万元。2016年，合作社培育茄苗100万株，实现盈利21.3万元，带动当地180户烟农增收致富，实现烟农增收1 738.76万元，户均增收9.62万元。2017年，合作社预计培育茄苗120万株，实现盈利28万元，带动当地230户烟农增收致富，实现烟农增收2 000万元，户均增收9万元。2018年，合作社计划培育茄苗300万株，实现盈利60万元，带动全县烟农增收致富，实现烟农增收5 000万元。（其中，人工费每个育苗大棚3.2万元，种子费12.8万元，托盘、沙子、营养土、接穗每棚共计5万元。每个育苗大棚培育16万株茄苗。）

表28-2 合作社培育茄苗实现效益明细及预测表

年份	培育茄苗数量（万株）	合作社盈利金额（万元）	烟农增收金额（万元）
2015	18	3.5	311.5
2016	100	21.3	1 738.76
2017	120	28	2 000
2018	300	60	5 000

2.**运行良好** 5月初，烤烟大田移栽后，合作社组织人员利用闲置育苗大棚培育茄苗，

一个标准化 B 型育苗大棚播种 16 万株，5 月 15 日左右播种结束，6 月底或 7 月初进行嫁接，销售 2 个月左右，到 9 月底结束。合作社突出一个"实"字，把自身经营与当地优势蔬菜作物种植密切联系，通过合作社的统一管理、规范运行，重点解决了市场销售混乱、恶性竞争的问题。实际操作过程中，每个育苗棚安排一个育苗小组（4～5 人）全程负责，合作社实现统一考核，销售业绩与工资挂钩，激发了社员工作积极性，合作社多元化经营取得了预期效果。

3. 模式可鉴　在增加烟农收入的同时，合作社不仅有效解决了烤烟育苗大棚用途单一、闲置期长，造成资源浪费的问题，而且设施损坏后由烟草公司出钱维修这一问题得以迎刃而解，还为部分烟农创造了就业机会。通过科学管理、用心经营，烟农也有了较为客观的经济收入。

【主要经验】

1. 注重实效、稳步推进　五莲县局（分公司）对合作社闲置资源综合利用进行了认真考察、因地制宜、科学立项，没有盲目跟风，也没有畏难发愁、踟蹰不前，最终取得了实效。

2. 形成了产销一条龙经营模式　合作社通过走出去、请进来，搞"合作社＋烟农＋批发商"产销一条链的模式，充分利用烤烟育苗大棚变"闲"为"钱"，为烟农增加了收入，提升了合作社经济效益。为下一步全县现代烟草农业设施综合利用、带动烟农共同致富提供了宝贵的经验。

【综合点评】

该项目取得的突出成效和主要经验，对于烟农增收和当地社会经济发展具有积极意义。建议进一步探索完善"合作社＋烟农＋批发商"多元化经营模式，促进合作社建设更加富有活力、充满效率的开展，为烟农增收做出更多的贡献。

（联系人：崔维栋，联系电话：13906331366）

案例29

山东潍坊高密种植福寿花实施订单生产

【项目背景】

山东潍坊高密市位于山东半岛东部胶莱平原腹地，面积1 526.6千米^2，人口92万，2016年位列全国百强县62位，全市农民人均收入16 272元。高密烟区自2006年开始探索烟叶家庭农场化种植模式，近几年来，植烟面积稳定在1万亩左右，户均面积110亩左右，户均年收入40万元，烟叶规模化种植取得较好的成效，已成为烟区税收和农民增收的重要途径。

高密市方市烟叶生产专业合作社（以下简称"合作社"）是一家综合服务型烟农专业合作社，掌控大量的烟基设施。其中育苗工场8处，占地面积234亩；育苗大棚184个，其中D型棚181个，B型棚3个。随着行业面积调控措施的推进、漂浮育苗技术的全面推广，6处育苗工场、136个育苗大棚出现闲置，可利用面积68亩。

多年以来，合作社坚持把探索利用闲置烟基设施开展多元经营作为拓展收入的重要途径，但由于开展多元化经营需要的管理经验不足、技术储备薄弱、市场渠道不畅、经营规模较小，加之经营项目品种单一、市场竞争力小，导致设施利用探索期多元化经营效益不理想。

近年来，合作社始终坚持在闲置大棚利用上实现突破，制定了"市场前景好、盈利水平高、销售渠道畅通"的多元化经营原则，确定了"一社一品"发展思路。在2015年试种福寿花取得较好效益的基础上，把种植福寿花确定为合作社今后利用闲置育苗大棚开展多元化经营的重点项目，既增加了烟农收入，又实现了闲置设施的有效管护，保证了烟基项目保值增值。

【发展思路】

1. **指导思想** 紧紧围绕国家烟草专卖局关于烟农增收工作的总体要求，以烟农合作社示范引领为平台，引导烟农利用闲置育苗大棚开展"订单生产"，种植福寿花，进一步促农增收。

2. **发展定位** 确定"以种植福寿花为主，轮作种植大豆、谷子为辅"的发展定位，切实发挥合作社平台作用，努力打造"福寿花种植示范区"，发挥促农增收示范带头作用，力争2～3年闲置大棚全部种植福寿花，带动70%以上烟农参与到该项目中。

3. **实施方式** 采取"智领公司＋合作社＋烟农"的产业化经营机制，合作社具体负责烟农组织、大棚筛选、技术培训、采摘加工等工作，并提供福寿花加工收购场地；智领公司提供种苗和技术并按合同约定收购福寿花，并约定保护价格收购；烟农负责管理；供应商负责提供福寿花种植技术和优质服务。

4.**预期目标**　2017年60个D型棚、30亩地种植福寿花，参与烟农20户。2018年种植规模将达到130个D型棚、65亩地，水源充足的育苗大棚将全部闲置利用，40户以上烟农参与。

【主要做法】

1.**坚持对接市场找项目**　合作社从2014年底就开始对接市场调研大棚闲置利用项目。调研发现，种植福寿花是一个盈利前景较好、较易操作的项目。福寿花主要用于提取虾青素，而虾青素是一种高效的纯天然抗氧化剂，可用于制作高档化妆品和保健品，有着广阔的市场空间。同时，收购加工厂家——山东智领生物公司就在周边的诸城市，技术指导有保障，产品运输距离较近。经综合分析和评估，选定福寿花作为闲置大棚利用经营项目，采取"引进来、留得住、扩面积""三步走"策略，先试点，再扩面，稳步推进。

2.**坚持技术引领促落实**　经营过程中，定期聘请智领公司专业技术人员开展技术培训，重点环节跟踪指导、一对一服务。合作社和烟站还落实专人，包户到棚为社员提供产前、产中、产后全程跟踪服务，协调解决社员遇到的生产问题。合作社还在厂家的指导下，制定了福寿花种植作业流程、作业标准、采摘标准和包装标准，实现从种植、管理到采摘、加工、存放等环节的全过程质量控制，保证福寿花种植顺利开展。

3.**坚持烟社联动搞经营**　依托合作社这一平台，成立促农增收领导小组，组建一支12人的专业队，具体负责福寿花的技术指导和销售工作。合作社根据育苗工场规模和烟农自愿情况，合理规划福寿花种植区域，将30亩福寿花分解到三个育苗工场，其中东注沟育苗工场15亩（30个育苗棚）、高戈庄育苗工场6.5亩（13个育苗棚）、薛家老庄育苗工场8.5亩（17个育苗棚），实现统一规划、统一经营、统一指导、统一销售。合作社制定考核办法，将技术标准落实纳入对烟农的诚信考评。与烟叶种植面积计划等挂钩，对标准落实不到位的烟农，减少或取消其种植计划，确保各项措施落实到位。

【主要成效】

1.**提高了大棚利用效益**　2016年，利用6个D型棚试点种植福寿花3亩，采摘福寿花1 117公斤，通过订单销售，收入3.13万元，盈余1.41万元。2017年，60个D型棚30亩地，预计采收鲜花1.3万公斤，实现盈余13.8万元，亩均盈利0.5万元。

2.**完善了种植技术标准**　经过一年的试种，合作社在播种质量、苗床管理、温湿度管理、病虫害防治、鲜花采摘、鲜花储存等环节技术进行了规范，建立了全过程质量控制标准，用工管理更加科学合理，技术标准更加明确。2017年福寿花长势明显好于第一年，花苗整齐、疏密一致。

3.**建立了大棚轮作模式**　福寿花种植周期在11月初至次年5月底，采摘结束后，能够与大豆（非转基因）、谷子（黄金谷）等农作物进行有效轮作，实现了全年有效利用。种植的大豆加工成豆油和豆饼出售；谷子加工成小米，装箱销售。2016年合作社通过轮作，种植谷子2.5亩，收获小米1 001斤；收获大豆8 658.7斤，加工豆油910斤、豆饼7 725斤。两者实现收入30 535元，盈余11 758.8元。

【主要经验】

福寿花种植是合作社通过"订单生产"模式开展设施闲置利用的有效探索，有效促进了烟农增收。主要坚持做到以下三个方面：

1. 坚持发挥合作社平台作用　2016年，合作社本着先试点后推广的原则，通过订单模式开展试点经营，熟悉了福寿花种植过程，掌握了种植技术，了解了销售渠道，取得了较好效益。2017年，合作社面向社员广泛进行宣传，以点带面，逐步扩大种植规模，引导20户烟农种植福寿花促增收。

2. 坚持技术标准全程覆盖　福寿花种植对技术标准要求高，期间合作社多次邀请厂方技术员到合作社定期开展技术培训，重点环节进行跟踪指导、一对一帮扶，解决烟农"怎么管理"的问题。合作社还在厂家的指导下，制定了福寿花种植作业流程、作业标准、采摘标准和包装标准，实现从种植、管理到采摘、储存等环节的全过程质量控制，帮助烟农解决了福寿花种植过程中的关键技术难题。

3. 坚持群策群力谋发展　合作社成立促农增收领导小组，加强组织管理，技术措施落实到位，各生产环节能够规范运行。烟草部门在个别环节给予积极配合，及时协商工作中的矛盾问题，形成了工作合力，尤其在苗床管理、病害防治等关键环节给予了很大帮助。福寿花收购方提供种子和技术支持，并签订种植收购合同，实行订单生产，解除了烟农的后顾之忧。

【综合点评】

福寿花种植是近两年兴起的一项产业，从中提取的虾青素可用于健康产业和美容行业，非常具有发展前景。高密合作社利用闲置育苗大棚种植福寿花具备很好的优势，一是靠近福寿花加工厂，订单式生产，技术和产销有保障；二是福寿花种植盈利可观，与其他经济作物轮作，育苗大棚得到了充分利用；三是将闲置育苗工场的大棚集中利用，建设成福寿花种植产业基地，能够吸纳烟农参与其中，盈利增收前景广阔。

（联系人：魏学军，联系电话：13780801061）

案例 30

陕西延安黄龙产区利用育苗大棚种植蔬菜

【项目背景】

白城桥行政村位于崾崄乡政府驻地西北方向11千米处。由4个自然村（白城桥村、梁家塬村、北崖子村、贺家沟村）组成。全村共91户333人，共有劳力105个，其中男60个，女45个。白成桥30户109人，梁家塬22户78人，北岩子16户67人，贺家沟23户79人。土地总面积约1 716米^2。主导产业为烤烟、玉米、核桃。其中玉米2 200亩，核桃1 600亩。

2015年白城桥村11户烟农，种植烤烟246亩，交售烟叶61 000余斤，产值600 000元，户均收入54 545元。该村地处川道，烟农除种植烤烟外，只能种植玉米。但由于玉米价格逐年下降，收入无法增加。种植蔬菜既可以供村民日常生活需求，还可以为城市提供部分蔬菜，增加收入。烟叶育苗大棚育过烟苗之后，每年都要闲置8～9个月时间。为充分利用育苗大棚的闲置期，让育苗大棚充分发挥效益，县烟草公司在保证烟叶育苗大棚完成育苗任务的同时，创新思路，巧打时间差，组织烟农合理利用这些烤烟育苗大棚种植蔬菜，不仅减少了除草、浇水的麻烦，还提高了蔬菜的质量。因这些蔬菜的生长周期短、效益好、产量高，很受烟农的欢迎，有效地帮助了烟农实现增收。

【发展思路】

指导思想：市场引领，强化管理，主攻质量，增加效益。

发展定位：因地制宜，绿色环保。

实施方式：合作社加烟站加育苗专业户

实施步骤：第一阶段试验示范（2016年5月1日～10月），进行多品种蔬菜种植，探索具有适应当地气候特点并能满足市场需求的骨干品种。第二阶段示范（2017年5～10月），对筛选出的品种进行种植示范。第三阶段推广应用，利用全县10个育苗大棚进行商业化生产，形成产供销一条龙的经营模式。

预期目标：种植蔬菜10个大棚（50米×8米）及烟农自建中棚，每年全县烟农增收2万元，40户种菜烟农每年人均收入达到500元以上。

【主要做法】

一是由合作社牵头，烟站负责技术指导，育苗专业户具体实施；合作社负责联系超市、农贸市场，烟站负责技术指导，育苗户种植、管理蔬菜。二是采取零售加批发的模式运作；按时限种植，按环节管理，统一收获，分批投放市场；依据黄龙当地饮食习惯选取产值较高的蔬菜品种进行实验；由烟站负责牵头，育苗户实施生产；主要针对超市和集贸市场进行批发和零售。三是打造无公害招牌，试种"黄龙山"无公害绿色蔬菜；收益按合作社收取10%的管理费，剩余部分全部归育苗户所有。

【主要成效】

由于我县刚开始进行实验，规模较小，无法大规模占领市场，因此蔬菜销售情况较差，加上距离县城较远，运输成本高，烟农增收效果不明显，基本上处于供应本村农民食用，因此价格也等同于市场一般价格，无法体现无公害蔬菜价格优势，对当地农民生活有所改善，但对当地社会经济发展无明显带动和促进。

【主要经验】

通过一年来的试验，取得了一点增收的效果，尤其是在组织结构和经营模式上获得了一定的经验。采取烟站加合作社加育苗户的模式是比较容易操作的。实验证明，育苗大棚种植蔬菜可以为当地烟农增收起到一定作用，只是由于成本较高，增值效果不明显。存在的主要问题，一是烟农对此项工作的认识未上升到一定高度，粗放管理和简单的经营模式导致所种蔬菜附加值低、销路不广，收益不明显。二是关键环节的种植技术没有掌握，产品质量较低，无法在市场竞争中占领一席之地。三是对产品的定位不够明确，没有形成订单农业，销售市场难拓展。今后应在引进当地没有种植过、可明显增加销售量和销售收入的而在当地销路顺畅的高档蔬菜上做文章，在关键种植技术上寻找突破，提高产品质量，同时以订单农业为统领，确保产品销路顺畅，解决烟农的后顾之忧，从根本上增加烟农业的收入。

【综合点评】

蔬菜是人们日常生活离不开的食品，市场需求量较大。该项目紧紧结合产区实际，充分依托和发挥合作社基本功能，利用烤烟育苗大棚种植蔬菜，积极探索"烟农＋菜农"的绿色循环经济模式，为产区烟农持续增收开辟了一条新的途径。但在生产和销售中，仍需与市场及早衔接，签订好蔬菜的供求合同，确保蔬菜种植有计划地实施，以免造成资金投入浪费，实现产销平衡。

（联系人：王军，联系电话：13772852286）

案例31

湖南常德利用育苗大棚种植紫菱瓜果

【项目背景】

1.**设施利用不理想**　常德市目前共有育苗工场32处，总面积达12万米²，地面均未硬化，适宜开展综合利用。近年来，常德市在育苗工场积极探索种植蔬菜、蘑菇、水稻育秧等，但经济效益不是很理想，未形成大规模综合育苗设施利用。

2.**综合利用择良品**　常德市朱家港烟农合作社在烟草部门的指导下，根据当地的气候环境和设施条件，选择在育苗工场开展哈密瓜种植项目。通过严格的种植管理和技术优化，成功种植出优质哈密瓜，深受市场青睐。

3.**临近市场占先机**　朱家港烟农合作社位于桃源县盘塘镇，临近长张高速，距常德市区40千米，哈密瓜从成熟采摘到市场销售仅需1小时车程。同时，便利的交通也让哈密瓜的销售辐射常德周边县市，并在张家界市、怀化市、岳阳市等市场占有一定份额。

【发展思路】

朱家港烟农合作社在烟草部门的引导下，利用烟草投入设施装备，依托烟草技术力量，积极探索开展多种经营，以"挖潜力、找路子、立品牌、促增收"为发展思路，通过对育苗工场综合利用，选择种植品种适宜、经济价值高的哈密瓜，并利用紫菱品牌营销打开周边销售市场，实现合作社内生动力增强和烟农分红增收。

【主要做法】

1.**稳步探索，强化技术支撑**　针对育苗工场闲置期特点，我们邀请湖南农业大学、常德市农科所等科研院所专家有针对性地开出"诊方"——育苗工场每年3月下旬至11月为闲置期，且其防雨、高温的特点正适宜"喜高温忌多雨"的哈密瓜种植。通过对常德地区的市场调查，发现常德境内无大棚哈密瓜种植成功的先例，加上常德城区经济活跃，水果消费能力强，市场前景看好。朱家港烟农合作社在技术专家的指导下，优选种，精培育，成功种出"味甜、质优、无公害"的大棚哈密瓜。

2.**注重质量，强化品牌意识**　为保证哈密瓜产业持续发展，合作社意识到只有在保证质量的前提下打造自身品牌，才能实现以规模促效益、以质量促销量、以品牌促发展。因而，一方面合作社在种植过程中规范生产过程管理，减少农药化肥使用，致力打造天然无公害的绿色食品；另一方面烟草和合作社共享品牌发展成果，打造紫菱有机蔬菜、瓜果品牌，扩大产品销售渠道和知名度，为产业的做大做强打下了坚实的基础。

3. **抱团发展，强化龙头带动** 常德市共有育苗工场32处12万米^2，为充分利用这些育苗大棚，烟草公司将朱家港烟农合作社的经验推广到其他地区，以桃源县朱家港、临澧太浮山、石门南北等行业和省级示范合作社为龙头，积极探索开展多种经营，业务"触角"延伸到食用菌培育、哈密瓜种植、应季蔬菜栽培及早稻育苗、农产品仓储等方面，带动各合作分社及广大烟农共享增收成果。

【主要成效】

1. **经济效益** 2016年，朱家港烟农合作社利用育苗大棚闲置期在3个育苗工场种植紫菱品牌哈密瓜28亩。"紫菱"哈密瓜主要供应常德市城区和桃源县，实现销售收入36.85万元，扣除各类生产成本后获利23.11万元，获得了较好的经济效益，并通过微信等网上信息平台对生产过程进行宣传介绍，树立了良好的品牌形象（表31-1）。

表31-1 育苗工场综合效益分析表

综合利用品种	综合利用育苗工场数量（处）	综合利用面积（亩）	综合利用时长（月）	总产量（公斤）	单价（元／公斤）	总产值（万元）	生产和销售成本（万元）	盈余（万元）
哈密瓜	3	28	7	65 800	5.6	36.85	13.74	23.11

一是烟农收入增加。合作社种植绿色无公害哈密瓜亩均投入种子、肥料等物资，人力成本，大棚管护费用0.63万元；收获哈密瓜6.58万公斤，售价为5.6元/公斤；扣除成本后亩均收入为0.69万元，2016年朱家港合作社783户烟农从育苗工场综合利用中户均分红245元（表31-2、表31-3）。

表31-2 育苗工场综合利用成本构成情况表

利用方式	综合利用品种	综合利用面积（亩）	种苗成本（元）	肥料农药成本（元）	生产采收用工成本（元）	物资消耗成本（元）	物流运费（元）	成本合计（元）
育苗工场	哈密瓜	28	23 856	21 840	36 440	43 400	11 844	137 380

表31-3 育苗工场综合利用烟农增收分析表

利用方式	综合利用品种	总产值（万元）	生产和销售成本（万元）	盈余（万元）	提取管护资金（万元）	合作社成员（个）	人均分红（元）
育苗工场	哈密瓜	36.85	13.74	23.11	3.85	783	245

2. **品牌美誉度提高** 在哈密瓜播种至收获期间，利用常德市烟草公司紫菱品牌微信平台推广绿色无公害生产管理技术，让消费者了解生产过程的各个环节，最终凭借产品优良品质和安全性，赢得了消费者对紫菱品牌的认可，为后继推出紫菱品牌其他农产品夯实了市场基础。

3.**育苗设施得到管护** 在综合利用期间，合作社每个育苗工厂聘请2～3人在从事生产的同时负责育苗工场的清洁卫生，并且每年从育苗设施综合利用利润中提取20%作为育苗工场管护资金，用于大棚膜更换等。

【主要经验】

1.**设施特点和作物特性要吻合** 设施农业要选择相对经济价值较高的农作物，通过发挥设施可调控的优势，满足作物在生长中对温度、湿度的需求特性，确保作物高产、稳产、优产。

2.**市场空间和上市时间要适合** 要充分利用微商、电商等市场渠道，破解生鲜农产品销售时间短等局限性，拓展市场空间；提前做好市场调查，针对市场需求的变化，合理调整产品上市时间和产品类别，实现销售价格最优化。

3.**扶持引导和自主探索要融合** 在国家法律法规和行业政策允许的条件下，要加大合作社扶持力度，切实落实各项优惠政策，努力引导和帮助合作社提高自主创业的积极性；合作社也应挖掘自身优势，打造专业发展项目，提升自身造血功能，带动一方经济发展，实现农民增收致富。

【综合点评】

朱家港合作社充分挖掘育苗大棚闲置期间的温度和湿度可控的设施特性，不额外增加大棚辅助设施，在常德地区率先成功种植哈密瓜，是对育苗设施利用的一种有益探索。经过几年的摸索，朱家港合作社熟练掌握哈密瓜种植技术，并不断扩大种植规模，常德烟草利用紫菱品牌推介哈密瓜，完成了产品的本地化销售。哈密瓜的种植技术成熟、成本可控、产量和价格基本稳定、市场空间巨大、经济效益可观，具有较大的推广价值。

(联系人：徐坚强，联系电话：18807366833)

案例32

云南玉溪澄江利用育苗大棚拓展经营

【项目背景】

澄江县玉叶庄园烟农专业合作社位于澄江县城龙街基地单元飞机场育苗工场内，依托红塔集团—龙街基地单元，于2011年1月30日成立，2014年2月依法变更为澄江县玉叶庄园烟农专业合作社（以下简称合作社）。合作社服务覆盖龙街、右所、海口三个坝区种烟乡镇，常年稳定烤烟种植户1 800户左右。目前，合作社拥有育苗工场1个，占地面积为57亩，建有三联体大棚22个，配备手自一体遮阳系统、计算机自动控制系统、温湿度检测仪、水源过滤系统、滴灌施肥系统、雾喷施药系统，可实现育苗管理的信息自动化管理。合作社主要业务之一是承担着龙街基地单元辖区的烤烟育苗业务，每年除烤烟育苗外，大棚均处于闲置状态。按照合作社多元化经营这一思路，为充分利用育苗设施，针对当地农户种植的青花、生菜等蔬菜作物，合作社在每年的6月至12月，开展了蔬菜育苗业务，同时还开展了大棚种植业务，以增加合作社发展动力。

【发展思路】

育苗大棚栽培技术历史悠久。大棚以其特有的优势，在农业经济中起着不可替代的作用，是现代农业的主要内容，也是典型的设施农业。随着农业生产逐步向现代农业转变，育苗逐步实现了产业集约化、技术标准化、供苗商品化。育苗大棚能够改变作物的生长环境，为作物创造出最佳的成长条件，能应对外界环境的改变以及恶劣气候对作物生长造成的影响。与传统的育苗方式相比，大棚育苗可有效提高土地产出率、资源利用率和劳动力生产率，降低生产投入。

玉叶合作社按照烤烟五项服务为主，拓展经营为辅，充分利用合作社现有烤烟育苗大棚，在烤烟育苗结束后，按照我县各季节性种植蔬菜品种，分批次实施育苗。采取技术员下乡宣传、张贴广告、电话预定、售苗点交纳定金预定等方式，计划性实施育苗。每个育苗大棚育苗2 835盘，按照货优价廉的定位模式，每个品种均低于市场供应价0.3 ~ 0.5元/盘，当年6月至次年2月可供苗68 000盘左右，年实现利润6万元左右。

【主要做法】

1.运行模式　按照定、产、销分离的模式，合作社在育苗过程中，分三个部门按照各自的工作职责做好相应的工作。按照层层奖励及考核的激励方式，各部门人员相互配合，实现合作社育苗大棚最大产销。

2.**组织管理模式**　根据市场调研、电话预定、售苗点预定等方式，合作社按照定货数量及适当零星采购数量，按照市场需求比例，选取需求量最大的几个品种，分批次育苗。参照育苗管理模式，合作社理事长为主要管理人员，下设定货部、生产部及销售部三个部门，管理人员三名，销售人员64人，销售人员主要为技术员，技术员在下乡过程中通过宣传烤烟政策的同时，为合作社宣传菜苗，每成功销售1盘菜苗，合作社给予一定的奖励。

3.**组织生产及配套技术**　合作社聘请了懂技术的资深育苗管理人员1名，投入20多万元完善育苗配套设施、加强温湿度及病虫害管理，最大限度提升育苗供苗能力。合作社还协调分公司营销人员定期为合作社技术员讲授营销知识，提升他们的营销能力。

4.**盈利分配**　合作社按照全员参与、部门分工，定位职能，通过层层奖励及考核，按照年初制定的盈利分配方案，提取盈利的20%作为维修发展基金，剩余部分按照50%返还入社社员、40%作为奖励给销售及管理人员、10%作为年度奖励给优秀管理人员及销售人员，调动参与人员的积极性，不断提升合作社持续发展经营能力。

【主要成效】

通过近两年来的不断发展，合作社利用育苗大棚空闲期培育菜苗取得了一定的成效，从最初三个育苗大棚发展至现在六个大棚，实现年培育菜苗68 000盘左右，育苗成本从最初的每盘7.5元减少至现在6.5元左右，合作社年利润6万元左右，辖区烟农户均收入增加20元左右。在不断探索过程中，合作社通过货优价廉这一运作模式，拥有固定客源300多名，季节性雇佣零时用工20多名，为辖区种烟农户增收及改善当地就业贡献了一己之力。

【主要经验】

合作社利用育苗大棚培育菜苗，主要经验有以下几点：

1.**完善奖励机制，合理制定盈利分配方案**　合作社按照定、产、销分离模式，层层奖励及考核，形成相互配合、共同受益的经营模式，让管理人员积极主动参与，不断提升合作社经营能力。

2.**不断加强育苗管理，提升服务能力**　合作社不断加强育苗质量的提升，重点锁定技术人员培训管理，认真总结育苗经验，从源头上保证产品的供给质量。按照优质、优价及优先服务的原则，重点满足辖区内种烟农户的需要，并实行定购30盘以上统一送货的管理办法，提升服务质量。

3.**货优价廉是拥有固定客源的根本保证**　价格是产品的核心竞争力，玉叶合作社育苗管理的核心是货优价廉。合作社在能正常满足育苗运行模式的前提下，不断加强用工及成本投入管理。合作社通过自购基质配料进行生产，有效降低基质成本价格，每盘节约成本0.8～1元，提升了合作社市场竞争力，成功锁定了优质客户。

【综合点评】

合作社利用育苗大棚进行拓展经营，在烤烟育苗设施闲置期，将烤烟商品化育苗供苗模式应用于非烟作物，通过培育蔬菜苗，每年获得6万多元的收益，实现了育苗设施再利用，减轻了当地菜农的劳动强度，同时还带动了当地部分农户就业，是增强合作社持续发展的有效措施之一。下一步合作社还应进一步完善大棚的智能化设施，开拓市场，整合资源，采取"合作社＋资金＋技术＋市场"的模式开展人工菌、花卉等效益更好的作物种植，以获得更高的效益，带动合作社与周边农户增收致富。

（联系人：王惠芝，联系电话：15987713260）

案例33

云南文山丘北利用育苗大棚培育红香椿树苗

【项目背景】

烤烟商品化育苗主要有以下优点：一是减少用工，降低成本；二是有效保证烟苗质量；三是有效控制长势长相；四是有效稳控种植规模；五是利于优良品种的推广。2009年为推广烤烟商品化育苗，丘北县分公司与丘北县双龙营镇马者龙村红署山村小组黄绍辉等几位烟农共同出资建设双连体烤烟育苗大棚20个，占地20余亩。经过几年的烤烟育苗使用后，受烟区转移、技术更新换代等综合因素影响，双连体烤烟育苗大棚已不能用于烤烟育苗，目前处于闲置状态，无资金来源进行维修保养。

为充分利用废旧育苗大棚，同时解决设施管护问题，降低红香椿树苗培育成本，带动农户增收，丘北嵘森种植农民专业合作社经过前期考察，于2016年2月租赁双连体烤烟育苗大棚10个，修缮后用于培育"巴山红"品种红香椿树苗。

香椿树有"树上蔬菜"之美誉。其芽叶营养丰富，含多种微量元素，对人体健康十分有利。其木材芳香味浓，可做各类高档家具。"巴山红"香椿，其色红、出芽早、产量高、抗病虫能力强；品质优、上市早、价格高，香椿芽营养价值十分丰富，具有抗癌、养颜、延寿等多种功效；由于不施化肥、不用农药，属纯天然绿色食品。"巴山红"香椿以其具有"叶面光滑、色泽鲜红、香味独特"等独特品质在国内20余个大中城市畅销。丘北嵘森种植农民专业合作社考察市场后，从四川省大竹县引入"巴山红"红香椿进行种植。

【发展思路】

以废旧大棚为培育基地，由合作社统一进行树苗培育，成苗后出售给社员，种植于荒山、坡地；社员收获香椿芽叶后交售给合作社，合作社再推向市场。

【主要做法】

通过对烤烟育苗大棚的合理改造和利用，创造出适宜培育红香椿树苗的生长环境，节约种植成本，增加农户收入。

丘北嵘森种植农民专业合作社2016年2月开始探索红香椿树苗培育，对2个双连体烤烟育苗大棚进行改造，主要改造大棚和苗床，以满足红香椿扦插树苗培育苗床要求。2016年共培育红香椿树苗10万株；2017年在两个双连体烤烟育苗大棚培育扦插树苗的基础上，对8个双连体烤烟育苗大棚培育种子直播树苗进行探索。截至2017年1月底，共培育出红香椿树苗2.8万株，计划在丘北县双龙营镇大箐村小组种植70多亩（400株/亩）。通过合作社＋农户的方式，由丘北嵘森种植农民专业合作社与农户签订种植收购合同，确定鲜品10元/公斤保护价，并根据红香椿市场行情在市场价高出保护价时，高出部分按20%返还农户。2017年2至6月计划再培育红香椿树苗120万株。丘北嵘森种植农民专业合作社计划在丘北县最终实现种植2万亩红香椿的目标。

【主要成效】

对于废旧育苗大棚的修缮改造，不但有效解决了育苗物资的重复利用，同时因地制宜地为当地红香椿的种植发展提供了良好培育基地，有效提高了红香椿扦插树苗、红香椿种子直播育苗的可行性，为当地农户增收创富提供了硬件保障。

1. **红香椿扦插树苗培育**　双连体烤烟育苗大棚租金每个4 000元/年；扦插条0.6元/株；用工每次每棚20个，2 000元；两个双连体扦插大棚改造和材料费用13万元（材料主要是河沙、珍珠岩、蛭石），计划可使用3年。双连体扦插大棚每年可扦插两次，每次每个大棚可扦插1万株扦插条，按培育实际成活率80%计算，每个双连体扦插大棚可培育红香椿扦插树苗1.6万株。培育红香椿扦插树苗成本2.59元/株。

2. **红香椿种子直播育苗培育**　双连体烤烟育苗大棚租金每个4 000元/年；每次直播用工270个，2.7万元（主要用工是8个双连体大棚苗床锄草每天3个工）；红香椿种子每次每个双连体大棚用量10公斤，1 500元/公斤；双连体大棚每年可直播两次，按培育实际成苗率80%计算，每个双连体扦插大棚可培育红香椿扦插树苗1.2万株。培育红香椿直播树苗成本3.4元/株。

按照目前红香椿树苗市场价位5元/株计算，预计2017年合作社共计收入23.072万元。其中培育红香椿扦插树苗3.2万株，每株利润2.41元，预计收入7.712万元；红香椿种子直播树苗9.6万株，每株利润1.6元，预计收入15.36万元。

目前，红香椿树苗项目已进入大量树苗繁育阶段，并在丘北县双龙营镇大箐村小组建立了示范基地，合作社与深加工公司签订了鲜香椿销售协议。预计种植3年后正常采收鲜香椿每株1公斤，每亩400株，亩产值4 000元。

【主要经验】

一是红香椿树苗种植由合作社开展技术指导，树苗由合作社回收，合作社与农户签订合同，对农户收入有保障。

二是发展红香椿种植，农户投资小，收益高。红香椿树苗由合作社提供，到红香椿收购时农户再支付树苗款，农户投资风险小。红香椿对自然环境、种植条件要求低，种植区域大多是荒地荒坡，成活率高。

三是种植红香椿不仅能采收香椿，而且它是优良木材，可做各类高档家具，素有"中国桃花心木"之美誉。

【综合点评】

该项目采用"合作社＋农户"的模式，充分利用闲置的育苗大棚开展红香椿苗培育，实现了育苗大棚的综合利用，提升了经济效益。此外，该项目以红香椿树苗培育为基础，发动周边农户开展红香椿种植，带动农民增收，具有较大的发展空间。

（联系人：汪秋霖，联系电话：13887661039）

第三篇

基本烟田综合利用

❦案例34❧

安徽皖南烟稻轮作生产特色优质稻米

【项目背景】

随着社会经济快速发展，供给侧结构性改革深入推进，消费者对安全、无污染的粮食食品越来越青睐。生产绿色优质水稻不仅能够增加烟农收益，同时也能有效地改善生态环境，实现经济效益和社会效益有机融合。

1. 资源优势

（1）区域优势明显。皖南烟区地处东南丘陵与长江中下游平原的过渡地带，气候属亚热带湿润季风气候类型，四季分明、气候温和、年温差大、雨量适中、日照充足、无霜期长，是优质特色水稻的种植适宜区。

（2）土地资源丰富。近年来皖南烟区1∶1烟稻轮作新型种植模式快速推进，烟农户均土地资源丰富，户均种植规模达70亩，为实现规模效益提供了土地保障。

2. 制约因素

（1）水稻收益总体较低。近年来，农户主要以种植中籼稻为主，农户亩均产量800斤，国家收购保护价为1.38元/斤。烟农均将稻谷销售至二级市场，一般收购价格为1.35元/斤，亩均经营收入1 100元。

（2）优质品种缺乏。烟农购买稻种时，一味求高产品种，忽略水稻品质及其适应性，导致品质差、卖相差，销售价格上不去。

（3）产品品质较差。农户种植水稻时缺乏规范标准的生产技术指导，按照传统方式多施肥多打药。多施肥可能造成贪青徒长，结实率不高；多打药大大降低了稻谷品质，同时也危害消费者身体健康。

（4）生产组织化程度较低。农户种植水稻均各自为营，生产无组织，各项物资购买不具规模，价格相对较高，导致生产成本较高。

3. 研究探索过程

近年来，为充分发挥区位优势与生态优势，皖南烟叶公司利用烟水烟路等基础设施，围绕烟稻轮作绿色优质稻米新产品开发，开展水稻品种筛选、绿色防控技术等生产技术研究，探索生产组织及经营模式，初步掌握了各水稻品种特性及配套栽培技术，构建烟稻轮作绿色优质稻米产品的产业化体系，促进粮食生产由数量向质量、数量、效益三者并重转变。为响应粮食生产质量安全水平和效益提升的号召、促进烟农增加种植水稻的效益、有效管控植烟土壤、有效保障烟稻的绿色生产做出了有益的探索。

【发展思路】

深入贯彻落实国家烟草专卖局烟农增收工作的总体要求，围绕公司"做精主业、多元发展"发展战略，以烟农合作社为平台，坚持设施利用和多元产业发展并重，全面推进"烟稻轮作，规模经营，长期稳定，全程管服"的种植模式，探索多元发展体制，实施创新驱动，按照"订单生产、全程管服、统一经营"的生产组织方式，着力发展优质、高效、无公害、绿色有机食品，做优做强一批中高端绿色优质稻米产品，探索出烟农致富增收新途径。

【主要做法】

1. 加强技术合作，实现良种良法配套　联合中国农业科学院水稻研究所、嘉兴农科院、宣城市农委等单位，成立水稻研究项目组，引进31个水稻品种开展试验示范和配套技术研究，筛选确定"嘉58""深两优5814"等适宜皖南地区种植的水稻品种，配套制定水稻绿色生产技术。

2. 开展生产示范，实施全程管服　按照绿色生产的要求，推进生产加工一体化管理，实现统一组织、统一技术、统一服务、统一物资、统一管理、统一加工，并运用二维码信息技术实现质量全程可追溯，确保绿色生产和大米品质。2016年在5个乡镇选择具有自然灌溉水源的小生态区域，安排48户烟农示范种植2 500亩水稻，收购稻谷200万斤；2017年计划安排80户烟农种植4 000亩，预期生产稻谷总量320万斤左右。

3. 开发服务产品，促进减工降本　成立两个水稻服务部专门负责生产管理，在整田、插秧、水肥管理、植保、除草、收割等环节为农户提供生产技术及农业政策信息培训、指导等管理和技术服务，并围绕水稻生产技术规程，将技术与劳务整合，按照"自主经营、自负盈亏"经营方式，开展水稻服务经营。

4. 探索营销渠道，推进集团消费　完成"三心二益"品牌和品牌标识的设计，确定中高端品牌定位；借助行业资源优势，采取领养定制和召开营销恳谈会等多种形式，扩展市场营销渠道。

5. 加强外部合作，打造"黄山粥米"品牌　与北京京粮集团共同打造优质粥米生产加工基地，共建水稻研究中心，发挥双方在生产种植、市场营销、加工仓储、物流配送、质量管控等优势，打造优质粥米品牌。

6. 探索多元经营体制　公司成立水稻事业部，负责指导合作社组织开展水稻的生产组织、市场经营、内部管理及部分资产管护等各项工作；烟区7个合作社配套成立两个水稻生产经营部和5个多元化生产经营部，负责按照事业部和合作社的年度生产目标，落实种植区域、田块及农户的选择，落实各项生产技术及专业化服务规范，开展服务部调度和外部环境协调等工作。

7. 实施创新驱动，探索建设现代功能农业科创园　按照省局（公司）要求，配合宣城市政府，联合相关科研单位在宣州区杨柳镇高桥村和新龙村共同打造5 000亩左右的现代功能农业科创园。通过引进科技含量高、专业性强的国内知名企业或科研院所进驻园区，努力打造特色功能农产品研究孵化区。目前已与中国水稻研究所合作，开展优质粥米产业化开发综合技术研究。

【主要成效】

一是形成了技术体系，研究制定了水稻绿色生产技术标准及操作规范，在育秧、机插秧、除草、植保等技术上实现了突破。

二是服务经营取得突破。探索开发了机插秧、整地、除草、病虫害防治、收割等5项服务产品。2016年累计开发水稻服务市场931.36亩，实现服务经营收入27.24万元，经营利润4.88万元。

三是构建了管服模式。水稻生产加工全程统一管理，按照统一组织、统一技术、统一服务、统一物资、统一管理、统一加工的"六统一"要求，配套信息化质量追溯系统，确保产品品质的稳定性和一致性。

四是搭建了营销渠道。坚持集团消费为主，零售销售为辅，培育了安徽邮储、上海华航、上海海烟、湖北中烟等行业内外32家固定集团消费客户。

五是烟农增收效益较好。2016年烟农示范种植稻谷价格较普通稻谷提高0.15元/斤，户均增收0.63万元。

【主要经验】

一是发展特色优质稻米产业既是烟农致富的需要，也是皖南烟叶公司转移主业富余人员、探索打造新的经济增长点、保证自身持续健康发展的需要。

二是发展特色优质稻米产业需要全面加强与烟农的合作，全程管服以烟为主的农作物，才能提高土地产出率、劳动生产率和资源利用率，实现绿色安全生产。

三是发展特色优质稻米产业，本质上是打造特色农产品品牌，需要发挥当地自然生态优势，因地制宜选好特色农产品，整合好内外资源，开展特色农产品技术、服务、管理和模式等创新研究，逐步解决打造特色农产品品牌过程中的生产经营等问题。

【综合点评】

中国水稻研究所金千瑜研究员先后多次到安徽皖南烟叶有限责任公司现场指导，对烟稻轮作区绿色优质稻米产品开发给予高度评价。他指出该项目充分利用烟农基本烟田、农机、育苗大棚、烟水烟路等现有烟叶基础设施，开展了烟稻轮作区绿色优质稻米产品开发，构建了烟稻轮作绿色优质稻米产品的产业化体系。开发的稻米产品既满足了人们对安全、无污染绿色大米需求，同时生产出的绿色优质稻米不但使农民的收益增加，也有效地改善了环境，使经济效益和社会效益有机融合。项目形成的绿色优质稻米产业化发展的组织形式和经营模式，保障了产业化发展的顺利推广。

下一步希望该项目能在皖南全烟区进行推广，与更多公司企业合作，将"三心二益"软米品牌打造成皖南特色知名品牌，带动更多烟农及农户增收。

（联系人：朱启法，联系电话：18956318579）

案例35

贵州遵义尚嵇冬闲种植雪里蕻

职业烟农姚仁铭笑呵呵看着满田郁郁葱葱的雪里蕻反复念叨"安逸、安逸",然后紧张地问着,"王社长,今年的雪里蕻计划可不能少下给我啊!咱可是按你们要求啥肥料都没施哈!种植面积也是按你们计划种的哟!"。得到尚嵇惠利合作社王社长肯定回答后,姚仁铭这才放心地掏出烟卷点了起来。雪里蕻种植项目是尚嵇惠利合作社2013年开始与老干妈集团开展的合作项目,2015年正式形成了全产业链生产模式,是播州区烟农增收项目的一个重要组成部分,也是解决大部分冬闲烟地茬作的一个大规模、产业化的增收项目。

【项目背景】

1. **基本情况** 尚嵇烟区是播州区(原遵义县)的烟叶主产区之一,涉及尚嵇、新民、茅栗、苟江4镇,种烟村18个,种烟组74个,生产网格21个,种烟农户941户。2016年烟叶种植面积1.66万亩,户均规模17.64亩。实际收购烟叶4.18万担,全单元担均价1 321.7元,上等烟比例64.88%;烟农收入总额约5 529.57万元,实现税利约1 105.9万元,烟农户均收入5.87万元。

遵义县尚嵇镇惠利烟农综合服务专业合作社(以下简称惠利合作社)于2012年3月19日通过工商登记注册,现有社员942人,烟农入社率达100%。合作社服务尚嵇基地单元,主要涉及茅栗镇、新民镇、尚嵇镇、苟江镇,18个村74个组,服务面积16 600亩。开展专业化育苗、机耕、植保、烘烤、分级、有机肥积置、运输等服务,资产总额2 252.1万元(烟草补贴2 185.5万元、国家补贴52.2万元、合作社自有284.4万元)。

2. **项目提出原因** 在严控烟叶规模形势下,烟叶种植计划逐年下调,烟农种烟收入也随之减少。要确保烟农增收,必须合理规划烟地布局、烟地茬口种植经济高效的作物,把用地和养地结合起来,改变农田生态条件,改善土壤理化特性,增加生物多样性,减少烟叶连作所特有的病虫害的发生,围绕烟叶主业,增加烟农多元经营收入。

3. **资源优势分析** 一是尚嵇特色烟基地单元基础烟农户数多,植烟地及轮作烟地面积广;二是惠利合作社服务内容广,基础实施设备足,社会资源多,有利于促进烟农增收各项形式的发展;三是老干妈集团在尚嵇镇建有"尚山屿食品加工有限责任公司",长期驻点收购雪里蕻、大头菜等老干妈系列产品所需原料。产品销售渠道稳定、价格稳定、技术支持到位;四是雪里蕻种植技术简单,用工等成本较低,种植时间短、见效快,茬作时间不影响烤烟主产业。交售后的作物残茬还能作为亚青绿肥改良植烟土壤质量,增加土壤有机质含量。

4. **增收制约因素分析** 一是基础薄弱,特别是增收内容单一,开展增收的方式简单,处于摸索阶段；二是增收产品没有自己的品牌，导致销售困难、销售价格较低；三是增收产品基本是原材料销售，加工利用率低，未能体现增收产品的价值；四是产品销路没有保障，导致合作社和烟农不敢大胆地开展多元经营，无法实现大面积、大规模的全产业链的种植。

【发展思路】

1. 指导思想与发展定位　一是突出主题：种烟烟农增收。使烟农增收能够弥补因烟叶种植计划调减所造成的损失。二是围绕核心：稳定烟叶发展。稳定烟农、稳定烟区、稳定烟地、稳定资源，做到以烟为主业、以我为主导、以社为主体、以农为主要。

2. 实施方式　为切实抓好烟农增收工作，确保技术到位、效益明显，工作站与合作社紧密协作，专人负责。惠利合作社利用社会资源联系销售渠道，提供种植技术指导，组织回收交售。合作社副经理作为主要实施负责人，具体负责项目的实施开展。工作站合作社管理员负责联系烟农规划烟地、利用设施调配、项目及效益评估、技术支持、资金监督等协助工作。

3. 预期目标　茬口种植雪里蕻3 200亩，总产值达576万元以上，总利润达400万元以上。亩产值1 800元以上，除去生产成本500元/亩，亩均增收1 300元。

【主要做法】

1. 组织形式　按照"合作社+尚山屿食品有限公司+烟农"的模式组织生产，尚稽基地单元规划烟地布局，惠利合作社与尚山屿食品有限公司签订购销协议，尚山屿公司提供幼苗及种植技术指导，合作社组织烟农种植、交售。

2. 工作措施

(1) 订单销售。尚稽惠利合作社与尚山屿食品有限公司共同协商，签订购销协议，确定年度种植面积、约定产量及销售价格。

(2) 烟农摸底。尚稽特色烟基地单元对贫困烟农进行了种植面积、自有土地、租赁土地、可流转土地、可用资金、负债情况、劳动力等基本情况的摸底。

(3) 烟地规划布局。通过烟农摸底，对需要种植的烟农进行烟地布局规划，约定种植面积、产量及收购价格。

(4) 合作社服务。确定了种植面积，合作社提供大型农机具进行土地翻犁并提供种植技术指导，组织运输与交售。

(5) 组织烟农种植。由合作社统一提供雪里蕻苗，根据规划布局发放给烟农，组织烟农开展种植。

（6）采收交售。烟农自行采收，合作社统一收集、计量、登记后，统一运输至尚山屿公司交售，交售所得款项合作社提取0.02元/斤作为管理费，其余款项按照交售数量给种植烟农。

3.配套技术

（1）整地移栽。烟叶采烤结束后，及时清理田间烟秆、清除田间杂草、翻犁土地。移栽时间一般在10月下旬，苗株具有5～6片真叶时移栽。移栽密度一般每亩栽5 000株左右，具体根据品种特性而定。定植时要带土，要尽量防止伤根，并不使根群扭曲、悬空。定植后浇透定根水。

（2）田间管理。移栽20天左右进行肥水管理，一般追肥1～2次，肥料由淡到浓。追肥结合浇水进行，以氮肥为主，适当增施磷钾肥，每亩用尿素10公斤、钾肥10公斤，以提高抗病力。

（3）采收。一般1月中下旬当雪里蕻接近抽苔时进行采收，避免过早或过晚收获，以免影响产量、质量。

4.分配收益　由合作社组织运输交售，交售价格0.21元/斤，其中合作社提取管理费用及土地翻犁费用0.03元/斤，剩余0.18元全部支付给烟农。

【主要成效】

尚稽特色烟基地单元与惠利合作社通过近两年来茬口种植雪里蕻的探索，在种植规模上从2015年的2 800亩，扩大到2016年3 200亩，产值从390万元提高到450万元，扣除物资成本和用工成本，烟农户均增收2 060元；对烟农生产生活条件起到了极大的改善作用。同时，极大地改善了植烟地的使用和修养，提高了产区的烟叶连片种植规模，增加了农机具的使用，达到减工降本、提质增效，切实达到稳定烟叶发展、稳定烟农、稳定烟区、稳定烟地、稳定资源的要求，也对当地社会经济发展起到了一定的作用。

【主要经验】

通过实施多元化经营烟农增收工作的探索，根据烟农反馈及实际工作需要，总结了以下几条经验：

（1）实施多元化经营可以有效降低单位成本，分散风险，提高经营安全性，同时提高烟地的利用率，开发出闲置烟地的价值。

（2）开展烟农增收多元化经营工作，必须要实事求是，主要是要联系市场需求，按需生产才能保证烟农的利益。

（3）合理布局规模化种植可以对烟地进行有效整合，实现土地的有效流转；实现烟地的连片管理，提高机械化作业能力，切实起到降本增效的作用。

（4）不断完善烤烟综合服务合作社服务体系，按照服务内容全过程、全覆盖、服务水平上台阶、服务设施普惠制、广受益的思路，打破行政区划，建立健全专业化生产服务体系。

（5）切实达到稳定烟叶发展。按照稳定烟农、稳定烟区、稳定烟地、稳定资源的要求，对当地社会经济发展起到一定作用。

【综合点评】

合作社利用烟地冬闲茬口发展订单蔬菜，一是提高了土地利用率，增加了烟农收入；二是较好地发挥了合作社的组织协调能力，种植规模大，增收效果明显；三是具有很强的示范推广作用。

（联系人：颜杭，联系电话：18008528288）

案例36

重庆打造高山蔬菜促增收

【项目背景】

自开展现代烟草农业建设以来，重庆烟叶砥砺前行，在促农增收上取得了售烟收入翻一番、户均规模翻一番、亩均收益翻一番"三个翻一番"的重要成就。2016年，全市烟农总收入达17.1亿元（不含补贴），实现烟叶税3.76亿元，户均收入8.36万元，真正走出了一条贫困山区"依烟生存、因烟脱贫、靠烟致富"的可持续发展道路。新的历史条件下，如何突破增收瓶颈，推动烟农增收再上新的台阶，成为摆在重庆烟草人面前的一道新的难题。

主业增收的地位不可动摇，但潜力相对有限。近年来，重庆始终坚持"以烟为主、多元经营"原则，大力增加种植规模、提升等级结构、降低生产成本，户均规模已从2008年的10.45亩上升到2017年的21.92亩，位居西南烟区前列。考虑到重庆土地资源禀赋，仅靠提升户均规模来增加烟农收入的空间已非常有限。1999年以来，全行业共提价10次，提价幅度3%～20%，目前烟—粮比价已达到历史最高位的10∶1，烟叶价格"天花板"已触顶，价格红利逐渐消失。全市切实转变发展方式，把主业增收的着力点放在提升单产、提高品质、减少用工上来，创造性地提出促农增收"三个100"工程，即减少1个工，增收100元；上等烟提高3个百分点，增收100元；单产提高4公斤，增收100元。但考虑到土地资源、劳动用工、烟草生物学规律等因素，户均规模需要适度、单产提升不会太高、用工减少不会太多，主业增收潜力预期在500～800元/亩，提升空间不会很大。而辅业增收的优势却非常明显，且烟区高山蔬菜增收潜力非常巨大。

【发展思路】

坚持主业增收的同时，全市切实转变发展思路，结合本地高海拔烟区生态实际，充分发挥"烟草设施、组织主体、临近市场"三大优势，大力探索烟区高山蔬菜种植，着力提升土地产出率、设施利用率、资源回报率。

1. 充分发挥烟草设施优势 2005年以来，全市累计投入基础设施建设资金60亿元，覆盖基本烟田100余万亩，修建育苗大棚504座，建设密集烤房4.1万座，配套烟用农机4 974台，为高山蔬菜增收提供了设施保障。

2. 充分发挥组织主体优势 截至目前，全市共建成综合服务型烟农专业合作社31家，社员户数19 435户，占烟农总数的95%。合作社在组织烟农、技术指导、专业服务方面的作用不断凸显，为高山蔬菜增收提供了主体保障。

3. 充分发挥市场需求优势 重庆常住人口3 016.6万，国土面积8.24万公顷，人口密度

366.1人/公顷，是全国平均水平的2.56倍。人口密度大、消费体量大，为高山蔬菜增收提供了市场需求。

【主要做法】

1. **加强组织领导，产业布局科学化**　为进一步提升资产利用率，提高烟田复种指数，早在2012年，彭水就在润溪、小厂基地单元，由合作社聘请山东农业大学蔬菜专业毕业生专职开展高价值蔬菜种植，利用轮作烟田开展露地蔬菜和糯玉米种植，直接为烟农创收30多万元，并得到了市人大张轩主任等党政领导的高度赞誉。2014年，全市统一制定下发了《关于发展高山有机蔬菜种植及设施农业的通知》（渝烟叶〔2014〕63号），明确分三个阶段推行高山蔬菜种植模式：第一阶段（2014—2015年），开展试点，重点筛选出适合当地生态条件、具备较高经济效益、被当地烟农所接受的品种，初步形成较为成熟的运行、管理模式。第二阶段（2015—2016年），扩大已筛选品种种植范围，加大与市场主体对接力度，向产品深加工、品牌打造延伸，初步探索生产、加工、销售产业链模式。第三阶段（2016—2017年），积极引进各类龙头企业，大面积推广成熟品种，形成产、供、销一体化的运行模式。

2. **依托科技攻关，技术指导团队化**　重庆市烟草专卖局（公司）与重庆市农科院、三峡农业科学院等科研院所深度合作，加强科研协同攻关，共同开展"重庆地区烟草设施综合利用技术研究及示范""重庆烟叶基地单元辅助产业综合开发技术研究与示范"项目研究。解决品种筛选难题。全市共筛选包括大白菜、食用菌等在内的15个类别20个品种，成功筛选出金刚721、津研35、蜜宝1号等适应当地气候条件、经济附加值较高的品种。解决配套技术难题。根据海拔高度、烟叶种植类型、蔬菜品种，探索相对应的配套栽培技术，准确测试烟菜套种对地力、来年病虫害发生、烟叶产值的影响。以烟田烟菜套种为例，探索出高海拔烟区"烟叶＋大白菜""烟叶＋白玉春萝卜""烟叶＋三叶青菜"三种模式。解决技术队伍难题。市农科院技术团队定期深入烟田进行培训指导，全年共培训技术员、农户200余人次。部分技术员不仅成为烤烟技术能手，而且成为蔬菜种植方面的"土专家"。

3. **整合政府资源，生产主体组织化**　为提升烟农种植积极性，全市积极整合政府资源，充分发挥合作社主体职能，提升种植组织化程度。整合政府资源。全市积极协调区县政府农委、烟办等部门，拿出一定数额的烟叶税收返还资金，对农户实行"四免费四提供"，即免费提供优良菜种、免费提供部分肥料、免费提供技术指导、免费提供销售保障。部分区县农委、烟草公司还与产烟镇乡协作，共同对烟农开展技术培训。充分发挥合作社职能。以万州辉永合作社为例，合作社通过协调当地蔬菜加工及鲜销企业签署销售协议，合作社与社员签订种植协议，由鲜销企业提供菜种，合作社统一采购肥料、统一组织生产、统一技术指导，产品统一按照1元/斤销售给鲜销企业，比自发销售高出0.4元/斤。

【主要成效】

以重庆万州最为典型，全区套种大白菜6 450亩，平均亩产3 000公斤，平均销售价格0.8元/公斤，平均产值2 400元/亩，扣除生产成本1 100元/亩，烟农可获得纯收入1 300元/亩，烟农增收800余万元；配套种植韩国白玉春萝卜1 170亩，平均单产4 500公斤，平均销售价格1.2元/公斤，亩产值5 400元，成本费用约1 100元/亩，烟农增收503万元。

【主要经验】

为进一步破解销售难题，提升产品附加值，延伸产业价值链，从2016年开始，重庆市烟草专卖局（公司）与中国双维投资有限公司进行战略合作，向"双维＋重庆"模式延伸，共同打造高山、高端蔬菜种植带。

1. **落实"四个主体"，构建新产业链**　区县主攻，增收有动力。在彭水、武隆、奉节、万州4个区县，各选择1 000亩以上集中连片烟田，在非烟季节开展高山蔬菜种植，主打绿色、生态、无公害、高端品牌。双维主持，增收有活力。试点采取"公司＋基地＋合作社＋农户"全产业链模式，由双维投资公司负责品牌包装、营销渠道、销售终端，并解决一定前期投入，对烟农实行最低保护价制度。重烟主导，增收有定力。重庆市局（公司）协同产区公司负责组织技术团队，组织合作社生产。合作社主动，增收有内力。合作社负责土地集中、组织烟农、生产指导。

2. **拓宽"四条渠道"，畅通产品销售**　重庆市局（公司）积极整合渠道资源，构建"四条销售渠道"，打开销售门路。龙头企业订单采购。以万州辉永合作社为例，由万州区农委、万州区烟草专卖局（分公司）统一协调，合作社充分发挥组织职能，核心展示区1 050亩蔬菜全部由歇凤泡菜厂统一按最低保护价1元/斤进行收购。合作社门店直销。以彭水喜润合作社为例，合作社在县城直接开设蔬菜销售门店，统一规格、包装、注册品牌进行直销，并在彭水农产品展销会上开设专用展台进行宣传销售。零售终端代销。部分合作社生产的产品，通过"三诚"渝烟连锁店、卷烟零售客户进行代售。农超对接。合作社生产的产品直接通过企业食堂、学校食堂、本地超市等进行销售，建立长期稳定销售渠道，增强合作社造血功能。

【综合点评】

重庆市人大常委会主任、党组书记张轩在重庆彭水润溪高山育苗大棚察看了漂浮式育苗盘中香菜、萝卜缨等5种蔬菜的种植情况，以及移栽后的西瓜等瓜类作物的长势时，非常高兴地指出，重庆烟草为老百姓做了大量工作，探索出了一条现代农业发展的路子，引领了重庆现代农业的发展。

（联系人：郭保银，联系电话：18680995005）

案例37

江西吉安安福烤烟与甜叶菊轮作或替代种植

【项目背景】

控规模守红线是近年来烟叶生产的首要任务。2017年，在全市种烟面积大幅调减的背景下，安福县种烟面积从2016年的4.68万亩减为今年上半年的3.15万亩，烟农户数由3 156户降为1 936户，减少38.66%。2016年开始，我们因地制宜地开展调研，把甜叶菊产业作为烟叶产业延伸的方向。甜叶菊是多年生草本植物，叶子中含有甜菊糖苷，甜度为蔗糖的200倍，而热量只有蔗糖的1/300，是一种低热量、高甜度的天然甜味剂，被誉为"天然糖精"、世界"第三糖源"，广泛应用于食品及药品工业，市场有保障，种植效益较好。在安福县，甜叶菊的生产时期与烟叶的基本一致，不与其他农作物争农时，生产操作环节与烟叶种植重叠度较高，亩产在500斤左右，收购价格为8元/斤，亩产值可达4 000元左右，种植效益与烤烟相当，并能与烟叶合理轮作，非常适合作为烟叶附属配套产业的定位。

【发展思路】

由合作社牵头，搭建"企业＋合作社＋社员"模式，通过合作社统一组织协调，组织经营管理收购，盘活社内运作机制，强化专业化服务能力，规范农户种植技术水平，提高甜叶菊产量和质量，确保烟叶产业延伸产业链发展，保障烟区烟农效益。

【主要做法】

1.合作社统一组织，合理安排种植规模　全县早有甜叶菊种植农户，但因分布较广、零星种植，技术和质量难以保证。全县充分利用烟农合作社主体，结合全县种植烟叶面广、产烟乡镇和村组较多的特点，联合烟站和乡镇、村委资源，由烟站收集近年来调减种植烟叶农户名单，由驻村烟技员上门引导宣传种植甜叶菊栽培要点和生产效益，进一步调动烟技员和农户积极性。实行"管理在社、种植在户"的生产组织方式，合作社作为组织主体，统一计划安排、统一技术标准、统一产销对接。农户作为种植主体，在合作社的组织下进行分户种植，使甜叶菊种植走上一条稳产、稳收、可持续的增收之路。

2.抓好宣传培训，提供技术服务　当前烟区农户对甜叶菊的认知度还不高，种植技术水平有限，宣传和培训就成了产业稳定的重中之重。一是突出宣传引导。利用镇村广播、村务公开栏、宣传单等，广泛宣传甜叶菊种植、生产规程，提高农户标准化生产意识。引导群众树立诚信观念，依法履行合同约定的权利义务，严格按照合同要求及生产规程、按程序规范开展生产，与合作社诚信合作，互惠互利，共同发展。二是突出培训指导。整合各类培训资源，采取现场示范和发放资料等形式，加大对菊农的培训力度，大力推广高产高效栽培技术，不断提高广大菊农的科技素养。合作社联系技术人员科学制定优质甜叶菊生产技术规程，扎实抓好技术服务工作。聘请专业技术人员经常深入生产第一线，因地而宜，及时帮助广大种植户解决生产中遇到的问题，使科技尽快转化为生产力，促进甜叶菊产业的专业化、集约化发展。三

是扩展烟技人员服务能力。烟站利用驻站和培训机会邀请技术人员给烟技员培训甜叶菊种植相关技术，让烟技员在日常烟叶技术指导的同时能兼顾甜叶菊相关标准化生产，保障全县技术标准的落实。目前，每个菊农家里至少有一名劳动力掌握了甜叶菊栽培技术。

3. 整合资源，充分发挥现有器械服务范围 甜叶菊种植周期和烟叶基本一致，生产环节几近相似，所需的生产设施与烟叶生产所需的育苗棚、深翻旋耕机、起垄机、开沟机、打穴器、植保器械、水肥机等设施达到高度融合。全县通过整合资产、资金和人才等方面资源，最大限度发挥有限资源优势，不断提高合作社整体发展效益。一是整合资产。发挥合作社现有资产，利用面积调减的育苗中棚集中甜叶菊育苗，整合深翻、旋耕、起垄、开沟等机械用于甜叶菊生产，有效减少了种植生产投入和劳力支出，提高了机械化操作水平。二是整合人才。依托烟叶种植专业化服务队员，整合农机、育苗、栽培、采收等方面技术水平人员，依托烟叶产业互为补充，对于因面积调减由合作社组织改种甜叶菊的，合作社将视同是为烟田提供专业化技术服务，从而有效降低了用工成本，发挥了人力资源互补优势，提升了种植效益。

4. 依托合作社专业队开展专业化服务 一是精心组建专业化服务队。将因面积调减烟农、贫困户优先纳入合作社专业化服务队。同时，为壮大合作社服务队伍、降低劳动用工，从本县非种烟乡镇或外县引入劳力。服务队员结合自身技术实际，可全面参与烟叶和甜叶菊专业化服务。二是因地制宜开展服务。结合甜叶菊种植特点，重点针对用工量较大的育苗、机耕、移栽、植保、采收等生产环节开展专业化服务，统一作业流程和服务标准。通过开展专业化服务，甜叶菊种植标准化生产水平更高，产值效益更好，烟农增收更有保障。

5. 产销对接，保障经营收益 龙头企业具有很强的带动能力，是甜叶菊产业发展的重要支撑。合作社通过整合资源，主动产销对接，积极联系全县原有代理商。谱赛科（江西）农业发展有限公司是中外合资企业，技术水平处于世界领先地位，当前甜叶菊需求量较大也很稳定。在种植前合作社与公司达成产购销协议，明确种植规模，同时生产前就与菊农签订种植协议，明确种植面积和收购价格，保障了销售道路。在龙头企业带动下，促进甜叶菊产业健康持续发展。

【主要成效】

甜叶菊种植探索在安福还是一个新兴农业产业，带动了多方利益共享，拉动了多种经

营链条增值，并初步实现了三方面效益。

1. **经济效益稳升**　安福县种植甜叶菊正常年份平均亩产250公斤左右，市场保护价平均不低于16元/公斤，产值达到4 000元/亩左右。成本：每亩用苗6 000株，苗子成本400元，旋耕整地150元/亩，肥料和农药费需300元/亩；收入3 000元/亩左右（不含人工），种植效益与烤烟接近。2016年全县烟叶结构调整种植甜叶菊4 000余亩，产值1 600万元，烟农户均增收6 220元。2017年全县种植面积为8 300亩，较2016年增加了4 300亩，因2017年烤烟计划调整种植面积3 594.5亩，新增228户种烟户，已由合作社协调组织签订购销合同，单价16元/公斤。积极引导甜叶菊生产是一项可以弥补烟叶种植计划调整、保障烟农收入的好项目。

2. **社会效益显著**　甜叶菊种植面积扩大后将促进安福县农业生产结构的调整和优化，促进农业资源优势向商品优势转化，促进烟农合作社内部资源发展，实现传统农业向现代农业的转化。项目实施后，可以为地方增加税收，促进烟区产业结构的调整，增加劳务用工，提高农民收入。

3. **生态效益提升**　甜叶菊无毒无害，在生产过程中，不需要使用大量农药和化肥，大大减少农药使用量，减少对环境的污染，同时甜叶菊的根茎还可以秸秆还田，增加土壤有机质含量，减少化肥使用量。

【主要经验】

1. **积极引导，科学规划，合理布局**　充分认识到发展甜叶菊生产对促进产业转型、烟农增收的重要意义。结合实际，制定切实可行的甜叶菊高产高效栽培技术推广实施办法，并将技术方案层层分解，落到实处。

2. **加快培养本地甜叶菊种植技术人才**　目前全县甜叶菊种植刚起步，熟练掌握种植技术的技术人员不足，相关技术标准还处在不断总结制定中，因此，要进一步提高技能水平，保障种植效益。

3. **产销协调需继续优化**　由于甜叶菊属于订单农业，种植也存在一定的计划性。下一步烟农合作社将主动对接，及时沟通，将有限的甜叶菊种植计划优先给布局调整的种烟农户，形成种烟乡镇烟农以种植烤烟为主，以种植甜叶菊为辅，减少的烤烟种植面积由甜叶菊种植做补充的模式。

【综合点评】

充分利用基本烟田，大力探索甜叶菊种植，产值经济效益较高，烟叶生产基础设施利用率更高，合作社运营机制更活，烟农收入和队伍更稳。通过合作社的多元化运作降低了运营成本，提升了管理水平，增强了盈利能力，在增强烟农对产业的信任感和依赖感方面起到了促进作用。

（联系人：凌平，联系电话：13707961746）

福建三明永安烟后种植甜玉米

【项目背景】

永安素有"金山银水"之称，森林覆盖率位居全省第一，具有得天独厚的自然生态环境。2009年以来，永安作为贵州中烟的烟叶基地，年种植烤烟3万～3.5万亩，年均收购烟叶8万～9万担，烟农售烟收入1亿～1.2亿元。

近些年，永安黄椒、莴苣、鸡爪椒、小薯、马铃薯等经济作物快速发展，这种自发性的种植方式让烟农在得到多元化种植实惠的同时，也给烟田可持续发展带来压力。主要问题：一是无组织、无规划的种植选择，投入高、市场风险难以估量。二是常年蔬菜种植特别是同科作物连种，使土壤劣变，不利烟叶产业可持续发展。

为此，我市烟草部门协同烟农合作社（以下简称合作社）立足本市现有经济作物，通过市场调查、比对、分析，筛选出具有一定种植基础、市场前景较好、与烟叶协调发展的甜玉米作为烟后增收项目。甜玉米，禾本科，玉米属，玉米的甜质型亚种，一年生作物，以未完熟的籽料供食用，秸秆可制成优质青饲料，供奶牛食用。

【发展思路】

1. **指导思想** 以科学发展观为指导，以市场需求为导向，围绕增加烟农收入这个中心任务，因地制宜地优化烟田产业布局，改进烟田种植制度，稳定基本烟田面积，突出特色产业，确保烟田的持续开发利用。

2. **发展定位** 通过改进种植制度，整合资源要素，打造优质烟叶生产基地、优质甜玉米生产基地，达到烟叶与甜玉米产业和谐发展的目的，最大限度地提高土地产出率。

3. **实施方式** 按照"烟草站＋合作社＋烟农"的生产组织形式，组织甜玉米生产。具体为：烟草站利用航拍技术翔实规划烟田布局，并做好为期三年的烟叶后作种植规划；合作社通过强化沟通、协作，采取订单化生产方式，组织甜玉米生产、销售，实现产销平衡，并建立优质稳定的甜玉米种植示范基地。

4. **实施步骤**

(1) 年度规划阶段。每年4～5月。烟草站规划、布局烟后田块是种植甜玉米还是水稻。

(2) 甜玉米种植阶段。每年6月中下旬。合作社根据田块规划安排，组织烟农于烤烟采收到二烤结束时采取套种方式进行甜玉米移栽。

(3) 甜玉米采收与秸秆回收、溶田阶段。

5.预期目标　一是通过烟叶后作甜玉米的推广，增加烟农人均收入1 000元/亩以上，保障烟农队伍相对稳定。二是年度烟田水旱轮作面积达烤烟种植面积的30%以上，依此类推，力争用三年的时间使所有种烟田块实现至少一次的水旱轮作。

【主要做法】

1.统筹布局、合理规划，促进种植模式升级　为了更好地布局烟叶后作甜玉米种植，2015年烟叶生产期间，烟草部门对主要种烟乡镇基本烟田进行航拍、监测，并因地制宜地制定烟后田块优化布局的总体要求、规划办法，结合烟田历年种植相关信息库内容，合理规划安排种植。

具体操作：采用统筹的办法，以村或片为单位，依"30%水稻+70%甜玉米"轮换种植方式，按三年一轮回的规划，有序规划甜玉米或水稻种植田块，并做好标识，跟踪种植落实情况，确保每片田块每年一溶田，每三年一水旱轮作。主要目的：70%种植甜玉米，有利于增加烟农收入，确保烟叶在计划相对紧缩的背景下，烟农收益不减。30%水稻种植：不仅满足了烟农粮食的自给自足，规避了市场风险，而且每年田块轮作水稻，也为烟田每三年进行一次水旱轮作奠定了基础，满足烟叶种植之需。

2.绿色引领、标准种植，加快产品质量提升　围绕"提升产品质量、满足市场需求"总体要求，合作社贯彻落实绿色发展理念，树立质量第一的责任意识，采用标准化种植技术，使每个生产环节均处于可控状态，促进"天然、健康"产品形成，以全面提升甜玉米质量，打造精品甜玉米，培育地方品牌。

3.搭建平台、组建团队，拓宽产品销售渠道　利用合作社管理平台，积极引进优秀农产品销售经纪人，以密切市场信息动态，及时传递各类市场信息、种植信息，增强烟农抵御市场风险能力，使甜玉米更快、更好地走向市场，实现产销对接。同时，加强合作社与农产品经纪人的密切合作，为拓宽产品销售渠道打牢基础。

4.秸秆开发、变废为宝，实现资源循环利用　玉米秸秆生物量大，对采收后的甜玉米秸秆按每亩50%的比例，分别进行回收销售、秸秆回田。

秸秆回田：甜玉米收获1周内，采用机械耕耙翻压回田法进行秸秆翻压溶田。

秸秆回收：对未回田的玉米秸秆进行

统一回收，加工成饲料。甜玉米秸秆做发酵饲料具有适口性好、营养价值高和易消化、成本低廉、安全性高、贮存期长等优点。因此，基地采取统一设点回收深加工的办法，将回收的玉米秆进行粉碎，加入高效微生物活性菌液，后用塑料袋真空包装密封贮藏，销往畜牧业厂家。

【主要成效】

1. **创新种植模式，突破烟叶后作布局困境** 借用航拍技术，有效对烟田后作种植布局进行安排、检验，不仅避免了同科作物连种的隐患，而且区域化"30%水稻+70%甜玉米"轮换种植模式，能够达到田块"合理利用、用养结合"、促进农田持续利用、烟叶与后作协调发展的目的。

2. **增加烟农收入，稳定职业化烟农队伍**

（1）种植规模。我市烟后甜玉米种植主要集中在青水、安砂、小陶三个种烟乡镇。2016年这三乡镇共种植甜玉米1.26万余亩，占烤烟种植面积的69.87%，平均单户种植8.40亩（表38-1）。

表38-1 2016年永安主要种烟乡镇烟后甜玉米种植情况表

乡镇名称	户数（户）	烤烟种植面积（亩）	水稻种植面积（亩）	水稻占烤烟种植比例（%）	甜玉米种植面积（亩）	甜玉米占烤烟面积比例（%）	户均甜玉米种植面积（亩）
青水	680	8 370	2 242	26.79	6 128	73.21	9.01
安砂	441	5 170	1 584	30.64	3 586	69.36	8.13
小陶	382	4 500	1 610	35.78	2 890	64.22	7.57
合计	1 503	18 040	5 436	30.13	12 604	69.87	8.40

（2）种植效益。烟后甜玉米种植减免整畦工序，充分利用烟田光、水、肥资源，以达到减工降本增效目的。经统计，产区甜玉米产量约为1 400公斤/亩，利润达1 540元/亩，较传统水稻种植增加了1 055元。按户均8.4亩计，单项户均增收8 862元。合作社于基地设立三个甜玉米秸秆加工点，进行秸秆回收：每亩秸秆按50%的回收量，150元的回收价统一回收。按户均8.4亩计，单项户均增收1 260元。产品销往南平等地的奶牛饲养基地，成为奶牛的上等青饲料（表38-2）。

表38-2 玉米种植效益对比表

作物名称	出售均价（元/公斤）	亩产量（公斤）	亩均收入（元）	成本（元/亩）			亩均利润（元）	秸秆附加值（元/亩）	亩均收入（元）
				农资、机械成本	用工成本	合计			
水稻	3.0	475	1 425	720	200	940	485	—	485
玉米	2.1	1 400	2 940	800	600	1 400	1 540	150	1 690
比增	−0.9	925	1 515	80	400	460	1 055	150	1 205

（3）职业化烟农队伍。培养职业化烟农是建设现代烟草农业的一项重点内容。通过合理引导烟农烟叶后作种植，我市2016—2017年职业化烟农相对稳定（表38-3）。

表38-3　2016—2017年玉米种植乡镇烟农种植户数情况表

年度	青水（户）	安砂（户）	小陶（户）
2016年	680	441	382
2017年	675	441	359
平均	678	441	371

3.完善技术体系，夯实甜玉米产业基础　为规范种植技术，生产符合市场所需的优质甜玉米，永安分公司携同合作社，致力于生产技术体系构建工作，先后共同制订了《甜玉米规范栽培技术》《甜玉米地土壤改良技术意见》《烟叶后作三年轮作种植规划》《烟田土壤改良办法》等，做到烟叶和甜玉米和谐发展的同时兼顾土壤保育工作。

4.产品销售顺畅，实现产销供需平衡　由合作社牵头组织甜玉米的市场信息收集与销售工作。主要有两种方式：一是订单销售：主要销售地为厦门、福州和广东等地，约占总产量的90%，具体由合作社组织省内外农产品经纪人采取订单采购方式进行运作；二是本地内销：约占总产量的10%，主要由本地农产品经纪人进行收购、发货。

【主要经验】

一是烟农增收对稳定职业化烟农有重要意义。有规划、有组织的甜玉米后作栽培市场风险、种植风险相对较小，有利于烟农增收增效，有利于稳定职业化烟农队伍。

二是烟叶后作种植安排应纳入烟叶发展规划中。烟叶后作种植应由烟草部门与合作社进行统一规划、合理布局，以创造适宜的种植环境，实现烟叶与经济作物的共赢。

三是航拍技术的应用为烟后种植布局起到重要的技术支撑。

【综合点评】

烟后种植甜玉米，技术简单、产量高、成本低，同时玉米秸秆可溶田、可加工成饲料，真正做到资源充分利用。相比种植水稻，甜玉米种植更利烟农增收，是一项值得推广的致富项目。同时，"30%水稻+70%甜玉米"轮换种植方式，利于培育健康的植烟土壤，对烟草事业的持续、稳定、健康发展有着重要意义。

（联系人：林燕珍，联系电话：13313802698）

案例39

四川宜宾顺河烤烟与酿酒专用粮轮作

【项目背景】

石海镇顺河村位于乌蒙山区连片扶贫开发省级重点县——宜宾市兴文县的地理几何中心，属县级重点扶贫村，毗邻兴文石海世界地质公园，幅员面积9.2千米²，年平均气温17.7℃，年平均降雨量1 333.3毫米，常年光照850～1 147小时，特别适合烤烟种植，有宜烟地3 000余亩，2016年烤烟种植面积750余亩，生产烤烟1 875担，产值收入达244万元。

为深入推进脱贫攻坚战略部署，充分发挥"造血式"扶贫的优势，宜宾市烟草专卖局（公司）紧紧依托宜宾市委、市政府"振兴川烟"工作契机，与宜宾五粮液集团有限公司开展深度合作，不仅在卷烟上强强联合推出"宽窄—五粮浓香"系列产品，更在助农增收上达成重要共识，共同研究决定在兴文县石海镇顺河村建设"烤烟—酿酒专用粮（高粱）"实验区，利用五粮液集团有限公司现有酿酒专用粮（高粱）配套种植技术，提高烟地复种指数，实现"一基"向"两基"的转变。

【发展思路】

宜宾市烟草专卖局（公司）紧扣中央精准扶贫重要部署，积极响应省委、省政府"烟草强省"发展战略，认真贯彻落实宜宾市委、市政府"振兴川烟"工作安排，本着优势互补、强强联合、互利共赢的宗旨，同本地龙头企业宜宾五粮液集团有限公司开展战略合作，取得了一系列高度共识和丰硕成果。2016年，双方初步签订了《共建烟叶生产和酿酒专用粮生产基地协议》，双方将充分利用各自优势，以基本烟田科学轮作为基础，实现烟田高效利用、共建共享，规划利用全市烟叶基地实现"烟叶—酿酒专用粮"基地的共建，在共建基地内依托烟农合作社开展酿酒专用粮的种植、收购、运输等服务以及进行有机肥生态循环农业经济的科研示范，通过以产业扶贫为抓手，坚持"造血式"扶贫，达到以农业基地的产业发展实现精准扶贫的目的。

【主要做法】

2016年，经双方商定，决定在兴文县顺河村建立酿酒专用粮高粱种植试验区，试点种植260亩，高粱品种由五粮液公司提供，主要栽植品种为金糯粮1号、泸糯8号、泸州红1号和川糯粮1号4个品种。

1. **科学合理规划**　项目双方就顺河村烟田烟地整体规划，集中选择交通方便、光照充足、水源便利的优势地块作为试验地，集中打造规范轮作、合理复种、均衡密植、精细管理的酿酒专用粮种植试验区；对试验区土地全面测土配方，分区分类制定土壤肥力修复方案，通过施用土壤pH调节剂、有机肥、农家肥等，调节土壤pH，改善土壤肥力，并采取增加耕翻次数、分区变量施肥等措施，有效改善土壤结构，优化土壤性状。经筛选规划，优选了高粱种植试验区宜栽种植面积260亩。

2. 全程技术指导服务 烤烟生产技术、基本烟田轮作技术指导服务由市烟草公司、县烟草公司全权负责；高粱生产技术指导服务由市农业局、市农科院高粱所和县农技站全权负责。对烟—粱轮作作业全过程对点指导，提供优质有效配套技术支撑，保障试验区高产丰收。

3. 定向保底收益全收购 由兴文县坪山烤烟专业合作社开展酿酒专用粮的种植、收购、运输等服务，采取统一种植、统一收购、统一价格、定时收购、定点收购、定向销售的模式，向五粮液集团有限公司输送高粱，由五粮液集团有限公司按1 000元/亩的标准制定保底收益，销售价格以五粮液同一品种粮食的当月招投标中标价格为标准。

【主要成效】

"烤烟—酿酒专用粮（高粱）"试验区的共建共享，实现了"以烟为主，均衡发展；用养结合，培肥地力；净化土壤，减少病害"的烤烟轮作基本制度，开拓了定向轮作产品收购、稳定的卖方市场、高效的收益前景，不仅稳定了烤烟产量，提高了烤烟品质，还极大提升了基本烟田利用效率，有效降低了烟农土地流转成本，有力推动了烟区产业扶贫进程，实现了"烤烟+"产业助农增收新模式。

1. 轮作制度得以实现 烤烟是不耐连作作物，烤烟连作易造成病虫害流行，对烟叶品质、烟叶产量均易造成较大影响。对此，在试验区烤烟生产规划中，当年烤烟种植后的土地第二年种植酿酒专用粮（高粱），避免了地块直接撂荒，或挪作他用。由于高粱有稳定的销售市场，轮作期间烟农收益理想，烟农愿意进行长期性的土地流转，坚定地落实了烤烟轮作制度。

2. 经济效益得以实现 通过项目的实施，2016年该村烟农增加土地流转金5.2万元，高粱种植、管理、采收人工劳务增加直接收益16.6万元，为当地农户增加收入21.8万元，户均增加收入3 070元。经试验，宜宾农科院提供杂交品种宜糯红1号品种适宜顺河种植，产量可达522.66公斤/亩，按照当前收购价格1.6～1.8元/斤，可实现销售收入1 670～1 880元/亩，纯收入可实现470～680元/亩。

【主要经验】

1. 思路谋划到位 一是充分利用行业资源。以"振兴川烟"为契机，通过卷烟项目合作为延伸，加大烤烟扶持力度，为烟农的生产发展出谋划策。积极开展产业"造血式"扶贫，为烟农提供发展思路，共建共享烤烟—酿酒专用粮（高粱）实验区。二是引导烟农积极参与产业扶贫。有条件的烟农通过多余土地出租、劳务输出、农机具租赁、高粱收购运输等途径增收，真正起到了"开发一个产业，助力一方经济，增收一方烟农"的良好效果。

2. 科技传授到位 扶贫要扶智。加大了对烟农的实用技术和劳动技能培训。培训内容涉及烤烟种植、高粱种植、轮作制度、配方施肥、农家肥积造、高粱交售等与烟农生产生活息息相关的各个方面，共培训顺河村烟农300余人次，劳动力接受培训率达90%以上，使烟农的思想意识、从业技能和自我发展能力得到不断提高，使其更快地融入到产业扶贫中去。

3. 科学管理到位　实施县、乡、村、户"四轮驱动"，紧盯项目实施全过程，确保科学规范化运作。一是实施"定向式"项目扶持，定向投向贫困烟农。在兴文县烟草专卖局（分公司）的统一协调下，制定出切实可行的项目实施方案，保证申报、实施到位。二是广泛做好乡村宣传动员，积极组织烟农群众参与扶贫项目，保证烟农有知情权和参与权。三是组织项目实施，因地制宜科学规划，完善项目设想、做好项目运行过程的服务指导，严把烤烟、高粱作物质量关、安全关。四是认真做好项目效益、技术支撑，由镇党委、政府、烟草行业、五粮液及各行业部门"联手"，做好烤烟、高粱收购及配套工作，保证试验区收购工作保质保量完成。

【综合点评】

"烤烟—酿酒专用粮"基地实现了资源的共建共享，长远的战略合作、稳定的市场供需、真实的收益前景，不仅稳定了烤烟规模、提高了烤烟品质，还极大提升了基本烟田利用效率，有效降低了烟农土地流转成本，有力推动了烟区产业扶贫进程，展示出一个现代化资源集约型产业的前景。

（联系人：周先国，联系电话：0831-2336790）

案例40

福建龙岩长汀推广烟后稻制种

【项目背景】

长汀县位于福建省西部，属于中亚热带季风气候，是全国烤烟种植最适宜区之一，全县耕地面积30.2万亩，其中中低海拔耕地面积20.1万亩，常年种植烤烟6万亩，种植水稻19.4万亩，其耕作模式基本以单季稻或烟—稻轮作为主。

1.烟区耕作现状 因烤烟属早季作物，烟叶采收后，我县烟农一般将田地用于水稻种植，一方面是由于受生产季节限制，无法有效利用烟后田地再种植其他季节对应的经济作物，另一方面是为了提高烟田有机质含量、改善土壤理化性状。我县长期倡导烟田土地实行烟稻结合的水旱轮作模式，目前此耕作模式已成为我县烟区有效利用土地资源、减少烟田病虫基数、提高土壤有机质含量的固有技术措施。基于这一固有耕作习惯，加上我县山地烟区人均耕地面积不足0.6亩的实际情况，我县在烟后产业选择上既有明确的目标性，又有明显的局限性。

2.烟后产业现状 在我县烟后稻制种产业引进并大面积推广之前，烟农普遍利用烟后耕地种植常规水稻，扣除成本投入，亩均纯收益仅为350～400元，收益微薄，产业增收效应不理想，加上种植常规水稻缺乏有效的风险保障体系，产值、收益很难得到稳定保障。

3.烟区资源优势

（1）烟稻轮作模式稳定，具备规模化发展潜力。由于烟叶种植规模稳定，受生产季节限制，烟后稻的竞争作物较少，加上我县长期实行烟稻结合的水旱轮作，耕作模式比较稳定，具备规模化发展的潜力。

（2）烟区企农合作稳定，具备产业化推广潜力。由于烟草行业多年来顺畅的企—农合作模式，积淀了良好的信誉口碑，广大烟农产生了强烈的组织感、依托感、信赖度，成为烟后稻产业能全面推广的重要信心保障，具备了产业化推广的潜力。

（3）烟区配套保障稳定，具备专业化发展潜力。由于烟农专业合作社乡镇全布局的渠道延伸优势，加上充足的农机设备保有量、成熟的专业化服务团队以及烟叶产业布局下完善的烟叶烘烤设施，为烟后稻产业物资配送、机耕服务、机械收割、稻谷烘烤、信息服务等环节提供专业化的配套保障，成为烟后稻产业专业化发展的强大基础保障。

因此，选择有成功先例、能为烟农接受、可广泛推广的烟后稻经营产业，提高烟后稻种植产业的附加值，挖掘烟后稻种植产业的潜在效益成为我县促进烟农拓产增收的主要探索方向。

【发展思路】

1. **指导思想**　立足烟后耕地循环利用，深化烟后稻产业拓展，提升烟后稻种植收益和风险保障水平。

2. **发展定位**　充分发挥烟农专业合作社的架构优势及区域性布局便利，利用我县良好光温条件和耕地资源优势，将我县烟区打造成全省第二大的烟后稻制种基地。

3. **实施方式**　"依托行业平台"，即：依托烟草行业强大的软实力，发挥我县烟农专业合作社的平台作用，充分调动广大社员的积极性和参与度。"引进产业龙头"，即：通过考察、洽谈并引进具备一定规模、实力、种质资源和技术保障能力的中大型水稻种业公司。"建设一个基地"，即：以建设长期稳定的烟后稻制种基地为合作发展目标。"推动三元联动"，即：采取"种业公司＋烟农专业合作社＋制种农户"的合作模式。"构建七大模块"，即：全面实现"订单化生产、精准化指导、标准化操作、专业化收割、智能化烘干、网格化收购、电子化结算"的合作目标。

4. **实施步骤**　产业探索阶段（2014—2016年）：通过烟农专业合作社的组织引领，全县推广烟后稻制种面积1万亩，占全县烟叶种植面积的17%，初具产业基地化雏形，制种区域主要覆盖我县南部低海拔烟田；产业拓展阶段：至2017年年底，全县推广烟后稻制种面积2万余亩，覆盖全县烟叶种植面积的33%，规划南部制种区域有所拓展，同时向东部中低海拔地区延伸；产业稳定阶段：至"十三五"末，全县推广烟后稻制种面积3万余亩，覆盖全县烟叶种植面积的50%，在中低海拔区域制种成功的基础上将基地范围全方位延伸，除部分高海拔区域外，立足将长汀烟区3万余亩条件适宜的烟田全部纳入烟后稻制种基地范围，力争把我县打造成全省第二大的优质水稻制种基地，在烟稻轮作的耕作前提下实现烟农增收的目标。

5. **预期目标**　力争到"十三五"末，全县50%的烟田、60%以上的烟农实现烟后稻制种亩增1 000元纯收入的预期目标，同时确保我县烟稻结合的水旱轮作模式得到长期有效的推广。

【主要做法】

2014年，我县将多年来农户自发经营的松散型水稻制种产业进行探索性整合，通过发挥烟农专业合作社的平台效应，统一对接水稻制种公司、发动部分烟农社员示范引领、烟草行业协调部分烤房进行设备改进、烟农专业合作社组建专业化服务团队开展配套服务的模式，在濯田镇下洋村进行烟后稻制种合作探索并取得成功。通过两年的试点布局和

联动推广，至2016年全县烟后稻制种面积达1万亩，初具产业化发展雏形，现已成为长汀县继烤烟种植之后的重要农业产业。

长汀县烟后稻制种产业采取"种业公司＋烟农专业合作社＋制种农户"的运作模式，实行订单生产、全程指导、保护价收购。由烟农专业合作社通过土地流转及田块协调，联系社员及其他制种农户与种业公司签订合同；种业公司提供父本（免费）和母本（有偿）、分片区派驻技术员进行全程跟踪、指导、服务；烟农专业合作社对有服务需求的制种农户提供全方位的专业化服务（如物资配送、水稻收割、稻谷烘干等）；种业公司按合同价格收购谷种，同时根据合同约定的保护价对产值未达标农户进行补偿。制种稻田均有大田保险，由种业公司统一联系保险公司承保，每亩保费84元，其中财政补贴68元/亩（占81%）、种业公司支付6元/亩（占7%）、制种农户支付10元/亩（占12%），绝收最高理赔标准为1 800元/亩。田间专用药剂由种业公司统一在生产期间赊销，制种农户购买费用在种子交售款中予以扣除。

【主要成效】

1. 项目实施规模 2016年，长汀县烟后稻制种面积达1万亩，已成为长汀县继烤烟种植之后的第二大农业支柱产业。

2. 投入产出分析 通过开展烟后稻制种业务，长汀县烟农亩均投入成本1 200元（田租290元/亩、母本60元/亩、溶田费用120元/亩、化肥成本156元/亩、农药成本126元/亩、收割费用120元/亩、人工工资318元/亩、保险费用10元/亩），亩均收益达

2 500余元（产量370～400斤/亩，收购价6.7元/斤，产值2 479～2 680元/亩），平均纯收入达到1 300余元/亩。

3. 烟农增收情况 通过种植烤烟＋烟后稻制种的产业发展模式，烟农平均纯收入达4 100元/亩（烤烟2 800元、烟后稻1 300元），与种植烤烟＋常规种植水稻模式的平均纯收入3 200元/亩（烤烟2 800元、常规水稻400元）相比，烟农平均纯收入可增加900元/亩。烟农亩均纯收入增幅达28.1%。

4. 社会带动效应 2016年度，我县烟后稻制种产业累计为长汀县烟农增加烟后经济收入约1 300余万元，受益烟农4 642户，烟农户均增收2 800余元，为烟农生产生活条件改善和烟区社会经济发展打下良好的基础。

【主要经验】

1. 选准增收项目是前提 我县立足因地制宜，充分考量烟区的气候条件、耕作习惯、

资源现状、全面挖掘烟后土地资源的潜力，找准多元化经营突破点，在坚持烟地循环利用和烟农稳步增收的前提下，充分整合和利用现有资源及优势平台，抓住烟后稻产业发展这一核心方向进行相关项目筛选，最终确定烟后稻制种产业作为我县烟农增收的主要发展项目。

2. 依托平台带动是基础　要充分发挥烟农专业合作社作为烟农组织平台的示范、引领及带动作用，立足烟后稻制种这一烟叶产业的良好配套项目，探索烟地资源的科学有效利用。提升广大烟农的多元创收能力，提高烟农专业合作社的自主造血功能，实现烟后稻制种产业与烟叶产业无缝对接，推动烟叶产业稳定发展和广大烟农群体持续增收。

3. 完善机制保障是关键　要充分发挥政府、烟草行业等多方政策的引导作用，逐步建立和完善烟后稻制种产业的相关机制保障。要充分评估烟后稻制种产业区域的发展前景、品种风险系数、预期效益产值等具体要点；要全方位核实合作方种业公司的市场运营能力、风险抵御能力、技术保障能力，明确合作双方的权责分担、技术配套及风险保障等具体合作细节，确保对接合作风险可控、持续平稳。

4. 实现多方共赢是目标　在确保衔接顺畅的前提下，要找准烟农、合作社、种业公司、村委会、相关田主等合作多方的利益平衡点，制定详尽的合作方案，明确责任、义务、分工、操作规程、利益分配方式等，在清晰的合作框架中通力协作、紧密配合，实现合作多方共赢的目标。

【综合点评】

该案例能立足烟叶规模和烟农队伍稳定，紧扣烟农增收和烟叶产业转型主题，产业探索切合烟区发展实际，与地区烤烟优势产业契合度高，产业针对性和特色突出，利用烟后耕地作为水稻制种载体的产业规划和技术配套成熟可行，产业前景广阔，可为助农增收及脱贫攻坚提供坚实支撑，社会、经济和生态效益显著，对资源循环利用、耕层生态保护意义重大。在布局规划、主体培育、平台构建、技术集成、产业链延伸等方面具备良好的引领示范和复制推广作用。

（联系人：黄麟，联系电话：15960315056）

案例41

山东临沂沂南轮作烟田种植小米、红薯

【项目背景】

　　沂南县是沂蒙革命根据地的中心、沂蒙"红嫂精神"的诞生地，被誉为"山东小延安"。烤烟种植一直是当地农民增收致富的主要途径，年户均增收达12万元以上。随着烤烟计划压缩，烟叶收购价格上调空间变窄，烟农种烟收入增长面临严峻挑战。如何在持续提高烟田复种指数和产出效益的同时，还能保持烟叶生产的可持续发展？沂南县烟草专卖局（分公司）在做精烟叶主业的基础上，经过几年反复探索，以综合服务烟农专业合作社为依托，引导烟农利用轮作土地种植小米、红薯、花生等无公害作物，利用闲置期的育苗工场、烘烤工场种植有机西瓜、蔬菜、菌菇等，利用烟用机械为大农业提供服务，有效拓宽了烟农增收渠道，降低了生产成本，实现了基本烟田的可稳可控。本案例主要介绍利用轮作烟田种植小米、红薯的经验和成效。

【发展思路】

　　沂南县山清水秀，气候宜人，盛产小米、红薯、花生、小麦等农产品。但在长期分散种植模式下，小米、红薯种植由于规模小、产量低、销售方式落后，没有让老百姓获得好收益。沂南县局（分公司）经过认真调研分析，认为这两种作物种植基础深厚，用工量少，十分适宜烟田轮作换茬，有助于稳定烤烟种植面积、提高烟田产出率。只要把握好质量、树立好品牌，不愁农产品打不开销路。2014年开始，沂南县局（分公司）鼓励烟农合作社与广大烟农及农产品种植合作社进行小米、红薯订单种植（运行初期，只吸收烟叶种植户参与），打造生产、加工、销售一条龙体系。实施步骤如图41-1所示。

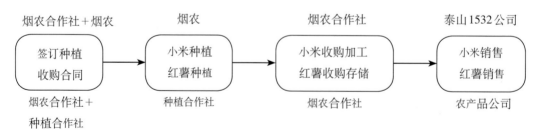

图 41-1

【主要做法】

沂南县彩蒙综合服务烟农专业合作社（以下简称彩蒙合作社）成立于2012年12月，主要服务双喜品牌·双堠烟叶基地单元，烟农入社率达100%。为推动烟叶生产平稳健康发展，更好地促进烟农增收，合作社创造性地实施了"职社结合＋站社融合＋社社联合"（职业化烟农和烟农合作社有机结合、烟站和烟农合作社深度融合、烟农合作社和社会合作社强强联合）的运行管理模式，在科技创新、团队建设、专业化服务、多元化经营等方面取得了较好的成绩，先后被评为全国农机合作社示范社、行业级示范社。合作社辖育苗工场4处、烘烤工场6处，其中在双堠镇菜峪烘烤工场建设小米加工车间1处，在菜峪育苗工场建设农产品恒温储存库一处。为保障产品质量，合作社对生产全过程进行监管，实行标准化生产、规范化管理、市场化运作。

1.坚持标准化生产 为提高无公害产品质量，合作社建立了"四统一"的生产操作规程：即统一良种供应、统一技术指导、统一产品质量、统一包装销售。一是制定标准。制定了《无公害小米（红薯）生产技术操作规程》，对品种应用、田间管理、收获储运等各环节进行了详细规范，使小米、红薯生产步入标准化、科技化的发展轨道。二是加强培训。针对小米、红薯生产关键环节开展技术培训，2014—2016年，共举办培训班12期，培训烟农166人次，参与培训率达95%以上。三是优化结构。为进一步保护烟田环境、提高烟田产质量，小米播种、红薯栽秧时使用农家肥和绿肥做底肥，不施用农药化肥，杜绝农药化肥残留对来年烤烟品质可能带来的不利影响。

2.坚持规范化管理 把实施规范化管理作为合作社管理的重中之重，不断向经营管理要效益。一是规范合同管理。合作社作为经营主体，负责安排种植计划、技术管理、产销对接。烟农（种植合作社）作为种植主体，负责按照生产规程进行标准化生产。双方共同制定规范的种植收购合同及合作协议，明确责任和义务，保障双方的利益。二是规范信用管理。采取"职社结合"的方式开展专业化服务和多元化经营，受益者都是职业化烟农。为促进烟叶生产可持续发展，结合临沂市局（公司）《烟农信誉评价管理办法》，对不按要求进行田间管理及在产品交售中发现有农药残留的，列入不诚信烟农名单，取消其次年烤烟种植计划。三是规范档案管理。分别建立《彩蒙合作社小米（红薯）生产农事记录表》《彩蒙合作社小米加工记录表》《彩蒙合作社小米（红薯）销售记录表》等，对生产—采收—加工（存储）—销售全过程进行记录登记，形成产品的可追溯制度，让消费者得到安全保障。

3.坚持市场化运作 积极开展品牌创建活动，将市场化基础工作做细做实。一是建立利益联接机制。按照"风险共担、利益共享"原则，通过实施"社社联合、社超对接、社企联营"等形式，积极与社会合作社"联姻"，取长补短，形成增收合力。2015—2016年，彩蒙合作社联合沂南县金囤小米种植专业合作社（以下简称金囤合作社），利用烟田轮作换茬种植黄金谷。双方互通有无，实现了资源的合理配置。二是打造品牌效应。2015年，合作社为小米注册了"健蒙"商标，开展了农产品绿色认证，印制了统一的标志和包装，增强了产品的市场竞争力。三是多角度拓展销售渠道。加大产品宣传营销力度，通过市、县电视台、蚂蚁微查、网络微商平台等方式进行宣传推介，提高产品知名度。在沂南县电子商务公共服务中心设立营销网点，使彩蒙小米、红薯逐步走向大中城市餐桌，进一步提高市场占有率。

【主要成效】

通过烟田开发利用，进一步拓宽了烟农增收渠道，保持了基本烟田及烟农队伍的稳定，促进了"烟区现代农业"的持续、健康、全面发展。

1. 烟农实现增收节支　一是烟农增收效果显著。2014年，彩蒙合作社与65户烟农签订《小米种植收购合同》，当年收购谷粒4.5万公斤，实现烟农增收49.5万元，户均增收7 615元；2015年，彩蒙合作社与金囤合作社签订《小米种植收购协议》（144户烟农受益），收购谷粒7.4万公斤，实现烟农增收74万元，户均增收5 138元；2016年，继续与金囤合作社签订《小米种植收购协议》（80户烟农受益），收购谷粒5.2万公斤，实现烟农增收46.8万元，户均增收5 850元。同年，彩蒙合作社与76户烟农签订《红薯种植收购合同》，收购红薯31.3万公斤，实现烟农增收34.43万元，户均增收4 530元。在此过程中，合作社也取得了丰厚的盈利。二是科技创新减工降本。2014年以来，沂南县局（分公司）依托合作社开展科技创新，获得发明、实用新型等专利14项，有效促进了烟叶生产减工降本增效。其中自主研发的生物质炉，改变了常规燃煤炉对燃料要求的局限性，烟草秸秆只需简单粉碎不需要二次压块成型就能轻松实现1亩地秸秆烘烤1亩地鲜烟叶，真正将烟农烘烤成本降到最低；自行改造的黏性土壤施肥起垄挖穴喷药一体机，可将小苗膜下烟的施肥、起垄、挖穴、喷药四个环节一次性完成，每亩为烟农节省费用60元以上，作业效率提高1倍以上。小工具大作为，科技创新实现了烟叶生产节能减工降本和效率最大化，让烟农轻松种烟、科学种烟。

2. 产业实现提质增效　一是农产品品牌得到认可。市场对"健蒙"小米初步形成高端、生态的产品印象，认为"'健蒙'小米生产加工过程无污染、无残留，吃起来安全又放心。"2016年10月，"健蒙"小米顺利通过农残鉴定，吸引了北京、上海等众多大型商贸超市客商的目光，纷纷前来考察洽谈，实现"社超对接"指日可待。彩蒙红薯经过一个冬天的保鲜储存，营养更均衡，口感更细腻，得到了广大消费者的追捧。青岛一家农产品公司在购销9.8万斤红薯后，毫不犹豫地签下了2017年订单。二是烟叶产业实现提质增效。实现了合理轮作。2014年开始，沂南县局（分公司）积极帮助烟叶农场和种植大户流转土地，确立了集中连片烟田作为轮作示范基地，采取烤烟—红薯（小米）—花生（红薯）—烤烟三年轮作方式，有效改善了土壤条件，减少了病害传播，达到了既提高烟叶产质量又培肥土壤地力的目的。提升了烟基设施利用率。利用烘烤工场闲置场所开展小米加工包装，利用育苗工场空闲场地建设农产品恒温库，利用烟用机械进行田间管理及产品运输，有效节省了成本投入。促进了主业发展。合作社专业化服务和多元化经营的统一，形成了"主辅结合，以辅补主"的运营新模式，合作社增加了资金积累，在一些新技术试验示范环节，可以更好地利用多元化经营的盈利发展主业、补贴主业。三是烟农队伍更加稳定。合作社对烟田的全过程调控带来了烟农收入的增长和收入结构的优化，增强了烟农对产业的信任感和依赖感，稳定了烟农队伍和基本烟田面积。四是带动多方利益共享。从长远看，农产品借助现有卷烟物流网络配送，依托"泰山1532公司"开展品牌运作和产品上市，可为卷烟物流和1532公司转型升级提供借鉴。

【主要经验】

在省、市局（公司）的正确领导和大力支持下，我们在发展多元化经营、促农增收中取得了一定成绩，积累了一些经验。项目实施中，主要有以下三点体会：

1.把握市场需求，发挥自身优势　在市场经济条件下，烟农增加收入的主要途径：一是加强精细管理，提升烟叶质量特色；二是实行标准生产，提升轮作土地产出效益；三是积极推进科技创新，把烟农的生产成本降下来。在当前烟叶收益基本触顶的情况下，提升轮作土地的产出效益就显得尤为重要，因此，要从市场需求入手，结合当地产业优势，多方调查，认真分析，科学预测，既摸清市场的现实需求，又要对产业基础有深入了解，把资源优势与市场需求紧密结合起来，才能避免盲目投入，降低转型发展的风险。

2.围绕市场竞争，加强联合与协作　在日益激烈的市场竞争中，合作社之间加强联合与协作，通过资源共享、合理分工，能够实现优势互补，达到分散风险、共享利益的目的。"社社联合"有助于迅速提升生产经营规模，从而在生产资料、服务与产品等方面获取更多的利润，实现单个合作社无法达到的规模经济。

3.做精做强主业，做实做好辅业　正确把握烟叶生产和多种经营的关系，建立以烟为主、多元经营的增收机制。烟农合作社的主业是涉烟专业化服务，多元化经营是非烟季节的辅业。烟农合作社要在做好专业化服务促进烟叶生产减工降本、提质增效的基础上，在烟用设施闲置期、烟田轮作时探索科技创新、设施综合利用，切实做到"主辅结合，以辅补主"，始终把维护好烟农利益放在第一位，切勿本末倒置。

【综合点评】

沂南县局（分公司）近年来不断引导烟农合作社探索专业化服务和多元化经营，尤其在轮作烟田开发利用方面取得了较好的成绩，有效促进了烟叶生产降本增效和烟农增收。项目实施过程中，充分做到了三个结合：一是主业与辅业的结合。推行以烟为主的耕作制度，统筹规划烟田前后茬与轮作作物，避免过度消耗地力，为做精做强主业打下坚实基础。二是多元经营与地方特色的结合。根据当地生态资源优势和区位特点，筛选具有地方特色的小品种、特色品种，通过联合大农业合作社，进一步整合了资源，提高了产业规模，避免了盲目投入。三是非烟产品与卷烟物流的结合，引导彩蒙小米等农产品进入卷烟物流配送体系，不但有效降低了运输配送成本，而且逐步形成了以卷烟零售户为销售主体的非烟产品营销网络，提高了市场占有率。据悉，彩蒙合作社近期正在筹备建设富硒花生油加工基地，基地建成后，日加工量可达2 000公斤。届时，烟农可每亩增收2 500余元，基本烟田作物种植得到全过程调控，烟叶生产根基更稳，烟农增收更有保障。总而言之，这种对烟田的综合开发利用，具有较强的实用性及推广性，对实现现代烟草农业向烟区现代农业转变具有重要的借鉴意义。

（联系人：陈秀斋，联系电话：15863857567）

❦案例42❧

湖北恩施宣恩烟后复种大头菜

【项目背景】

湖北省宣恩县晓关侗族乡位于鄂西南武陵山区，是全省12个少数民族乡镇之一，基本烟田面积5.55万亩，占耕地总面积的88%，烟农常年稳定在1 000户左右，种植烟叶面积为1.8万亩，烟农的烟叶收入占家庭全年经济总收入的80%以上，烟叶产量占全县9个乡镇总量的1/3，是全州为数不多的烟叶种植大乡之一。经统计，2016年种烟农户1 067户，种植面积1.9万亩，实现烟农收入5 522.84万元，户均收入5.176万元。晓关乡以基地单元建设为契机，于2011年成立了一个烟农专业合作社，到目前为止，社员达到1 067户，烟农入社率达到100%。近几年，合作社在围绕烟叶生产"五大环节"开展专业化服务的基础上，积极推进业务拓展，开展了大棚蔬菜种植、烟秆回收加工、地膜回收、反季节蔬菜等项目，为多元化经营打下了一定基础。

通过调查：毗邻的来凤县加工的土特产"大头菜"酸菜丝十分畅销。恩施、利川都有"大头菜"深加工的成熟企业。"两湖一川"（湖北、湖南、四川）喜好麻辣酸味，大头菜有一定的销售市场。晓关地处恩施的富硒带，农产品硒含量较高，大部分烟区海拔在1 100米左右，土壤类型属于黄棕壤，有机质含量较高，该区域生产的"大头菜"具有"无筋丝、甜脆香"的优质特色，加上"大头菜"生长期在9～12月，可以在烟叶采收结束后复种大头菜，大头菜与烟叶不是同科作物，种植大头菜不影响烟叶生产。以烟农专业合作社为载体，将"大头菜"酸菜丝作为土特产富硒产品打造，做好烟田复种文章，可以实现烟农增收和烟叶产业稳健发展。

【发展思路】

按照"典型引路、试点示范、逐步扩大"的发展思路，进行种植销售、产品开发和品牌打造，力争用3～5年时间，在晓关核心烟区实现"大头菜"种植面积3 000亩、每亩单产达到1 500公斤、合作社进行"酸菜丝"深加工500吨（成品比例1∶3）、原材料销售3 000吨的目标。经测算，按照1.00元/公斤实行保护价收购，扣除投入成本后烟农每亩可增加收入0.1万元，增加收入总额300万元；成品销售价格按照0.6万元/吨（6.00元/公斤）、加工成本0.5万元/吨（5.00元/公斤）计算，合作社销售收入可达到300万元，实现利润50万元，按照合作社章程盈余分配可以达到30万元。全乡以1 000户种烟农户、种烟面积1.6万亩进行测算，每户烟农盈余分配可增加收入0.03万元，每亩增加收入18.00元左右。同时在加工环节，可以为当地烟农提供临时用工收入10万元以上。具体工作思路如下：

1. **土地流转** 对海拔适宜、交通便利、连片成块的核心区域，由合作社统一进行土地流转，对烟农实现"返租倒包"，统一规划烟区种植，统一安排烟田复种大头菜，通过增加烟农收入，确保烟区烟农稳定，控制其他产业挤占烟区土地面积，实现烟叶产业稳健发展。

2. **种植销售** 充分利用烟田闲季，在烟叶采收结束后，由合作社组织烟农进行"大头菜"种植，根据市场销量情况，逐步扩大烟田大头菜种植面积，实行"以销定产"，初步实现烟农增收。

3. **产品加工** 按照"产品研发、市场拓展、品牌打造"的发展思路，进行产品开发研究，加强社企合作，做好富硒文章，加强市场营销，建立质量控制体系，稳定产品工艺流程，申报产品商标，逐步完成"乡土文化、富硒特色"的绿色食品品牌打造。

4. **投资规模** 在烟草行业支持下，合作社采取多方筹措资金，在产品研发阶段，预计投资额度在5万元左右；在市场拓展、品牌打造期间，预计投资10万元左右；在扩大经营期间，预计投资100万元左右。预计3年初见成效，5年实现奋斗目标。

【主要做法】

1. **开展社企合作** 晓关基地单元合作社以服务于烟农、增收于烟农为指导思想，将发展大头菜种植定位为烟农增收的项目，采取"龙头企业＋合作社＋烟农"的模式，合作社与蔬菜公司、烟农签订三方种植收购合同，由合作社负责协调土地流转，统一提供优良菜种、农药和肥料，蔬菜公司负责技术指导，实行保护价回收，实行"产供销"一条龙服务模式。

2. **实行订单供货** 2016年，晓关基地单元烟农专业合作社根据自身发展需要，与湖北利川九头鸟生物科技有限公司和恩施市舒畅农业开发有限公司分别签订了"大头菜"种植供货合同，根据不同质量标准，按照1.6～2.00元/公斤的价格予以保护价收购，合作社在扣除蔬菜投入后，按照交易额的5%提取管理费用。根据合作社与加工企业签订的意向性销售合同，2017年"大头菜"种植面积1 000亩，单产达到1 500公斤/亩，保护价收购价格1.00元/公斤，烟农增加收入200万元，合作社在销售环节实现利润10万元。

3. **加强产品研发** 利用小大坪育苗工场的物资仓库及办公场所，在来凤县聘请优秀的"大头菜"加工师傅负责技术指导，进行系列产品研发，加强市场调研，生产"口味满足市场需求、卫生质量通过检验合格"的适销对路产品，完成产品商标注册申报。2017年完成2吨产品加工，进行市场试销、在厉行节约的原则下，预计投资5万元左右，投资渠道为合作社前几年专业化服务环节的盈余资金。

【主要成效】

1. **经济效益** 2016年，晓关基地单元烟农专业合作社在草坝村的七家营，组织当地烟农种植大头菜500亩，单产达到1 500公斤/亩，按照1.60元/公斤的价格进行保护价收购，烟农增加收入2 400元/亩，扣除生产投入费用，每亩实现纯收入1 500元左右，种植户平均增加收入1万元左右。

2. **社会效益** 经调查分析，"大头菜"种植有利于烟叶发展。一是可以增加土壤复种指数，提高土壤利用率，提高烟农收入。二是可以改善土壤结构，消耗土壤过量化学肥料，增强土壤微生物活性。三是通过业务拓展增强合作社影响力，促进合作社发展。四是提高烟农种烟的积极性,保证持续发展。同时由于合作社立足烟区,服务于烟农的良好基础,可以促进烟区的烟叶产业稳健发展。五是当地人们对用"大头菜"加工的酸菜丝十分喜好,市场广阔。

【主要经验】

1.探索烟田间作,拓宽烟农增收渠道 服务烟叶生产、满足市场需求是合作社发展的努力方向。烟农专业合作社在进行烟叶生产"五大环节"专业化服务的基础上,充分利用烟农合作社的组织优势,根据当地实际情况及山区特色优势,利用烟田间作"大头菜",提高复种指数,加强产品市场营销,提高了合作社的社会影响力,为烟农增收创造了有利条件。

2.通过社企合作稳步拓展非烟产业 晓关基地单元烟农专业合作社和蔬菜加工企业合作,采取"龙头企业+合作社+烟农"的模式,利用烟田闲季种植大头菜,实现烟农增收,合作社提高了服务功能,实现了"社员满意、烟农认可"。

3.充分利用山区优势 山区蔬菜栽培的优势为生态条件好、绿色无污染、无公害。

【综合点评】

宣恩晓关基地单元立足于目前烟区逐步萎缩现状,紧紧围绕"拓宽烟农增收渠道,稳定烟农队伍",积极探索市场,采取"龙头企业+合作社+烟农"的模式,由合作社负责协调土地流转,统一提供优良菜种、农药和肥料,蔬菜公司负责技术指导,实行保护价回收,实现"产供销"一条龙服务。同时,探索阶段投入资金仅5万元左右,成本较小,且投资渠道为合作社专业化服务环节的盈余资金,无政策障碍,具有较好的可操作性和可复制性。

(联系人:冯成恩,联系电话:15571852888)

案例43

福建南平绿色生态烟后稻种植

【项目背景】

1. 烟区产业发展现状　南平作为福建省三大烟叶主产区之一，1988年开始种植烤烟，种植规模常年稳定在24万亩左右，种烟农户1.2万户左右。2012年以来，全市按照"一基一社"要求成立13个烟农专业合作社，并切实在促进烟农增收上定措施、谋发展。在烟叶稳控形势下，总体呈现出烟农总收入趋于稳定、亩均效益不断增长、户均收益持续增加的良好态势。烤烟产业已经成为带动农村致富、财政增收的支柱产业之一。

2. 烟后稻产业发展优势　南平自古以来就是福建重要的粮食产区，也是全国著名的商品粮基地。作为实行烟—稻轮作的烟叶产区，种植烟后稻有良好的基础。发展烟后稻产业有三大发展优势。一是生态优势。南平烟区地处武夷山脉南麓、闽江源头，光热资源丰富，生态环境保持良好。二是基础优势。全市有8个国家和省级商品粮基地县，每年提供商品粮20多万吨，居全省第一位。南平是全省耕地面积最多的地区，耕地面积达309.9万亩，烟区土地流转顺畅，适合规模化经营。三是技术优势。全市把落实科技增粮技术作为确保总量安全的着力点，努力推广水稻免耕抛秧、测土配方施肥、标准化生产、有害生物综合防治等避灾增产技术。得天独厚的生态优势，加上成熟的烟后稻产业基础和技术优势，非常适合发展绿色生态烟后稻产业。

3. 绿色生态水稻产业发展潜力　近年来，由于工业的快速发展和城镇化进程的加速推进，生态环境不断恶化。大气、水体、土壤污染加剧，肥料农药滥用，导致农产品安全难以保障。随着生活水平不断提高，人们对食品质量、饮食安全越来越重视，对无公害食品、绿色食品的需求逐年提升，发展绿色生态烟后稻有着广阔的市场前景。

【发展思路】

1. 指导思想　坚持"绿色、生态、安全、优质"的发展理念，转变发展思路，主动融入大农业，循环利用烟田发展绿色生态烟后稻产业，促进烟农持续增收。

2. 发展定位　依托烟农合作社，充分发挥生态区位优势，借助行业资源和"互联网＋"技术，打造绿色高端品牌，提升产品附加值。

3. 实施方式　实行"合作社＋烟农"的生产组织形式，烟农按合作社要求组织生产种植，种植后的稻谷交由合作社收购，合作社统一组织稻谷的加工并进行销售。其中，在水稻大田生产阶段，实行"四统一分"的管理模式，即：合作社作为经营主体，统一安排生产、统一技术管理、统一采购物资、统一收割烘干；烟农作为种植主体，在合作社的管理下进行分户种植。在稻谷加工销售阶段，实行"三统一"模式，即烘干好的稻谷由合作社统一保管储存、统一加工包装、统一宣传销售。

4. 实施步骤 整个项目实施分为三个阶段。第一阶段：试点探索阶段（2016—2017年），通过邵武和建阳两个县市的烟农专业合作社进行300亩试点，建立一套适合自身实际的绿色生态烟后稻产业发展模式，产品进入海晟连锁店或其他市场销售。第二阶段：示范推广阶段（2018—2020年），以点带面逐步扩大种植规模和范围，将种植范围向生态条件好的区域延伸，形成5 000亩以上的种植规模，产品进入全省销售，并带动20%以上烟农增收。第三阶段：稳定提升阶段（2020年后），形成1万亩以上的种植规模，进入全国中高端市场，建成面向全国的线上线下销售网络，并带动50%以上烟农增收。

5. 预期目标 将烟叶生产的优势技术和水稻先进技术相互集成，将"订单农业"和"互联网+"相结合，以点带面，循序渐进，努力实现"四个一"的发展目标，即：形成一套标准化技术方案、建立一套质量管控和追溯体系、打造一个高端绿色品牌、总结一条烟农增收致富路子。

【主要做法】

1. 搭建项目平台，组建项目团队

（1）搭建项目平台。烟草部门主动为合作社搭建项目平台，确保项目顺利实施。一是协助合作社对接农业部门，争取农业部门的政策和技术支持。从农业部门推荐的水稻品种中遴选出具有比较优势的超级稻品种，确定在邵武种植川香优5号、在建阳种植中浙优8号。二是帮助合作社对接大米加工企业，解决发展初期大米烘干、储存和加工的难题。三是鼓励合作社学习借鉴其他大农业合作社的先进经验，特别是市场销售、品牌培育等方面的先进做法，开拓视野，拓宽思路。

（2）组建项目团队。合作社组建绿色生态烟后稻项目团队，设项目经理1名，下设采购组、生产组、销售组等3个项目组。同时安排团队人员参与农业部门举办的培训班，学习生产技术和管理知识，提升团队整体素质。

2. 科学制订方案，精心组织实施

合作社制订操作性强的实施方案，涵盖生产、加工、销售、考核等内容。实施方案制订后，合作社迅速组织人员按照方案的具体要求开展落实，做到早安排、早部署，对每个环节严格把关，确保项目取得良好成效。

3. 强化技术保障，完善质量体系

在绿色生态米的质量控制上做到"三个严格把关"，即严格把关种植区域生态环境、严格把关水稻生产环节质量、严格把关水稻加工环节质量。

（1）严格把关种植区域生态环境。在种植区域上选择无污染、生态环境好、基础设施完善的地域，对种植区域内土壤、水源、大气中的重金属、硫化物、氮化物、氟化物、硝态氮、氯化物等指标进行检测，确保种植区域环境符合无公害农产品环境标准。

（2）严格把关水稻生产环节质量。在生产过程中制订无公害生产操作规范，全过程禁止使用除草剂和化学农药，病虫害防治以生物防治和物理防治为主，肥料全部使用有机肥。

（3）严格把关水稻加工环节质量。水稻收割烘干后统一存放至冷库，以保持最佳含水率和出米率。大米加工设备做好清洁消毒，加工过程实行一次碾压一次抛光，最大限度保留大米营养成分。加工后的大米采用真空密封包装，延长大米保质期。

4.精准靶向营销，打造绿色品牌

（1）找准市场定位。合作社产出的大米经农业部稻米质量检验中心检测无重金属和农残超标，且煮熟后大米绵软香甜，因而将产品定位在中高端市场。

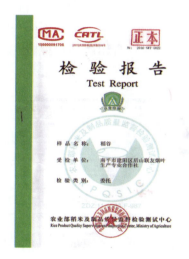

（2）加大营销力度。一是做好产品宣传，利用当地媒介、烟草卷烟销售网络和微信平台进行宣传，扩大生态大米的知名度。二是利用当地农产品展销会进行展示推介，让消费者免费品尝生态米。三是合作社组织在卷烟零售店、海晟连锁店铺货上柜销售。生态米销售总体呈现供不应求的局面。

【主要成效】

1.烟农实现增收

（1）降低烟农种植成本实现增收。实行"管理在社，种植在户"的生产模式，由合作社免费提供种子（市场价96元/亩）和生物农药（百僵菌，市场价16元/亩）；此外每户烟农还能享受240元/亩的肥料补贴，自身只需花费100元/亩

的肥料成本，亩均种植成本较烟农自种可减少126元。

表43-1　不同种植主体成本、产值对比情况表

种植主体	种植成本（元/亩）						收割成本（元/亩）	烘干成本（元/亩）	成本合计（元/亩）	产量（斤/亩）	单价（元/斤）	亩产值（元）
	种子	肥料	农药	田租	用工	小计						
入社烟农	0	100	0	300	420	820	110	108	1 038	878	1.5	1 317
普通烟农	80	93	53	300	420	946	110	108	1 164	1 100	1.5	1 650

（2）烟农享受合作社利润返还实现增收。合作社绿色生态烟后稻平均产值达2 853.5元/亩。扣除合作社种植、收购和包装运输等成本2 217元/亩，合作社实现利润621.5元/亩。利润按照60%返还烟农，平均返还372.9元/亩。入社烟农平均利润达到651.9元/亩，与普通烟农的平均利润486元/亩相比，实现增收165.9元/亩。合作社25户种植生态水稻的烟农户均增收1 990.8元。

表43-2　合作社成本、产值情况表

种植补贴（元/亩）			稻谷收购成本（元/亩）	包装运输成本（元/亩）		成本合计	大米产量（斤/亩）	售价（元/斤）	亩产值（元）	利润（元/亩）
种子	肥料	农药		包装	运输					
96	240	16	1 317	463	100	2 232	570.7	5	2 853.5	621.5

2.合作社实现增效　发展绿色生态水稻，使烟农合作社在提供烟叶生产专业化服务之外，找到了多元发展的新路子和新的收入增长点。随着品牌知名度的扩大，大米的市场订单越来越多，品牌建设初显成效。2016年，合作社试点种植300亩绿色生态烟后稻，收获大米17.121万斤，按5元/斤的价格销售，销售收入85.605万元。除去各项成本，合作社实现利润19.095万元。扣除返还烟农11.187万元，合作社实际实现利润7.908万元。

【主要经验】

1.**坚持绿色生态的发展方向**　始终坚持绿色发展的理念，充分发挥生态优势，并且把生态优势转化为发展优势。引入烟叶生产GAP管理、绿色防控等好的做法，助推多元产业发展。建立以质量为中心的管理体系，完善设计、生产、加工、销售等环节的质量控制，并建立质量追溯体系，保证产品质量。

2.**坚持"管理在社、种植在户"的组织模式**　以烟农合作社为主体发展多种经营，实行"合作社+烟农"的生产组织形式，实现合作社的二次转型。充分发挥烟农合作社的帮扶作用和桥梁纽带作用，切实解决烟农的实际困难，助力精准扶贫。

3.**探索出一条烟农增收的新路子**　以合作社为主体组织烟农按绿色生态水稻标准进行

标准化生产，合作社统一加工包装销售，所得利润再返还烟农。找到了一条集种植服务、生产加工、多元销售为一体的烟后稻产业发展模式，为今后在全南平辐射示范推广提供了标准模式。

【综合点评】

该案例从南平烟区实际出发，充分利用产业轮作制度优势，充分发挥水稻产区的生态、技术、基础优势，以合作社为纽带有效连接烟农，以标准种植、产品加工和市场销售为主线，实现了烟农增收、合作社增效，示范引领作用显著。今后要进一步按规划进行品牌培育，扩大示范规模，进一步推动烟农增收。

（联系人：邓佳伟，联系电话：15959757378）

案例44

湖南永州新田富硒烟稻轮作

【项目背景】

背景一：国家级贫困县，脱贫攻坚任务重。湖南省新田县多山地丘陵，山不成脉、水不成系。2015年全县贫困户27 605户，其中贫困烟农526户。

背景二：土壤硒资源丰富，特色农业开发潜力大。境内土壤硒元素0.2毫克/公斤以上土壤面积达998千米^2，占全县总面积的97.6%，被誉名"中国天然富硒农产品之乡"。

背景三：农业产业化龙头企业兴起，为烟农增收带来了商机。新田县原下岗职工邓小菊女士2007年成立恒丰粮油有限公司，凭借当地的富硒优势逐步兴起，2015年被评为"全国富硒明星企业"，2016年被湖南省农业委员会认定为"农业产业化省级龙头企业"。该公司生产的富硒大米畅销省内和广东、广西、江苏、浙江、上海、北京等地。

背景四：烟田基础设施和水源性项目建设为烟农增收奠定了基础。自2005年来，国家烟草专卖局践行中央"以工哺农、以城带乡"的方针和建设社会主义新农村的战略决策，大力开展烟叶基础设施建设。新田县累计投入建设资金3.2亿元，配套建设了12万亩基本烟田。国家局援建新田县金陵水库水源连通工程，援建资金1.19亿元，项目以两江口、金陵两座中型水库为水源，新建、整修干渠119千米，连通干渠沿线山塘、水库，形成集灌溉、引蓄水一体的"长藤结瓜"水利网络，现已竣工发挥效益，解决了新田、桂阳县7.7万亩农田灌溉问题，为烟—稻轮作奠定了基础。

【主要做法】

湖南新田县烟草分公司因地制宜，充分利用烟草援建水源性项目和基本烟田基础设施项目建设成果，深入挖掘地方"原生态富硒食品基地县"潜力，联姻新田县恒丰粮油有限公司，以烟农为主体，以烟农合作社为平台，共建烟—稻轮作基地，形成"烟草＋合作社＋烟农＋龙头企业"生产经营模式，做强做优富硒大米品牌，促进烟农收入增加和脱贫致富。

1. 开好一场联姻会　新田县分公司积极向县委政府汇报，形成了"稳定主业不减收、拓展辅业助增收"的一致意见。2015年2月，由县烟办牵头，本着互惠互利宗旨，召集县烟草分公司、龙丰、千山、永益烟农合作社理事长、恒丰粮油有限公司理事长和12名烟农代表，就烟粮联姻兴办富硒烟—稻轮作基地促进烟农增收进行了座谈协商，达成"烟草引导扶持、恒丰粮油加工销售、合作社组织服务、烟农主体实施"基地共建决议。

2. 绘制一幅增收图　联姻会后，县烟草分公司、恒丰粮油公司、合作社三方编制了《新田县烟粮联姻共建烟—稻轮作基地规划》。基地规模在2015年1 000亩的基础上，2016年实施1.2万亩，到2020年达到4万亩；烟农户均种稻规模从2016年的12亩，到2020年达到20亩左右；烟农户均种稻收入从2016年的1.8万元，到2020年达到3万元左右。2018年实现全县烟农全面脱贫。

3.**签订一份购销单**　烟农合作社根据烟农土地资源状况，统筹安排，代表烟农与恒丰粮油有限公司签订《富硒二季稻生产与购销协议》，烟农实行订单生产。

4.**共建一片黄金地**　县烟草分公司负责基地土壤保育和设施完善，一季烤烟实行病虫害绿色防控，增施有机肥，减少无机肥和化学农药的使用；恒丰粮油公司负责提供优质稻种，配套基地诱蛾灯等物理防治设施，进行生产技术跟踪指导；烟农合作补负责播种、机耕、抛秧、施肥、植保、收割、初加工等环节专业化服务和连片土地流转、劳务输出等服务；烟农严格按照有机稻标准化生产技术生产。

5.**牢筑一张服务台**　扶持烟农合作社加强服务烟农和自身发展两个能力建设，在烟粮共建基地中发挥好"组织、服务、劳务输出及土地流转"四个平台作用。

【主要成效】

1.**经济效益**　2016年新田县烟粮联办烟—稻轮作基地1.2万亩，覆盖田家、新圩、石羊3个基地单元、39个行政村、777户烟农。

（1）成本对照。非烟田与普通烟田种植二季稻比较：非烟田施肥、植保成本265.5元/亩左右，烟田109元/亩左右，烟田种植二季稻在施肥、植保环节可降低成本156.5元/亩左右（表44-1）。

表44-1　非烟田与普通烟田施肥、植保成本比较

| 项目 | 施　肥 | | | | | 植　保 | | |
| | 肥料用量（公斤） | | | 施肥次数（次） | 每亩次施肥人工成本（元/亩次） | 购药成本（元） | 施药次数（次） | 施肥人工成本（元/亩次） |
	复合肥	氮肥	钾肥					
非烟田	40	20	7.5	2~3	15	30	3~4	8
烟　田	20	10	0	1	15	10	1	8

普通烟田与联姻基地烟田种植二季稻比较：基地烟田由恒丰粮油免费提供稻种补贴150元/亩，补贴人工除草费用50元/亩（禁止使用除草剂），生产前预付定购金200元/亩。联姻基地成本比普通烟田节约成本156元/亩（表44-2）。

表44-2　基地烟田与普通烟田成本比较

| 项目 | 种子补贴 | | | 肥料（自买） | | | | 人工除草补贴（元/亩） | 预付定金（元/亩） | 售价（元/公斤） |
	用量（公斤/亩）	单价（元/公斤）	补贴（元/亩）	种类	用量（公斤/亩）	单价（元/公斤）	金额（元/亩）			
普通烟田	1.5	100	0	复混肥	30	2.2	66	0	0	3.0
基地烟田	3	50	150	有机肥	50	2	100	50	200	3.3

(2) 产量对照。非烟田二季稻产量约450公斤/亩，普通烟田和联姻基地烟田二季稻产量约550公斤/亩。

(3) 价格对照。联姻基地稻售价3.3元/公斤、普通烟田稻3元/公斤、非烟田稻2.72元/公斤。

(4) 产值对照。联姻基地稻产值1 715元/亩，普通烟田稻1 650元/亩，非烟田稻1 224元/亩。基地烟田要比普通烟田平均增收259元/亩，比非烟田增收803.5元/亩（表44-3）。

表44-3　基地烟田、普通烟田及非烟田亩均产值比较

项目	产值（元）	同环节不同成本与补贴比较（元）						
		肥料成本	施肥人工成本	农药成本	施药用工成本	种子补贴	除草人工补贴	收支小计
非烟田	1 224	−170	−37.5	−30	−28	0	0	−265.5
普通烟田	1 650	−76	−15	−10	−8	0	0	−109
基地烟田	1 715	−100	−15	0	0	150	50	85

综上对照：2016年全县联姻基地1.2万亩，与普通烟田二季稻相比，可增收310.8万元，户均增收4 000元；与非烟田比较，可增收964.2万元，户均增收1.24万元。同时，经烟—稻轮作田块种植烤烟，病虫害危害少，烟叶质量、产量相对非烟—稻轮作田块高，平均售烟收入提高280元/亩左右。

2. 社会效益　2015年，新田县农村居民人均可支配收入6 971元，其中烟农人均可支配收入25 482元；2016年，新田县农村居民人均可支配收入7 661元，脱贫5 299户，其中烟农人均可支配收入26 138元，脱贫210户。同时，基本烟田基础设施建设、金陵水库水源连通工程建设与新农村建设有机结合，烟区生产、生活条件得到改善；烟—稻轮作组织模式的转型升级，为现代大农业建设做出较好示范；基地共建方便了农村劳动力就近务工，人人有事做，户户有钱赚，民风和社会治安明显好转。

3. 生态效益　烟粮联姻兴办基地，较好地解决了农田荒芜问题，改善了土壤理化性状，调节了土壤肥力，降低了病虫害风险，有利于土壤保育；烟草和粮油倡导绿色发展理念，实行病虫害生物物理防治，有利于提高烟、粮安全性，有利于彰显特色品质，提升品牌附加值。

【主要经验】

1. 烟粮联姻，土地有效流转是关键　烟粮联姻生产有机稻，需要严格按照技术规程作业，统一实施生物物理防治病虫害；需要合作社提供各环节专业化服务，提高机械化作业覆盖面，降低生产成本，因此，流转土地必须做到连片程度高、流转周期长、土地租金相对稳定。

2. 规模生产，稻谷烘干初加工是瓶颈　永州气象资料显示，10月份是二季稻收割季节，降雨和阴天天数20天左右，不利于稻谷晒干，需要借助烘干机烘干稻谷。目前烘干机及运行成本较高，一般烟农尚不能接受。下一步，由烟农合作社牵头实施，就近改造集群烤房

和烘烤工场，利用密集烤房和编烟棚烘干稻谷，降低生产风险和烘干成本。

3. 烟农增收，培育烟农职业化是方向　目前，县内烟农年龄结构偏大、文化程度偏低，50岁以上比例达37%，高中文化程度比例仅占13%，相当部分烟农仍停留在小农意识中，绿色发展、履约观念淡薄，标准化、组织化程度较低，联姻企业风险较高。下一步，我们将丰富职业烟农培育内涵，引导辅业逐步向职业化并轨。

【综合点评】

永州是世界稻作农业之源。新田县秉承国家烟草专卖局援建金陵水库水源连通工程建设成果，发挥富硒土壤资源优势，做大做强做优富硒大米品牌，不仅促进了烟农收入持续增长，也加快了烟区脱贫攻坚步伐，解决了农田荒芜历史问题，而且"烟草＋合作社＋烟农＋龙头企业"生产经营模式为现代农业发展提供了新引擎。正如原湖南省委书记周强调研新田县龙丰烟农合作社时强调的："现代烟草农业在现代农业中起到了示范作用"。

（联系人：唐专明，联系电话：0746—8410631）

案例 45

山东莱芜钢城轮作种植丹参

【项目背景】

烤烟种植作为莱芜市东、北部山区富农兴镇的支柱产业,在农村产业结构调整中发挥了重要作用,但由于区域集中、常年连作,部分烟田出现土壤理化性状恶化、病原菌累积的现象,导致部分地块大面积发生病害、减产情况,影响了烟叶质量和收益。要改良烟田土壤,必须推行轮作,落实土壤保育技术措施。与红薯、花生等作物相比,种烟效益较高,并受土地资源限制,大部分烟农不重视烟田轮作。同时,烟叶生产规模不断调控,部分烟田需要改种其他作物,尤其对土地流转的种烟大户,压力更大。如何稳定烟农队伍,引导烟农开展有序轮作,增加土地轮作期产值,成为当前亟待解决的问题。

【发展思路】

2015年年底,莱芜市烟草专卖局(公司)组织山东中医药大学、济南三源药业有限公司、莱芜市农业局及烟农合作社有关负责同志参加莱芜烟区农业产业结构调整研讨会。会上分析了当地气候、地理条件及烤烟种植情况,研究了中草药的生产周期是否与烤烟冲突、中草药施肥及经济收入情况。会议决定,立足烟区配套完善的基本烟田,依托两个综合服务型烟农合作社,与济南三源药业合作,通过开展烤烟—丹参轮作模式研究,引进效益较高、市场稳定的紫花丹参,在改良土壤、降低病害的同时,提高烟叶及中草药质量,为农业产业结构优化调整找到新的发展思路,达到改良土壤、提高烟叶质量、增加烟农收益、资源高效利用的目的。

【主要做法】

一是加强组织领导。成立莱芜烟区农业产业结构调整项目推进工作领导小组,研究部署和指导莱芜烟区农业产业结构调整各项工作。

二是开展项目研究。山东中医药大学、莱芜烟草公司联合开展"山区丘陵地带农业产业结构调整"课题研究。2016年重点解决丹参种植项目论证分析,完善丘陵山地种植、水肥控制等技术,完成轮作地块与传统模式下的效益对比,用经济示范效益带动区域扩展。2017年在丹参种植区域种植烤烟,对其土壤化验结果、病虫害发生情况、烟叶品质以及经济效益,与传统方式栽培的烤烟进行对比分析;在基础设施相对配套、区域集中的农场大户、植烟村中实行轮作推广,固化丹参种植品种、水肥、栽培等相关技术标准,初步实现区域规模效益。

三是轮作种植丹参。按照先行试点、逐年递增、示范推广的原则，2016年，钢城片区烟农合作社理事长及部分烟农先行轮作试点种植丹参800多亩。签订三方协议。烟草公司、药材公司、烟农签订三方协议，明确各自责任、义务，明确烟农所产的丹参实行收购价格保底机制。加强技术指导。药材种植在当地有一定的历史，但都是农户自行松散种植，缺乏统一管理和技术指导。为此，药材公司配备了专业技术人员，负责对丹参的田间管理进行技术培训和现场指导。执行机械采收。传统丹参采收费时费力，且人工费用较高。合作社采购4台丹参采收机，配合大马力4驱拖拉机，实现了丹参采收的轻松高效。改良晾晒方式。采收后的丹参传统做法是自然晾晒，所需时间较长，且品相及丹参酮含量下降，如遇突发恶劣天气极易冻伤，失去药用价值。为此，合作社将带有温控设备的烟叶烤房进行简单改造，铺装5层竹苔板，将鲜丹参放在苔板上烘烤，温度控制在52℃以下，丹参晾晒不再受地域及天气限制，经过烘烤的丹参品相发红，丹参酮含量不流失，更具市场竞争力。

四是实施土壤跟踪监测。对目前已开展轮作的烟田和连年种植烤烟的烟田进行取土化验。对项目开展后，当年种植作物及下年轮作作物再进行取土化验，掌握土壤成分变化情况。取样中注重地点前后一样，做到取样地点标记清楚。建立轮作区域土地台账，从种植作物、土壤成分、产量、收益等方面，详细记录轮作前后变化情况。资料归档规范完整。

【主要成效】

2016年，莱芜钢城望富合作社种植丹参800亩，收获206吨，由山东省药材有限公司全部包收。初步的尝试让合作社的烟农尝到了甜头，烟农的积极性提高。丹参不易得病，种植管理较烤烟田间管理简单，人工成本低，山坡地的采收问题解决后，比其他农作物的经济回报率要高。望富合作社丹参亩产500斤，平均收益2 832元/亩，平均纯收入达到1 300元/亩左右，比花生平均收入高750元/亩。在社会效益方面，通过轮作改良土壤结构、调整土壤肥力状况、次年种植烤烟，可减少施肥5公斤，节省20元；降低病虫害发生，减少农药的使用次数1次，降低植保用工0.5个，节省35元；减少化学农药和化学肥料的使用，减少环境污染，达到较好的生态效益。2017年，合作社积极与第三方企业协调沟通，提前规划种植土地，除丹参种植达到1 500亩外，又增加了桔梗、黄芩等中草药的种植。

【主要经验】

烤烟与丹参等中草药轮作种植，充分体现了资源整合、创新发展的思路，拓宽了烟农增收渠道。一是引入第三方企业，实施保底价收购，解决了丹参销售问题；同时，借助学研单位力量，设立种植基地，积极引进新技术、新品质，增加了丹参产量和质量。二是多方式降低种植成本，针对丹参种植收获比较费工的环节，借助合作社力量，开展课题攻关，引入收购机械，解决了烤房烘烤丹参等技术问题。三是资源合理配置利用。烟叶交售完成期在10月底，丹参采收期一般在11月底开始，烟农的时间和精力不冲突，合作社机械也得到充分利用。同时，烟草行业补贴建设的烟水配套工程、硬化路等惠农设施，也为丹参规模化发展提供了便利。

【综合点评】

　　紫花丹参与烤烟种植条件比较接近，产量稳定，效益较高，与烤烟轮作完全可行，并且由药材公司订单收购，发展潜力巨大。莱芜烟区通过引进效益较高、市场稳定的紫花丹参，开展烤烟—丹参轮作模式研究，在改良土壤、降低病害的同时，提高了烟叶及中草药质量，进一步增加了烟农收益，对推进莱芜农业结构调整、拓宽烟农增收途径、促进种养业协调发展具有重要意义。

（联系人：李秀建，联系电话：13563400075）

案例46

山东日照莒县烟菊轮作

【项目背景】

莒县寨里河镇是一个农业镇，传统种植的经济作物以烤烟、花生、红薯为主。除烤烟收益较为可观外，其他作物经济优势逐渐萎缩。为促农增收，寨里河镇自2013年起通过置换、土地流转等形式，规划出3个土壤结构、灌溉较为理想千亩大片，通过种植烟叶，促进了烟农增收、政府税收增加。烟田种植轮作之初，只是种植了当地比较熟悉的传统经济作物花生、红薯等，由于受国家宏观调控和市场约束，亩收益只有300元左右。传统农作物效益较低，导致烟田轮作效益差，烟农增收受到制约。因此，调整优化产业结构、调动烟农积极性、促农增收势在必行。为实现"烟草主业稳收，经济副业助农增收"的总目标，自2015年起，莒县寨里河政府与莒县宏亮烟农服务专业合作社通过市场调查、外出参观学习等方式进行科学的考察论证，最终选择药用价值较高、观光旅游潜力大的杭白菊为轮作作物。

1. **资源优势** 莒县寨里河镇领导班子团结，有较强的组织协调能力。莒县寨里河镇土地流转力度大，有充足的基本烟田，可供轮作，且土地适宜，在轮作烟田种植菊花促农增收方面具有得天独厚的优势；驻地烟农专业合作社有较强的管理队伍，组织、协调能力强，不甘于墨守成规，接受能力和挑战能力强。

2. **项目优势** 杭白菊具有散风清热、清肝明目、解毒消炎、延年益寿等作用，即可热饮，也可入药。以菊花为主配方的饮品也开始流行。杭白菊可谓老少皆宜、市场潜力大、发展前景广阔。2015年在轮作烟田种植、烘干杭白菊，经济效益好、市场效益较高，达到了经济副业助农增收的预期目标。

3. **制约因素** 一是采摘期集中，用工成本较高。菊花销售价格受采摘时间限制，采摘时间越早价格越高，胎菊价格5元/公斤，花菊3元/公斤。集中采摘人工成本费用较高，每亩需投入1 000元左右的人工费。二是烟农种植风险大。种植菊花在莒县为新鲜事物，烟农技术缺乏，无销售渠道，烟农种植效益难以保证。

4. **探索突破** 为促进烟农增收，镇政府与茶商签订菊花种植收购协议，由收购方负责技术指导、制定保护价，订单收购，解决了烟农无技术、无销售渠道的难题。2015年尝试性利用轮作烟田种植菊花200亩，当年实现盈余18万元。

【发展思路】

1. **指导思想** 为促进农民增产增收，充分利用烟区土地资源、气候资源、劳力资源和作物生长自然时差，大力发展轮作烟田种植杭白菊，闯出了一条劳力错峰、粮经轮作、土肥并用、协调发展的促农增收新路子，使非烟经济作物种植与烤烟生产平稳衔接，在烤烟生产的基础上确保烟农能稳步增收。

2. 发展定位 打造"烟菊"合理轮作助农增收新模式，打造寨里河"杭白菊茶"保健品品牌。

3. 实施步骤 2016年寨里河镇政府组织驻地烟农专业合作社与茶商签订种植订单生产协议，明确职责、权限，将具备种植条件的1 500亩轮作烟田进行有效利用。镇政府制定了三年规划：2015年小面积试种引进，2016年示范推广带动，2017年扩大面积形成菊花扶贫产业基地。

4. 预期目标 轮作烟田收益700～1 000元/亩，比普通农作物增收500～700元/亩。2017年种植3 000亩，实现轮作烟田全部有效利用；实现烟农收入225万元，打造菊花种植增收扶贫产业基地。

【主要做法】

1. 加强组织保障 为切实做好杭白菊种植推广工作，寨里河镇政府，一是成立了由分管农业的副镇长任组长、农技站长任副组长、涉农相关单位领导为成员的项目协调领导小组，并在烟站设立领导小组办公室，具体负责项目规划、组织协调、督促检查等工作；二是成立由镇农技站长任组长、合作社社长、经理为成员的技术指导组，具体负责全程技术指导服务工作。各植烟村按要求签订目标责任书并参照成立相应的工作机构，形成层层抓落实的良好工作格局，为项目的顺利实施提供了必要的组织领导保障。

2. 运行机制 镇政府组织驻地烟农专业合作社与茶商签订种植订单生产协议，规定收购保护价，由茶商负责技术指导，明确职责、权限，解决了种植非烟经济作物的技术、管理及销路问题，规避经营风险。

3. 工作措施 一是政府提供轮作土地。种植2年以上的片区烟田由政府引导烟农种植菊花。二是签订订单生产协议。规定收购保护价，鲜菊花每公斤收购保护价不低于2元，并明确双方的职责和应承担的责任。茶商负责种植技术指导，通过签订种植收购协议，充分保障双方的利益。三是制定技术规程。寨里河镇政府在菊花种植生产中，通过对种植区域、时间、品种、密度等方面进行试验和示范，制定了《寨里河杭白菊栽培技术规程》，并于2016年颁布实施。在项目实施中，组织农户热情度高、种植面积大、科技示范带动能力强、土壤水源条件好的区域作为示范片区，重点打造杭白菊高产示范样板，做到规格统一、播种时间统一、管理要领统一，实现了杭白菊种植技术标准化、管理规范化、布局规模化、效益最大化。四是加强培训，技术服务到位。在菊花生产的各个关键时期，乡镇各级农业科技部门采取集中培训、田间指导、送资料上门等行之有效的方法，对示范片区干部群众进行技术培训和现场指导，做到每个片区都有专家负责联系指导、每一户种植户都有一个科技"明白人"。乡镇技术指导员还制定了分户技术指导方案，及时帮助解决农户在生产中遇到的各种实际问题，大大提高了农民的科技意识和种植管理水平。

【主要成效】

1. 经济效益明显　2016年全镇种植菊花1 500亩，实现总产50.6万公斤，实现总收益405万元。平均产鲜菊花900公斤/亩，鲜菊花收购价格3元/公斤，烟农收入2 700元/亩，成本1 950元/亩（材料费700元，其中菊花苗395元/亩、肥料305元/亩；人工费1 200元，其中移栽150元、起垄除草95元、采摘1 005元），收益750元/亩，为烟农增收112.5万元，实现了烟农增收及镇政府扶贫产业双赢的局面。

2. 社会效益明显　一是有效化解了农业结构调整不到位的瓶颈，对促进农业增产增收、维护农村社会稳定具有十分重要的意义；二是有效化解了烟轮作物收入此增彼减、此赢彼亏的矛盾，为烟轮双赢、协调发展找到了新的途径和支点；三是有效利用光、热、水、土资源，为农业技术的组装应用和复种指数的大幅提高创造了新的条件；四是有效解决了农村剩余劳动力转移困难的问题，为延伸农业产业链、实现农民工就地就近就业提供了新的机遇。

3. 生态效益明显　由于烤烟施肥量高、残留量大，实施烟菊轮作，一是可充分吸收烟田剩余肥料，改善土壤结构，促进土壤养分的再平衡；二是可清除土壤中的有毒生物，降低土传病虫害的发生；三是可利用作物共生关系，进行抢墒播种，使有限的光热水土资源得到充分利用；四是通过组装集成高效农艺措施，提高了化肥、农药的使用效率，减少了化肥农药残留，保护了烟田的生态环境；五是"烤烟—菊花"轮作栽培模式，大大降解了土壤农残，实现了低碳循环。

4. 构建了烟菊共存、订单生产的农商运行新模式　通过轮作烟田种植菊花、与茶商建立订单生产模式，既保证了烟农收入，又增加了农村剩余劳动力的就业机会，为农村农业发展创出了一条新路子。

【主要经验】

烟菊轮作成功关键因素：一是产业的发展离不开当地党委政府的主导作用，积极争取当地政府的支持是关键；二是政府对土地的把控能力要强，才能有效控制轮作作物，促进烟农增收；三是实行订单生产，规定收购保护价，有效保障了烟农利益。

【综合点评】

菊花种植是近两年兴起的一项产业。菊花的生长周期为6月份。种植菊花有效解决了轮作烟田无高效轮作经济作物的难题。莒县属典型的季风区半湿润大陆性气候，无霜期长，5～8月生长期雨量充沛，9～10月采摘期降雨量小、光照充足，气温适宜，具备菊花良好种植条件。寨里河镇2年试种菊花就取得相当好的经济效益，对带动当地烟农增收提供了很好的借鉴。

（联系人：陈晓雷，联系电话：13561978153）

案例47

河南漯河开展烟薯轮作种植及产业化加工经营

【项目背景】

漯河城区烤烟种植历史悠久，烟叶种植经验技术丰富。自2005年以来，随着现代烟草农业建设的快速推进，烟农通过发展适度规模种植，烟农种烟收益稳步增加。在当前烟叶生产"守红线、不超收、优结构"的政策形势下，一方面烟叶收购价格已接近天花板，另一方面烟叶生产投入每亩已突破3 000元（包括土地流转、雇工和烘烤费用），且有连年攀升趋势，烟农增收再单单从产量和质量要效益已很难实现。而烟田轮作红薯，可以较好实现烟田茬口调整，提高烟叶质量，增加种植效益。同时我区种植红薯具有得天独厚的天然优势：一是当地具有红薯种植和加工的传统习惯和经验；二是随着人们更加注重生活品质，红薯及制品市场前景广阔；三是随着近年来小麦、玉米等大宗农产品价格下降，种植红薯价格比较优势进一步凸显。自2014年开始，漯河城区在狠抓烟叶质量提升的同时，把"优质适产、综合利用、减工降本"作为烟叶生产、烟区持续稳定的第一要务，全方位、广角度深挖资源优势，依托合作社建设，开展了以烟为主、烟薯轮作，发展产业化红薯种植和薯产品加工品牌产业化经营的有益探索，取得了阶段性经验和实效。

在项目遴选过程中，漯河先后尝试出租闲置期大棚、利用大棚种植蔬菜、利用烘烤工场种植香菇等，但都以失败而告终。通过发挥合作社规模化、集约化优势，对烟田轮作期间的基本烟田进行统一规划，发展与烟配套的红薯种植加工，组织生产加工、开发市场，实现了参与合作者利益均沾，获得了多赢。经过4年探索，这条路径比较符合行业需要和当地实际。

【发展思路】

国家烟草专卖局副局长杨培森在2016年全国电视电话会议上强调：随着烟叶生产总量下降，烟草行业面临烟农增收和自身转型发展问题，这个问题解决不好，就会加大烟叶调控难度，就会影响烟叶生产可持续发展。在促农增收上，我们将烟区"以烟为主，综合增收"作为发展定位，依托具备产业化经营能力的"七月花"省级烟农示范社进行实施，通过公司引导、合作社组织生产，开展服务，拓宽销售渠道。在实施过程，按照"烟田分类数据统计、下发通知意愿上报、采购配发管理在户、合作社统一收购产品加工、品牌经营"五个步骤实施。预期目标是，按照符合城区"三年烟两年薯"的轮作制度，年均轮作红薯面积5 000亩以上，保证更加科学地调整休养烟田，同时使烟农轮作期间红薯种植收益相比普通大宗作物每亩增收300元以上。

【主要做法】

把围绕优质烟生产、探索涉烟产业综合开发作为工作主线，规范烟叶种植轮作制度，优化掉连作三年以上的烟田，引导七月花合作社统一组织种植红薯、统一技术指导。统一收购后，由公司引导七月花合作社产业化储存加工和市场化经营运作。

步骤一：烟田分类数据统计。烟草公司按照烟叶生产技术规范要求，对已连续种植三年需轮作的三类烟田进行统计，确定进行轮作种植红薯的烟田面积和区域。

步骤二：引导烟农开展地块轮作。通过开展意愿上报，下发意愿通知书，烟站对持有三类烟田的农户下发调整地块的通知，宣传轮作的必要性和下季种植红薯对烟田的益处，同时宣传七月花合作社为烟农种植红薯推出的服务项目内容和合作报名办法。

步骤三：采购配发管理在户。愿意轮作种植红薯的烟农和七月花合作社签订服务合同，合同约定：七月花合作社垫付资金，统一向烟农提供优质红薯商品苗，统一技术指导，并提供成本价机耕起垄，在红薯收获时按照高于市场平均价0.1元的价格回收达到商品规格的红薯。同时扣除苗款和机耕费；农户自己销售红薯的补交苗款和机耕费；农户也可带自己的红薯来委托七月花加工淀粉和粉条，按重量支付加工费。

步骤四：统一收购、产业加工。七月花合作社组织成员投资200余万元，建设了包括薯产品加工生产线和冷冻冷藏库房配套设施的工厂化设备，组织起具有丰富经验的红薯加工技术人员对收到的红薯进行淀粉和粉条加工。

步骤五：开展品牌经营。一是通过挑拣，对品相好的进行装袋贮存，待春节前价格高时上市销售；二是加工成粉条，注册商标，与超市合作销售。七月合作社按照烟农专业合作社规定，以服务烟农、稳定烟区建设为中心任务，以实现减工增效、烟农增收为目标，开展"种植在户、服务在社"的运行机制。

在收益分配上，坚持遵循综合服务型烟农专业合作社的管理制度和发展模式，采取把开展的涉烟环节专业服务和多种经营红薯加工等项目分类管理：专业化服务利润进行合作社社员盈余分配；红薯产业加工采取股份制形式，由合作社成员合作入股开展红薯产品产业化经营、投资和风险共担，合作社获得场地设施闲置期租赁费，不承担风险损失和盈利分红。

【主要成效】

项目始于2013年，起初七月花合作社所在乡镇部分农户只有500亩轮作规模。2014年七月花合作社在薯产品加工先进地区考察后，购进了单班加工生产量100吨的淀粉生产线一套；改造烤房40座，可储存鲜薯200吨；建设厂库2 000米²。设备投入运行后，年度需具有5 000亩红薯产品支撑生产线投料运行，产业服务覆盖漯河城区合作社所辖基地单元内的当年轮作烟田。合作社提供场地租赁给红薯加工项目部门，由项目出资人组成管理团队，共投入资金200万元启动该项目运行。当年签订服务合同2 600亩，收购商品薯6 200余吨。

1.合作社产出效益明显　红薯销售收入。精选后的200吨红薯经过包装储存，春节上市，价格翻倍，单项实现利润12万元。加工淀粉收入。加工淀粉1 500吨，红薯收购价为0.9元/公斤，推广种植的高淀粉红薯4公斤可加工1公斤淀粉，人工费和其他开支：淀粉成本价4.6元/公斤，初粉销售1 450吨，每吨5 500元，单项实现利润130万元。深加工收入。

淀粉深加工50吨，生产红薯粉条45吨，经注册商标，包装后每公斤出厂价14元，单项实现利润33万元。

2. 市场拓展有突破　按照工厂化生产、市场化经营运作模式，在商业合作中先后与双汇集团和众益达两家当地知名上市食品生产企业签订了原料供货协议，借助成熟的市场平台面向全国进行销售。通过两年的运行，项目已收回成本并产生效益，呈现出良好开局。下一步，七月花合作社将开始采用电商模式，通过互联网进行产品销售。

3. 烟农增收有保障　烟农在没有进行红薯种植时，一般都是种植小麦和玉米，由于近年粮食价格低迷，在风调雨顺年景最好收益也不足200元/亩，由于土地流转中烟农租地较难，非烟期间即使没有收益也不愿退租。加入合作社种植红薯后，每亩良种红薯可产2 000公斤以上商品薯，交售七月花后可实现亩产值1 800元，减去地租1 000元、薯苗100元和人工肥料等150元，每亩净利润550元，每亩增收350元以上。同时科学的轮作模式实现了土壤保育，为两年后烟叶种植奠定了良好的基础。

4. 烟田土壤得到改良　当前的红薯种植从种到收已基本实现了机械化作业，烟农不需要投入太多人力，红薯属当年单季作物，在烟田接茬种植不需施入较多的化肥，间接或直接地对大农业和环保有着积极的贡献。

【主要经验】

一是要在主业带动上想办法。依靠烟叶这个主业，通过合作社龙头带动作用，增加农民收益，实现烟田科学轮作。二是要在产业选择上找出路。实事求是，大胆创新，选择当地烟农易接受、有市场、有效益的传统产业，拓宽渠道，形成优势。三是要在合作社引导上下功夫。合作社在组织管理方式和商业模式上既要突出规模效益，又要有担当付出，同时还要有收获回报。四是要在市场拓展上做文章。利用当地知名食品企业为平台，探索发展电商互联网销售模式。

在帮助和引导烟农、合作社开展增收项目时，始终把围绕"以烟为主、烟区发展"作为出发点和落脚点。要以合作社为平台，发挥好行业赋予它的责任和使命，选好方向，做好定位。同时也要实事求是，大胆创新，让合作社有收获回报，否则合作社的组织者和参与者不会去冒险尝试开拓市场，而将是待乳之婴，一旦断奶将会夭折。

【综合点评】

四年的实践证明，漯河城区依托当地生产传统开展的"烟薯轮作种植及产业化加工经营"项目在助农增收、烟田改良等方面成效显著，探索走出了一条传统烟区实现"以烟为主、多业并举"的发展路子，尤其是在引导烟农合作社服务烟农、转型发展等方面的经验值得关注和推广。建议一：随着合作社股本结构的变化以及红薯生产加工项目的发展，对于合作社的后期治理及受益分配等方面应给予关注，防止少数骨干成员控制合作社侵害普通成员利益的情况发生。建议二：在后期的项目实施过程中，应注意行业的角色定位，在引导保持"以烟为主"的同时，要防止对合作社及其成员正常生产经营的不当干预。

（联系人：梁洪涛，联系电话：13673958969）

案例48

四川凉山德昌烟蒜轮作

【项目背景】

德昌县位于凉山彝族自治州中南部，属亚热带高原季风为基带的立体气候，是发展"三高"农业、建设绿色食品基地的理想之地。全县下辖19个乡镇、137个行政村，幅员面积$2\,288.35$千米^2，宜烟面积42.35万亩，是"利群""双喜""黄山"等知名品牌核心原料的重要基地。

近年来，德昌烟区受连年种植烤烟、异常气候等因素影响，烤烟种植效益与其它经济作物比较日趋下降，对烤烟产业的可持续发展造成了较大影响。为实现烤烟生产与节本增效的协调发展，实行土壤轮作已成为德昌烤烟产业稳定发展的关键措施。大蒜是烤烟轮作中较好的前作，烤烟和大蒜虽分属不同的科属，但对土质的要求基本一致，且大蒜能吸收植烟土壤中过剩的"氮"和"硫"元素，其分泌的大蒜素，对烤烟的青枯和黑胫病菌具有一定的防治作用，可以有效减少烤烟田间施药量，提高烟叶的安全性。同时，与其他轮作作物相比，大蒜栽培简单易行，投入成本低，产值高，其生育期与烤烟的大田移栽期茬口时间上吻合，符合轮作的第一条原则。故通过在德昌烟区积极探索烟蒜轮作模式，提高单位土地面积的经济效益，实现烟农增产增收即是本课题的根本出发点。

【发展思路】

借助安宁河、茨达河流域特殊的气候、土壤条件，依托德昌县农科局与县烟草专卖局（分公司），在烤烟规模化、标准化生产及烟基建设配套齐全区域，实行统一技术、统一品种、统一种植时间和统一管理，积极探索科学划定德昌烟蒜循环种植模式适宜区，提升烟蒜循环种植效益，巩固烤烟主导产业地位，实现烟区烟农致富脱贫。

【主要做法】

为切实做好烟蒜轮作技术的探索推广工作，德昌采取"六强化"措施帮助烟农抓生产、促增收，保障"烟蒜循环种植"模式建设工作稳步推进。

1.强化组织领导 在德昌县烟蒜轮作大规模推广之初，为保障烟蒜轮作示范区建设工作顺利推进，德昌县委县政府高度重视，成立专项工作领导小组，及时召集安宁河、茨达河流域烟区乡镇负责人、村支部书记及部分农户代表召开德昌县首次烟蒜产业发展会议，并督促相关乡镇及时制定区域烟蒜产业发展规划，切实为农户增收创造条件。

2.强化烟基设施应用 利用安宁河、茨达河流域烟区"田成方、路相连、渠相通、旱能灌、涝能排"的便利基础设施,科学稳步推进烟蒜轮作模式的推广工作。自2012年以来,我县累计在安宁河、茨达河谷的平坝区宜烟宜蒜乡镇大力推广烟蒜轮作面积8.88万亩(其中2012年1.52万亩,2013年1.75万亩,2014年1.96万亩,2015年1.85万亩,2016年1.8万亩),占早蒜种植总面积的65.8%。

3.强化政策宣传 利用召开专题会、电视、网络、宣传单等媒体积极宣传烟蒜轮作技术、效益及相关政策,及时发布大蒜主导品种信息。2012—2016年连续5年累计召开乡镇、村社专题工作会150余次,发放宣传资料8 000余份,帮助烟蒜试种区烟农正确选择良种、及早做好大蒜种植前各项准备工作。

4.强化技术服务 面对烟农对大蒜种植经验不足的问题,德昌县主要从以下几个方面做好技术服务工作。一是先行试点,逐步推广。针对我县烤烟田块冬季闲置率高、大蒜种植技术水平低的问题,县农科局于2009—2011年率先在平坝区开展了300余亩烟蒜轮作的试验探索工作,通过探索,最终形成了一套技术齐全且易于掌握的"烟地套早蒜薹高产栽培技术要点",为全县大规模推广烟蒜轮作奠定了坚实的技术基础。二是强化培训,狠抓指导。德昌县党委政府对烟

蒜轮作工作实行统一技术、统一品种、统一种植时间、统一管理的模式,通过县农科局与县局(分公司)组织农业技术人员、烟技员深入基层一线,开展实用技术培训,实地指导烟农尽早完成土地翻耕前种子、化肥、农膜等农用物资的准备及塑料薄膜覆盖、机器打孔、科学移栽等田间管理工作。2012—2016年,全县累计举办烟蒜轮作实用技术培训300余次,指导烟农8 000人次,为烟蒜轮作工作的全面推行提供了坚实的技术保障。三是气象监测,保驾护航。依托农业、气象等部门提供的气候、病虫害预测数据,分月度向农户进行传达,指导烟农根据天气适时做好播种、田管工作,最大限度地降低损失。

5.加强示范引导 在烟蒜轮作技术推广过程中,德昌县党委政府积极通过土地转租和承包的方式,帮助龙头企业和大蒜种植能手在德昌建立烟蒜轮作示范区,全面推进烟蒜轮作新模式。自2012年以来,先后有河南大蒜种植能人在麻栗镇建立850亩大蒜种植基地;蔬菜藏业公司在德州镇建立1 750亩大蒜种植基地;阿月镇政府自主打造福隆村520亩烟蒜轮作示范区。示范点建设工作有力有序,成效显著。

6.加强品牌营销 为避免销路不畅的问题,德昌县委县政府利用网络、电视、微信等媒体,组织相关乡镇到部分省份的大型农产品批发市场开展大蒜品牌推介活动,提高德昌大蒜的知名度,为烟蒜轮作的持续推广提供了坚强的后勤保障。据统计,自2012年以来,已连续有兰州、西安、武汉、新疆、乌鲁木齐等地近百家商贩与德昌大蒜种植户签订了长期合作订购协议,有力地促进了德昌大蒜产业持续、稳定、健康发展。

【主要成效】

（1）建立一种新的烟草轮作制度，有效缓解了植烟土壤的茬口矛盾，为促农增收增加了新途径。蒜薹和蒜苗在3月基本收获结束，土地翻耕、起垄后正值4月烟叶移栽期，有效解决了粮烟争地的问题，提升了土地利用效率，促进了烟农增收。据县农科局统计，全县2016年实施烟蒜轮作面积1.8万亩，烟农收入1.93亿元以上，其中烤烟收入5 775万元以上（产值130～140公斤/亩，均价24.68元/公斤），大蒜收入1.35亿以上（蒜苗产值2 500～3 000公斤/亩，单价3.0～3.2元/公斤，如采蒜薹出售，蒜薹产值750～800公斤/亩，均价13～14元/公斤），在烟叶种植的基础上，实现烟农平均增收7 500元/亩以上，户均增收1.5万元以上。

（2）有效降低了来年烤烟大田生长期的病虫害发生率，降低了农药田间使用量，为烟叶的安全性提供了有力保障。从2016年阿月镇福隆村烟蒜轮作区的病虫害调查结果来看，烟蒜轮作模式对于防治和减轻烤烟的病害效果显著，其对烤烟病害的防治效果高达70.3%，烤烟发病率较非轮作区降低15个百分点，且烟草青枯病、黑胫病的防治效果较为明显；同时烟蒜轮作能适当降低烤烟的有虫株率、虫害种类和虫口密度，有利于烟株的正常生长发育和产量的提高。

（3）烟蒜轮作对烤烟的田间生长发育、产量、产值、上中等烟比例和品质起到了促进作用。据统计，2016年德昌县阿月镇福隆村烟蒜轮作区烤烟的田间长势、最大叶面积和整齐度都优于非轮作区，产量较非轮作区提升20～25公斤/亩、均价较非轮作区提升0.5元/斤，上等烟比例较非轮作区提升5.6个百分点，产值较非轮作区提升200元/亩左右。

（4）有效解决了土地利用率低和烟农劳动力过剩的问题。据统计，德昌县阿月镇福隆村有4个社872人，耕地面积1 580亩。在2012年以前常年外出务工人数185人，占总人口的21.22%，常年种烟面积430亩左右，占耕地总面积的27.22%。但自2012年烟蒜轮作区建设以来，福隆村种烟、烟蒜轮作面积逐年增加，外出务工人数也逐渐减少。截至2016年，福隆村外出务工人数52人，较2012年前同比下降71.89%；植烟面积770亩，土地植烟率较2012年前提升26.73个百分点；实行烟蒜轮作田块520亩，较2012年前增加近100%。土地利用率、产出率得到大幅提升。

（5）成功归纳总结了一套技术成熟易于推广操作的烟蒜轮作标准化生产体系。通过2012—2016年5年的不断探索实践，形成了一套较为成熟的烟蒜轮作技术操作规程。同时，德昌的烟蒜轮作适宜区得到了科学的规划，为烟蒜轮作持续推广打下了稳定的理论基础和发展基础。

【主要经验】

（1）烟蒜轮作模式并非适用于所有烟区。大蒜是一种喜欢冷凉，要有充足的光照，喜湿怕干作物，要求土壤必须疏松、富含有机质且保水排水性能好。

（2）不同的植烟田块的烟蒜轮作模式不固定。比如当年烟叶病害少的田块可采用"烤烟—大蒜—烤烟"轮作模式，而在病害有发展趋势的田块应在轮作环节配套其他作物，采用"烟—蒜—水稻—蒜—烟""烟—蒜—玉米—蒜—烟"轮作模式。

（3）烟蒜轮作田块种植烤烟需补充钾肥。由于大蒜对土壤中钾素吸收较多，应在烤烟生长中期追施适量的钾肥，更有利于优质烟的形成。

（4）从大蒜出苗至收获结束，控制大蒜田块的泡水次数在7～10次，可以有效降低大田期烟株土传类病害的发生率。

（5）烟蒜轮作比与其他作物轮作更能提高烤烟中上等烟的比率，更能提高单位面积土地的总体经济效益，是兼顾社会与经济效益的较好选择。

【综合点评】

德昌烟区通过5年时间对烟蒜轮作模式进行探索，有效解决了该地区烤烟前茬作物种类少和轮作效果不明显等突出问题，实现了烟区烟农增收、烤烟产业持续稳定发展，具有一定的推广价值。但大蒜价格受市场影响波动大，建议产区在轮作前加强大蒜市场调研，确保烟农增收稳定。

（联系人：拓阳阳，联系电话：13981580486）

案例49

云南保山昌宁利用烟秆搭架种植甜脆豌豆

【项目背景】

柯街镇位于昌宁西部要塞，距保山54千米，距昌宁28千米，云保线过境46千米，是昌宁对外的交通枢纽，位于两县6乡镇结合部。柯街蔬菜集运地能有效辐射周边的市场。柯街镇是国家级重点城镇。近年来，柯街镇在当地政府的坚强领导下，坚持调整思路，积极作为，以跨越发展为目标，激活力补短板，强实体控风险，经济保持中高速增长。主要耕作区域为东西两山，烤烟以山地种植为主；2016年，全镇实现烟叶生产总值3 026万元；均价27.51元/公斤，较上年增加0.35元/公斤；通过土地流转，提高单户种植面积，户均收入3.4万元，较上年增长44.21%。在烟农烤烟种植收入提高的前提下，结合柯街蔬菜集运地优势及本地区特色气候种植优势，引导烟农在烤烟采烤后利用烟秆搭架种植甜脆豌豆，提高小春土地利用率，进一步增加烟农非烟季节收入，保持种烟积极性。

【发展思路】

超前谋划、精心管理，通过烤烟专业合作社与果蔬专业合作社"社社联合"，以烤烟产业为基础，以烟地为依托，拓宽烟农收入来源，辐射带动烟农进行甜脆豌豆种植，实现了较冬闲田平均收入提高5 200元/亩、较小麦种植提高4 540元/亩，不断提高烟农烤烟种植热情。

【主要做法】

依据烟农自愿种植原则，委托果蔬专业合作社统一购买豆种、肥料、农药及其他生产物资（搭架线、剪刀、包装物），于每年10月上旬烟叶烘烤结束后，在原有的烟墩两侧开沟播种。由于烤烟种植配套肥料完全按照《保山烤烟综合标准》实施，烟地有部分残余肥效，且豆类作物本身具有固氮功能，故可不施或少施底肥。柯街烟区总体属半山河谷气候，播种后7～10天出苗，待豆苗长至10厘米左右结合中耕除草并进行提苗肥第一次追施，以氮钾肥为主；当豆苗生长至15厘米左右时，依托烟墩上已有的烟秆进行拉线搭架，依托烟田管网工程，根据天气情况，在干旱时进行补水作业，以喷灌效果最好，禁止长时间灌根；豆苗现花时进行第二次追肥，以复合肥为主；结合豆苗长势情况，喷湿保花、果的微量元素并进行病虫害防治，病害防治以白粉病、炭疽病、锈病为主，虫害防治以地老虎、蚜虫为主；30～40天后（12月中下旬），豌豆即进入成熟采收期，采收时，统一使用剪刀采摘甜脆豌豆。采摘后的豌豆，果蔬专业合作社根据豌豆品质定价并统一收购，由果蔬专业合作社联系买方市场进行销售。

【主要成效】

2016年，柯街烤烟地块共种植甜脆豌豆7 000亩，直接增加烟农收入3 640万元。小春种植以小麦做比较，甜脆豌豆均价4.5元/公斤，亩产1 000公斤左右，实现亩均收入4 500元；小麦均价2.2元/公斤，亩产300公斤，实现亩均收入660元；同比增加产值3 840元/亩。

从投入产出来看，与传统豌豆种植相比，一是减少了搭架环节的农事操作（利用原有烟秆作为支架），节约成本及人工费300元/亩左右；二是烤烟地块有剩余肥效，可以减少肥料施用数量20公斤左右，节约肥料成本投入80元/亩左右；三是提高了烟区土地利用率及人工利用率，以传统农业来看，该段时期属农闲时节，可以充分利用剩余劳动力；四是该季节降雨较少，冰雹、洪涝等自然灾害对农作物的影响可以大幅降低，加之柯街烟区属半山河谷气候，冷害发生情况也可忽略不计。

从商业模式构建情况及产品销售情况来看，一是在烤烟种植季节，烟农可以依托烟草稳定的价格政策、扎实的生产技术指导及烤烟专业合作社的组织管理，得到实惠的经济利益；在非烟时节，也可享受果蔬专业合作社的以质论价、统一收购。二是以集约化、规模化豌豆种植为引导，享受交通便利的先决条件，扩大柯街辐射周边的市场和资源环境能力，通过"社社联合"（烤烟专业合作社、果蔬专业合作社），在烤烟产业土地流转的前提下，无需再流转就可充分提高烟区土地利用率，以甜脆豌豆为本地特色蔬菜产业，促进烟农增收。

【主要经验】

烤烟为单季作物，在非烟季节优化整合一条烟农增收的路子，对稳定烟区规模、稳定烟农人心起到至关重要的作用。柯街烟区以种烟地块为突破口，依托自然资源优势及交通的便利，带动烟农进行甜脆豌豆种植，增加烟农效益，保持并激发烟农积极性。一是提高土地利用率，减少生产资料投入及用工成本。烤烟—甜脆豌豆间作可利用当年烤烟种植的田间基础，减少理墒环节农事操作；利用原有烟秆作为支架，减少豌豆种植搭架环节农事操作；利用烟地残余肥料，减少或降低豌豆种植追施底肥环节农事操作。二是间作甜脆豌豆这一经济作物，较传统小春作物（如油菜、小麦）经济价值高、市场需求量大，且因本地气候条件适宜，甜脆豌豆品质较好，市场畅销。

存在的问题：虽然柯街烟区甜脆豌豆已经逐步实现规模化、集约化种植模式，有合作社为依托进行销售，但还没有形成本地豌豆的品牌打造，品质虽好，集中销售出去以后没有彰显出柯街甜脆豌豆品牌优势。在今后的工作中，需要重点培育柯街烟区甜脆豌豆品牌建立，进一步提高烟农非烟时节烟地作物种植收入，引领烟农增收致富，引领柯街烟区地方经济发展。

【综合点评】

此案例是烟农合作社与果蔬合作社"社社联合"，充分整合双方组织、人力、营销等资源，发挥当地自然生态资源优势，发展烟后甜脆豌豆，实现了烟农增收。这种"社社联合"模式值得探索。

（联系人：杨兴东，联系电话：15287509706）

案例50

云南楚雄牟定种植大粒蚕豆

【项目背景】

牟定县不仅是云南烤烟的最适宜区，同时也是优质蚕豆的最适宜区。牟定大粒蚕豆（凌西一寸豆）以荚长、粒大、亩产高、商品性好而声名鹊起，既可满足北方冬季蔬菜市场紧缺的需求，也深受南方广大市民青睐，有着稳定且巨大的消费市场，成为当地的"金豆豆"。

牟定县地处楚雄腹地，属北亚热带季风气候区，冬无严寒、夏无酷暑，气候温和，非常适宜种植优质蚕豆。县内公路进村，交通便利，毗邻省会昆明和州府楚雄，区位优势明显。全县外出务工人员较多。各级政府大力推进土地流转，培养了大规模连片种植的烤烟产业，也为大规模连片种植蚕豆奠定了基础。

【发展思路】

以满足市场需求为导向，优化生产区域布局，建设优势农产品产业带；以创建品牌、开拓市场为突破口，打好特色质量牌，依托电商创新产品销售模式，确保渠道稳固畅通。

【主要做法】

1. **科学论证，财政扶持**　牟定县农业局先后到东部大中城市、珠江三角洲等地冬早蔬菜市场进行考察调研后论证立项，进行品种筛选试验，最后确定了选用优质良种"凌西一寸豆"。该品种因豆子粒大、皮薄、颜色碧绿，又名大粒蚕豆。为了使优质蚕豆在牟定落地生根，牟定县成立了"牟定县优质蚕豆种植营销协会"，建立了"批发商＋协会＋农户"的产业发展模式，对蚕豆种植规划、种植品种、种植技术、病害防治及营销服务做到五统一。为提高农户种植大粒蚕豆积极性，县财政对种植农户每亩给予70元的补助。

2. **开拓市场，推介产品**　牟定县委县政府高度重视，将发展大粒蚕豆列为全县特色蔬菜项目。县委常委带领相关部门实地考察了上海市江桥批发市场和西郊国际农产品交易中心。与上海江桥批发市场洽谈了优质青早蚕豆及高原特色果蔬产地供销合作事宜，召开了项目推介会，与16户批发经营大户达成了销售合作协议，依托江桥批发市场强大的果蔬吞吐力，助推牟定大粒蚕豆高速发展。

3. **典型引路，规模发展**　初春的牟定，满眼金黄的油菜花正在盛开，翠绿的优质蚕豆正在成熟，即将上市远销上海、浙江等地。来自浙江的章以哲正在田间查看蚕豆长势，一株株挂满豆荚的蚕豆树正在迎风摇曳。章以哲于2015年到牟定试种大粒蚕豆，第一年鲜豆莱亩产量就达到 1.5 吨，亩产值达到 5 000 元。取得了较好的经济效益后，2016 年章以哲承包土地 1 400 亩，大幅扩大种植规模。

看到了大粒蚕豆可观的经济效益，附近的农户纷纷种植大粒蚕豆，其中不少职业烟农凭借土地规模大、资金实力强、经营管理能力好，烟田中大春种植烤烟，小春种植大粒蚕豆获得了很好的经济效益。共和镇职业烟农黑显梅就是其中之一。2015 年黑显梅在自家租赁的 100 亩烟田中全部种植大粒蚕豆，当年产量达到 50 吨，产值达到 35 万元，实现纯收入10 万元。2016 年黑显梅又继续种植了 100 亩，预计产量可达 70 吨，产值可达到 42 万元。

在共和镇散花村委会主任夏天理的带领下，散花村烟农纷纷种植大粒蚕豆。通过与浙江外商合作，学习种植技术，购买种子，还远赴江浙联系经销商，建立起了稳定的合作机制。通过短短的三年，散花村大粒蚕豆种植面积翻了一番，达到 2 600 亩。目前他们的产品已经实现全部直接销往上海。

【主要成效】

2014 年全县种植大粒蚕豆 5 000 亩，亩产值 4 000 元，总产值 2 000 万元。2015 年全县种植大粒蚕豆 10 000 亩，亩产值 4 500 元，总产值 4 500 万元。2016 年全县种植大粒蚕豆 20 000亩，亩产值 4 000 元，总产值 8 000 万元，实现烟农增收 500 万元。

【主要经验】

近 10 年来，为了帮助烟农增收，牟定县政府采取了一定行政手段，先后强行推广种植亚麻、大蒜、甘蓝、大白菜等特色经济作物，但由于对市场缺乏必要的研究，导致生产和销售不对称，加之农民和企业过于依赖于政府，造成了生产出来的农产品积压滞销甚至烂市，使农民遭受了巨大的损失，政府的公信力降低了。虽然政府的出发点、目的都是要为帮助农民增收，但忽视了市场的主体地位，对市场规模认识不足，只是一味地进行推动，甚至代替农民成为种植主体，弱化了农民和农业企业的经营自主权，导致农户、企业的市场敏感度不高、对市场需求变化反映迟缓，农产品丰收后，一旦出现市场波动，产品滞销买不出去或出现亏损时，农民和企业不找市场找政府，政府的处境很尴尬。

近年来，根据市场经济发展和国家政策导向的变化，县委、县政府着力在转变政府职能上下功夫，逐步将自我定位从管理型向服务型转变，围绕市场发展特色农业取得了很多成功的经验。各级党委、政府结合实际，在深入调查的基础上科学规划，凡符合政策规定的特色农业，尽力争取项目或配套资金予以扶持。通过举办培训班、召开现场会、组织农技干部下村等多种形式向种植户提供技术服务。同时，对外以市场为主体，通过对外宣传推介、招商引资，积极为各种农产品进行市场推广，努力拓宽农产品的销售渠道，从而推动全县特色农业的发展。比如牟定的冬桃、云南红梨，尤其是品种不一的特色蔬菜，走在了遵循市场规律的潮头，经济效益和社会效益十分显著。总结经验，一是政府定位准确，积极适应市场变化，从前台主导走向后台服务，由行政主推变为规划引导，由对内主推走向对外推广。二是农民和特色农产品种植经营者适应市场的意识也不断提高，遵循市场规律成为自觉行动，抵制市场风险也逐步从以前的"单打独斗"转变为现在的"抱团取暖"，心理承受能力也大幅提高。三是积极适应"互联网＋"等新的营销理念，通过现代传媒获取和发布信息，立足市场需求抢占先机，采用代理销售、物流配送、连销经营、通过电子商务等现代交易方式主动规避各种风险，多渠道推动特色农产品的顺利流通和商品价值的快捷实现。

【综合点评】

该项目在市场调研中层层筛选确定市场前景好、经济价值高的"凌西一寸豆"（又名大粒蚕豆），建立起浙江外商示范、职业烟农主推的规模化种植模式，凭借职业烟农土地规模大、资金实力强、经营管理能力好的优势，为大粒蚕豆高速发展奠定了基础。到2016年全县种植大粒蚕豆20 000亩，实现产值8 000万元，实现烟农增收500万元，打造了当地的"金豆豆"，取得了较好效益。

（联系人：李凤芝，联系电话：13987840687）

案例51

河南南阳方城依托龙头企业冬闲种植蔬菜

【项目背景】

方城县位于南阳盆地东北隅，浅山区、岗丘区、平原区各占三分之一，是南阳烟叶适宜区也是主产区之一，建设有浙江中烟、中国烟草实业发展中心两个烟叶基地单元，拥有基础烟农3 000余户，户均种烟年收入10万元左右，烟叶100亩以上大户每年种植不少于8 000亩，在全市率先走上了烟叶规模化种植、集约化经营道路，烟叶为烟农致富、地方财政增收做出了突出贡献。近年来，随着落实国家局烟叶"严控规模守红线"政策的不断深入，烟叶面积逐年调减，加上烟叶结构的调整，烟农收益呈下滑态势。如何增加烟农收入、稳定烟农队伍成为烟草企业和地方政府亟须解决的问题。

河南胖哥食品有限公司主要从事蔬菜生产和脱水加工，为河南郑州三全、思念方便食品提供优质原料。前些年，该公司自行引导个别烟农利用烟田闲置期种植上海青、荠荠菜两种冬季蔬菜作物，成熟后统一组织收购，这一举措虽然提高了部分烟农的收入，但因为蔬菜生产存在大量使用铵态氮肥和含氯复合肥的情况，考虑对来年烟叶生产和烟叶质量有不利影响，烟草公司和烟办一直不积极。

【发展思路】

按照国家局"促农增收"工作的整体部署，经和县烟办、部分烟农、胖哥食品有限公司多次研讨、商议，决定以胖哥食品有限公司为依托，以部分烟农烟叶大户为平台，顺势引导，接力而为，加强培育，改进技术，推进烟农增收，稳定烟农队伍。2015年在清河乡、广阳镇合理引导烟叶大方接茬蔬菜种植600亩，2016年全县示范推广到4 000亩，2017年计划推广面积达到全县植烟面积的一半以上，亩均提高烟农纯收益1 000元以上。

【主要做法】

2015年，我们和胖哥食品有限公司在清河乡、广阳镇各选择3户诚信烟农，免费提供烟用肥料，引导他们接茬种植蔬菜536亩；2016年在全县推广到4 000亩，其中大青菜120亩、荠荠菜3 880亩。接茬种植的农户均尝到了甜头，接茬种植成为一种农户的自愿和自觉行动。我们的主要做法是：

1. **正确引导** 采取烟农自愿的方式，积极协调胖哥食品有限公司与有接茬种植意向的烟农签订种植协议。协议内容包含了种植的蔬菜名称和收购保护价。如2016年荠荠菜协议保护价每公斤不能低于2元，实际收购价为每公斤2.4元，支付方式为现金支付，不赊不欠，菜种由胖哥有限公司提供，每亩收取农户10元。

2. 适当扶持 一是烟站协调当地烟叶专业合作社或农机合作社，为接茬种植农户提供拔杆和机耕服务，在既定期限内完成烟秆清理和机耕整地任务，价格比市场要低，每亩烟秆拔出20元、深耕30元、靶平20元。二是提供烟用肥料，避免含氯肥料施入。根据宛烟办〔2015〕37号《烟叶生产投入管理办法》的规定，对接茬种植的烟农每亩扶持50公斤烟用复合肥，杜绝了含氯肥料的施入，也保障了蔬菜质量和土壤肥力的协调性。三是免费土壤监测。氮肥的使用量是种植烟叶和蔬菜的关键。为既要满足荠荠菜的最大产出量，又不至于造成来年烟田肥力过大，我们对接茬烟田进行了两次测土施肥：蔬菜种植前测一次、种植后测一次。向烟农下发了施肥建议通知，在烟叶种植前制定专用施肥套餐，确保按套餐供应，达到了蔬菜和烟叶生长两不误的效果。

3. 加强培训 烟叶工作站客户经理与胖哥食品有限公司技术人员一起，制定了不同蔬菜的技术标准，在烟站集中对接茬种植的农户进行技术培训，并深入田间地头，面对面传授种植密度、水肥管理等主要技术，促进蔬菜早发快长，提高亩产量。

4. 提供场所 烟站为胖哥食品有限公司免费提供磅秤、库房、茶水供应站等便民设施，便于蔬菜收购和管理。

【主要成效】

正常生长的蔬菜，如荠荠菜，亩产量可达1 500～2 000公斤，按保底价收购产值可达3 000～4 000元。蔬菜的采收用工较大，主要采取论斤记工的方法，每个工人每天可采收择净75公斤，每公斤按保底价2元计算，胖哥有限公司付给150元，烟农得75元，采收择净的工人得75元；这样按每亩1 500公斤计算，烟农每亩可收入1 500元，除去种子、化肥、整地、浇水等人工和成本，可增加收入1 000元左右。方城县2016年种植荠荠菜4 000亩，烟农投入200万元，烟草公司投入44万元，每亩产出1 200万元，烟农增收入600万元，社会留守人员务工收入600万元。这种做法既增加了烟农收入，稳定了烟农队伍，又对当地的经济发展起到了推动作用。我们今后将与胖哥食品有限公司进一步沟通协商，逐年扩大推广面积，为烟农增收开辟稳定、有效的致富途径。

【主要经验】

1. 利用现有知名品牌做文章 现代社会经济模式下，产品质量是基础，适销对路是关键。产品再好，没人要，一切就是零。我们成功的秘诀在于利用现有的知名品牌做文章。烟农表面上是和胖哥食品有限公司签订了合同，实际上是和三全、思念知名品牌建立了长期合作关系，形成了稳定的增收渠道。

2. 增加了土壤复种指数 烟叶采收之后，正直立秋时节，天气温度尚高，适合大青菜、荠荠菜等蔬菜生长，蔬菜始熟在冬季，处理掉蔬菜后及时冬耕，不影响来年种植烟叶。这样做增加了土壤复种指数，达到了烟农快速、稳定增收的效果。同时，接茬种植蔬菜也是一种烟和菜的轮作形式，周期短，见效快，而且一定程度上减少了土壤病原物，减轻了来年烟田病虫害的发生。

3. 签订了蔬菜保护价 烟农接茬种植蔬菜最担心的是蔬菜卖不起价，费事费钱赔了本。

烟草公司积极协调胖哥食品有限公司和烟农签订协议，落实种子和最低保护价收购，打消了烟农的后顾之忧，最终接茬种植蔬菜成为了广大烟农的自觉行动。

【综合点评】

该项目是利用烟田闲置期种植蔬菜实现烟农增收的一个典型案例，它的成功之处在于：一是积极对接当地胖哥食品有限公司，种植河南三全、思念大品牌企业所需要的适龄蔬菜，解决了烟农种植蔬菜的销路和价格问题，规避了风险，达到了烟农快速、稳定增收的效果；二是当地烟草公司因势利导，积极培育，给予了正确引导、适当扶持、培训、提供场所等便利条件，促进了烟农种植蔬菜的积极性，促使种植规模和烟农收益逐年提高；三是烟田接茬种植蔬菜，实现烟菜轮作，周期短，见效快。这种做法值得其他县（市）学习借鉴。建议方城县烟草分公司认真总结经验，完善形成烟菜轮作模式技术标准，在种植蔬菜施肥关键环节，加强技术指导和监督，杜绝含氯肥料施入烟田。

（联系人：李树人，联系电话：13949314518）

❀案例52❀

云南大理洱源烟后种植大蒜

【项目背景】

三营烟叶产区位于洱源县中心，地势开阔，地形平坦，是主要的农业耕作区，更是我县的老烟区。小春作物以小麦、蚕豆、油菜、牧草为主，单季经济效益不高；受地下水位较高以及温度较低的影响，小春作物出现晚熟，从而呈现生产季节茬口矛盾突出的不利局面。2015年洱源县三营春雨烟农专业合作社引导烟农开展独蒜种植工作。但由于受到各种因素的影响，试种效果不尽如人意。为切实提高小春单季作物种植的经济效益，缩短小春作物生育期，缓解茬口矛盾，合作社在不断总结经验教训的同时，积极探索，深入市场调研，科学谋划，主动联系龙头企业，力求通过调整小春作物种植结构，达到提高小春单季作物种植效益、缓解茬口矛盾、促进烟农增收的目的。

【发展思路】

以"创新、协调、绿色、开放、共享"为发展指导思想，结合本地区自然生态、生产水平，将解决生产实际问题作为根本出发点，通过充分利用烟田资源优势和烟农专业合作社组织管理优势，建立"公司＋合作社＋农户"的经营模式，积极探索烤烟后作大蒜种植项目，力求开创烟农增收工作新局面。2016年三营春雨烟农综合服务专业合作社在三营镇永胜村委会余庄组通过10户烟农社员互助组合，开展烤烟后作大蒜种植试点工作，共种植大蒜200亩，取得了较好的经济效益，为大面积推广种植做出了有益探索。

【主要做法】

一是充分调研市场，走"人无我有、人有我优"的特色品牌发展道路。洱源县三营春雨合作社通过实地考察、调研发现，由于具有独特的高原地理区位优势，在洱源生产的早熟大白蒜不仅具有优良的品质，而且上市时间还早于其他产区（季节差）。通过论证得出结论——在洱源种植优质早熟大白蒜具有较强的科学性与可行性。

二是通过开展试验进行品种筛选。2015年合作社引进省内外几个优质早熟大白蒜品种（山东红皮早熟大蒜、四川二水早、江苏大丰三月黄、云南云顶早蒜、河南红皮早熟大蒜）进行小面积试种，通过对各品种生育周期、田间表现性状、坐果率、病虫害抗性、亩产量、亩产值进行科学对比，最终确定山东红皮早熟大蒜、河南红皮早熟大蒜两个品种为最适宜种植品种。

三是积极联系山东辉煌蒜业有限公司，走"公司企业＋合作社＋农户"的经营模式。公司方面主要负责引进优质大蒜种质资源，专门安排技术人员负责大蒜种植相关技术的指导工作（包括适时早播、亩用种量、化肥使用数量与施用方法、灌溉技术、病虫害防治技术、大田管理技术、大蒜挖取及分类加工等），公司还与合作社签订"保底价"收购协议，确保农户种植效益；合作社主要通过广泛宣传，以土地流转、租赁等方式发动农户积极开展订单生产，在公司的指导下严格监督农户将各项生产技术落到实处，确保生产出符合要求的产品，实现农户、合作社、公司三方共赢；农户在整个生产销售过程中主要是按照要求进行规划布局，严格落实各项生产技术措施，确保完成订单合同任务，最终达到既定目标，实现增收。

2016年大理州洱源县三营春雨烟农综合服务专业合作社共种植大蒜200亩，交售精品蒜400吨，实现了山东辉煌蒜业有限公司从"提供优良蒜种→提供种植技术支持→产品收购"一条龙服务模式，在收购价格上实行"保底价"，让农户安心种植。合作社每公斤收取0.1元的组织管理发动经费，共计收入40 000元。

【主要成效】

一是切实解决了农副产品在产、供、销方面的一系列问题，较好地处理了"市场需求什么？""农户该种植什么？""农户如何种植？""种出来卖到哪里？"几者之间的关系。

二是提高了农户的亩均收益，种植大蒜比种植蚕豆亩均增加效益5 905元，比小麦种植亩均增加效益5 675元。同时也增加了合作社收益（表52-1）。合作社2016年通过种植200亩烤烟后作大蒜，增加烟农收入100多万元。

三是社会效益。聘请的工人大部分是村里的扶贫户和年龄稍大的农户，因为种植大蒜没有太高的技术要求，劳动强度也不大，这样既解决了用工需求，也带动了群众就业，进一步拓宽农民增收渠道。

表52-1　2016年三营春雨烟农综合服务专业合作社农户大蒜亩均种植效益情况

总产出情况	产量	单价	产值（元）
蒜薹亩产量	300公斤	9元/公斤	2 700
白蒜亩产量	2 000公斤	5元/公斤	10 000
亩收入合计			12 700
成本投入情况	**数量**	**单价**	**成本（元）**
租赁地单价	800元		800
蒜种费用	200公斤	5元/公斤	1 000
化肥	3袋	150元/袋	450
耕地费用	150元		150
种植人工费	1 000元		1 000
药物费用	100元		100
蒜薹采摘用工费	300公斤	2元/公斤	600

（续）

成本投入情况	数量	单价	成本（元）
大蒜挖取人工费	2 000公斤	1元/公斤	2 000
亩成本合计			6 100
亩均效益（元）			6 600

四是大蒜生育期短，为下季作物适时早栽抢得了节令。

五是大蒜生产主要以有机肥为主，通过种植大蒜可以改善土壤性状，为下一季作物生产提供良好的土壤条件。

【主要经验】

一是方向要对。积极主动应对市场经济找寻商机，通过对比、筛选、研究确定适合地区发展的路子。

二是准备工作要充分。在找到路子的前提下，做科学合理的验证，避免走弯路。

三是要引进高端人才。只有引进高端人才才能实现对生产的准确把握，才能生产出符合企业要求的产品。

四是执行过程要严格。确保生产技术措施落到实处，保障产品质量，赢得市场信誉。

【综合点评】

该案例初步探索出具有符合洱源本地区域特色的烟农增收渠道，提高了小春单季作物种植效益，较好地解决了烤烟大田移栽茬口矛盾，进一步拓宽了烟农就业渠道，在烟农增收工作中发挥了重要作用。同时，通过合作社对市场经济运作模式的有益探索与尝试，不仅转变了产品经营模式，提高了产品应对市场风险的能力，还增加了合作社效益，值得推广和借鉴。

（联系人：石增富，联系电话：13577221099）

案例53

四川宜宾屏山烤烟—油菜轮作

当前，深入推进脱贫攻坚，帮助贫困地区群众尽快脱贫奔小康，是最大的政治任务。屏山县是宜宾市主产烟区，烟区属国家乌蒙山连片特困山区，是脱贫攻坚的重点区域，基础条件薄弱，增收形势严峻，迫切需要优势产业推动脱贫攻坚，带动新农村建设。近年来，屏山县烟草分公司和地方党委、政府将烤烟—油菜轮作作为增加农民收入的一项特色产业来抓，取得了一定成效。

【项目背景】

四川屏山县地处岷江下游，独具一格的金沙江河谷气候造就了具有区域特色的优质烟叶。但近年来，烤烟连作导致了土壤养分失衡，烟叶质量出现了较大波动。轮作是烤烟种植土壤用养结合、增加烤烟产量和提高品质的重要途径。近年来，屏山县加快产业结构调整步伐，把烤烟—油菜轮作作为增加农民收入的一项特色产业来抓，从资源、气候、土质等实际出发，因势利导，2016年在新市、新安、太平及中都等乡镇实施了烟后油菜种植1万余亩。该种植模式的实施，确保了烤烟、油菜双丰收。凭借盛开的油菜花，屏山县顺势推出了"川南第一春"油菜花文化旅游节，带动了当地的经济发展，增加了农户收入，稳住了烟区农民，促进了烤烟和油菜两大产业的和谐发展。

【发展思路】

在经济发展新常态背景下，如何促进烟农收入持续较快增长，是摆在行业面前的一个重要课题。在此方面屏山烟草做出了有益探索。近年来，屏山烟草按照"稳定一大主体，壮大两个产业，助力三项增收"的思路，采取以烟为主、开源节流、产业扶贫等措施，稳定烟农队伍这一主体，不断发展壮大烤烟和油菜两个产业，从烤烟、油菜和乡村旅游三个渠道推动烟农增收，打造烟农增收新亮点。

【主要做法】

1.**因地制宜，顺势而为** 为有效解决烟田连作造成的土壤酸化、病虫害逐年增多的难题，屏山县分公司结合烟区实际，组织土肥所科技人员一起探讨土壤改良方法，经多方试验和求证，在烟区推广烤烟—油菜轮作的生产模式，有效改善了土壤结构，降低了烤烟病虫害发病率。屏山县依托烤烟基地，着力打造油菜产业，用四年时间把油菜产业培育成了一个产值超千万产业。烤烟、油菜两个产业互利发展成为屏山县新型生态循环产业，有效带动了烟区农民增收。

2.**产业共容，开源节流**　由于农村地租、用工、物资等价格的上涨，除去生产成本，仅依靠烤烟产业收入不能达到农民对全年收入的期望，不能满足农民日益增长的物质需求，难以稳定烟区农民安心在家种植烤烟，屏山县分公司推动烤烟—油菜轮作模式，提高土地复种指数，把烟后轮作油菜作为烟农增收的产业来抓，推动烤烟和油菜产业共同相容、共同发展，不仅能提高土地利用率，改良土壤，而且增加了烟农收入来源，降低了土地成本。烤烟—油菜轮作已成为保障和稳定烟农的有效办法。

3.**科技先行，技术集成**　针对烟区普遍种植晚熟油菜品种使烤烟移栽期推迟的现状，2013—2016年，屏山分公司联合农业局科技人员，筛出了川油21、黔油16号和德早油1号等几个生育期在190天左右的早熟油菜品种，并结合测土配方施肥，配合"统一规划、统一良种、统一节令"合理密植，集成了油菜种植高效技术，在中都、太平等烤烟主产乡镇进行烟后油菜连作。通过引进早熟品种及配套栽培技术，油菜提前20～25天成熟，在全面完成菜籽收获后，烤烟可在4月底全部移栽完成，实现了油菜烤烟种植双不误。

4.**行业带动，政策引领**　为了稳步扩大烟菜轮作种植面积，屏山县分公司联合地方党委、政府制定了相关扶持奖励政策，规划了各村年烤烟和油菜种植计划面积，将烤烟产业各项扶持政策及资金投入向实施烤烟—油菜轮作的村组倾斜，在烟农土地流转等方面给予支持，对烟农种植烤烟地租按照50～99亩每亩100元、100亩以上每亩150元给予补助。同时，为进一步改善烤烟—油菜轮作区农民的生产生活设施条件，2016年，屏山县政府投入500多万元对烤烟—油菜轮作区的基础设施进行了改造。

5.**资源整合，旅游增收**　屏山县烤烟基地自2015年烤烟—油菜轮作0.8万亩，到2016年烤烟—油菜轮作已突破1万亩，并且主要集中在烟区土地整理核心示范区。油菜花美，蝴蝶自来。屏山县在重点烤烟—油菜轮作区连续两年借势举行了的全域旅游项目推介会，邀请广东、上海等地10余个公司进行招商路演，加大了对乡村旅游发展的招商引资力度，打响了屏山乡村生态游品牌，促进了农村经济发展，更好地惠及烟区农民。

【主要成效】

1.**烟农整体收入不断增加**　实施烤烟—油菜轮作，不仅可以依靠烤烟主业稳定收益，还可以依托油菜种植取得额外收入。2016年烤烟—油菜轮作1万余亩，预计实现增收200余万元，为烟农户均增收0.5万元。其中，中都镇新坪村烟农刘某就是直接受益者。2016年，他种植烤烟93亩，实现售烟收入27.49万元，除去地租、肥料、人工等生产成本，净利润14.01万元；烟叶收获后，种植油菜60亩，按照亩产150公斤，平均价格6.4元/公斤，产值达5.76万元，除去种子、化肥、人工等费用500元/亩，烟后油菜预计收入2.76万元。在3月初，正好是油菜花盛开时节，大批游客上山看花，刘某瞄准了商机，借助自己的鱼塘和新修的农房，搞起了赏花—垂钓—休闲娱乐为一体的农家乐。在油菜花盛开的15天时间，刘某家就接待游客300余人次，纯收入0.8万余元，烤烟、油菜种植和农家乐全年收入达17.57万元，烟后轮作油菜，为刘某额外增加了3.56万元的收入（见表53-1）。

2.**烟田集中规模不断扩大**　随着烤烟—油菜轮作模式的辐射效应，屏山按照"生态优先、相对集中"的原则，选择土地资源丰富、生态环境优越、设施配套完备的中都、太平、新市、新安等乡镇作为重点种植区域，开展示范环线、示范带建设，建成了1万亩中太核心种植示范环线，形成了"小坝—庆庄—李家坝—新坪—永兴"共计0.5万余亩的种植示范带，有力推动了烤烟向生态优越区相对集中规模种植。

表53-1　烟农刘某收入明细

烤烟种植（亩）	售烟收入（万元）	成本投入（万元）	纯收益（万元）	油菜轮作（亩）	预计收入（万元）	成本投入（万元）	纯收益（万元）	油菜观光收益（万元）	合计收益（万元）
93	27.49	13.48	14.01	60	5.76	3	2.76	0.8	17.57

3.烟叶整体质量稳步提升　饼肥养分齐全，施于烟田后土壤有益菌数量增加、活性增强，是传统的烤烟优质肥料。烤烟—油菜轮作后，烟区菜子饼肥充足且便宜，同时油菜秸秆是烟田很好的有机肥肥源。烤烟—油菜轮作区施用饼肥和秸秆还田后，烟田土壤腐殖质增加、肥力提高、病虫害减少、烟株发育良好、长势均衡、个体发育充分、顶叶开片良好。烤烟—油菜轮作后烟叶品质改善，烟叶颜色、光泽、油分都较好，香气足，吃味醇正。2016年，烤烟—油菜轮作区上中等烟叶比例较2015年提高了2.1个百分点，亩均售烟收入增加了31.08元。

【主要经验】

1.找准特色，主动出击　要立足各自的资源和生态优势，突出发展自己的地方产业，主动将烤烟和地方产业相结合，经复合种植模式，提高耕地利用率和产出率，将烤烟和地方产业做大、做强、做成规模，培育壮大农村新产业，开辟新途径，在产业结构性调整中找出路，主动作为，不断提升烟地复种增收效果。

2.抓好技术，突出服务　广泛开展个性化指导和全程化技术服务是产业发展的保障。要深入田间地头，为种植农户开"处方"，提供上门服务，落实到人，跟踪到户，指导到田，实行统一免费供种、统一育苗移栽、统一大田管理、统一病虫防治，鼓励、协助和支持烟农合作社开展专业服务。

3.注重效益，长短结合　短效产业时间短、产效快。在抓好短期效益特色农业与烤烟产业相结合的同时，不能忽视对效益长的特色产业的开发。要对长效产业在物资、技术以及贴息贷款方面给予适当的补贴，让烟农以较低的投入获得更多的产出，构筑起农民增收的多重保障。

【综合点评】

屏山县属"国家级扶贫开发工作重点县"和"乌蒙山连片开发扶贫攻坚重点县"，攻坚脱贫任务艰巨，亟需特色优势产业带动农民脱贫奔小康。屏山县烟草公司探索实施的烟后油菜种植，增加了土地复种指数，提高了烟地产出效益，带动了当地旅游业的发展，增加了农民收益，已将烤烟和油菜种植打造成为屏山县贫困烟区脱贫攻坚的特色地方支柱产业。

（联系人：周先国，联系电话：0831—2336790）

案例54

江西宜春上高种植绿色富硒大米

【项目背景】

宜春古称"农业上郡"，是江西省产粮大市，有着"赣西粮仓"的美誉。上高县是"赣西粮仓"的重要产区。上高县自2014年种植烟叶以来，发现烟田种植水稻绝少发生病虫害，基本可以不施农药，当地农民种植二晚水稻时以烟田为"宝地"，欢称烟田产出的大米为"绿色大米"。富硒农产品是宜春市产粮的响亮牌子，知名度很高，很多农产品龙头企业都在向这方面发展，也符合健康饮食的需求，具有广阔的市场前景。立足以上实际情况，烟草部门以促进烟农增收为抓手，充分发挥优势条件，提出"绿色—富硒"组合种植水稻。

【发展思路】

坚持科学发展观的指导思想，分"试点探索、示范带动、规模实施"三步走，以"龙头企业＋合作社＋农户"的模式，确保试点阶段1 000亩左右（2017年上半年）、示范阶段3 000亩左右（2017年下半年）、规模实施阶段确保维持种植10 000亩以上（2018年）。

【主要做法】

以上高县佳盛种养专业合作社为桥梁纽带，联络农产品龙头企业确定销售渠道，同时组织相应烟农种植绿色富硒水稻，合作社代表烟农与农产品龙头企业签订种植收购合同，并负责种植过程中水稻品种的选购、种植技术服务、特定物资采购等。龙头企业负责按合同价格从入社烟农处收购稻谷，在生产过程中免费向烟农提供所需施用的含硒物资；烟农以自营模式按合作社要求种植水稻，增收主要来自高于普通水稻的价格差；合作社收入主要来自稻种、秧苗、物资采购销售价格差，并收取烟农种植技术服务费0.05元/斤。

绿色富硒大米的生产，与普通水稻种植技术的差异主要在于选择了种烟田块，并在水稻抽穗至灌浆期，于晴朗天气的早晚在水稻叶面用喷雾器均匀喷施富硒增产肥料。这种肥料经过生物转化后，无机硒转化为有机硒，并贮存在水稻中。

【主要成效】

试点阶段种植绿色富硒水稻1 200亩，上高县佳盛种养专业合作社代表上高田心镇入社烟农与龙头企业签订了烟田种植早稻1 200亩，收购600吨绿色富硒大米的合同，预计产生经济效益与普通水稻对比：亩产量1 100斤，与普通水稻相当；销售单价1.45元/斤，比普通水稻的1.25元/斤高0.2元/斤，每亩增收220元，其中烟农增收165元/亩计19.8万元，合作社收入55元/亩，计6.6万元。

【主要经验】

在项目的选择上，坚持因地制宜，充分发挥地方优势。烟农增收项目要立足本地实际情况谋划，才有相对稳定的销售渠道。坚持定位准确，瞄准有特色产品。烟农增收选择的项目产品一定要有实际增收的优势，比如：价格，产品要符合消费者需求的发展方向。

在项目的执行中，坚持合理分配，维护烟农利益。烟农增收项目落在每户烟农，组织形式过于松散，通过合作社组织，组织相对紧密，但合作社的利润一定要合理，要受社会、烟草行业监督，保持利润合理性，避免侵占烟农利益。

【综合点评】

"绿色—富硒"农产品，既是健康性产品，也是功能性产品，两者都是现今农产品的努力方向。上高县具有广阔的烟田资源，具有深厚的种粮底蕴，并且有良好的农产品发展氛围和基础，绿色富硒大米的提出符合农产品发展趋势，可促进烟农每年（两季）每亩增收300元，对农村经济发展和农产品质量保障非常有意义。

（联系人：刘菊花，联系电话：13755895352）

案例55

云南楚雄姚安烤烟生长后期套种豌豆等蔬菜

【项目背景】

姚安县地处滇西要道，交通运输便利，全县水利化程度较高，是典型的农业县。每年烟叶采烤结束后，种烟田块主要以种植小麦、大麦、蚕豆、油菜等作物为主。烟地后作经济效益低，小麦、大麦、蚕豆每亩收益300～500元，油菜每亩收益1 000～2 000元，除去人工成本，纯收入寥寥无几。

姚安县蔬菜种植历史悠久，是楚雄州主要蔬菜产区之一。姚安县烟草分公司通过对当地大白菜种植的市场调查了解到，每年10月10日前上市的大白菜由于量少，价格高，亩产值可达3 000～4 000元；但到10月20日后，随着蔬菜大量上市，价格骤降，亩产值仅300～400元，有时甚至无人问津导致烂在地里。蔬菜上市时间是影响农户收入的最关键因素之一。

【发展思路】

近年来，姚安烟草切实转变发展方式，拓宽增收渠道，在坚持以烟为主的前提下，立足全县农业生态条件和特色农业优势，积极开展烟田经济作物套种探索，以既不影响烟叶产质量，又能赶上10月初蔬菜上市黄金时间为目标，先后开展套种大白菜、卷心菜、花菜、苤蓝、豌豆等多种蔬菜的研究和示范。在中下部烟叶采烤后播种豌豆、花菜、白菜，蔬菜利用烟田富余养分生长，不仅提高了烟田肥料利用率，还有利于上部叶成熟。烟田蔬菜提前上市，抢占了市场先机，价格远高于大市菜，帮助烟农赚得丰厚的收益。为稳定烟农种菜收入，积极整合各级党委、政府、农业、烟草多方力量，持续引进高产、优质、畅销的新品种，联系蔬菜供应直销签订购销合同，扶持本地龙头企业实现产销一体化，确保"种得出来，卖得出去"，为促农增收保驾护航。经过6年的实践，姚安县已走出了一条经济高效的烟田套种之路，有力地提升了当地烟农收入。

【主要做法】

2011—2013年，由当地烟农种植合作社和少数烟叶种植专业户自发开展试验性种植。农户自行选择的蔬菜品种大多是大白菜和卷心菜。大白菜亩均种植成本1 370元左右（种子20元，化肥230元，农药120元，用工成本1 000元），亩产量3 500～4 000公斤，亩产值2 800～3 200元，亩均纯收入1 450～1 850元。卷心菜亩均种植成本1 350元左右（与大白菜类似），亩产量3 000～3 600公斤，亩产值3 000～3 600元，亩均纯收入1 650～2 250

元。但大白菜和卷心菜的市场价格波动大，经济效益不稳定，种植规模偏小。

2014—2015年，引进西兰花、白花菜、豌豆等作物。西兰花亩均成本1740元（种子130元，化肥350元，农药60元，用工成本1200元），亩产量2600～2800公斤，亩产值2470～2660元，亩均纯收入730～920元。白花菜亩均成本1740元（与西兰花类似），亩产量3000～3500公斤，亩产值3600～4200元，亩均纯收入1860～2460元。豌豆亩均成本1580元（种子210元、化肥120元、农药50元、工时费1200元），亩产量500～600公斤，亩产值3500～4200元，亩均纯收入1920～2620元。西兰花、白花菜、豌豆的价格及销路都较为稳定。经过几年的发展，开展套种的烟农越来越多，种植规模逐年扩大。

为最大程度稳定蔬菜价格和销路，在党委和政府的统一领导下，烟草协同农业，探索出了三种种植经营模式：

模式一："经销商＋村委会＋农户"模式。由各级政府、村委会牵头联系经销商，由村委会或合作社统一与经销商签订购销合同，组织农户按合同套种规定品种。作物采收后由村委会（合作社）统一收购并交售给经销商。经销商支付货款给村委会（合作社），再由村委会（合作社）支付给农户。

模式二："企业＋农户"模式。发挥本地龙头企业的主导作用，建立产销一体化模式，由企业提供籽种和技术指导，农户按照要求进行种植管理和交售，企业直接支付货款给农户。

模式三：农户自主经营模式。农户自行种植，按照市场价直接卖给蔬菜批发商。

农业部门每年根据当前及下一年的发展情况，向农户推荐蔬菜种类和品种；各级政府和烟草公司根据当年烟叶生产情况，优化套种布局；作物套种期间，烟草、农业部门联合技术指导，在测土配方施肥、病虫害统防统治等方面提供详细的技术方案，确保烟叶和蔬菜的产、质量。

【主要成效】

2014年全县仅烟后豌豆套种一项面积就达2.2万亩，平均亩产580.42公斤，均价8.89元/公斤，亩产值达到5157.58元，全县实现总产值1.135亿元，成为姚安县自烤烟后又一个产值上亿元的农业产业项目。2015年全县烟田套种经济作物4.24万亩，但受当年前旱后涝极端气候影响，套种作物产量显著降低，仅实现产值1.4亿元。2016年全县烟田套种经济作物5.2万亩，实现产值2亿元，同比增长42%，实现烟农增收6000余万元。

烟田采烤期套种经济作物，有效利用了烟田肥料，降低了套种生产的直接投入，套种的豌豆可以直接依靠烟秆顺势生长，进一步减少了人工搭架的成本。烟田套种经济作物能够稳定增加烟农收入每亩2000～3000元，还有效保护了烟农的种烟积极性，对稳定烤烟种植面积、提升烟叶质量、促农增收起到了良好的促进作用。

下一步，将继续引导烟农和合作社建立以市场为主导、一体化经营的产销机制，做好产销对接，确保产销均衡，统筹龙头企业、合作社、电商平台等各类主体，充分利用政府农业扶持政策、烟草促农增收的政策优势，探索建立农工商一体化、产供销一体化的全产业链模式，多渠道、多途径地解决增收问题。

【主要经验】

探索之初，受销售渠道不稳定的影响，项目也曾面临过销售困难、价格下滑、烟农减收的困境。通过整合各方资源，建立稳固的销售渠道我们才得以实现产业规模的持续稳步扩大。助农增收任重道远，需要我们立足当地实际，探索更多可以让烟农增收致富的好点子、好路子。

【综合点评】

姚安县依托当地蔬菜产业，通过市场调研，准确掌握蔬菜上市价格变化规律，抓住10月初蔬菜供应少、价格高的有利时机，充分利用烟田资源，在烟叶采烤后期套种蔬菜，巧打时间差，帮助烟农获取高于常规蔬菜的收益。随着蔬菜套种面积的扩大，当地市场有限，供需矛盾逐步显现。建立了三种农工商一体化、产供销一体化的全产业链模式，有效稳定了种植规模，维护了烟农利益。到2016年全县烟田套种蔬菜5.2万亩，实现产值2亿元，实现烟农增收6 000余万元，成为自烤烟后当地烟农最主要的收入来源，有力促进了当地社会经济发展，实现了烟、菜互为促进、互为发展，探索出了一条具有姚安特色的促农增收之路。

（联系人：初正春，联系电话：13618788666）

案例56

四川攀枝花仁和烟后种植秋豌豆

帮助烟农脱贫增收致富，即是烟草行业义不容辞的职责，也是现代烟草农业建设的重要任务。仁和区是攀枝花市烤烟主产区，由于烤烟种植主要分布在二半山区，基础条件薄弱，增收形势严峻。近年来，仁和烟草分公司积极响应行业助农增收的号召，为烟农出点子、找项目，充分利用攀枝花得天独厚的光热资源，在烟区推广烟后秋豌豆种植，提高了烟地综合利用率，开辟了烟农增收致富的新渠道。

【项目背景】

1. 烟农种烟增收乏力 近年来，受物资、用工等价格成本上涨的影响，烟农种烟比较收益呈逐年下降的趋势，加之烤烟种植季节性强，烤烟茬口作物选择很有限。烤烟茬口作物多以小麦、绿肥为主，茬口这一季烟农基本没有什么收益，地块产出率较低，仅靠单一扩大烤烟种植面积已很难解决烟农的增收问题。

2. 烤烟产业发展需要 由于适宜烟地和单户烟农土地有限，近年来，仁和烟区烤烟轮作面积都不足30%，连作地块面积达到70%以上，更有部分烟地已连续10年以上种植烤烟，导致烟区土传病虫害逐年加重、土壤有机质含量降低、烟叶产质量提升受阻，已严重制约仁和区烤烟产业持续、稳定、健康发展，急需解决烟区冬闲撂荒及连作障碍的问题。

3. 优越的自然条件 攀枝花市仁和区地处攀西大裂谷，位于川滇交界处，东临会理县，南接云南省永仁县，西靠云南省华坪县，北连盐边县。气候属南亚热带立体气候，年平均气温20.4℃，年积温达7 450℃，年日照时数达2 745小时，无霜期300天以上，属烤烟最适宜烟区，常年种植烤烟1.5万亩。得天独厚的光热资源不但有利于优质烟叶生长，也有利于秋豌豆的种植。秋豌豆作为秋冬季节的反季经济作物，因其生长周期短、投入小、种植简单、见效快，非常适合在攀枝花这种暖冬地区种植。因此，在烤烟采收结束后种植秋豌豆就是一个非常好的助农增收项目。

2015年，仁和烟草分公司在大龙潭乡干坝子村、平地镇平地村等主要种烟村探索推广烟后秋豌豆轮茬2 800余亩，取得了较好的经济收益。在经济效益的驱动下，2016年将烟后秋豌豆种植面积进一步扩大到了6 000余亩的规模。

【发展思路】

在当前农村特色农产品种植规模逐步壮大的背景下，种烟比较效益呈逐年下降的趋势，加之烤烟采烤结束时间与移栽节令的需要，烟地茬口能种植的作物很有限，长期以来多以空闲为主，烟地复种指数普遍较低。为最大限度地提升烟地综合利用率，仁和烟草分公司本着"以烟为主、稳定规模"的烤烟发展思路，充分利用烟地春耕的时间差与烟田剩余肥力，推广"烤烟—秋豌豆"轮茬助农增收发展模式，提高烟地综合利用率，增加烟农经济收入来源，稳定烤烟种植规模。

【主要做法】

1. 完善制度，抓好宣传动员　一是根据近几年烟区试种情况，结合烟区农户接受程度，制定了《烤烟生产茬口作物推广指导意见》，对烟后种植秋豌豆具体实施方法进行了细化；二是各站点利用大会小会分片区加强对烟农的宣传培训，就开展烟后秋豌豆种植的好处及相关政策进行讲解，提高烟农对调整烟田茬口作物的重视程度。同时，邀请专家对烟农进行现场培训指导，打消烟农种植顾虑，确保了烟后秋豌豆项目的推广实施。

2. 落实科技，抓好技术保障　仁和烟草分公司积极与攀枝花市农林科学研究院和区农牧局沟通衔接，根据市场需求为烟农推荐最适宜种植的豌豆品种，最终选择了生长周期短、投入小、种植简单的"中豌6号"作为仁和烟区烟后茬口作物当家品种推广种植。同时，由烟点派出技术员到村、到组、到户开展技术指导，加大秋豌豆栽培技术宣传和指导力度，保证农户种植技术过关，为烟农解决秋豌豆播种、田间管理、采摘等方面的疑难技术问题，严格把关，做到统一品种、统一种植时间、统一种植技术、统一中耕管理"四个统一"。

3. 以点带面，抓好规模推广　以点带面，不断扩大种植规模，树立秋豌豆种植示范户，重点培养种植大户。通过"成本、收入"等对比算账的方式，加大宣传和引导力度，使更多的烟农自愿参与秋豌豆种植，并逐步扩大种植面积，壮大种植规模。同时，在销售环节，积极取得与周边蔬菜市场的联系，增加产销渠道，打消烟农顾虑，提高烟农销售收入。2015年以来，在站点技术员的指导下，仁和烟区烟农纷纷利用春耕的时间差与烟田剩余肥力，推广烟后秋豌豆种植，从最初的2 800余亩发展到2016年的6 000余亩，亩均收益也从期初的900多元增加到现在的1 350元左右，实现了在改变烟地种半年荒半年的基本现状的同时有效提高了烟地经济产出率，使烟后种植秋豌豆成为烟农继烤烟之后的又一增收特色产业。

【主要成效】

1. 烟农增收成效显著　2016年，仁和烟区推广烟后秋豌豆6 000余亩。据统计，秋豌豆平均亩产鲜豆荚450公斤左右，按照市场收购价3元/公斤计算，种植秋豌豆共为烟农增加收入810万元，烟农户均增收达到9 800余元。

以大龙潭乡干坝子村烟农毛志德家为例，2016年实施"烤烟+秋豌豆"轮茬后，全年毛收入达到173 378.43元，扣除生产现金投入成本65 707元，全年纯收入达到107 671.43元（详见表56-1）。通过与烟后种植小麦模式年亩均收益5 301.78元比较，实施烟后秋豌豆轮茬模式年亩均收益达到5 952.92元，较以往种植小麦亩均增收651.14元。仅此一项，毛志德家2016年就实现增收14 325.08元。

2. 烟田附加效益明显　烟后秋豌豆种植在增加烟农收益的同时，还有效改善了仁和烟区的植烟环境。主要体现在：一是及时督促烟农清除了烟秆、烟根，做好了田间卫生管理，有效破坏了田间病虫害越冬生存繁殖环境，2016年烟区土传病害发病率明显降低；二是收获后的豌豆秸秆通过冬耕深翻直接翻压还田，有效提高了土壤的有机质含量，烟区烟叶质量得到明显提升，2016年，秋豌豆种植区域上等烟叶比例较其他区域提高了4.8个百分点，烟农种烟收益得到提高；三是收获后剩余的豌豆苗可用来饲养牲畜，解决了一部分青贮饲料来源问题，带动了烟区牲畜养殖，有效解决了烟区农家肥堆捂肥源问题。

表56-1　烟农毛志德2016年烟地投入与盈利情况分析表

| 种植项目 | 种植面积（亩） | 销售毛收入（元） | 现金成本投入情况 | | | | 现金纯收益（元） | 备　注 |
			物资投入（元）	人工费用（元）	土地租金（元）	合计（元）		
烤烟	30	137 678.4	22 587	16 500	14 400	53 487	84 191.4	租赁土地18亩，800元/亩，租期为1年；人工费为请工发生的费用。
秋豌豆	22	30 000	7 700	2 600	0	10 300	19 700	
小麦	8	5 700	1 920	0	0	1 920	3 780	
合计		173 378.4	32 207	19 100	14 400	65 707	107 671.4	

【主要经验】

1. 找准定位，示范带动　要立足产区的自然生产条件，找准烤烟产业的发展定位，主动发展与当地相适应的烤烟轮茬模式，提高烟地综合利用率和产出率。同时，要做大做强一个产业，要切实抓好各级示范，抓好种烟大户、示范户，进行重点培训和政策扶持，切实增强种烟大户、示范户的整体收益，通过经济杠杆带动周边烟农主动参与，从而以点带面扩大规模。

2. 主动参与，加强服务　要发展一个好的增收项目，需要稳定的市场需求和政策导向作为基础。烟后秋豌豆种植在具体实施上，以烟农自发种植为主，行业对连片推广配套一定的帮扶政策和技术指导，同时依托当地产业合作社，实行"市场＋基地＋专业合作社＋农户"的产销体系，为烟农提供产前、产中、产后服务，提高种植效益。

3. 适期种植，科学管理　秋豌豆应在白露以后开始播种，秋分前播种结束。播种太早，生育前期会受高温多湿影响，造成倒苗；播种太晚，后期干旱少雨，会造成花而不实，以至绝收。如要种植，则应选择排灌方便、不当西晒的田块，提早播种，以保证在11月底前收获完毕。播晚了，后期如遇低温霜冻，则会全军覆没，颗粒无收。

【综合点评】

"烤烟＋秋豌豆"轮茬模式是一项投资相对较少、经济回报较好的一种烟田轮茬模式，该模式的推广应用，可在增加烟区农民收入的同时，实现对冬闲烟地的综合利用，提高了烟地产出率，取得较好的社会经济效益。已逐步发展成为烟区农民增收致富的又一大特色产业。

（联系人：甘勇，联系电话：13982332291）

案例57

云南文山丘北烤烟生长后期套种红萝卜

【项目背景】

　　丘北县土地资源相对短缺，这是目前当地农村经济社会发展不可回避的矛盾。合理规划、科学利用土地、减少土地资源浪费、提高土地利用率一直是丘北县促进农业发展不断研究与探讨的问题。近年来，丘北烟区为提高烟苗移栽成活率，促进烟株早生快发，由原来的常规移栽（移栽期4月25日至5月10日）改为膜下小苗移栽（移栽期在4月10日至25日）。这样的栽培方式，合理避开了5月初高温干旱的影响，具有节约育苗成本，错开发病高峰，促使烟苗早生快发和提高烟叶产量、质量等优点。而缺点主要是烤烟地块不能种植小春作物，降低了土地利用率。

　　以丘北县荣华种植农民专业合作社为例。该合作社每年都租赁几百亩土地种植烤烟，地租1 000元/亩（其中种小春季300元/亩、种大春季700元/亩）。由于种小春占地时间长，严重影响烤烟大田预整地及移栽节令，导致烤烟产量、质量下降，种烟收入明显减少。因此，为确保烤烟按节令移栽，种烟地块不再规划种植小春作物。丘北县荣华种植农民专业合作社对种烟地块套种进行积极探索，不断寻找适合多

数烟叶收获后种植的作物，经过不断的实践摸索，发现套种红萝卜能有效提高土地利用率，增加经济收入。

　　通海紫萝卜又称红萝卜，为通海县特有品种，其外形钝圆，直径10厘米左右，长15～25厘米，最大的2公斤，平均重约0.5公斤，是一种无毒、无害、含红色素较高的天然植物。红萝卜的主要用途是用于果味型饮料、糖果、配制酒、果酱、调味类罐头、蜜饯、糕点、冰淇淋、冰棍、果冻等的着色。通海萝卜红为高品质的萝卜红色素，是国际公认的食用着色剂的单项冠军。

【发展思路】

在不影响膜下小苗烟按节令移栽和正常生长的情况下，利用烟后土地套种其他作物，进行烟田开发利用，充分提高土地利用率，增加烟农经济收入。

【主要做法】

在烟叶采收临近尾声时，在原有烟墒上套种红萝卜，充分利用土壤剩余肥力，提高土地利用率，减少种植红萝卜的成本，增加农户收入。

红萝卜种植时间一般是在每年9月中旬，即在烤烟中下部烟叶采收后，将杨氏红萝卜籽条播在烟墒上。种植过程中严格控制肥料使用和农药施用。大田生长时间为120天左右，到12月底开始采收。采收时红萝卜皮红、心红、无须根，顶端及根部见红心。在烟墒套种红萝卜的主要优点：一是充分利用了烟地起垄的有利条件，减少了单独种植红萝卜需重新整地起垄的用工成本；二是可充分利用烟地残留的肥料，减少肥料成本。云南通海杨氏天然产物有限公司是云南省政府部门重点扶持的农业产业化龙头企业之一，已通过了ISO 9001质量体系认证、HACCP体系认证、KOSHER—犹太食品认证、"通海萝卜红"原产地标记注册，成为我国第一家拥有天然色素"原产地标记注册证"的生产企业。丘北县荣华种植农民专业合作社与云南通海杨氏天然产物有限公司签订萝卜种植收购合同，由合作社统一育种、统一供种、统一生产、统一销售。

【主要成效】

红萝卜在烟叶生产后期进行套种，不但充分利用了土壤剩余肥力，节约了种植成本，同时还提高土地利用率，促进农户增收。丘北县荣华种植农民专业合作社2016年种植红萝卜面积300亩，种植成本640元/亩（其中：种子40元/亩，化肥80元/亩，农药20元/亩，人工费200元/亩，地租300元/亩）。产量2吨/亩左右，单价900元/吨，收益1 800元/亩，纯收入1 160元/亩。种植300亩红萝卜纯收入达34.8万元。为确保种植的红萝卜销售渠道正常，从2012年开始丘北县荣华种植农民专业合作社与云南通海杨氏天然产物有限公司每年签订红萝卜种植与交售合同。五年来，该合作社共种植红萝卜1 680亩，盈利194.88万元。2017年该合作社计划带领周边烟农扩大红萝卜种植面积达1 000亩，预计这个项目将为合作社及烟农增收116万元。

【主要经验】

一是丘北县荣华种植农民专业合作社与云南通海杨氏天然产物有限公司采取"一合同、

四统一"（即与公司签订种植收购合同、统一育种、统一供种、统一生产、统一销售）的模式运行，形成"公司＋农户＋基地"的产业化运行机制。

二是合作社通过与农业产业化龙头企业的合作是项目成功的关键因素，实现了合作社与公司共赢的局面。

三是为合作社及农户增收找到了一条适合的路子。种植红萝卜工序简单、成本投入小、易管理，合作社及农户经营风险小、利润高，收益有保障。

【综合点评】

该项目充分利用烤烟种植及红萝卜种植的技术特点，在烤烟大田生产末期套种红萝卜，充分利用烟地整地起垄及肥料残留多的特点，实现了120天时间每亩土地增收1 160元。此外，该项目采用"公司＋合作社＋农户"的模式，保证了产品销路，具有可持续发展的特点。

（联系人：汪秋霖，联系电话：13887661039）

第四篇

农业废弃物资源化利用

案例58

贵州遵义播州合作社联合建设有机肥集制工场

【项目背景】

为提高烟地有机质成分，构筑烟地宜烟生长微生物群体，持续提升遵义烟叶质量，播州区烟草分公司（原遵义县分公司）于2010年开始探索酒糟有机肥积制工作。2012年，在全区全面推广，由辖区10个烟农专业合作社分别成立了21个酒糟有机肥积制点。这种分散生产方式，在管理、技术标准和商品质量上存在以下不足之处。

1. **原材料成本偏高** 由于酒糟原材料的货源每年都存在期间性缺乏，个别酒糟供应商囤货居价，恶意抬高酒糟原材料价格，为获取酒糟原材料，各合作社之间恶意竞争，增加了原材料采购成本。

2. **技术、管理人才薄弱** 由于各合作社人员多为农民，大部分有机肥积制点没有专业的有机肥生产技术人员和管理人员，导致有机肥生产技术标准不一。

3. **环节、成本监管困难** 由于有机肥集制点面散、点多，烟草公司技术人员数量有限，无法有效地对所有积制点开展质量、环节、成本、资金等方面的监管。

4. **成品有机肥质量参差不齐** 个别集制点生产出的有机肥出现水分、酸碱度超标、成熟发酵未完全等现象。

5. **烟农反响不一致** 由于个别质量问题，烟农对有机肥的反响不一致，甚至出现个别烟农要求退货的现象。

6. **生产效益低下** 由于分散生产，采购原材料成本、物资成本、用工成本等无法得到有力监控，成品有机肥生产成本较高。

7. **生产场所及设施较落后** 生产场地多选在远离村寨、人群密集的区域，交通条件较差，场地较小，设施设备落后，都直接导致的生产成本加大。

【发展思路】

紫星有机肥工场由原遵义县7家烟农专业合作社围绕"烟农合作社自筹＋地方政府扶持＋行业政策补贴"的筹资模式，按照"政府组织、烟草指导、筹资共建、政策补贴、综合使用、效益共享"的原则筹建，原遵义县、马蹄镇两级政府协调工场建设用地31.5亩，由烟草部门按积制有机肥生产要求指导设计。

工场建设资金由三部分组成：一是7家合作社利用经营利润及合作社基础设施维护基金自筹资金242.57万元、贷款300万元；二是原遵义县政府补贴30万元；三是烟草部门依托国家烟草农机具补贴政策，补贴146万元用于购置有机肥翻堆、粉粹、包装等相关机具。上述投入折合资金共计718.57万元。

【主要做法】

1. 生产情况　工场规划年生产能力3万吨，其中，供应本县烤烟自用1万吨，辐射周边县烤烟使用1万吨，辐射大农业生产使用1万吨。2017年规划生产有机肥1.5万吨，供本区域内烟地施用1万吨，0.5万吨供茅台集团有机高粱种植施用。目前，工场已完成烤烟用1万吨的有机肥生产，6月前完成有机高粱施用的0.5万吨的有机肥生产。

2. 管理模式

（1）实行管委会监管下的场长负责制。工场由7家合作社共同拥有、共同管理，依据出资比例计算股份。7家合作社共同成立工场管理委员会（委员由7个合作社理事长担任），由管委会聘请职业管理人为工场场长，实行管委会监管下的场长负责制。管委会为决策机构，场长为经营管理主体，实现了决策与经营分离，最大程度避免了管理疲软及资金腐败的隐患发生。除场长外，聘请1名副场长、1名出纳兼综合管理员、1名兼职会计、3名技术员及6名服务管理员。

（2）实行全面预算管理制度。由场长率领的经营团队结合当年的原材料价格、运输费用、人工费用、能源费用等进行综合测算，按照有机肥生产的环节分别测算"年度有机肥生产环节资金预算"，通过管理委员会审批后严格按预算执行。通过此举，极大地降低了工场运营管理的成本。

（3）优化有机肥生产流程。通过整合统一生产后，优化了有机肥生产的流程。根据工场分区及加工流程，配备了起吊航车、轨道式翻抛机、大型履带式翻堆机、一站式传送带、全自动包装生产线等机具设备。从传统的生产工艺流程转变为自动化的生产流程，即"原料堆置—原料混配—堆置发酵—成品包装"。将传统生产有机肥采取的条式翻堆发酵流程，优化为槽式有氧发酵，利用8个槽式发酵

区和轨道式翻抛机实现了全自动不间断翻抛发酵。同时利用一站式传送带将酒糟等原材料、混配料、堆置料、成品料分别自动传送到相应的区域。流程优化大大降低了有机肥生产的人工成本，将传统分散的有机肥生产吨均用工2.5个减少到1个，目前整个工场生产人员只有11人。

（4）实行有机肥生产全程质量监控。从原材料采购验收、生产全环节监控到成品有机肥质量检测，烟草公司派驻技术推广站专人负责质量监控，按照每个批次不定点取样30斤的抽验比例进行随机抽样检验，并在工场配置检测室，实时监控有机肥生产质量。成品有机肥生产完成，由工场检测室初检合格后交市质监局进行复验，复验合格并取得检测报告方可对外销售。通过烟叶的质量监控，确保有机肥成品质量过硬。每年11月左右，烟草公

司还协调工场面向全体烟农开展有机肥质量反馈调查，实时收集烟农对有机肥质量、价格、施用标准的意见及建议，帮助工场循环改进有机肥生产相关环节及关键技术。

【主要成效】

1. 有机肥生产成本降低　通过统一有机肥生产，杜绝了酒糟原材料的恶意竞争，从根源上降低了原材料采购成本，除运输费用涨价因素外，酒糟原材料平均采购价格由214元/吨降低到193.8元/吨，按照3万吨的采购计划量测算，减少酒糟原材料采购费用约60.6万元。通过工场生产流程自动化改造及大型机械设备的配置，成品有机肥生产每吨用工量从原来的2.5人/吨降低到1人/吨，按照3万吨的成品生产计划量、100元/人的劳务用工费用测算，减少人工成本约450万元。

2. 过程管控、财务监管有力　通过统一生产，各环节的运行、成本、痕迹记录、财务手续都实现标准统一、手续合规、记录完善，杜绝了违规、不合规、操作不当等现象发生。

3. 成品有机肥质量得以保障　统一生产后烟草部门专业技术人员全面实施质量监控，可实现多批次随机抽验，可统一开展两级质量检测。2016年，该工场生产出的成品有机肥通过市质监局检测，各项指标均在标准范围内，其中水分（游离水）含量26.2%（标准要求≤30%），有机质含量92.8%（标准要求≥45%），总养分含量6.1%（标准要求≥5.0%），pH7.4（标准要求5.5～8.5）。

4. 生产效益得以提高　由于统一生产后生产成本得以控制、质量提升，烟农反映良好。工场2016年有机肥生产效益得到提高，生产成品有机肥9 355.8吨，总产值为654.906万元，实现效益140.337万元。2017年按照生产3万吨的规模测算，其中2万吨为烟农施用，收费700元/吨，1万吨供大农业施用，收费900元/吨，预计可实现产值2 300万元，可实现效益650万元。按照效益

共享的分红模式，7个合作社将分配年盈利的80%，约520万元。合作社按照分红原则将为烟农社员实现返利约416万元，按照2016年总社员4 386人来测算，为烟农实现人均增收948元。

5. 社会满意度提升　通过建设紫星有机肥积制工场，解决了部分社会就业问题，培育了一批有技术、有管理能力的农村技术人才和管理人才。有机肥普及大农业，特别是茅台集团的有机高粱种植，明显提高了农田土壤的有机质含量，提高了经济作物的产量、质量。工场盈利分配后利润合法上交税款，增加了地方政府的税收。有机肥质量提升，为烟农提供了一个质量保障，为烟叶生长提供了重要基础，为烤烟产业的持续提升创造了条件。工场的建立运行真正实现了党政满意、烟农满意、产业稳定的三赢局面。

【主要经验】

1. **创新的组织模式**　以合作社为实施主体，全面负责工场筹建、运营；由于职能因素，地方政府协助土地、电力、交通等方面的协调、建设；烟草部门按照政策补贴投入相关生产机具，切实解决了合作社难以解决的困难。

2. **切实可行的筹建方式**　探索形成了"政府组织、烟草指导、筹资共建、政策补贴、综合使用、效益共享"的筹建运行模式，有效推动了项目落地运行。

3. **有效的管理手段**　通过合作社管理的经验，从管理、运营、财务、物资等各方面进行有效管理，使工场从上到下整个环节都实现了有效管理，全面推动了主业发展。

【综合点评】

原遵义县7家烟农专业合作社按照"政府组织、烟草指导、筹资共建、政策补贴、综合使用、效益共享"的模式建设的紫星有机肥工场，解决了烤烟有机肥分散作坊式生产，粗放管理、质量难以保障等一系列问题。工场的建立运行真正实现了党政满意、烟农满意、产业稳定的三赢局面。建议利用现有设施逐步开展有机无机复合肥生产、育苗基质加工等项目。

（联系人：颜杭，联系电话：18008528288）

案例59

湖北恩施发展烟秆生物有机肥循环产业

【项目背景】

恩施烟区因多年来长期对土壤的掠夺性使用和大量使用化肥，导致部分土壤有机质下降退化、酸化板结、病害严重，部分严重的烟区甚至出现大范围死烟情况，烟农种烟收入锐减，种烟面积萎缩。植烟土壤问题成为烟叶产业可持续发展的突出障碍。对此，我们坚持直面问题，精准发力，以烟草秸秆生物有机肥研发和推广为重点，大力实施土壤修复和保育工程，创新发展"烟草秸秆—生物有机肥—烟叶种植"的生态循环产业，推动了烟叶产业绿色发展。2008年，在省烟草专卖局统一领导下，恩施土家族苗族自治州烟草专卖局（公司）、湖北省烟草科学研究院、华中农业大学联合开展研究，正式启动了"烟草秸秆生物有机肥研制与产业化应用"项目。通过三年多的科技攻关，该项目终于在烟草秸秆木质素、纤维素降解、烟碱降解和生防抗菌系列功能菌筛选等关键技术上取得关键性突破，并进一步利用瞬时蒸气爆破技术处理烟草秸秆，实现高温消毒与快速发酵一体化。2014年，该项目荣获中国烟草总公司年度科学技术进步奖一等奖，为开发多元烟草秸秆生物有机肥打下坚实的工作基础。

【发展思路】

为实现加快成果转化运用，我们坚持合作共赢理念，搭建合作平台，充分发挥各方优势，构建了以烟草行业多元化投资企业为生产主体、"清江源"科技园区为研发平台、科研机构为技术支撑、烟农合作社为合作伙伴的"产、学、研、社"产业化开发模式，实现科研成果"由点及面"快速转化，实现烟草秸秆生物有机肥的产业化。

【主要做法】

1. **社企合作开展烟秆回收和加工**　坚持统分结合的理念，烟草秸秆的回收利用由恩施州公司多元化投资企业——鄂西卷烟材料厂与鹤峰燕子、恩施城郊、宣恩晓关、利川柏杨、利川汪营基地单元烟农专业合作社签订烟草秸秆收购加工协议，由各基地单元合作社负责烟草秸秆的田间回收和粉碎初加工，再将这些经过初加工的秸秆集中运输到生物有机肥生产点生产成品，有效破解了烟秆"收集难""运输难"等问题。在田间回收环节，按照50元/亩向烟农回收烟草秸秆；在收集、运输、粉碎环节，按400元/吨向烟农合作社支付服务费用；在成品加工环节，生物肥成品每吨出厂价格在1 500元左右，最高产值可达6 000万元。

2. **优化有机肥生产加工点线布局**　恩施州已形成"一厂四线六点"的烟草秸秆生物有

机肥生产布局，年生产规模可达3万余吨，年处理烟草秸秆2万吨。其中，"一厂"即清江源科技园区望城坡生物有机肥厂（生产、研发、检测中心）；"四线"即利川汪营、鹤峰燕子、恩施双河、宣恩晓关四条生产线；"六点"即全州在烟叶主产区共设6个烟草秸秆粉碎加工点，有利于减少运输成本。

3. 加强烟草秸秆生物有机肥质量监管　为保证产品质量，我们在继续与科研院所进行合作的基础上，技术中心将烟草秸秆生物有机肥的后续研发、工艺路线优化、田间应用效果评价、产品质量监管作为重要工作内容，成立了微生物实验室。同时，加强质量全程监管，重点把控好烟草秸秆高温消毒关、烟碱充分降解关、秸秆充分发酵关和产品质量检测分析关，以保证产品质量，服务烟叶生产。产品获得了农业部生物有机肥和省农业厅有机肥产品登记证。

【主要成效】

全州大力推进烟草秸秆生物有机肥的研发和产业化开发，从2012年起开始大面积示范推广，到2017年累计推广烟草秸秆生物有机肥面积达203万亩，累计用量9.5万吨，涉及烟农2.7万户，推动烟区走上了一条"低碳烟草、清洁生产、循环农业"的可持续发展新路。

1. 提质增效促烟农增收　一是烟农种烟亩均效益增加。尤其是烟草秸秆生物有机肥的有机质含量达到60%以上，pH约为8，改善土壤团粒、提高土壤有机质含量、实现土壤保育或修复的效果明显优于其他畜禽类生物有机肥，对于缓解烟区土壤酸化有非常积极的作用。经感官评吸比较，施用烟草秸秆生物有机肥可以改善烟叶香气质、减少杂气、余味更加舒适，工业可用性进一步提高。根据对施用烟草秸秆生物有机肥推广示范区与非示范区烟叶亩产值综合统计分析，2012—2016年，项目推广使烟农收入累计增加达2.48亿元，其中，亩均产值增加204.47元，减去增加的肥料成本67.5元和运输及人工费用15元后，亩效益增加值为121.97元。同时，企业利润累计增加1.1亿元，政府累计新增税收0.41亿元；减少CO_2排放9.83万吨，效益0.26亿元，产生综合经济效益共计约3.1亿元。二是回收秸秆为烟农增加了收入。通过合作社按照50元/亩的补贴回收秸秆，每年可直接为烟农增收600万元。目前已累计补贴烟草秸秆收集款3 500万元。三是为当地农民增加打工收入。通过拓展延伸产业链条，为当地农民提供1 000余人短期或长期就业，人均收入可达3 000元。

2. 降本减害助烟农降本　一是减少化肥用量。经试验示范，烟草秸秆生物有机肥可以替代30%～50%的化学肥料用量，在生产中按30%烟草秸秆生物肥+70%化肥的总氮替代比例可大量减少化学肥料的施用，一年可以减少烟草专用复合肥（含氮8%）用量约7 500吨，减少化学肥料投入成本220多万元。同时，烟株从土壤中吸收的矿质元素，尤其是中微量元素，以生物有机肥的形式"取之于土、用之于土"，提高了土壤矿质元素的含量，实现了生态烟草、清洁农业。二是减少根茎部病害。2010年以前，由于土壤酸化，烟叶根茎部病害严重，全州烟叶根茎部病害发生比例达2%左右，少数重病区甚至高达10.8%。通过近几年持续施用烟草秸秆生物有机肥，根茎部发病程度明显降低，全州烟叶根茎部病害发生比例控制在1%以内。尤其是在原根茎部病害多发区，烟农防病用药从90元减少为30元左右，累计减少农药直接费用1 800多万元。

【主要经验】

1. 构建切实可行的产业化模式 精心构建"产、学、研、社"产业化开发模式，不仅有效解决了烟秆收集难、处理难、降解难等问题，加速了烟草秸秆生物有机肥的产业化推广，同时也有助于化解恩施烟区土地修复难题，有效促进了烟农及当地农民增收。

2. 合理制定配套投入扶持政策 根据当年烟叶生产计划、烟区布局及烟农需求情况，制定烟草秸秆生物有机肥生产推广计划，在生产投入中适度补贴，并采用平衡施肥配方，引导烟农合理使用，为烟秆生物有机肥产业的可持续发展打下良好基础。2017年，州公司制定了烟秆生物有机肥1 150元/吨的推广补贴政策，全州共推广生物有机肥1.6万吨，当年种烟面积实现全覆盖。

3. 积极发展烟叶适度连片规模化种植 确保烟农有一定的户均种植面积和规模效益，保障烟区和烟农队伍相对稳定，同时要有便利的交通条件，便于烟秆的回收和有机肥的外运，有利于降低生产成本和销售价格。

【综合点评】

恩施州在推广烟草秸秆生物有机肥产业化过程中，有效把握关键核心，破解烟草秸秆生物有机肥发展难题，以问题定思路，以科技研发定产品，构建了以烟草行业多元化投资企业为生产主体、以"清江源"科技园区为研发平台、以科研机构为技术支撑、以烟农合作社为合作伙伴的"产、学、研、社"产业化开发模式，实现了"烟农增收、企业增效、财政增税"目标。

（联系人：谭志平，联系电话：13907263559）

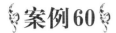

贵州毕节利用废弃酒糟生产优质有机肥

【项目背景】

金沙县是毕节市优质烟叶产区，2010年以来在探索有机烟生产方面取得了突破，全县常年种植有机烟叶面积1万亩以上，收购有机烟叶2万担左右，需有机肥5 000吨以上。由于目前采购商品有机肥价格高、运输费用大，使金沙县有机烟叶生产成本过高，不利于有机肥大面积大量施用，影响了烟农种烟收入增加，不利于金沙县有机特色烟叶的发展。与此同时，毕节市全面推进山地生态有机烟叶生产，要求施用大量的有机肥，以逐步替代化学合成肥料，改善烟田环境，提高烟叶质量。

金沙县境内酒厂众多，酒糟资源十分丰富。全县酒糟资源近20万吨，其中离金沙县城20千米处的大水窖酒厂酒糟年产量近10万吨；中国酒都茅台镇与金沙县仅60千米距离，镇上有上规模白酒企业千余家，酒糟年产量50万吨以上。以白酒工业废料酒糟为主要原料，通过生物发酵技术生产优质酒糟有机肥，是变废为宝、节能环保的项目。大力发展酒糟有机肥，能降低有机肥施用成本。为烟田提供稳定的有机肥来源，是确保全市有机烟生产和山地生态有机烟叶持续、健康、稳定发展的基础。利用废弃酒糟生产有机肥为促进烟农增收找到了新的方法和路径。

2013年以来，金沙县加孟烟农专业合作社在贵州省烟科院、毕节市、金沙县烟草公司的支持下，开展了酒糟有机肥生产试验和试生产工作，进行了发酵菌剂筛选、配方优化、生产线组建等前期工作。试生产的酒糟有机肥在总养分含量、有机质含量等方面，均达到甚至超过商品有机肥相关数据指标。

【发展思路】

1. **指导思想**　深入贯彻"创新、协调、绿色、开放、共享"的发展理念，以降低烟农种烟成本、增加烟农收入为目的，打造优质环保的酒糟有机肥产品，为全市烟叶生产增加有机肥施用量奠定基础，确保烟叶产业持续、健康、稳定发展。

2. **发展定位**　建立酒糟有机肥工业生产线，不断优化生产流程，稳定产品质量，逐步增加产出规模，建成毕节市年产3万吨以上的有机肥生产基地，为全市烟叶生产提供质量稳定、价格实惠的有机肥产品。

3. **实施方式**　以烟农专业合作社为生产管理平台，借助烟草部门政策和技术支持，整合各方资源，建立完善现代化的酒糟有机肥生产线，按现代企业管理制度进行生产经营管理。

4. **实施步骤** 2013年，开展酒糟有机肥生产试验，筛选菌剂，优化配方，形成较为稳定的生产配方。2014年，构建酒糟有机肥生产加工工艺，初步形成酒糟有机肥生产线。2015年，进一步优化酒糟有机肥生产加工工艺，提高有机肥生产效率，创新使用有机肥生物质原料，降低有机肥生产成本。强化质量监控，提高有机肥产品品质，稳定酒糟有机肥生产质量。2016年进行生产线改扩建工作，不断提升和优化产能。

5. **预期目标** 2017年生产酒糟有机肥3万吨，2018年生产酒糟有机肥3.5万吨，2019年生产酒糟有机肥3.5万吨，2020年生产酒糟有机肥4万吨。有机肥生产实现年产值4 000万元以上，每年为烟农年节约生产成本1 600万元以上。

【主要做法】

1. **以烟农专业合作社为平台，完善运行机制** 2013年9月下旬项目启动，金沙县加孟烟农专业合作社聘请能力较强、经验较丰富的烟草员工参与项目建设和组织管理工作。合作社在烟草部门的帮扶下，加强财务管理，强化成本控制，规范经营，合理定价，确保酒糟有机肥项目的顺利开展。

2. **明确技术路线，不断优化生产技术方案** 在贵州省烟科院的指导帮助下，金沙加孟烟农合作社设计和优化了酒糟肥生产配方和各项操作规程，明确了各操作环节的责任人。酒糟有机肥生产效率大幅提升，产品质量稳步逐年提升。

3. **完善设施配套，有序推动项目进展** 酒糟有机肥厂配套的相关附属设施，从2014年年初开始设计建设，年底完工投入使用，共建设彩钢棚9 300米²，硬化地面10 000米²。至2014年底，有发酵车间15 000米²；后续发酵及包装车间6 000米²，库房15 000米²。同时，在省烟科院技术人员的指导下设计了一条19.8米长的粉碎—分筛—称重（包装）自动化生产线，先后购置了翻抛机2台、中型铲车2台、大型铲车2台、转运车1辆，设备总投资196万元，实现了全程机械化作业，提高了酒糟有机肥生产效率，降低了成本，提升了酒糟有机肥市场竞争力。

【主要成效】

1. **酒糟有机肥产量逐年增加** 2013—2014年，生产酒糟有机肥3 522吨，销售价900元/吨，销售收入316.98万元，成本为747元/吨，实现毛利53.89万元。

2014—2015年生产酒糟有机肥14 810吨，销售价900元/吨，销售收入1 332.9万元，成本为794元/吨，总成本1 175.91万元，实现毛利156.99万元。

2015—2016年实现销售酒糟有机肥18 500吨，销售价1 200元/吨（含142元/吨运费），销售收入2 220万元，成本为974元/吨，总成本1 801.9万元，实现毛利155.4万元。

2016—2017年已完成生产15 700吨，销售价1 050元/吨（含150运费），年底可实现销售收入2 113万元，成本为974元/吨，总成本1 846万元，实现毛利267万元。

4年来累计生产酒糟有机肥5.98万吨，实现销售5 982.9万元，毛利633万元。

2.产品质量获得一致认可　金沙县加孟烟农合作社所生产的酒糟有机肥产品，经省市质量技术监督部门检测，各项指标均符合《有机肥料》（NY 525—2012）标

准，且其中主要指标优于国家标准。从2013年11月以来，有四次省级酒糟有机肥现场观摩会均设在加孟农业专业合作社酒糟项目部。合作社2014年12月23日加入贵州省有机（类）肥料产业技术创新战略联盟。

3.烟叶质量持续改善，烟农收入不断增加　由于酒糟有机肥项目的成功实施，近年来，毕节市所有烟区全面推广酒糟有机肥施用技术，特别是在金沙的有机烟叶生产区全部使用酒糟有机肥，烟区的土壤环境得到了充分改善，土地产出效率得到提高。通过田间对比实验显示：增施酒糟有机肥能增强烟株的长势，株高增高、茎围增粗、叶面积增大，烟株农艺性状大幅改善；同时，增施酒糟有机肥能降低烤烟气候斑点、花叶病的发病率。以酒糟有机肥部分取代化肥生产烤烟，每亩增加产量25公斤，烟叶质量明显提高，化学成分更趋协调，每担烟叶可增加收入200元左右，烟农每亩增加500元收入。同时，金沙酒糟有机肥由于就地取材、流通环节少，故成本较低，销售价格每吨较其他有机肥低300元左右，每亩直接为烟农减少肥料投入30元左右，4年来为烟农节约烟叶生产投入成本1 570万元，取得了良好的社会效益和经济效益。

【主要经验】

1.壮大合作社发展实力　通过烟农专业合作社平台，依靠烟草部门大力支持，争取各方扶持政策措施，组建酒糟有机肥生产线，有效化解了项目风险。同时，利用烟农合作社酒糟有机肥项目年度收益，不断改善酒糟有机肥生产工艺，改造生产线，提高了酒糟有机肥生产效率和产品质量的稳定性，使有机肥生产进一步步入良性发展轨道。全面壮大了合作社经济实力和业务能力，更好地为广大烟农提供服务。

2.增强合作社持续创新能力　金沙县加孟烟农专业合作社的酒糟有机肥生产，在项目开展之初，在生产经营管理中，就积极引入标准化管理和精益管理的方法和手段，鼓励生产技术人员开展技术攻关，开展技术创新，提高生产效率，降低生产成本。通过采用此项课题技术，每个批次酒糟有机肥发酵周期可缩短5天，每吨降低成本25元。同时，为确保酒糟有机肥产品质量不断提高，金沙县加孟烟农合作社聘请南京农业大学专家作技术顾问，紧密依靠高校和科研院所的技术支持，不断提高产品的科技含量。

3.综合效益显著　一是通过使用酒糟有机肥种植烤烟，烟农每亩可以增加500元收入。4年来为烟农节约烟叶生产投入成本1 570万元，同时合作社实现了近千万元的毛利，经济

效益显著。二是通过发展酒糟有机肥产业，全面实现"变废为宝、循环利用"的目标。在充分彰显烟草行业勇于承担社会责任的同时，社会效益也十分显著。

【综合点评】

金沙的酒糟有机肥，由于严格控制了生产工艺流程，配方科学合理，因此产品质量稳定。特别是酒糟有机肥在金沙有机烟产区的连续施用，金沙烟区的土壤环境得以改善，目前金沙烟区的土壤呈现良好态势，金沙县有机烟叶已经成为国内强势品牌。该项目带动金沙县烟农持续增收，推动毕节山地生态有机烟叶快速发展。但随着工业化的进程，烟叶生产的外部环境在不断变化，因此还应该不断探索，不断提升酒糟有机肥的品质，例如在现有的酒糟有机肥中添加生物炭等，以提高有机肥的利用率，适应不断变化的新形势的需要。同时不能仅局限于烟草使用，可以延伸、扩展到大农业领域。

（联系人：胡如忠，联系电话：13985366182）

四川泸州开展生物酒糟有机肥生产

【项目背景】

1.有机肥施用是提升土壤综合肥力的客观需要　基于土壤生物修复理论，生物有机肥能持续供给作物必需的多种营养元素，促进土壤微生物活动，增强土壤酶活性，既能营养烟株刺激生长，又能提高土壤养分的有效性，是一种提升土壤综合肥力、促进土壤永续利用的有效途径。

2.有机肥施用是满足质量特色需求的现实需要　有机肥可显著改善烟叶品质、提高烟叶可用性，特别是在降低烟碱含量、增加烟叶香气量、减少杂气和刺激性等方面作用明显。施用有机肥是持续改善烟叶质量特色、满足工业需求的良好选择。

3.有机肥开发是促进资源循环利用的重要途径　开发酒糟生物有机肥，既能让酒糟"变废为宝"解决环保问题，又能为烟叶提供生物有机肥，减少化肥用量，降低生产成本，提高种烟收益，实现资源的循环利用。

4.有机肥施用是提高烟叶安全性的重要措施　烟叶安全的核心和重点是控制重金属、农残。控制重金属和农残的有效途径是控制外源污染。增施有机肥能减少化肥摄入，减少农药施用量和次数，最终可实现烟叶的清洁生产，获得良好的生态发展。

【发展思路】

立足于泸州酒业发展带来巨量酒糟资源的实际，开展"走出去"学习调研、"请进来"论证指导，在酒糟生物有机肥的开发与利用上，推举措、谋发展、促成效，实现有机肥开发"从无到有"、生产能力"从小到大"、保障水平"从弱到强"蜕变发展。

1.完成酒糟生物有机肥的系统研制　酒糟是酿酒的附属产品，是高粱、玉米、稻米等酿酒的剩余物，含有较多营养物质，可直接用于生产生物有机肥。2013年底，合作社组织赴贵州、云南、重庆、湖北等地考察，立足资源本地利用，提出酒糟生物有机肥的开发和利用项目。经过多次物料比选和配方，确立以酒糟为主料，以赶黄草、秸秆、米糠、锯末粉、石灰、菌剂等为辅料的物料配方。该配方充分发酵混配后呈细粉状，产品总养分含量、有机质含量大大高于农业部行业标准（NY 525—2012）。2015、2016年，兰乡烟农联合社分别生产酒糟生物有机肥2 567吨、7 300吨，有效满足了优质烟叶生产对有机肥的需求。

2.探索酒糟生态有机肥生产工艺　立足引进吸收再创新，兰乡烟农联合社采用高效生物转化技术和"条垛式"翻堆发酵工艺生产有机肥。该有机肥具有"投资少、起温快、成肥快、产量大、损失小、无害化"等优点。对生物菌剂、pH调节剂的使用做出相应调整，形成一套符合泸州温湿条件的发酵和加工工艺。选用一种高效复合微生物菌剂（速腐宝），将酒糟与辅料混合后均匀拌入菌剂，翻堆发酵20～25天后将物料移出晾干，添加多抗菌制剂和N、P、K元素转入二次发酵包装。通过摸索和创新，具体形成了包括从混配、发酵、分筛、成品、调运等11个环节的加工工艺，形成了从物料混配、建设条垛、发酵、后熟、粉碎、过筛、成肥等9个环节的发酵工艺。

【主要做法】

将酒糟生物有机肥的开发和利用纳入年度重点工作内容，切实有力地抓好"四项措施"，推动在管理、投入、产业、服务上的"四个创新"，有效地保障了酒糟生物有机肥项目顺利推进、取得成效。

1. **加强组织领导，推动管理创新** 建立"行业＋合作联社＋合作社"的联合管理模式，行业为有机肥生产提供资金、场地等支持，合作联社具体负责生产和销售，合作社负责与联社对接，为烟农提供物资、技术服务。行业落实专人脱产牵头发展合作社，负责生物有机肥开发与产品的加工销售，实现"能人带领、能人治理、能人推进"。合作联社专门成立酒糟生物有机肥加工厂，下设生产组、包装组、机械设备管理组等，配置厂长、财务、仓管、车间、技术、质检、包装、翻堆、粉碎等人力近50人。建立了18项内部管理制度并严格落实，在管理层面为酒糟生物有机肥开发奠定了坚实基础。

2. **加强政策扶持，推动投入创新** 增施有机肥对于提高烟叶质量、彰显风格特色具有

重要作用。加大政策倾斜和扶持投入是促进有机肥产品落地应用的重要途径。一是加大对合作社扶持力度。为酒糟有机肥开发注入启动资金210万元，用于专家咨询、设施采购、原料采购等工作，解决了合作社启动资金缺乏的实际问题。二是加大对烟农扶持力度。将生物有机肥纳入产前投入物资补贴，作为肥料配方套餐供应，每亩配套25公斤收取烟农10元钱。通过资金优惠、效果对比、效益算账，烟农对效益的增加看得见、摸得着，使增施有机肥成为烟农的自愿选择、自觉行为。

3. **利用本土资源，推动产业创新** 利用本土资源能大大提高资源的利用效率，降低物资采购和运输成本。利用酒糟生物有机肥开发，拉长酒业产业链条，实现了资源循环利用创新升级。酒业是泸州经济发展的支柱产业，全市大大小小的酿酒厂达数百家，在巨量美酒产出的同时，酒糟所带来的生态环境问题也越来越严重。2013年以来，兰乡烟农联合社与古蔺郎酒厂多次接洽，共同商讨酒糟综合开发课题，最终选定利用酒糟开发生物有机肥并取得成功。通过"政企合作、企企合作"，酒糟生物有机肥开发工作快速推进，实现了酒糟资源的"变废为宝"，赋予废弃资源新的活力，既能提供优质有机肥来服务烟叶生产，又能循环利用资源解决环保问题，带来了显著的生态效益、社会效益和经济效益。

4. 推进模式升级，推动服务创新 积极推进烟农合作社的管理模式、服务模式、经营模式的"三个创新"，增强合作社建设、服务烟叶的"两个能力"，提高酒糟生物有机肥开发与利用的"一个水平"。在管理模式上，提出"1+N"的合作社管理模式，组建兰乡合作联社统一管理全县17个烟农合作社。在服务模式上，兰乡合作联社直接服务于其他烟农合作社，满足其业务发展需求。在经营模式上，坚持"以烟为主、多种经营"的原则，其业务拓展到物资代购、物资运输等业务。在有机肥生产和供应上，17个合作社统计烟农物资需求并报送至兰乡合作联社，由兰乡合作联社负责酒糟生物有机肥的生产和包装。兰乡合作联社直接承担有机肥运输业务，根据路程、路况状况科学制定价格。通过科学定价和优质服务，大大提高了物资到位效率，简化了招投标程序，为烟用物资运输方式的改革提供了参考。

【主要成效】

1. 大幅降低有机肥采购成本和烟农物资成本 制约产品价格降低的重要因素是资源价格。对泸州而言，酒糟资源是开发生物有机肥进而降低有机肥成本的重要条件。我们坚持"以需定产、订单生产"的原则，高效配置设施设备，合理安排生产车间，严格环节控制，精准核算，大大降低了生产成本。2015年，共计生产酒糟生物有机肥2 567吨，每吨成本控制在680元左右，比全省采购价格低500元/吨。采用合作社生产供应的酒糟有机肥，烟农有机肥成本降低15元/亩，户均物资成本投入降低255元以上，烟农总成本减少190余万元。

2. 有效保证有机肥产品质量 质量是产量的前提，也是效益的基础。在工艺探索期，兰乡联合社分别将产品送至泸州产品质量监督检验所、四川农业大学进行检测。结果表明，送检的生物有机肥产品在养分含量、安全性方面表现出明显优势。产品有机质含量高，平均含量为77.5%，高于国家标准30个百分点；总养分含量高，平均含量为5.8%，高于国家标准0.8个百分点；酸碱度适宜，pH为6，适合于土壤pH呈微酸性—中性土壤上施用；安全性高，检测的各项重金属含量均显著低于国家标准。使用酒糟有机肥，烟叶生产质量明显提升，2016年全市上等烟比例达54.72%，同比提升1.5个百分点，实现户均增收300元，烟农总收入增加220余万元。

【主要经验】

组织保障是基础；政策扶持是保障；减工降本是核心；产业创新是关键。

【综合点评】

烟草公司扶持兰乡烟农联合社开展生物酒糟有机肥生产，好处不仅仅体现在烟叶质量特色上做了"加法"，减工降本上做了"减法"，更重要的是这项工作立足本地资源的循环利用，通过"变废为宝"，创造了一种新的产业模式。

(联系人：张远盖，联系电话：18283060837)

❧案例62❧

云南临沧云县生产金叶有机肥

【项目背景】

近年来，省政府提出建立和完善绿色生态烟叶发展长效机制，实施推广化肥减量、绿肥种植、有机肥施用等土壤保育技术，构建病虫害立体绿色防控体系，不断提高烟叶安全。金叶合作社以此为契机，致力于发展有机肥生产使用，减少化肥使用量，降低烟农烟叶生产投入成本，有效改良土壤结构，为烟叶生产长期稳定发展打好坚实基础。通过实地调研和市场调查发现，云县有机肥生产原料资源丰富，但云县本地缺少专供烟叶种植的有机肥品牌，其他有机品牌价格较贵，且运输成本高，导致当地烟农有机肥使用率偏低，无形推高了种烟成本。研发质量过硬的本土有机肥既能满足当地烟农种烟需求，降低烟农肥料投入成本，提高烟叶生产质量，增加烟农收入，又能拓展合作社经营范围，开辟新的盈利空间。经过多方研究论证，有机肥生产项目最终被确定为金叶合作社新的投资方向。

【发展思路】

为确保有机肥项目实施，金叶合作社立足自身实际，将发展思路定位为"内强素质、紧密合作、质量求存、开拓市场"十六字方针。一是"内强素质"。为解决有机肥项目上马的资金缺口，合作社召开社员大会，向全体社员介绍有机肥项目发展前景和可观收益，统一思想，达成共识，发动全体社员踊跃入股融资，凑集220.4万元启动资金。二是"紧密合作"。以云县爱华基地单元建设为依托，主动争取湖南中烟扶持资金用于购买生产设备和技术人员聘请。三是以"质量求生存"。质量过硬是金叶有机肥赢得市场的先决条件。金叶有机肥在投产之初，要精选秸秆原料，严控制造工艺，出厂成品均委托有资质机构检验，严把产品质量关，确保有机肥有效成分达标。四是"开拓市场"。为消除烟农对金叶有机肥效用的疑虑，在权威机构质检报告的担保下，合作社实施"带头使用＋免费发放"的营销策略，金叶合作社不但在自种的烟田试用有机肥，还向部分烟农免费发放有机肥，以实实在在的效果换取烟农的好口碑，在云县市场站稳脚跟。金叶有机肥瞄准整个临沧市场，辐射服务其他七个县（区），向争创市级驰名品牌方向砥砺前行。

【主要做法】

一是"筑巢引凤"。有机肥生产基地位于云县爱华镇新城坝，占地32.4亩，厂房面积2 100m²，于2015年底竣工，现已全面投产，年产能达3 000吨以上；生产基地位于交通条件便利、又毗邻秸秆原料较为充裕的爱华镇、茂兰镇，为有机肥生产提供了有力的物质保障。二是"合作双赢"。有机肥项目初见成效之后，在县烟草公司的力荐下，邀请湖南中烟集团有关领导到云县实地考察，参观基地建设，了解项目规划。有机肥项目立项初衷与湖南中烟集团欲改良云县爱华基地单元烟田土壤板结问题的计划不谋而合，双方达成合作意向，由湖南中烟集团出资配套生产设备、派出专门人员负责设备安装和本土技术人才培训、帮助合作社推进有机肥项目深入实施，而合作社生产的有机肥优先保障云县爱华基地单元烟田使用，双方合作实现"双赢"。三是"示范引领"。有机肥基地投产后，立即着手试验示范工作，合作社在自种的200亩烤烟地划分出试验田、示范田，在产品质量检验合格后，带头尝试化肥与有机肥按比例搭配使用，取得较好效果，烟叶产量、质量均大幅提高；立足与湖南中烟集团达成的合作意向，向云县爱华基地单元2 521户烟农免费发放金叶有机肥427吨，打下坚实的群众基础，由内而外打造本土有机肥品牌。

【主要成效】

初出茅庐的金叶有机肥所占的市场份额不高，但试用过的烟农普遍反映较好，总结起来就是"实用、实惠"。"实用"，金叶有机肥质量过硬，有效成分符合国家标准，与化肥搭配使用既能满足当地烟叶生长周期所需的各种养分，还有效解决土壤板结问题。施用金叶有机肥可促进烟株根系生长、提高肥力，确保养分被吸收利用。施用金叶有机肥烟株团棵期和旺长期能促进烟叶开片，长相长势均较为整齐一致，一定程度上减少了病虫害发生，各时期农艺性状较好，在雨水较多年份保证烟株不脱肥。"实惠"，有机肥生产原料廉价，生产工序简单，加之又是本土产品，没有附加高昂的运输成本，因此销售价格较低：1吨有机肥价格为1 070元，而化肥为2 700元，有机肥的价格仅是化肥的39%，每投入一吨有机肥就等于降低13元的种植成本；增施有机肥后，烟叶亩产量、亩产值较过去增加320～473元，中上等烟比例提高4%～6%。另外，有机肥基地投产后，烟农可以向有机肥基地出售秸秆等生产原料，既增加了烟农收入，又保护了生态环境。

【主要经验】

金叶合作社有机肥生产的成功有以下几点启示：一是"敢想敢做"。上马有机肥项目对于创社不久的合作社既是机遇，又是挑战。机会与风险并存。但高谈阔论、瞻前顾后注定难成大器，认准方向、当机立断才是创业正道。合作社有机肥基地建成与其说是资本运作的典范，不如说是"实干兴邦"的有力诠释。二是"整合资源"。万事俱备对于做事创业而言，仅是理想状态，大多时候都很难尽如人意。许多现实问题和困难成为"拦路虎"。但只要发挥主观能动性，充分整合现有资源，将其功效发挥最大化，势必就能逢山开路，遇水搭桥。三是"实事惠农"。广大烟农是合作社立社之基，撇开烟农合作社将成为无本之木，无源之水，注定不能长久。要在烟农心中站稳脚跟，做实事好事是唯一出路。有机肥项目固然有商业运营的规划，但其降低种烟成本和增加烟农收入的初衷也不容忽视。金叶有机肥投入市场、占领市场是烟农对有机肥与化肥性价比反复权衡的结果，惠及烟农后得到广泛信任和支持是金叶有机肥做大做强的力量之源。

【综合点评】

合作社有机肥项目的成功实施，其积极意义有：一是降本增收。廉价有机肥的有力补充，一改过去施肥依赖化肥的局面，烟农降本增收不再是一句口号，据县烟草公司统计，施用金叶有机肥后，每亩烤烟的种植成本降幅为6.7%，增产增收3.1%，该项目着实办了一件利农实事。二是发展新模式。合作社开临沧烟草合作社发展之先河，以"第一个吃螃蟹"的精神，探索发展有机肥产业的自强之路，在项目推进实施过程中，合作社不等、不靠、不观望，将有限资源发挥到极致，巧妙借助外力实现项目预期。成型的项目既紧扣烤烟产业，不忘立社之根本，也拓展合作社经营范围，自谋创收增收新道路，为全市烟草合作社长足发展提供"云县经验"。三是责任担当。合作社有机肥基地建成后，引导当地烟农树立变废为宝的意识，以绿色环保方式妥善处理农作物秸秆，切实保护了农业生态环境，切实从侧面体现了烟草行业扎根当地、回馈社会的社会责任和担当。四是帮扶得力。烟草公司通过扶持有潜力、有技术、有作为的合作社，充分激发、调动其创新活力，转变发展理念，为云县烟叶产业摸索出一条不同寻常的自强之路。

（联系人：杨洪美，联系电话：15126525413）

案例63

四川凉山冕宁开发生态有机肥

【项目背景】

四川凉山州冕宁县位于四川省西南部、凉山彝族自治州北部。全县主要经济作物为粮食、烟叶、蚕桑等，被誉为安宁河畔米粮仓。同时冕宁县也是全州烟叶主产县。2013年，全县农业实现增加值16.83亿元，其中烟叶收购17.2万担，烟农收入2.1亿元。

冕宁县当地植烟土壤由于长年施用化肥，导致土壤肥力下降，影响了烟叶内在质量，烟农收入已渐触天花板，种植积极性也随之下降。近年来，围绕"清甜香"山地原生态特色烟叶开发规划，冕宁县在全县范围内大力实施"沃土工程"，由合作社为生产主体，集中进行有机肥及菌剂的生产，变"掠夺种植"为"补偿经营"，烟叶质量不断提升，有力推动了全国重要的战略性优质烟叶基地建设。

【发展思路】

冕宁县严格按照"诚信为本、质量为重、特色为要"的工作思路，坚定不移地推进山地原生态特色烟叶开发，重点抓实抓好生态有机肥生产各项工作，快速推进丰乐有机肥生产厂建设工作。一是打好质量基础。2014—2016年，丰乐合作社利用烘烤工场，租用挖掘机等大型设备进行生产，生产方式虽较为粗放，但产品质量比烟农自产时已得到较大提高。二是推进标准生产。冕宁县计划"十三五"期间建设有机肥生产厂一处，投资金额100万元，现已完成征地及前期勘测。建设标准化厂区及专业化设备，推进向流水线作业方式转变，努力为全州烟农提供高效有机肥及菌剂。下一步冕宁县计划生产有机肥供全州30万亩烟田推广施用。

【主要做法】

2014年以来，冕宁县大力推广有机肥、菌剂生产及施用工作。由丰乐合作社负责生产，行业参与，加强成本及质量方面的监督，丰乐合作社建立了原料采购与班组管理制度等，按班组方式管理原料采购、肥料堆腐、成品打包工作，确保高标准、高效率完成生产工作。结合有机肥厂建设，从以下几方面做好有机肥及菌剂生产工作，构建良好的产销模式。

1. 加强管理，严格控制生产成本 合作社与原料供应商达成长期合作意向，建立诚信高效原料供应渠道，降低原料采购成本，2016年共计节约175.19元/吨；同时，对生产人员采用绩效管理，对租赁机械采用计件管理，降低人工机械成本，2016年共计节约231.42元/吨。

2. 多措并举，推进品牌效益构建 一是将有机肥纳入山地原生态烟叶体系构建工作，由州局（公司）采用订单采购的方式统一购买有机肥，无偿提供给全州其余产烟县（市）烟农使用，采购费用从产前投入中列支，给予固定利润作为合作社生产的收益，按比例分配给入社社员。至2016年，行业共投入补贴资金893.06万元，合作社利润76万元。二是建立多种试验渠道，摸索有机肥在安宁河流域其余经济作物上的合作模式，创造丰乐合作社有机肥的品牌效益。

3. 产研结合，深化"紫茎泽兰有机肥"开发与推广 作为全州最为严重的外来入侵植物之一，紫茎泽兰夺取了水肥资源，严重抑制了其他植物的生长。同时，紫茎泽兰对土壤养分的吸收性强，能极大地损耗土壤肥力，严重影响了当地农、林业生产。冕宁县积极探索试点紫茎泽兰无害化处理及资源化利用，由烟农合作社将紫茎泽兰进行收割后堆沤，利用生物菌剂对其进行脱毒和无害化处理，并生产有机肥。一方面，有效控制了紫茎泽兰在当地的生长蔓延速度；另一方面，处理后的紫茎泽兰有机肥具有明显的驱虫效应，对植烟土壤害虫具有杀灭效果，实现了农业废弃物资源化再利用。2014年至今，共计生产腐熟紫茎泽兰有机肥27吨，初步实现了"废弃物—产品—再生资源"的综合循环模式。

4. 烟农受益，确保"普惠"到家 有机肥生产作为丰乐合作社多元化经营的重要组成部分，其效益是巨大的。冕宁县加大宣传，鼓励烟农以出资入股方式直接参与肥料厂的建设和生产，在有效解决生产成本缺口的同时，让烟农直接参与日常管理和分红，从根本上做到"普惠"到户。2016年，社员共入股2万元，社员额外分红0.19万元。

【主要成效】

2014年以来，丰乐合作社共计生产有机肥5 216吨、生产菌剂601吨，全州6个产烟县（市）供给施用面积为有机肥3.48万亩、菌剂60.1万亩。

1. 改善土壤肥力，夯实土壤保良 通过施用农家肥和有机肥，有效改善了土壤团粒结构，提高了土壤有机质含量，使每亩烟地减少烟草专用复合肥10公斤、节省成本37.4元。土壤肥力持续增强，土传病害得到有效抑制。肥料利用率得到有效提高，烟草专用复合肥施用量由每亩50公斤降为40公斤，硝酸钾由每亩20公斤降为15公斤。

2. 提高烟叶质量，促进烟农增收　通过施用有机肥，烟叶总体内在化学成分更趋协调，烟叶烟碱、糖碱比、氮碱比、钾氯比平均值在优质烤烟标准内，山地"清甜香韵"典型特征愈发显现。2015年使用有机肥的冕宁县回龙镇，上等烟比例达59.09%，中部烟比例77.8%，收购烟叶均价为27.31元/公斤；而未使用有机肥

的城厢镇，上等烟比例仅为48.66%，中部烟比例65.07%，收购烟叶均价为24.66元/公斤。使用有机肥后，烟农亩均增收365.7元。

3. 做实普惠受益，助推扶贫攻坚　2014—2016年，丰乐合作社共生产有机肥5 216吨，平均利润为128.43元/吨，合计利润66.99万元；生产菌剂共601吨，平均利润为150元/吨，合计利润9.015万元，累计获得利润76万元，其中社员分红45.6万元，户均分红997.8元。同时，在生产过程中，有机肥厂每年为当地解决闲置劳动人员100人左右，生产工人人均年增收入3 558.94元。至2016年，有机肥生产项目共帮助当地近500户贫困人口提高年均收入，户均年增收益2 135.52元。

4. 打造品牌效应，探索多方合作　通过4年来的试验摸索，冕宁县有机肥生产已基本形成了菌剂、有机肥、紫茎泽兰三环相套的技术体系，通过生产菌剂降低了烟农农家肥堆腐和有机肥堆腐的成本，辅以紫茎泽兰有机肥的施用，扩大了有机肥的施用面积，同时与当地花卉、果树基地的合作已初见雏形，全州共计推广烤烟面积63.6万亩，其他经济作物推广面积500亩，产品在安宁河流域形成了一定的品牌效应。

【主要经验】

组织领导是关键。省、州、县三级行业领导高度重视有机肥生产工作，多次深入实地检查指导，提出意见和建议，有力推动了工作开展。宣传动员是路径。通过大力宣传，有机肥生产得到了合作社和广大烟农的拥护支持，成为了当地的暖民心、贴民意、惠民生项目。行业扶持是基础。自工作启动以来，行业从政策、资金等方面给予了大力支持，确保了有机肥生产相关工作顺利开展。专合组织是核心。主要以烟农合作社为载体，通过合作社把行业政策和实施措施予以贯彻落实，实现了"全面覆盖、全程服务、全体受益"的目的。

下一步，冕宁县将结合全县烟叶生产工作实际，重点开展好以下几项工作。一是加大有机肥推广力度。进一步将农家肥推广到大农业生产中，切实将"提质增效"的目标落到实处。"十三五"期间，计划将有机肥及菌剂全州年均推广面积扩大到30万亩。二是扩展有机肥服务范围。在稳定烤烟施用有机肥推广面积的前提下，深入寻求与其他经济作物合作的方式，加大与冕宁当地花卉及樱桃种植基地的合作力度，创造共赢平台。"十三五"期间，将服务其他经济作物推广面积扩大到1 000亩。三是打造区域品牌效应。全面建成专用生产流水线，引入先进的生产管理理念，从而进一步提高生产水平，降低运作成本，以高质量、低价格的产品为标志，在全州重点农业区域打造有口碑、有竞争力的有机肥品牌。

四是加强助农增收工作力度。加大与科研单位的合作力度，进一步提升有机肥肥效，减少烤烟复合肥施用量，降低种植成本。同时加大有机肥厂社员入股比例，增大利润空间，提高烟农的年均收益。预计"十三五"期间降低烟农平均施肥成本50元/亩，增加合作社有机肥及菌剂平均收益10万元/年。

【综合点评】

通过施用有机肥，烟叶总体内在化学成分更趋协调，烟叶质量特色持续提升。同时，有机肥集中生产有利于提高肥效、降低烟农的种植成本，也为烟农合作社创造了一条新的创收道路，促进了合作社的造血能力，通过合作社收益分红和生产用工，提高了社员收入。但现阶段有机肥生产方式还略显粗放，成本较市场价格略高，建议下一步在提高效率、降低成本上下足功夫，提高产品市场竞争力，扩大市场规模。

（联系人：谢思昂，联系电话：13618171066）

陕西汉中南郑利用烟田废弃物生产有机肥

【项目背景】

2014年，南郑金叶烤烟专业合作社积极承担了烟草部门"烟叶废弃物循环利用配套技术研究"课题试验任务，配套经费48.6万元，主要用于设备购置、基础配套和产品前期试制等。该项目围绕烟田废弃物循环利用的组织形式、废弃物有机肥料技术参数、烟田肥效验证而展开。试验证明：烟田废弃物有机肥养分含量优于商品有机肥。该项目能够充分利用烟田废弃物资源，在保育烟田土壤、改善土壤结构、减少烟农投入方面效益明显。目前，正在由试验（5吨）、试产（80吨）阶段朝批量生产阶段过渡。

【发展思路】

1. **指导思想**　该项目以"资源利用、循环发展、减少投入、烟农增收"为指导思想，加大产区资源优势整合力度，通过技术创新、组织创新、模式创新持续降低烤烟生产成本，改善烟田土壤，优化养分结构，提升产品质量，确保项目持续发展。达到产品微利经营、烟农获得实惠、争创增收典范的目标。

2. **发展定位**　该项目力求烟田废弃物有机肥实现产业化生产，全面低价替代商品有机肥，努力做到肥料质量有保证、烟农增收有保证、环境保护有保证。

3. **实施方式**　该项目以烟草部门和烟农合作社为投资主体，以规范化车间式生产为核心，以网格化原料供应与产品购销模式为基础，持续优化"废弃原料换肥料""降本增产又增收"循环经济模式。烟草部门主要负责设备购置、政策引导、技术引进与配方优化，烟农合作社具体负责硬件配套、队伍建设、产品生产、微利经营和模式创新。

4. **实施步骤**　该项目实施分为四个阶段：一是生产试验阶段，引进设备、技术，确定配方、参数，制定原料利用、肥料试制、技术开发方案并开展田间验证，对资源循环利用模式和生产运营模式进行探索；二是市场开拓阶段，多片区、多基地建设试验示范点、政策信息网、宣传网络点，积极培育市场需求；三是标准化生产阶段，完善管理制度、优化生产工艺、稳定产品质量，探索标准化生产模式；四是规模扩张阶段，利用合作社网络开发烟农市场需求，确保南郑烟区烟用有机肥全覆盖，服务辐射汉中其他产区，积极开拓周围大农业市场。

5. **预期目标**　一是满足南郑烟区烟用有机肥市场（2万亩）的需要，服务辐射汉中烟区市场（5万亩），拓展大农业市场；二是通过该模式实现烟田废弃物100%有偿回收、开发就业岗位30人、年度生产800吨以上、实现产值112万元以上、实现毛利16万元；三是控制成本在 1 400 元以内，亩均降低烟农生产成本 20 元以上，户均减少投入 500 元以上。

【主要做法】

1. **组织形式**　在"烟草部门＋烟农合作社＋生产基地"的组织模式下，建立了回军坝生产基地、原料服务部、产品服务部及配方开发组（试验课题组）四个部门，分别负责有机肥生产、烟田废弃物回收、市场宣传及订单采集与产品供给、配方优化与技术试验等工作。

2. **运营机制**　烟草部门负责项目监管、模式创新、方案制定、技术指导和政策引导；合作社具体开展试验，负责原料的供应、扩产、质检和基地资源的统筹协调，负责开发订单、配给产品、制定制度、统一管理、集中核算。

3. **管理制度**　生产基地制定了生产工艺流程、生产设备操作规范、配方管理制度、回收服务作业标准、员工绩效考核制度等 10 余项内部管理制度，全面规范了有机肥生产经营过程。

4. **商业模式**　烟区有机肥生产项目采用市场化供应模式，合作社结合区域种植情况合理预测需求，在挖掘需求、采集订单的基础上组织生产，根据供销合同实施"烟农运来原料、运走肥料、现场确认、集中核算"模式，严格施行收支两条线管理，通过"抬原料价格、控肥料单价、降亩均投入、给交易分红"四大措施保障烟农利益，实现增收目的。

5. **组织生产**　一是冬耕整地前，合作社在启动基地周围区域的原料回收高效生产的同时，根据需求预测向各网格下达原料回收计划；二是春季整地前，生产基地实施烟农"按预约运来原料、按计划拉回肥料"，确保烟农车辆来回不放空，降低运输成本；三是坚持烟田废弃有机物一律收购原则，对烟叶秸秆、病残干叶、风干杂草、牛粪、油饼等论质议价，经粗粉碎、细粉碎后依次进行混合搅拌、加温消毒、降温加菌、恒温扩繁、堆垛发酵、翻垛摊晾、成品打包；四是由产品服务部推广销售、跟踪验证、采集意见、反馈提升，努力争取县域外市场的试验验证和推广示范。

6. **开发市场**　目前，该项目市场开发主要采用了以下方式：一是委托中国农业科学院肥料测试中心测试养分含量，以数据说服用户；二是建立示范区请大户看现场，用试验数据对比算账；三是形成宣传文案，利用烟站技术影响力及合作社网格优势大力宣传推广；四是以价格优势与配送服务打动烟农，以生产效果和经济效益开发需求；五是将销售订单与队员聘用、社员分红相结合，确保工作成效。

7. **收益分配**　该项目实施烟农增收、分红激励单独核算模式。销售价格由合作社理事会召开价格听证会议决定，公示无异议后依照标准收取费用。肥料价格仅包含工人工资、原料回收成本、水电、能源等项目。为控制成本管理人员工资不列入生产成本。销售收入减去生产成本即为生产毛利，提取 4% 的设备维修基金后，产生盈余均依照合作社章程按照交易额返还烟农。

【主要成效】

1. **实现规模及商业模式情况**　2016 年，南郑产区已在小南海片区建立回军坝生产基地，年生产规模达到 100 余吨，服务面积达 3 400 余亩。建立了市场化运营模式，占领了小南海片区1/3有机肥需求市场。

2.**投入产出分析**　资产投入主要包含基础建设投入及年度生产成本两部分，其中基础建设投入2.49万元，累计生产成本21.2万元，共计投入23.69万元，累计实现销售收入28万元，累计毛利4.31万元。2016年配方A生产成本详见表64-1。

表64-1　烟田废弃物加工有机肥（1 000公斤）生产成本统计表

单位：元

原料成本			用电	用水	用工	用煤	用袋	合计金额
烟秆	废烟叶	牛粪						
80	250	80	369.8	0.25	460	60	2	1 302

3.**烟农增收情况分析**　该项目主要在增加田间效益、降低有机肥价格、减少烟农雇工、开发就业岗位、社员盈余返还四个方面对烟农增收起到了促进作用。一是增加了田间效益。通过烟田废弃物有机肥OFA（配方1）、OFB（配方2）与商品有机肥OF2、OF3与预设参照有机肥ck对比，可以看出，自制有机肥分别在提高产量与降低发病率的效果上具有一定优势，从减少植保成本角度、提高产质量方面均有减工降本表现。二是降低了有机肥价格。2016年，商品有机肥均价为1 980元/吨，烟田废弃物有机肥通过核算和价格听证会议确定为1 780/吨，每亩成本降低了200元；试验项目中扣除固定资产成本后单价为1 300/吨，降本增收空间较大。三是减少烟农雇工。2016年，通过开展烟秆、废弃烟叶等原料回收服务，有近200余户烟农约4 000亩烟田烟秆及废弃物由服务队进行处理，亩均减少用工0.35个，共计减少烟农雇工约1 400个，户均省工700元。四是开发就业岗位。2016年，原料回收、生产服务等部门带动20人次就业，共计发放工资46 000元，人均增加收入2 300元。该项目实施两年来，单项盈余返还累计分红4.12万元，交易200余户次，户均增收2 060元。根据核算，实施该项目亩均增收在268.65元以上（详见表64-2、表64-3）。

表64-2　烟田废弃物有机肥田间试验示范指标统计表

有机肥料-ck	有机肥亩均用量（公斤）	亩产量（公斤）	亩产值（元）	病毒病发病率（%）	病毒病病指	示范对照面积（亩）
OFA-ck	30	30.14	766.58	−1.4	−0.21	44
OFB-ck	30	28.58	596.53	−2.45	−0.49	48
OF2-ck	30	26.59	664.35	−1.70	−0.22	48
OF3-ck	30	19.96	571.12	−1.75	−0.25	48

表64-3　烟田废弃物有机肥项目减工增效效果统计表

省工增效项目	核算方法	省工增收效果（元/亩）	备　注
烟叶质量提升效果项	[(594+677) − (664+571)] /2	64	参照商品有机肥效果
废弃物原料增收项	300×0.2	60	亩均废弃物300公斤计
促进烟农就业增收项	46 000/3 400	13.53	施用范围3 400亩

（续）

省工增效项目	核算方法	省工增收效果（元/亩）	备　注
合作社单项分红增收项	41 200/3 400	12.12	施用范围3 400亩
运输省工省成本项	0.2×（50+80）/2+100	113	50～80千米，人均1个工
有机肥价格省减项	（1 980－1 780）/（1 000/30）	6	亩均30公斤
6项合计	/	268.65（增收150.65元，减省118元）	亩均省工增收

4. 生产技术体系构建及产品开发情况　　目前，烟田废弃物有机肥标准化生产体系建设已经启动，制定了标准生产工艺及生产技术规范，试验论证了4种不同配方，并经过专业机构（中国农科院肥料测试中心和河南农业大学某实验室）检验鉴定，养分均高于近年大量使用的商品有机肥。

5. 烟农生产生活条件改善及区域经济带动情况　　通过项目的实施，施用优质有机肥既实现了低投入、产好烟、多增产、多增收的目标，又杜绝了烟区内秸秆焚烧和废弃物污染事件的发生，有效地改善了烟农生产生活环境，也为区域循环经济模式做出了榜样，受到当地政府和环保部门的好评。

【主要经验】

该项目在山地烟区具有较强的适应性，具体体现在：一是原料市场充足。烟区、烟田及周围环境的有机物资源非常丰富，有机肥原料市场供应充足。二是近市场优势。山地烟区秸秆回收市场存在较大空白，原料供应市场处于垄断地位，且物资需求市场竞争对手单一，自制有机肥具有供应便利、过程可控、价格低廉等优势。三是技术成熟。当前自制有机肥生产技术日趋成熟，可以全套引进。实践证明，烟草废弃物有机肥在肥效上与其他在用的商品有机肥并无明显差异，养分结构上甚至优于后者，既能满足烟田碳循环的客观需要，又能保育烟田土壤、提高土壤有机质含量、改良土壤微生物种群、改善土壤结构。该项目所生产的有机肥具有原料质量可控、无重金属二次污染、运输成本较低、相对价格较低、肥效持续可靠的特点。四是组织模式优势。烟草部门在烟区具有较强的引导能力，烟农合作社都具备专业化服务能力，因此，"烟草部门＋合作社"的组织模式具有较强的市场引导力、辐射力和吸引力。

【综合点评】

秦巴山地烟区地理环境复杂、产业基础较差、烟农增收困难，通过开发烟田废弃物有机肥实现循环经济发展模式，对养分循环、资源利用、技术创新、产业稳定、烟农增收、环境保护、区域发展等都具有现实意义和理论价值。应当继续探索该有机肥养分的数量、形态、利用率以及对烟叶质量提升的影响。应建立产品品牌，完善生产流水线，扩大循环生产模式，进一步扩大规模，扩大市场推广应用。

（联系人：杜鸿波，联系电话：13772830220）

案例65

四川广元昭化集中生产配送农家肥

【项目背景】

烟叶产业是广元市昭化区农村农业特色产业之一。随着现代烟草农业建设步伐的加快，烟叶基础设施的逐步完善，昭化区烤烟生产户均种植规模不断提高，由2011年的9.8亩增加到2016年的24.9亩，烟农户均收入从2011年15 668元/户增长到2015年56 531元/户，烟叶产业在农业经济产业中的区域优势更加凸显，不可或缺的经济产业地位更加稳固。快速变化的内外部环境，烟叶产业面临着新的挑战和机遇。

一是户均种植规模的扩大催生了专业化服务需求。烟叶生产用工价格普遍在80～100元/天，种烟大户用工难、用工贵的矛盾凸显，专业化服务需求增加，传统的单家独户分散生产经营已不能适应现代烟草农业发展的需要。

二是农家肥投入的减少导致了烟叶质量下滑。随着大量农村劳动力外出务工，烟农家庭持有农家肥原料不足，主要以施用化学肥料为主。肥料淋溶损失大、供肥过猛、肥效短、利用率低，与作物吸收养分规律不一致，造成土壤板结严重、肥力下降、烤后烟叶油分不足、身份飘薄、色泽差、内在化学成分不协调。

三是规模化养殖的快速发展造成了环境污染。随着昭化区规模化畜牧养殖业迅速崛起，每年产生畜禽粪便20万吨左右，这些粪便难以消化处理，造成了严重的环境污染问题，亟待解决和循环利用。

四是挖掘烟农增收空间已成为产业持续发展的关键。随着宏观经济下行压力增大，烟叶供求失衡，结构性矛盾凸显，收购价格总体保持稳定，农业产业竞争加剧。如何提升烟叶质量、优化等级结构、拓展增收渠道、保持烟农收入稳中有升，已成为制约烟叶产业持续发展的突出问题。

【发展思路】

为实现减工降本、提质增效的目标，昭化区烟草专卖局（分公司）充分利用全区规模化养殖优势，由烟农委托合作社集中发酵生产农家肥，将行业有机肥补贴资金支付给合作社，鼓励合作社建立农家肥厂，集中发酵生产农家肥，以套餐制配发给烟农使用，实现全区基本烟田农家肥全覆盖，全面提升植烟土壤环境；实现废弃资源循环利用，同时解决农家肥投入不足的问题，整体提升烟叶油分，改善烟叶内在化学成分；实现烟农广受益，在结构提升和烟农增收矛盾日益凸显的新形势下走出一条降本增效、助农增收的新路子。

【主要做法】

一是采取"两个委托"方式，开展农家肥集中生产经营。采取"烟农委托合作社发酵农家肥，委托行业将产前补贴资金交付合作社"的方式开展农家肥发酵。运行过程中，合作社按照"理事会提议方案、社员代表表决通过、原料现场询价、定价公示、签订购买协议、收购现场水分检测及计量、工艺流程控制、取样送检、登记台账开具结算单、专业运输到乡"这一工作流程开展经营管理。整个工场制定了"行业＋科研机构＋合作社"三方共同管理模式。即由烟草行业提出产品质量需求，指导生产及监管质量，科研机构制定肥料配方和工艺流程，合作社负责固定资产投入、原料购买、定价、劳务、安全等经营行为。合作社依据烟农委托生产协议，将计量包装好的产品按照120公斤/亩的使用标准，专业运输到种烟乡镇、村社，配发给烟农使用，烟农据实签收。

二是引导烟农入社，建立"盈余分配制度"，确保烟农广受益。在烟草行业的引导下，于2012年3月昭化区金源烟叶专业合作社注册成立。合作社注册资金25.3万元（现金入股）。合作社现有社员614人，其中烟农社员614人，占比100%，实现了基地单元内烟农全

部入社，专业服务范围覆盖王家基地单元10余个乡镇。合作社按照"三民四制"原则，即"民办、民管、民受益""社员大会制度、社员代表大会制度、理事会制度、监事会制度"要求，制定资产管护办法，建立资产台账，落实具体管护责任人。合作社从每年的盈余中提取部分公积金，用于育苗工场、集群烤房、农家肥工场等设施设备的检修维护，确保设施完好、能长期利用，发挥烟草补贴资产的长期使用效果。建立健全分红机制，另辟烟农增收渠道。合作社积极开展专业化服务和多元化经营，建立盈余分配机制，保障烟农普受益。

三是严把"质量关口"，保障农家肥产品质量。在生产过程中，合作社按照"依托一个配方，严把三大关口"的质量管控思路，开展农家肥发酵。"依托一个配方"。在省农科院专家指导下，制定了"畜禽粪便（牛、羊粪）＋作物秸秆＋生物菌剂＋油枯＋磷铵"的生产配方，满足烟株营养均衡的需要。严把原料关。建立农家肥原料检测购买制度，对检测重金属含量超标、有机质不达标的部分原料不予采购，确保优质原料供应。严把生产控制关。建立了烤烟优质农家肥产品原料配比及工艺流程控制技术规程，严格按照"牛、羊粪肥预处理—秸秆、菌渣粉碎—配合菌剂比例混合—堆积发酵—翻抛—取样检测—计量装袋"的工艺流程进行生产，确保质量。严把产品检验关。对农家肥产品进行分批抽检，送交省农业厅土壤肥料分析室对产品养分、水分、重金属、微生物等相关指标化验分析，出具检测报告方可出厂。

【主要成效】

一是产品质量稳定。通过四年来的持续探索，不断完善优化整个质量管理过程，农家肥产品质量不断提高，整个生产过程实现了"原料供应、生产配方、工艺流程、质量标准"四个稳定。根据省农科院检测结果，氮磷钾总养分达12%，有机质含量达65%，有机质、钾素养分含量均高于《有机肥料》（NY 525—2012）质量标准要求，重金属五项控制指标均低于《有机肥料》（NY 525—2012）质量标准控制要求10倍以下，综合指标远远高于从市场购买的商品有机肥。

二是减工降本显著。目前，合作社生产农家肥成本为810元/吨（包括油枯和磷肥），按照120公斤/亩用量计算，每亩使用成本97.2元。目前，商品有机肥采购价为1 200元/吨，按照同等使用标准计算，每亩需要144元，加上每亩投入的20公斤油枯、15公斤磷肥，每亩投入成本达到190.75元。通过对比，烟农使用合作社生产的农家肥每亩节约成本93.55元。四年来，全区累计推广面积4.5万亩，为烟农节约肥料成本投入共计420万元。同时，由于农家肥包含了油枯、磷铵等养分，简化了施肥操作，减少了施肥次数，减少用工1个/亩，降低用工成本近100元/亩，合计节约用工成本450万元，两项合计为烟农降低成本870万元。

三是提质增效明显。合作社生产的农家肥按照120公斤/亩标准配发给烟农使用，烟农不再准备磷肥、油枯，避免了发酵农家肥繁琐农事或发酵不到位烧苗现象；农家肥以有机质为主，并含有大量的土壤有益微生物，长期使用改良了土壤结构、培肥了地力；烟田使用农家肥后，烟株田间生长良好，分层落黄特别明显，烤后烟叶油分足。在连续三年烟叶外观质量及烟叶样品质量评价中，昭化区的烟叶品质均排名广元市前列，烟叶质量得到浙江、湖北中烟等工业企业的一致认可。

四是合作社造血能力增强。2014—2016年，合作社连续三年开展优质农家肥集中生产，期间实现农家肥经营利润共计22万余元，专业化服务利润68万元，合作社经营管理能力及造血能力加强。

四川省农业科学院土壤肥料研究所分析室测试报告

送测单位：广元市昭化区金源烟叶合作社

送样时间：2014年4月

送样种类：有机肥料　　　　　　　　　送样数量：2个

测试结果：

样品编号	全氮 (以烘干基计) %	全磷 (以烘干基计) P₂O₅%	全钾 (以烘干基计) K₂O%	有机质 (以烘干基计) %	pH	水分 %
样品1	3.67	5.30	1.22	62	5.98	35.3
样品2	3.56	5.45	1.35	64	6.17	34.2

样品编号	铅 (以烘干基计) mg/kg	汞 (以烘干基计) mg/kg	砷 (以烘干基计) mg/kg	镉 (以烘干基计) mg/kg	铬 (以烘干基计) mg/kg
样品1	5	0.05	5	0.3	8
样品2	4	0.04	6	0.2	10

注：本结果只对来样负责。　　　　　　　完成日期：2014年4月29日

主任：　　　　　　审核：　　　　　　单位盖章：

地址：成都外东狮子山　　　　　　　　电话：028-84504297

五是烟农增收效果明显。根据昭化区金源合作社章程，按"20%股份+20%资产量化+60%交易量"分红机制，三年来合作社共提取54.5万元参与社员分红，烟农户均入股分红900元，调动了烟农入社积极性。

【主要经验】

经过近四年来的探索，我们总结认为，要顺利推进合作社集中生产发酵农家肥，一是要有产前投入补贴政策保障，要有相应的设施设备硬件支撑；二是要有农家肥生产发酵技术保障，要严把质量关口，要有稳定的原料供应、稳定的生产工艺条件、稳定的产品质量；三是要有健全的财务管理制度和盈余分配制度，实行财务公开，才能确保烟农得到分红增收实效。

【综合点评】

昭化区金源合作社以解决烟叶生产存在的突出问题为出发点，以满足烟农和烟叶生产的实际需求为落脚点，扎实开展了农家肥集中发酵生产，一方面提升了烟叶质量，实现了生产过程减工降本，另一方面实现了盈余分配、造福烟农，同时解决了以往畜禽粪便污染的问题，可谓"一举三得"，取得了良好的效果，值得借鉴推广。

（联系人：高天国，联系电话：18908120330）

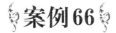

案例66

黑龙江哈尔滨引进秸秆造肥项目

【项目背景】

哈尔滨烟叶公司肇州烟区每年产生8 800吨左右的烟草秸秆废弃物。烟叶收获后，烟农一般将烟秆、烟根等烟株残体通过丢弃或焚烧的方式来处理，既不经济也造成不同程度的环境污染。同时，烟草秸秆难以分解，不能就地还田，若不及时清除，根系分泌物和烟株残茬降解物会给病原菌提供丰富的营养和寄主，使病原菌具有良好的繁殖条件，从而助长了烟草病原菌的繁殖，加重了来年烟株根茎部病害、病毒病的危害。所以如何科学合理地利用烟草秸秆是近年来烟叶产区一直面临的问题。烟秆作为生物质材料，其有机物含量为90%～95%，矿物质氮磷钾含量为5%～10%，同时还有一些微量元素，与其他农作物秸秆相比具有独特的优势。

肇州烟叶公司帮助合作社引进了秸秆造肥项目，支持合作社发展。合作社收购烟田废弃烟叶和烟秆，通过粉碎和生物处理制成生物有机肥料，使土壤不但可以补充大量的中微量元素和有机质，改良土壤结构，还可以有效防治与控制烟草土传性病害，同时不会造成重金属元素在烟株中的富集，倡导了烟叶清洁化生产，从而逐步实现以有机肥为主、化肥为有益补充的施肥方式，改善了烟叶生产的生态环境，实现了烟农增收增效，实现了产区烟叶生产的可持续发展。

【发展思路】

1.**指导思想** 肇州烟区引导合作社，以"创新、协调、绿色、开放、共享"五大发展理念为引领，建立以烟秆资源化利用为主的多元经营产业体系，增强烟农增收新动能，推动形成"主业稳收、辅业增收"的烟农增收新格局。

2.**发展定位** 依托胜丰烤烟专业种植合作社为平台，自主经营，自负盈亏，先试验示范，再逐步推广，先用于烤烟种植，再推广用于其他农作物。2016年生产秸秆有机肥175吨，2017年计划生产300吨。

3.**实施步骤** 采用秸秆生化处理制肥机，将秸秆进行快速无害化处理，4～6小时完全杀灭废弃物中的病原微生物，制成有机肥料。

烟秆粉碎—配比调湿（加玉米秸秆、豆粕等干辅料，物料湿度、碳氮比）—高温消毒—菌种的添加—发酵降解。

4.**预期目标** 2018年计划生产500吨，2019年生产700吨，力争在2020年实现全县秸秆有机肥肥料100%供应，为烟农降本增收每亩100元以上。

【主要做法】

2015年肇州烟叶分公司引导合作社开展烟秆资源化利用尝试，2016年，正式将该项目作为促进烟农增收工作主要内容纳入工作日程，成立了促进烟农增收工作推进组，分公司经理任组长，组织推动胜丰烤烟专业种植合作社启动实施。

1. 筹集资金 该项目需要购置ZF-7.5型秸秆生化处理制肥机一台，购买秸秆发酵菌剂，需要收购烤烟秸秆、玉米秸秆，需要用工等。经预算，各项费用约53.46万元。

肇州分公司多次向地方政府汇报近三年肇州烟叶生产形势，汇报烟农增加收入的需要，得到了当地政府的肯定和支持。当地政府在烟叶税中提取资金41万元，扶持胜丰合作社实施该项目，其余资金由合作社自筹。

2. 生产组织

(1) 场地规划。胜丰烤烟合作社在烘烤工场专门划出生产区域960米^2，作为肥料生产场地，分为原料区、生产区、发酵区、成品区。

(2) 人员准备。为了做好肥料生产工作，胜丰烤烟合作社专门成立了肥料生产小组，由合作社副经理任组长，负责组织生产。

(3) 原料准备。2016年该项目以示范为主，确定生产秸秆有机肥175吨，施用面积1 750亩。在生产肥料前合作社购买烟秆210吨，每吨价格200元；豆粕7吨，每吨3 000元；玉米秸秆10.5吨，每吨价格600元；购买了原煤14吨，每吨价格700元；为投入生产做好了原料准备（1吨肥料需用1.2吨烟秆、60公斤秸秆、40公斤豆粕）。

(4) 技术准备。由机器生产厂家提供菌种。在生产前，肇州烟叶分公司、合作社、黑龙江八一农垦大学、烟草科研所、厂家共同制定了切实可行的生产方案，保证了肥料生产的正常进行。

3. 投入生产 2016年生产季为9月份开始投入生产，到10月末生产结束，生产肥料175吨，保证在2017年移栽前可以使用。

【主要成效】

1. 投入产出分析 自制有机肥直接成本712元/吨，在不增加烟农和企业生产物资投入成本的情况下，按商品有机肥价格960元/吨供给烟农，合作社每吨利润248元，拓宽了合作社的收入渠道，增强了合作社的活力，按2016年的生产规模（全年合计生产175吨有机肥），合作社创收43 400.00元。另外在烟农卖烟秆增加收入方面，每亩地平均可回收烟秆678公斤，烟秆回收价格是0.2元/公斤，每亩烟秆可为烟农创收135.6元，扣除人工费、运费40.00元，每亩卖烟秆纯收入95.60元，2016年共回收烟秆210吨（309亩地烟秆），为烟农创收29 540.40元。

2. 产品质量及对比 烟秆有机肥从内在成分对比上（表66-1）可以看出，其有机质和总养分基本接近烟草饼肥，其含钾和磷的比例则高于饼肥，而成本只占饼肥的1/3，所以可以替代饼肥，可减少钾肥的使用量。

表66-1　烟秆有机肥与其他肥料成分对比表

	有机质（%）	总养分（%）	氮（%）	氧化钾（%）	五氧化二磷（%）	价格（元）
烟秆有机肥	40	8.9	2.99	4.6	1.31	960
饼肥	45	5.1	3.7	0.6	0.8	3 000
烟草专用肥		39	6.8	17.7	14.1	2 900

3.市场前景　秸秆有机肥原料与成品产出率为80%左右，生产一吨肥料需要烟秆1.2吨。按照每亩施用成品肥100公斤计算，全县共需要成品肥约1 300吨，需要烟秆量为1 560吨。预计需要回收2 300亩烟田的烟秆，约占全县总种植面积的17.69%，方可满足全县烟田秸秆有机肥的施用需求。如胜丰合作社为全县生产1 300吨肥料，合作社创收322 400元，烟农卖烟秆增收311 880元。

4.项目总结　2015年肇州分公司生产肥料40吨。经过2016年试验应用，该肥料表现出对改善土壤有良好效果，对烟叶质量提高及大蒜、白菜质量提高有明显促进作用。2016年合作社生产肥料175吨，2017年计划生产300吨肥料，永胜乡推广200吨，在肇州镇、永乐镇、双发乡、兴城镇、丰乐镇五个主要烟叶生产乡镇进行布点，每个乡镇推广20吨，并加大其他经济作物的推广使用力度，为下一步发展奠定良好基础。秸秆有机肥实现全覆盖后，按照2017年221户烟农，户均50亩规模，秸秆有机肥以市场采购价2 500元/吨左右，与合作社微利提供价格1 000元/吨左右对比，烟农施用后，每亩使用100公斤可节省开支150元以上，户均增收7 500元。按烟秆17.69%的使用率计算，烟秆回收亩均增收16.9元，户均增收845元。

【主要经验】

项目的成功主要在于解决了组织形式、原材料保障、技术支持、质量监管、推广应用、综合利用基础设施几个关键问题。

1.组织形式　以烟农专业合作社为平台，由合作社承担项目的具体实施。合作社所具有的基础设施和人力资源，是开展多元化经营的基础。行业加大技术扶持力度，帮助争取地方政府资金扶持，对项目的成功起到了推动作用。

2.原材料保障　烟叶生产形成的烟秆、鲜烟叶等废弃物数量充足，充分保证了秸秆有机肥的生产需要。

3.技术支持　项目依托中国烟叶总公司黑龙江省公司牡丹江烟草科研所、八一农垦大学以及厂家的技术力量，对有机肥沤制的原料配方、工艺流程、质量控制等进行了研究，并将研究结果固化成标准。这也是本项目成功的决定性因素。

4.质量监管　由肇州烟叶分公司与合作社共同向烟农公开承诺质量，并主动接受乡镇、村干部与烟农的监督，让他们看得见生产全过程，使烟农信得过产品和质量，这既为下一步推广应用奠定了基础，也是项目成功的核心力量。

5.推广应用　以服务烟农提高烟叶质量为目的，企业化运作。合作社与烟农签订烟秆回收与有机肥施用协议，建立稳定的原料供应与肥料使用关系。

6.基础设施综合利用　充分利用烤烟合作社的基础设施，2016年用回潮房进行发酵，2017年可以利用12栋育苗大棚进行发酵，使国家局投入的基础设施得以综合利用。

【综合点评】

哈尔滨烟叶公司召开了项目鉴定会，专家一致认为：合作社集中沤制有机肥，既解决了烟农焚烧秸秆造成的环境污染问题，又对闲置资源进行了循环利用，还改善了土壤质量，拓宽了合作社的收入渠道，符合现代农业发展的需要，为秸秆处理了树立了一个看得见、摸得着的样板，探索出一条秸秆无害化处理和高效利用的路子，是产业可持续发展的必然之路，建议在全区推广施用。

（联系人：崔洪渤、关鑫，联系电话：13845977211，13089080291）

案例67

贵州遵义湄潭推进废膜回收加工利用

【项目背景】

湄潭县是全国优质烤烟生产县，常年烟叶种植面积6万亩，2015年全县烟用农膜使用量达300余吨，加上辣椒、蔬菜、玉米等其他作物农膜使用量，全县农地膜年使用量在430吨以上。与此同时，农地膜不易回收所引发的白色污染也越来越严重。地膜太薄易损，人工捡拾成本高，农民们为了抢农时赶紧播种，直接将残余地膜连同泥土一起翻入到土壤中，造成地膜残留。

2013年，湄潭县局（分公司）开始探索废弃农地膜回收加工再利用，但仅限于废弃膜的清洗、破碎和造粒，生产技术还不够成熟，回收网络还有待完善，回收机制也有待健全。

【发展思路】

本着"践行社会责任，实施清洁生产"的原则，建立"烟草公司引导＋合作社管理＋烟农参与"的模式，引导农民树立绿色环保意识，加强农民回收废弃农膜的主观意愿。主要分为两个步骤：一是全面回收，在全县各镇设立回收点，指导烟农将废弃农地膜回收到指定地点，由合作社组织集中运输；二是加工再利用，建设废弃农地膜加工回收场，将回收废弃农地膜加工生产为烟叶生产所需物资。

预期目标：每年废弃农地膜回收率达90%以上，烟农增收50元/亩以上。

【主要做法】

1. **运行机制** 一是以旧换新方式。揭膜培土时，烟农将清除下的废膜运至指定临时堆放点，由客户经理进行称重、登记建档，来年供应地膜时，基层站凭客户经理登记的烟农交回废弃地膜数量，按2斤废膜换1斤新膜供应农膜。二是按价回收方式。对来年不再种植烟叶的农户，依据客户经理登记的烟农交回废弃地膜数量，按0.3元/公斤价格，由合作社对烟农实行有偿收购。对育苗场地废弃农膜，由合作社与专业育苗队签订育苗农膜供应与废

膜回收协议，按0.5元/斤价格进行回收。三是补贴引导方式。烟用地膜按公司购进价格供应烟农，到揭膜培土时，客户经理以连片烟地为单位，指导督促烟农对烟地废弃地膜进行集中清除，对废弃地膜清除情况进行验收登记，烟叶收购结束后，公司凭基层站验收资料，兑现烟农50元/亩地膜补贴。

2. **工作措施** 一是废弃农地膜的回收。借鉴田间不适用鲜烟叶处理经验，对田间废弃地膜，以连片烟地为单位，形成"集中清除、定点临时堆放、统一回收加工"的回收流程，在揭膜培土时节，烟农将回收的废弃农地膜堆放于田间指定临时堆放点，客户经理对烟农田间废膜清除情况进行验收登记，再由合作社组织车辆沿途收集运输至加工场。二是自主研发设备，建立加工场。由烟草公司与湖南宏船公司共同

研发废弃农地膜清洗加工设备，完整的生产线包括破碎清洗线、回收造粒线和注塑生产线，可将废弃农地膜切碎、清洗、造粒和注塑料生产成育苗托盘、烘烤筐、烟苗运输筐和水果筐栏等产品出售。

【主要成效】

1. **项目实施规模** 兴乐烟草废弃农膜回收加工场占地面积850米^2，具备废弃农膜回收、清洗、加工、产品销售等功能，年处理废膜能力1 200吨以上。

2. **投入产出分析** 1.2吨废弃农膜可加工成1吨塑料颗粒半成品，进而生产出0.96吨塑料筐篮或育苗托盘，成品率达80%以上。

3. **效益分析** 一是拓宽了合作社增收途径。直接加工销售塑料颗粒（每吨旧膜可加工约0.95吨，市场价约为5 000元/吨），每回收1吨旧膜可实现产值4 750元，折合亩均产值为12.8元，合作社可盈利7.4元。若采用塑料颗粒注塑加工，每吨旧膜可加工约560个烤烟育苗托盘（市场价9.5元/个），折合亩均产值为14.4元，合作社可盈利9元；每吨旧膜可加工约1 500个塑料框篮（市场价4元/个），折合亩均产值为16.2元，合作社可盈利10.8元。以

按价回收方式回收旧膜，合作社需要旧膜购进、运输、加工管理等费用，成本约每吨4 000元，折合亩均成本为10.8元，直接销售塑料颗粒、再加工为烟用托盘和塑料框篮，合作社亩均盈利分别为2元、3.6元、5.4元。二是增加了烟农收入。以补贴引导方式回收旧膜，旧膜交回率达到60%以上的烟农，烟草公司根据验收登记数量，按照50元/亩标准补贴，烟农每亩可增收50元。同时，合作社对加工产品的盈利还向烟农分红（按盈利的60%）。若合作社直接加工销售塑料颗粒，烟农每亩可分红4.44元，收益为54.44元；若再加工为烟用托盘销售，烟农每亩可分红5.4元，收益为55.4元；若再加工为塑料框篮销售，烟农每亩可分红6.48元，收益为56.48元。如果烟农旧膜交回率低于60%，烟草公司在来年供应新膜时不予补贴，烟农收益只有合作社分红，分别只有4.44元、5.4元、6.48元。

【主要经验】

1. **合作社管理模式创新**　一是以合作社为主体的"三个统一"，即"统一管理、统一经营、统一核算"。以连片烟地为单位，"集中清除、定点临时堆放、统一回收加工"，通过完善回收流程提高废膜的回收率和回收效率。二是利益导向驱动废膜回收。回收废膜主要采用交换或补贴等经济机制，激励烟农主动收集回收农膜，以实现最大可能地回收废膜。三是多种回收方式匹配烟农偏好。创新地提出以旧换新、按价回收和补贴引导等三种回收方式，烟农可以根据自己的情况选择最有利的方式，以实现最大可能地满足不同烟农的差异化偏好和需求。

2. **废膜处理技术创新**　一是拥有全国领先的地膜回收处理技术，获得两项国家专利授权。湄潭烟草分公司与湖南宏船科技有限公司联合研发的"一种地膜清洗造粒回收机组"和"一种地膜清洗机组"被授予国家专利（专利号分别为201520716641.7；201520716645.5），"沉淀、微生物培养、过滤水循环系统""通过分段清洗，周期排渣的高效清洁膜片的漂洗技术""多次改良的二次造粒技术""定制开发专用添加剂，将吹塑用的薄膜回收再生颗粒应用于注塑技术"等技术具国内领先水平。二是优化设备。开发高效清洁膜片的漂洗水池，针对烟用地膜泥沙杂质多、容易被膜缠绕堵塞的特点，通过分段清洗、周期排渣，解决了膜碎屑堵塞排水孔、淤泥分离等问题，并大大减短了设备长度。三是采用绿色循环的工艺流程。节水：开发清洗水的循环利用工艺，独创的沉淀、过滤水循环系统，能够长时间稳定运行，经过处理后的水可再次利用于农膜清洗，极大减少了水资源消耗，并避免了乱排乱放、水土流失。节能：减去了热风管道干燥器，采用最新湿法造粒工艺，强制喂料并挤出大部分水分，少量残余水分通过形成蒸汽排出。干燥功率由原有的37千瓦减少至17千瓦；多次改良的2级造粒，预热后无需电源，保温造粒。减少常规2级造粒21千瓦加热耗能，并使颗粒挤出更加顺畅、均匀。

3. **基于社会创业的废膜回收再利用商业模式创新**　本项目创新性地设计开发出了分阶段有序打造闭环和开环相结合的商业生态圈。首先构建了烟草公司投资引导、合作社主营、烟农积极参与的三方共担共享的闭环循环生态圈。在此基础上，从废膜原料来源和加工产品两头增建开环商业生态圈，向行业外发展，拓展项目发展空间。闭环求稳定，开环求发展，形成良性互动。在商业运行模式上，强调以全价值链协同导向创新商业模式：一是坚持市场主导，通过整合价值链上烟农、合作社、加工场、烟草公司各方资源，共同创造价值；二是坚持协同共享，烟农、合作社、加工场、烟草公司多个价值链主体共同分享所创造的价值；三是坚持持续发展，在有效激励价值链各方主体的基础上以长期发展为导向来合理分担运行成本，夯实可持续发展的基础。

【综合点评】

建设废旧农地膜加工场，引导烟农清除田间废膜、合作社统一回收后加工利用，实现了废弃物变弃为用、变废为宝，既促进了烟农、合作社增收，同时还保护了生态环境，有利于控制和减少农业面源污染。

（联系人：黄峰，联系电话：13985626348）

案例68

福建龙岩"四轮驱动"地膜回收模式

【项目背景】

2014—2016年，连续三年的中央1号文件中都提出了加强农业面源污染治理、加快农业环境突出问题治理、推动农业绿色发展等方面的要求和措施，特别对农田残膜回收区域性示范等工作进行了部署。党的十八届五中全会提出的"创新、协调、绿色、开放、共享"五大发展理念，对改善农村生态环境、改善农民生活条件、提高农产品安全性等方面提出了更高更严的要求。

龙岩烟区从20世纪90年代开始推广使用地膜覆盖栽培烤烟，年均使用地膜在700吨左右，由于缺乏有效的回收利用机制，废旧地膜回收和利用基本处于"四无"状态，即无人引导、无人收集、无人回收、无法利用，由此带来的环境污染问题日益凸显。如何科学开展烟田废旧地膜回收利用，已经成为龙岩烟区持续发展、烟农持续种烟增收迫切需要解决的问题。

2016年，为践行行业社会责任，贯彻落实中央1号文件和全国烟叶工作电视电话会议精神，龙岩市公司结合烟区特点和工作实际，积极探索有龙岩烟区特色、低成本、易操作、可持续的废旧地膜回收模式，为改善烟田环境、提高烟田质量、促进烟农增收寻找出路。

【发展思路】

1. **指导思想** 坚持科学发展观，树立绿色发展理念，按照"烟草扶持引导、烟农自觉参与、合作社协同运作、企业回收利用"的思路，推进全市废旧地膜回收工作，促进龙岩市烟叶生产可持续发展。

2. **实施方式** 采取"烟草行业+加工企业+烟农专业合作社+烟农"四轮驱动模式实施废旧地膜回收，即烟草公司负责政策引导和宣传组织，给地膜运输给予适当的补贴；烟农按照要求将

田间地膜统一收集到指定地点；烟农专业合作社负责将指定地点的地膜统一运输到加工企业；合作的加工企业负责提供地膜堆放场所，并对回收的地膜进行过磅登记和加工利用。

3. **实施步骤** 具体步骤为：前期调研—制订方案—宣传引导—田间收集—统一运输—回收加工—田间检查—兑现政策。

4. **预期目标** 烟田地膜100%回收和加工利用，形成一套规范、高效、简便的回收方式。

【主要做法】

1. **专题立项、创新模式** 龙岩市公司对烟田地膜回收进行了专题立项，确定项目总负责以及工作目标、工作计划和扶持政策等，重点确立了我市废旧地膜"四轮驱动"的回收模式。

2. **加强宣传，深入民心** 从烟田冬翻开始，市、县、站三级烟叶管理部门就启动了烟田地膜回收的宣传工作，确保烟田地膜回收得到乡村两级及烟农的支持。市公司印发了《龙岩市烟田地膜回收宣传材料》，分送到每户烟农，做到家喻户晓。县局公司、烟草站还在农村公共宣传栏及农民主要活动场所张贴宣传材料，并利用当地宣传媒体进一步加强烟田地膜回收工作的宣传造势；烟草站利用烟农培训班、"致烟农朋友的一封信"、乡镇宣传车、农村赶集或民俗活动等机会，加大宣传力度，扩大宣传范围，让地膜回收深入民心，并在烟农中达到"要我收"转变为"我要收"的效果。

3. **注重细节，做足功课** 及时发出《龙岩市烟田地膜回收项目开展意见征求书》，广泛发动基层单位员工积极建言献策。烟草部门积极主动与合作加工企业深入洽谈，并签订合作协议，协议对回收时间、地膜数量、堆放场所、称重验收、环境保护等内容作了具体的约定和要求。

4. **制定方案，有序推进** 在前期大量扎实有效的基础工作前提下，市

公司及时出台了《龙岩市2016年烟田废旧地膜回收工作方案》。方案进一步明确了工作思路，遵循"宣传引导、标准装袋、自觉收集，方便烟农、就近上交，定时定量、统一回收"的工作原则，同时制定烟用地膜回收与烟农当年的售烟产后奖励（0.4元/公斤）和来年的合同签订数量挂钩奖惩办法，确保烟田地膜回收工作顺利推进。各分公司在市公司方案的基础上出台了更为详细的工作细则，特别对宣传指导、约时定点、收集标记、划片轮流、验收登记等工作提出了更具操作性的工作措施。

5. **强化标准，规范收集** 为了便于回收、运输和验收，广大烟农在烟技员的指导下，利用闲置的烟草专用肥、有机肥编织袋，对田间废旧地膜进行标准装袋收集。按照前期科学测算，烟草专用肥袋每袋装膜1.5亩，有机肥袋每袋可装膜2亩，并要求地膜装袋后用绳子进行封口，便于运输装卸。

通过不断实践总结，制定了一套操作方便、流程简单、回收规范的地膜回收方法，即：烟株封行再揭膜、按亩装袋不残留、房前屋后晾晒干、约时定点轮流送、编号登记对样验、及时运走不占地、过磅入库再加工。

6. **加强协调，物流顺畅** 为了确保烟田地膜回收工作顺利进行，市县站三级烟叶主管部门指派专人负责收集和回收协调工作，全市建立统一的地膜回收微信群，由市公司烟叶生产部负责全市的地膜回收入库总调度、总协调，解决地膜运输入库过程中的问题及困难，实现烟田地膜全过程信息共享，确保烟田地膜回收全过程物流顺畅。

7. **检查验收，奖惩分明** 烟田地膜回收工作结束后，市公司实行乡镇抽查验收、分公司实行按村检查验收、烟草站实行全面验收，对工作完成得好的单位和个人给予表扬和考核加分，对工作不到位的烟技员进行绩效扣分，对地膜回收不干净的烟农按规定进行处罚。

【主要成效】

"地膜回收做法好，废品也要变成宝；田间沟渠好干净，烟农增收更有劲"的一句打油诗道出了烟农对改善烟田环境、增加收入的喜悦，凸显了地膜回收工作的成效。龙岩烟区地膜回收工作的成效具体体现为"多、快、好、省"四个方面。

1. **回收数量多** 2016年，龙岩烟区实际供应地膜809.6吨，回收烟田地膜多达3 962.9吨，旧膜与新膜按照1∶4测算，折合新膜990吨，回收率超过100%，回收数量远超预期，许多烟农还顺手将往年残存在田间地头、沟渠周边的地膜收集起来，还烟田彻底干净的面目。

2. **回收速度快** 在广大烟农的自觉配合下，全市地膜回收总计耗时45天，比原计划60天提前15天完成，烟草站回收时间基本控制在3～5天，大大节约了工作时间和回收成本。

3. **回收效果好** 一是烟农增收效果好。地膜回收后，烟田环境得到大大改善，烟株可以正常生长，烟叶产质量、烟农持续种烟增收有了保障；烟田土壤干净更有利于机械耕作，降低了烟农劳动强度，降低了烟农的用工成本。二是社会效益好。地膜回收覆盖全市100个乡镇897个植烟村，田间地头、沟渠道路变干净了，各级政府、乡村干部、烟区群众都十分满意，行业和地方媒体进行了广泛报道，对烟草部门开展烟田地膜回收工作给予高度评价和点赞。合作加工企业接收废旧地膜后，经过切割、清洗、拉丝、造粒，实现变废为宝，每吨取得了950元的经济效益，解决了原来地膜无人愿意回收的状况。三是生态效益好。通过宣传引导，广大烟农自觉回收地膜已经成为一种良好的劳动习惯，农村、农田生态得到大大改善，为农业可持续发展奠定基础。

4. 回收成本省 2016年烟田地膜回收总体成本较低。利用烟农专业合作社组织社会车辆进行运输，烟草公司给予合作社每亩4元的运输补贴，全市21.95万亩烟田地膜回收总计补贴运输成本费用87.8万元。除此之外不产生任何费用，真正实现了"花小钱办大事"的目标。

【主要经验】

1. 三个早 三个早即早宣传、早谋划、早部署。从冬翻土开始，六个月大范围、分场合、多形式的密集宣传，三个月的精心谋划和细致部署，工作过程中科学的细节管理，使烟农短时期内转变观念、积极配合，主动参与到地膜回收工作中来，为顺利回收地膜打好了第一仗。

2. 三个坚持 三个坚持即坚持宣传引导、自觉收集，坚持方便烟农、就近上交，坚持约时定点、统一回收。坚持宣传引导、自觉收集。烟草站、植烟村村两委积极开展废旧地膜回收宣传引导工作，动员烟农自觉收集烟田中废旧地膜并装袋。坚持方便烟农、就近上交。根据烟田分布特点和烟农实际，由每个烟草站设立若干个废旧地膜集中回收点，便于烟农上交收集好的废旧地膜。坚持约时定点、统一回收。烟农在规定的时间内将全部装袋废旧地膜上交到指定回收点，由烟技员给予登记造册，回收点废旧地膜全部由烟农专业合作社统一运输送至合作厂家。

3. 三个做到 三个做到即做到流程简、信息畅、物流顺。烟田地膜回收再利用工作涉及烟农、运输单位、烟草站、回收企业四个不同工作主体，能在短时间内高效完成此项工作，得益于具体操作过程中我们做到了流程简单好操作、信息及时沟通畅、物流科学运输顺。

【综合点评】

龙岩市创新的"烟草行业+烟农+烟农专业合作社+加工企业"四轮驱动地膜回收模式，取得了"多快好省"的良好效果，破解了长期困扰烟区废旧地膜回收难题。地膜回收改善了烟区生态环境，使烟叶产质量得到有效保证，为烟区持续发展、烟农持续增收提供了保障，为提升行业社会形象作出了很好的表率。科学简便的回收方法解决了回收过程中许多复杂的事情，值得其他烟区借鉴和推广。

（联系人：沈平，联系电话：13806995279）

案例69

福建南平邵武产区废旧地膜资源回收再利用价值链

【项目背景】

自20世纪90年代推广地膜覆盖栽培以来，对邵武烤烟产质量经济效益的提升起到了积极的推动作用。多年来，邵武烟叶种植的所使用的地膜量平均达到180吨。但长期以来，由于烟农对地膜污染严重性的认识不足，基本上采取将地膜丢在田间地头、进行焚烧或丢弃到河沟、山林中等方式进行处理。这不仅造成环境污染，因残留在农田的地膜很难降解，还严重影响农作物根系生长，导致农作物减产。

近年来，虽然有塑料制品企业以及个别镇村组织开展小规模的回收，但由于地膜含泥沙量大，集中及后续的清洗成本较高，因而无法持续推进，没有从根本上治理地膜污染问题。邵武分公司从2013年开始探索烟田废旧地膜回收工作，但由于缺乏有效的组织平台和政策引导，导致基层参与积极性低，回收运行成本高，回收面积仅200亩左右，且无法实现综合利用，没能从根本上解决污染问题。

2014年11月，国家局凌成兴局长在调研福建烟草期间强调，要为建设"机制活、产业优、百姓富、生态美"的新福建做出烟草行业的特殊贡献。加强烟田废旧烟膜治理，既是防治农田污染、保护生态环境的关键环节，也是发展循环农业、推进农村文明建设的重要内容，更是推进现代烟草农业可持续发展的迫切需要。

【发展思路】

1. 指导思想　积极践行绿色发展理念，引领烟农走资源节约、循环利用、环境友好、生态文明的发展道路，形成"烟草扶持、烟农参与、合作社市场运作"的回收机制，促进烟草产业与环境协调发展。

2. 发展定位　围绕绿色发展理念，加强烟田面源污染治理，促进烟叶生产转型升级，实现烟区生态文明建设和烟叶持续发展。

3. 实施方式　推行"农户捡拾、网点回收、企业加工"的运行模式，提高地膜集中回收的组织化程度，降低回收运行成本；引入相关设备，延伸产业链价值，实现"地膜使用—残膜回收—公司加工—企业再利用"的循环资源利用。

4. 实施步骤　一是加强废旧烟用地膜回收利用的宣传，逐步引导烟农正确认识废旧地膜污染的危害和治理工作的重要性和紧迫性，转变烟农思想观念。二是构建废旧地膜回收服务网络体系，依托合作社专业化服务平台，构建"总社—分社—专业服务队"的服务网络，提高组织化程度。三是创新再造，引进相关设施设备，实现回收废旧地膜的再利用，将废旧地膜加工生产成塑料产品出售，延伸产业链价值，实现废膜再利用。

5.预期目标 2014年实现邵武田间废旧地膜全面回收，引进地膜回收清洗造粒设备进行改造利用，生产塑料颗粒100吨以上；2015年，实现全市10万亩以上烟田地膜回收，生产塑料颗粒200吨以上；2016年，实现全市所有地膜烟田地膜回收，生产塑料颗粒400吨以上。全面形成地膜回收长效机制，全面解决地膜面源污染。

【主要做法】

1.调研分析，提出地膜回收工作思路 邵武每年烟叶种植面积在6万亩左右，经测算，每亩使用地膜约3公斤，烟田使用地膜时间3个月，烟田地膜每亩回收要达到8公斤，全市合计地膜在480吨。为使残膜能够集中回收，邵武分公司通过调查问卷、市场调查等方式，对各乡镇用工成本、劳动力状况进行摸底调查，反复测算各环节成本，制定相关补贴政策、制度和工作办法，提出地膜回收补贴标准"2.5+3"的补贴标准，即"清理出田补贴"烟农2.5元/亩，合作社集中收集补贴3元/亩，亩回收成本5.5元。

2.加强宣传，从思想上树立治理残膜意识 组织烟草站、合作社工作人员利用召开培训会、点对点、发放宣传单、农村圩日拉横幅等方式对烟农就"白色污染"危害性进行深入宣传，不断提高广大烟农对地膜污染危害长远性、严重性的认识，逐步引导烟农正确认识废旧地膜治理的重要性和紧迫性，得到了烟农对废旧地膜回收工作的支持。

3.建立机制，从措施上破解残膜回收瓶颈 一是制定工作方案。合作社专门召开了理事会议和社员代表大会，研究并通过了残留地膜回收工作方案。二是引导烟农清理残膜出田。积极引导烟农结合烟叶中耕培土进行揭膜，并将残膜统一手工捡拾清理出田并集中堆放在显眼位置。三是鼓励各方力量收集残膜。由各烟草站宣传奖励政策，鼓励烟农和当地的妇女、老人等闲散劳力，统一用化肥袋按每亩一袋的标准装袋集中到合作社指定的回收点。四是依托合作社专业化服务平台，按照"总社—分社—专业服务队"的服务网络，在15个种烟乡镇设立了60多个残留地膜临时回收点，组建了21支

清理回收专业队共400余人参与回收工作，以0.8元/袋的回收残膜数量兑现专业队员的报酬；梳理回收环节工序工位及人员配置，将烟田地膜回收工作划分为"清理出田""区域集中""场点集中"三个工位。五是加强站社沟通协作。在各烟草站点安排专人联络，统一协调临时集中点、验收及运输等事项，配合合作社专业队开展回收残膜监督，定期跟踪比对残留地膜的回收数据和烟田清理数据，并由合作社分社经理、烟农代表共同进行验收、公示，确保当年等量面积的残留地膜得到全面回收。

4.**创新再造，从加工上延伸残留地膜综合价值**　为解决回收后残膜的再利用问题，合作社引进了一套薄膜清洗造粒设备并进行持续技术改造（60万元，分10年折旧），优化地膜粉碎、清洗、融解、塑性等工艺流程，将废旧地膜成功加工成黑色再生PE（聚乙烯）塑料颗粒。该地膜回收清洗造粒设备每天可加工2 000余亩的废旧地膜，生产塑料颗粒4吨左右，每吨售价4 000元左右。该类塑料颗粒可用于生产日常生活中的各种塑料制品及服装、建筑、机械、化工、电器等领域，具有广泛的用途。

【主要成效】

1.**烟农环保意识增强**　通过此项目的实施，有力地扭转了广大烟农粗放处理残膜的旧观念，使烟农能够正确认识废旧地膜的危害，环保意识、净土意识全面增强，能积极配合地膜回收工作。当前，烟农的操作习惯产生了颠覆性的改变，已把地膜回收工作作为常规的生产要求。

2.**白色污染有效控制**　项目实施后，根据农业部门土壤地膜残留量监测显示，烟田地膜残留量在0～0.001公斤，残留量低于国家农田地膜残留一级标准，显著改善了土壤结构和生态环境。

3.**实现合作社增效、烟农增收**　合作社于2014—2016年累计清理40.9余万亩的残留地膜，合作社成本合计422.6万元，通过回收造粒和补贴实现收入459.2万元，合作社累计实现盈利35.8万元。烟区烟农累计享受地膜回收补贴102.25万元，实现了合作社、烟农共赢局面。

【主要经验】

1.**建立激励机制，调动回收积极性**　建立"烟草推动、烟农参与、合作社市场运作"

的回收机制，将地膜回收补贴政策纳入生产投入补贴范畴，对合作社、烟农采取扶持措施，形成了"总社—分社—专业服务队"的服务网络，调动合作社、烟农回收废旧农膜的积极性，将地膜回收作为合作社常态化服务。

2. 依托合作社平台，延伸产业链条　形成"回收—集中—清洗—造粒—销售"一整套完整的烟田废旧地膜回收造粒再利用价值链体系。并以合作社为运营主体，以市场需求为拉动，实现回收前端和造粒再利用后端的有效衔接，保障了烟田废旧地膜回收再利用工作能够持续有效开展。

【综合点评】

邵武通过依托合作社平台，形成"总社—分社—专业服务队"模式的地膜回收服务网，提高了组织化程度，优化了回收环节，补贴回收费用，并在南平全市推广，促进了烟用残膜真正走出田间地角，对当地美丽乡村建设及现代农业发展起到了很好的促进作用，树立了责任烟草的良好社会形象。同时，创新设施设备，通过造粒再利用的市场价值拉动，有效衔接了"回收"和"再利用"两个关键环节，形成完整的烟田废旧地膜回收再利用价值链条。既带动了烟农当前的增收、合作社增效，又夯实了烟区持续发展基础，一举多得，真正实现了烟区、烟农、烟草的共赢局面。

（联系人：徐汝超，联系电话：13559834815）

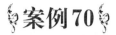

案例70

云南保山昌宁构建生物质燃料产销用一体化模式

【项目背景】

昌宁作为一个农业县具有丰富的秸秆资源，据近5年统计数据表明，主要农作物年均种植面积为：烤烟10.67万亩、玉米22.41万亩、油菜4.75万亩、甘蔗15.26万亩、桑树5.54万亩。农作物秸秆不能有效转化成生物质颗粒原材料是制约烟农从中受益的主要因素，原因主要表现在三方面，一是生产加工设备少，生物质资源储备量大，受益农户少；二是县内农作物产区多为山地，作物秸秆运至加工厂成本较高；三是与常规燃料烘烤相比市场化购买的生物质颗粒燃料单位干烟烘烤成本有所升高。

依托市局公司《密集烤房替代能源综合配套技术研究与推广》科技项目平台，昌宁积极参与生物质燃料的开发与应用，初步建立起生物质颗粒燃料替代煤/柴烘烤的发展模式。目前全县已建成生物质颗粒燃料加工厂2座，日产能在4.8吨以上；推广应用生物质颗粒燃烧机60台，年耗量在360吨以上；烘烤过程中不足部分主要采取市场化采购方式进行补充。前期已经对不同配方的生物质颗粒燃料基本特性和燃烧机的性能进行了示范试验，烟叶烘烤效果较好，烟农接受率较高。

【发展思路】

以"创新、协调、绿色、开放、共享"五大发展理念为指导，围绕烟叶烘烤绿色、循环、低碳、可持续发展的工作思路，立足多元化产业现状，统筹规划，精益管理，建立生物质颗粒燃料"产—销—用"综合利用发展模式，力争实现生物质烘烤规模化，确保烟农烘烤环节成本稳中有降，为产区内现代烟草农业建设可持续发展提供保障。

【主要做法】

为探索生物质颗粒燃料的经营发展模式，以生物质颗粒燃料"本地化生产，商品化销售，综合化利用"三方面为切入点，在保证生物质颗粒燃料加工场正常经营前提下，最大限度地让利于农户。

1.**本地化生产** 在综合分析"交通、生物质资源储备、烤房群分布"等方面的基础上，分别在耉街乡和温泉镇建立两座生物质颗粒燃料加工厂。生物质颗粒燃料的生产加工原料主要以烟秆为主，其他作物秸秆为辅进行配方生产。由合作社进行统一组织管理。这一举措为烟秆的综合利用提供了新途径。

生物质资源收集主要采取两种方式。一是由合作社统一收购（交通便利区域）。烟秆和

玉米秆收购按车（拖拉机，约500公斤/车）计量，农户将晒干的作物秸秆整理后统一堆放至田间地头，由合作社派专人专车进行托运，按100元/车的标准支付烟农；甘蔗渣以市场价280元/吨标准去糖厂拖运。二是由农户自发交售（交通不便区域）。在交售价格与收购价格一致的基础上，合作社还以100～150元/吨的标准支付给烟农运输和用工费用（如果合作社无专项资金，可在烘烤环节等量折算抵扣相关费用）。

生物质颗粒燃料的生产加工过程主要分为原料粉碎和颗粒成型两个流程，整个生产线需3～4人协作完成，日产能在2～3吨，当地用工工价为100元/个。此外，设备耗电及易损件更换约50元/吨，综合加工成本在200元/吨左右。

两加工厂在2016年探索试验的基础上，技术日趋成熟，工艺流程更加规范，成型颗粒产品在外观、质量、燃烧特性等方面完全可满足颗粒燃烧机及烘烤工艺的要求。综合生产加工成本可控制在700元/吨以内，与市场化销售生物质颗粒燃料（1 000～1 200元/吨）相比降低300～500元/吨。

2.**商品化销售**　生物质颗粒燃料加工厂为产品输出单位，烟农专业合作社为主要接收单位，配有生物质颗粒燃烧机的烤房群为主要使用单位。成型达标产品销售单价为700元/吨（含运输费）。为确保销售渠道畅通，加工厂与合作社签订《昌宁县生物质颗粒燃料供用协议》，合作社与烤房群签订《昌宁县生物质颗粒燃料使用协议》，明确质量标准及双方权责等相关内容。销售过程中产生的利润60%作为合作社资本积累，主要应用于机械检修与厂房的维护；40%的利润反补给烟农，主要体现在降低烟农的烘烤成本上。

3.**综合化利用**　目前，生物质颗粒燃料主要应用于烟叶烘烤，需对现有烤房进行简单改造，以与生物质颗粒燃烧机相配套。燃烧机的使用实现了颗粒燃料的自动化投放与精准控制。燃烧后的草木灰还可以用于土壤改良。同时加大生物质烘烤技术培训力度，全方位宣传贯彻相关政策，为技术的推广与应用打下坚实的基础。

【主要成效】

生物质颗粒燃料"产—销—用"发展模式，在烟叶烘烤方面取得了一定的成效，初步实现了干干净净、简简单单、轻轻松松的烘烤方式。

从烘烤用工方面对比看，采用煤炭烘烤的25座烤房，全部投烤时间内每天要用工6人，平均每炉烘烤用工1.68个；采用生物质颗粒燃烧机烘烤的25座烤房全部投烤时间内每天用工3人，平均每炉烘烤用工0.84个，平均每炉用工数量比煤柴烘烤减少了一半以上，公斤干烟用工成本减少约0.17元。此外，生物质颗粒燃烧机实现了燃料自动添加，工人劳动强度明显降低，减工降本效果显著。

从烘烤能耗方面对比看，采用煤炭烘烤能耗约为1.6吨/炉（品质差，发热量低），煤炭单价按照400元/吨计算，公斤干烟能耗成本约为1.18元；采用生物质颗粒燃料烘烤能耗约为1.1吨/炉，颗粒燃料单价按照700元/吨计算，公斤干烟能耗成本约为1.39元，较煤炭烘烤干烟烘烤成本提高0.21元/公斤。

从初烤烟叶质量对比看，使用生物颗粒燃烧机，烘烤过程中稳温效果明显提升，控温精度在±0.5℃，克服了燃煤加热难以准确控制温度的问题，实现了烤房自动化、精准化控制，减少了人工添煤的不稳定性，使科学烘烤工艺得到准确的执行，烤后烟叶中上等烟比例较传统煤炭烘烤提高了4.84个百分点，烤坏烟的比例降低了2.02个百分点，均价提高0.45元/公斤。

从综合经济效益对比看，采用燃煤烘烤综合成本为848元/炉［168元/炉（烘烤用工费）+680元/炉（能耗费）］，采用生物质颗粒燃料烘烤综合成本为854元/炉［84元/炉（烘烤用工费）+770元/炉（能耗费）］。此外，烤后烟叶均价提高0.45元/公斤，按照每炉烤后干烟500公斤折算，烟农可增收约225元/炉，对比后综合经济效益为219元/炉［848元/炉（煤炭烘烤）−854元/炉（生物质烘烤）+225元/炉（烟叶质量收益）］。烟农烘烤环节成本由41.6%降低到30.7%，烟农烘烤环节可实现增收65.7元/亩。

此外，采用生物质颗粒燃料，烘烤过程中大气污染无排放量大幅降低，尤其是二氧化硫和一氧化碳的排放几乎为零。根据实际情况部分颗粒燃料还应用到木材加工、烤核桃、烤茶叶等产业上，也取得一定的经济效益。

【主要经验】

加工厂建设条件：一是交通便利，有利于原材料和产品的调拨与运输；二是生物质资源丰富，有利于降低生物质原料成本；三是辐射多个烤房群，有利于降低生物质颗粒燃料的存储成本。

本地化配方生产：生物质颗粒燃料本地化生产后，成型颗粒成本较市场化产品降低30%～40%；尽量建立以烟秆为主的生物质颗粒配方生产技术规范，因为烟秆不能像其他作物秸秆那样直接还田或制作成有机肥。

综合化应用：一是在烟叶烘烤方面，虽然烘烤环节公斤干烟的烘烤能耗成本增加，但综合效益可与煤炭烘烤持平或略有降低，烘烤劳动强度明显降低，烟农接受度高，便于技术推广和应用；二是颗粒燃烧后灰渣可用于还田改良培肥烟田土壤，有利于打造一条新型循环良好烟叶生产链；三是在工厂规模化生产后，生物质颗粒燃料还可应用于木材加工、烤核桃和茶叶等，目前部分企业已经使用，具有降工降本的效果。

【综合点评】

昌宁烟区以生物质颗粒燃料"本地化生产，商品化销售，综合化利用"三方面为切入点，探索出一条生物质颗粒燃料"产—销—用"一体化经营发展模式，促进了生物质燃料推广应用。

（联系人：彭坚强，联系电话：15925563052）

案例71

云南曲靖师宗开展烟秆回收清洁烘烤项目

【项目背景】

烟叶烘烤是一个较大的能源消耗过程，我国的密集烤房主要是以煤为热源，其基本特性是燃烧供热具有滞后性。在烘烤过程中，煤燃烧所释放的粉尘、碳氧化合物、硫化物和多环芳烃等给周围环境带来较大污染，随着烟叶生产量的增大，减排压力也越来越大。据测算，按烤房群规模30座、每座烤房每烤季烘烤7烤次计算，一个烤季共消耗约130吨的煤，共向大气排放约6～8吨的飞灰。节能减排不仅仅是烟草行业必须承担的工作，更是烟草行业体现社会责任、树立新社会形象的新契机。同时，随着农民生活水平的不断提高和农村环境的不断改善，几千年来农作物秸秆被用来烧火做饭的场景逐渐退出历史舞台。近年来，大量的农作物秸秆被随意丢弃，还有的干脆被一烧了之，不仅污染了环境，造成了浪费，其中丢弃在烟田中的烟秆还可能传播病虫害。

【发展思路】

生物质能源作为清洁能源之一，具有原料来源丰富（各种农业生产所产生的废弃秸秆均可作为生产原料）、燃烧效率高、火灾隐患小、挥发物有害成分少等特点，在烤烟烘烤过程中具有显著优势。为进一步响应"绿色"发展理念，实现烟叶烘烤减工降本、节能增效，同时提高烟叶烘烤过程温度控制精准化程度，降低烘烤损失，增加烟农收入，师宗县局（分公司）立足当地实际，积极探索研究与当地生产实际相符的生物质能源生产技术和推广模式，筛选性能优良的生物质能源烘烤设备。

【主要做法】

2016年，师宗县烟草专卖局（分公司）依托省局"绿色生态烟叶发展"生物质能源烘烤科研项目，向曲靖市局（公司）申请后，引进生物质颗粒燃烧机30台、中型和小型生物质颗粒生产线各1条，采用"烟草引导、合作社主导"的工作思路，在丹凤捏龙、彩云小矣则和竹基坞白三个地方开展生物质能源烘烤示范，由丹凤益民烟农专业合作社筹集资金20余万元建立中型生物质颗粒生产厂房，采取就近原则，由烟农专业合作社在烟叶烘烤结束后及时将烟田内的烟秆进行回收，或收购附近烟农自行砍收回来的烟秆，生产生物质颗粒，用于当季的烟叶烘烤。注册"益民"牌生物质颗粒商标投放市场，进一步扩大生物质颗粒生产和销售途径，最大程度发挥生物质的效益。探索出一条"烟秆回收—生物质颗粒烘烤—灰分还田"的循环经济发展路子。

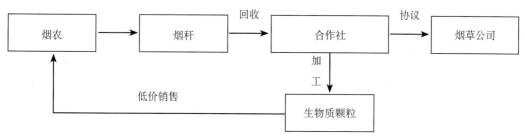

利用废弃烟秆回收加工生物质颗粒工作流程图

【主要成效】

师宗县局（分公司）经多次试验评比，选定了辽宁海帝升机械有限公司生产的生物质颗粒燃烧机，使用自己生产的生物质颗粒，在不对烤房进行改造的情况下，直接将生物质颗粒燃烧机对接在卧式密集烤房炉门口，将生物质颗粒燃烧机控制线与烤房温湿度自控仪助燃鼓风机接口对接即可。

采用生物质能源烘烤烤房目标干球温度与实际干球温度吻合度明显高于燃煤对照烤房，即生物质能源烘烤过程中温度控制更精准。生物质能源烘烤烤后烟叶上等烟比例高于燃煤对照烘烤。不同烘烤方式烘烤成本对比表见表71-1。

表71-1　不同烘烤方式烘烤成本对比表

项目	能耗成本					用工成本			烘烤总成本（元/公斤）
	每炉烘烤干烟叶量（公斤）	燃料单价（元/公斤）	每炉燃料用量（公斤）	每炉用电量（千瓦时）	每公斤能耗干烟成本（元）	司炉用工（个/炉）	烘烤技师（个/炉）	每公斤干烟用工成本（元）	
燃煤	510	0.89	585	210	1.21	1.8	0.8	0.51	1.72
生物质	520	0.5	970	218	1.12	0.3	0.8	0.21	1.33

＊　电0.45元/（千瓦·小时），用工单价为100元/个。

经济效益分析：按照每亩烟叶产量2.73担即136.5公斤计算，采用生物质烘烤增加烘烤总成本为51.87元（136.5×0.38），增加收购收入为150.15元（136.5×1.1），则每亩增加经济效益202.02元（150.15元+51.87元）。

同时，合作社还以烤烟秆0.5元/公斤的价格大量收购烤烟秆。按照每亩烟田剩下烤烟秆250～350公斤计算，每亩烤烟田还可增加120多元的收入。

使用生物质烘烤能够实现自动进料、自动烧火，大大降低烘烤过程中的劳动强度和用工成本，烟农在烟秆回收环节还增加了一部分收入，同时也减少了病虫害传播途径，真正实现了减工增效、节能增收。

2016年，师宗县应用生物质能源烘烤烟叶83炉（次），温度控制精度为±0.5℃，烘烤损失率降至7.3%，用工劳动成本降低58.81%。

【综合点评】

丹凤益民烟农专业合作社依托省局"绿色生态烟叶发展"生物质能源烘烤科研项目，筹集资金20余万元建立中型生物质颗粒生产厂房，采取就近原则，由烟农专业合作社在烟叶烘烤结束后及时将烟田内的烟秆进行回收，或收购附近烟农自行砍收回来的烟秆，生产生物质颗粒，用于当季的烟叶烘烤，探索出一条"烟秆回收—生物质颗粒烘烤—灰分还田"的循环经济发展路子，响应了国家提出的"绿色"发展理念，具有较强的推广应用价值。

（联系人：毛岚，联系电话：18608749989）

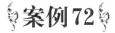

云南临沧永德推广生物质燃料烘烤

【项目背景】

1. 项目实施前基本情况　全县烟叶烘烤主要采用卧式密集型烤房，燃料主要是燃煤，烟农亩均烘烤用煤325公斤，成本350元左右。用燃煤烘烤主要有两大弊端：一是烘烤过程中需要一名烧火人员（每亩折合用工1.1个）；二是燃煤燃烧过程产生大量烟气，对环境污染较严重；三是全县烟叶烘烤结束后，烟田里留下大量烟秆难以处理。

2. 项目提出原因　一是有效降低烘烤成本，将烟农劳力从烘烤用工中解放出来；二是减少烟叶烘烤对环境的污染，减少焦点问题的发生；三是实现烤烟秸秆的资源化再利用。

3. 资源优势　全县近3年来烤烟种植面积稳定在7万亩上下，每年烟叶采烤结束后都有大量的烟秆需要处理，经统计，每亩烟秆重量大约在250公斤，全县每年产生的烟秆大约在1.75万吨。

4. 工作基础和前期探索　全县针对使用新能源进行烟叶烘烤项目前期也做了一些有益探索与尝试，主要体现在2015年在全县的部分烤房群进行了烘烤试验。试验主要分两种：一是直接使用生物质燃料代替燃煤进行烘烤；二是采购4台生物质燃烧机使用新能源进行烟叶烘烤。从试验结果看，使用新能源进行烟叶烘烤效果较好，一方面可以有效减低烘烤成本，另一方面可以缓解烟叶烘烤季节烟农的劳动用工（尤其是使用烘烤燃烧机的试验项目）。

【发展思路】

1. 指导思想　以"节能减排"为导向，探索实施适合永德烟叶烘烤的新型烘烤模式，实现"减工降本、提质增效、秸秆资源化利用"的目标。

2. 发展定位　配足、配齐全县各烤房群的生物质燃烧机，全面推广新能源烘烤模式；在全县建立2～3个生物质燃料加工厂，批量生产生物质燃料，满足全县烟叶烘烤的燃料所需；在全县每个种烟乡镇都建立一个烟秆回收点，有偿回收烟农地中的烟秆。

3. 实施方式及步骤　生物质燃烧机的推广使用上："以点带面"，先在全县的烘烤培训基地（马乃山烘烤分级一体化工厂）进行使用示范，总结经验后在全县烟区大力推广。生物质燃料的加工上：利用现有资源，在永康镇烤烟燃煤配送中心已有场地、仓库等基础设施的基础上，改造建成生物质燃料加工厂。烤烟烟秆的回收上：先在德党镇设立一个烟秆回收点，进行烟秆有偿回收的有益尝试，同时加大宣传力度，以后逐步在各种烟乡镇设立烟秆回收点。

4. 预期目标 全面推广使用新能源进行烟叶烘烤，取代传统的用燃煤烘烤；每个种烟乡镇都至少建立1个烟秆回收点，烟秆有偿回收深入人心；全县建立2～3个生物质燃料加工工厂，满足全县烟叶烘烤过程中对生物质燃料的需求。

【主要做法】

1. 项目运行机制 秸秆资源化利用项目由永德县烤烟产业办公室牵头，县烟草分公司，各种烟乡镇、村组密切配合实施。

2. 项目工作措施 2016年由永德县烤烟产业办公室牵头组织在永德县永康镇建设了一个生物质燃料加工厂，向辽宁海帝升公司采购了50台生物质燃烧机在永德县马乃山烘烤分级一体化工厂用于烟叶烘烤的示范推广，燃烧机使用的生物质燃料全部由生物质燃料加工厂统一配供。

3. 配套技术 与秸秆资源化利用项目配套的主要是生物质燃料加工技术及利用燃烧机燃烧生物质燃料释放的热量进行烟叶烘烤的技术。生物质燃料加工技术主要是采购设备进行规模化加工。利用燃烧机燃烧生物质燃料释放的热量进行烟叶烘烤的技术主要是采购燃烧机，然后由燃烧机生产厂家进行技术指导，使燃烧机和烤房控制仪相连接，实现对烟叶烘烤温度的自动调控。

4. 收益分配 由于燃烧机对热量的利用率较高，加之生物质燃料燃烧热能高，所以使用燃烧机进行烟叶烘烤，除了能够减少废气排放、降低环境污染外，还能够有效节约烘烤燃料成本及烘烤用工成本。

【主要成效】

1. 项目实施规模 全县2016年在永康镇建立了一个生物质燃料加工厂，占地963米^2，共有一条中型生产线，每小时可生产生物质燃料1～1.5吨；在马乃山烘烤收购一体化工厂采购生物质燃烧机50台，共配备50座烤房，烘烤季节使用生物质燃烧机进行烟叶烘烤的共有143户农户，覆盖烤烟种植面积1 180亩。

2. 烟农收入增长情况 生物质燃烧机与燃煤烤房烘烤效益对比如表72-1所示。

表72-1 生物质燃烧机与燃煤烤房烘烤效益对比表

	调研内容	新能源烤房	燃煤烤房（对照）	相比差值
	装烟量（夹/座）	340	340	—
	装烟重量（公斤）	4 500	4 500	—
	烤后干烟（公斤/座）	605	605	—
烘烤能耗	每公斤干烟能耗（公斤）	1.82	2.31	-0.5
	每公斤干烟电耗（度）	0.413	0.33	0.08
	每亩折算能耗（公斤）	254.34	323.71	-69.37
	每亩折算电耗（度）	59.56	47.65	11.91

（续）

调研内容		新能源烤房	燃煤烤房（对照）	相比差值
烘烤用工	每座烤房每烤次总用工（个）	1.65	3.6	−1.95
	每亩折算用工（个）	0.41	1.1	−0.69
烘烤成本	每座烤房烘烤成本（元）	1 288.4	1 483.2	−194.8
	每亩烘烤折算成本（元）	322.1	370.8	−48.7
烤后烟	烤后黄烟率（%）	95.4	92	3.4
	上等烟比例（%）	68.8	65.8	3
	中等烟比例（%）	31.1	30.2	0.9
	均价（元/公斤）	28	25.5	2.5

从表72-1可以看出，使用生物质燃烧机进行烟叶烘烤与使用普通燃煤进行烟叶烘烤相比，除了耗电量有所增加外，整体能耗可以说是大幅度降低的，综合折算，每亩烘烤成本会节约48.7元；而且使用生物质燃烧机对烟叶的烘烤质量也有明显影响，从表中可看出，使用生物质燃料烘烤的烟叶烤后黄烟率提高3.4个百分点，烤后烟叶的上等烟比例、中等烟比例、均价都分别提高了3、0.9、2.5个百分点；另外回收每亩烟株秸秆还能为烟农创收200元左右。总的来说，烟株秸秆资源化利用项目每亩能为烟农增收300元以上。

3.对当地社会经济发展的带动　通过2016年一年的示范推广，虽然推广面积还相对较小，但综合分析，秸秆资源化利用项目的成效显著。对当地社会经济发展的带动主要体现在以下三方面：

（1）有效解决了秸秆浪费、秸秆污染环境的问题。全县每年都会产生大量的烟株秸秆，通过秸秆的资源化再利用，在有效的消化、处理这些烟株秸秆的同时，还能利用烟株秸秆再次产生效益。

（2）有效降低了烟叶烘烤成本，释放了烟叶烘烤季节烟农的劳力。每年烟叶烘烤时期都是烟农的大忙季节，释放烟农劳力就能够让烟农有更多的时间进行烟叶分级，有利于提升全县烟叶收购纯度。

（3）明显减少了烟叶烘烤对环境的污染。往年一到烟叶烘烤季节，每座烤房群都是"浓烟滚滚"，离烤房群很远都能闻见刺鼻的煤烟味，2016年自从使用生物质燃烧机进行烟叶烘烤，烘烤现场"杂乱无章"的现象"不复存在"了，取而代之的是"干净整洁"，刺鼻的煤烟味也没有了，烤房群烟囱再也不出现"滚滚浓烟"了。

（4）解决当地部分人员的就业问题。2016年全县生物质燃料加工厂建成以来，共计使用季节工200余个，为解决当地人民的就业问题做出了一些积极贡献。

【主要经验】

全县通过2016年一年的示范推广，取得了一些成绩与经验，但项目在实施过程中也遇到了一些困难和问题。

1．取得的成绩　一是全县上下通过多次召开现场会、加大宣传培训力度等措施进行示范带动，烟区烟农对使用生物质燃料进行烟叶烘烤这种模式已经接受和认可，为下一步全县全面推广使用生物质燃料烘烤烟叶奠定了一定的群众基础；二是全县上下初步建立了"回收烟农秸秆—加工生物质燃料—使用生物质燃料烘烤"的商业模式；三是使用生物质燃料进行烘烤"减工降本"效果显著，在永德县德党镇马乃山烘烤工厂示范推广的使用效果较好，也培养了一批懂技术、会使用生物质燃烧机进行烟叶烘烤的技术员。

2．遇到的困难、问题及解决办法　一是烟株秸秆难以回收，烟农主动性不强；解决办法是通过有偿回收的措施鼓励烟农主动回收，也尝试回收玉米等其他作物秸秆用于加工生物质燃料，同时也积极与政府相关部门沟通协调，争取相关政策扶持；二是回收的作物秸秆运输到加工厂较困难，受部分烟区道路条件差的限制，回收的作物秸秆面临难以找到合适车辆运输到生物质燃料加工厂和运输成本过高两方面的问题；解决的办法是将全县的作物秸秆回收项目承包给当地的一家运输公司，由运输公司牵头在各种烟乡镇、各种烟村组寻找合适的本地运输车辆，本着"当地车辆为主"的原则，统一调配、统一管理，有效降低作物秸秆运输成本。

生物质燃烧机烘烤与燃煤烘烤现场对比

【综合点评】

该项目成功的关键及推广适用条件主要有：能够设立生物质燃料加工厂，保证烘烤燃料能够满足烘烤需求；作物秸秆能够顺利回收，保证加工生物质燃料的原料充足；有卧式密集型烤房，具备使用生物质燃烧机的硬件条件；使用生物质燃烧机能够提高烟叶烘烤质量，降低烘烤成本；烟农对使用生物质燃烧机进行烟叶烘烤的满意度及认可度高。

（联系人：李正文，联系电话：13988392337）

案例73

贵州毕节威宁废弃物资源化循环利用

【项目背景】

推进生态循环烟草建设工作，实现烟叶品质特色化、生产方式现代化、资源利用节约化，最终建成生态健全、技术先进、经济高效的现代烟草循环农业体系。

【发展思路】

利用烟草生产和养殖业中的有机废弃物，使其资源化，增加产品的输出，提高资源利用率。全面完善基础设施综合配套，在现代烟草农业建设生产组织方式创新、专业化服务体系建设、利益联结机制构建等方面取得新的突破，进一步改善项目区生产条件，提高烟叶生产组织化程度和管理水平。

建设现代烟草循环农业示范园区1个，占地3 100亩。园区项目建设内容包括：3 000亩有机烟田、500头肉牛生态示范场、500米³沼气厂、有机肥厂、现代化密集烤房、育苗工场和贵烟新村（表73-1）。

表73-1 现代烟草循环农业示范园区建设内容一览表

项目建设内容	单位	数量	备　注
1．有机烟基地	亩	3 000	
2．肉牛养殖场	个	1	500头，占地18亩
3．沼气工程			
（1）大型沼气站	座	1	500米³，占地5亩
（2）沼气通户工程	户	200	
4．有机肥加工厂	座	1	占地10亩
5．密集烤房	间	190	占地20亩
6．育苗工场	处	1	占地35亩
7．烟叶仓储房	处	1	占地2亩
8．贵烟新村	户	20	占地10亩

【主要做法】

1. 组织形式 现代烟草循环农业示范园区采取"合作社＋农户"的运行模式，在示范园区注册成立烟草循环农业专业合作社，由该合作社负责示范园区的经营。由烟草公司和当地政府对示范园区的基础设施和项目进行先期投资，项目和工程完工后，烟草公司投资形成的资产和政府投资形成的村集体资产通过契约形式委托合作社管理。烟草公司通过托管契约规定自己拥有烟叶和有机肥质量标准的制定权和鉴定权、烟叶的优先购置权。入社农户与合作社签订土地承包经营权协议，以自己承包经营的土地种植作物的权利入股，入社后按照合作社制定的现代烟草循环农业统一规划和方案，进行有机烟叶—牧草、有机玉米—牧草轮作种植。烟叶按与烟草公司的合同交售给烟草公司；有机玉米由合作社与当地酒厂等联系，实施订单生产；玉米秸秆、牧草按与合作社的协议出售给生态肉牛场；烟田按照协议施用由沼渣生产的生态有机肥。

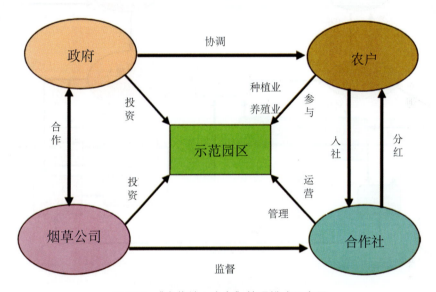

图 73-1　"合作社＋农户"管理模式示意图

2. 运行机制

（1）园区管委会（当地政府）划定示范园区 3 000 亩，筹集资金进行园区建设，监督建设进程，进行园区工程验收，商定园区经营及利润分配方案。园区工程验收合格、架子牛到位后，交由烟草循环农业合作社经营。烟草循环农业合作社下设的烤烟专业合作社与农户签订入社协议，组织农户进行有机烟叶、有机玉米和牧草生产，提供专业化服务，联系公司实施有机玉米的订单农业；与合作公司签约或聘请技术人员进行育苗大棚和烤房闲置期间的多种经营。烟草循环农业合作社下设的畜沼肥合作社与农户签订协议，组织农户进行能繁母牛领养和架子牛喂养；以银行贷款的形式筹集流动资金，聘请职业经理人和技术团队进行园区工厂生产，销售育肥肉牛和有机肥。烟草循环农业合作社统一结算下属两个合作社收益，进行利润分配（见图 73-2）。

（2）现代烟草循环示范园区规划土地为 3 000 亩，实行有机烟叶—牧草、玉米—牧草、玉米—有机烟叶轮作，根据当地养殖习惯、市场状况以及牧草产量建设 500 头肉牛生态示范

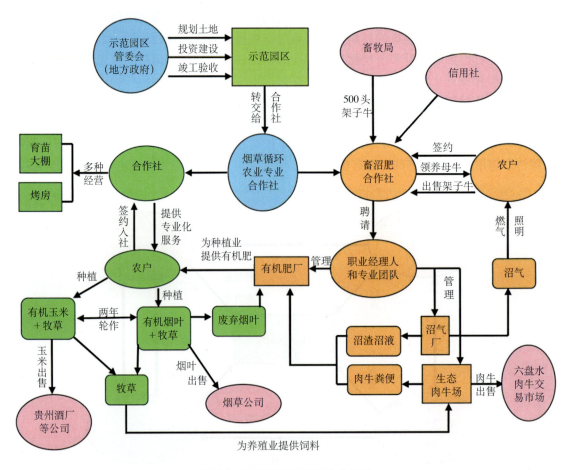

图73-2　示范园区组织运作流程图

场，依据肉牛生态示范场的规模建设500米³大型沼气厂，为利用植物秸秆和废弃烟叶建设有机肥厂。示范园区物质流示意（见图73-3）。

3.技术支撑　示范园区所需技术包括测土配方、轮作、育苗、机耕、植保、烘烤、分级、大棚栽培、肉牛养殖、沼气生产、有机肥生产、烟秆压块等。循环烟草农业的三项关键技术是轮作、植保和有机肥生产。示范园区内实行有机烟叶—牧草、有机玉米—牧草轮作。合作社对农户进行植保培训并提供植保服务。合作社依托河南农大开展大棚栽培、肉牛养殖、沼气生产、有机肥生产的技术培训。

4.利润分配机制　按照产权界定，烤烟合作社资产由烟草公司投入资产和社员有特定约定的土地使用权组成，烤烟合作社形成的利润由烟草公司和社员分享，烟草公司分得的利润量化到烟农。合作社凭借经营权分享20%，入社农户的有特定约定的土地使用权分享10%，共分享30%的利润，这些利润提取20%盈余公积金后按股份分配给社员；烟草公司凭借其资产所有权分享70%的利润，按烟农的烟田面积分配给烟农（注：农户特定的10%是按其价值约定的土地使用权的180万元与烟草公司投入资产进行的比例分配）。

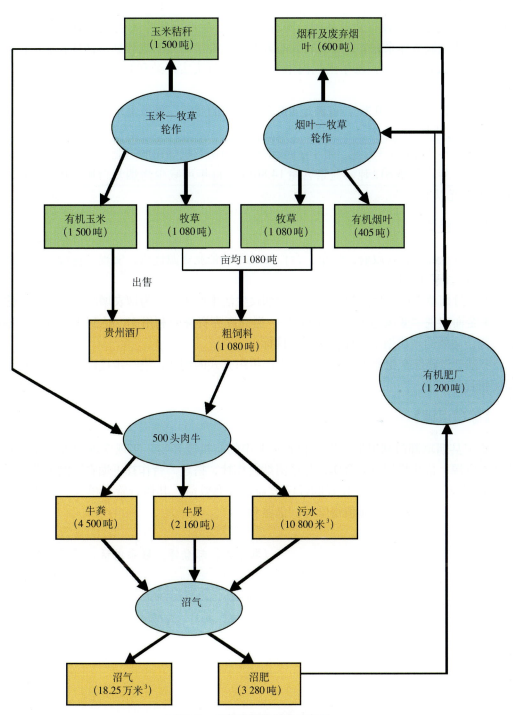

图 73-3　示范园区物质流示意图

【主要成效】

1. 园区建设 建设打造了基础设施综合配套、生产组织方式创新、烟叶生产组织化程度高、专业化服务体系完善、资源得到有效利用、经济高效的现代烟草循环农业示范园。

2. 经济效益 畜牧：每年出栏肉牛1 000头，每头实现纯利150～200元，年直接经济效益15万～20万元。

沼气：日产沼气500米^3，可满足400余户农户的照明、做饭需求，每年可减少农户生活成本40万元以上。

沼液：年产沼液1.3万吨，用于示范园区3 000亩有机烟田的追肥。

沼渣：年产沼渣612吨，氮素含量14.86吨，每年可减少烤烟复合肥130吨左右，节约投入40万元以上。

【主要经验】

1.通过全方位整合政府、烟草、合作社及相关企业资源优势，实现"资源共享、服务完善、持续运行"的目标。

2.通过烟草部门的投入和帮扶，减少烟农生活生产成本，为烟农增收找到了有效途径。

3.全面实现"变废为宝、循环利用"，提高废弃资源的利用率，达到生态健全、创新发展、经济高效的现代烟草循环农业发展目标。

4.基础设施综合配套工作的完善，生产组织方式的创新，进一步提高了烟叶生产组织化程度和管理水平。

【综合点评】

威宁县烟草部门利用烟草生产和养殖业中的有机废弃物，实现变废为宝，通过充分整合各方资源，依托烤烟专业合作社和畜沼烟合作社，搭建"合作社＋烟农"的运营模式开展废弃物资源化利用，取得了良好的经济效益和社会效益。其运行管理模式、具体方法、利润分配方式和相关保障措施值得学习、借鉴和推广。

（联系人：郑登峰，联系电话：13984472010）

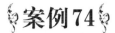

案例74

陕西安康汉滨利用废弃烟秆栽培食用菌

【项目背景】

食用菌是安康秦巴山区的特色产业，且市场广阔，其原料多为段木或锯木。但近年来为保"一江清水送北京"，大规模"退耕还林"和"封山育林"后，靠伐木制菌料已经有限，而烟秆可就地取材，充分弥补食用菌原料的不足；在农时操作上，食用菌栽培与烟叶生产有互补性，空闲季节大量烤房可为食用菌栽培提供优质的室内条件。

2014年，安康市汉滨烟叶分公司《烟秆替代部分袋装原料栽培食用菌与烟叶生产配套设施综合利用研究及示范》项目成功立项，项目依托安康市农科所食用菌研究中心，委托安康市汉滨区新禾丰合作社为实施主体全面展开。通过多种配比方式和严格试验示范，取得了烟秆栽培平菇、猴头菇、香菇等多种菇类菌的最佳原料配比方案；经陕西省富硒食品质量监督检验中心、安康市产品质量监督检验所对烟秆原料和食用菌产品严格检测，认定菌菇产品符合食用标准。

【发展思路】

以丰富的废弃烟秆资源为原料基础，以发展与烟叶生产农时互补的食用菌袋料栽培产业为主线，打造山地特色的鲜菌和干菌品牌，创新营销方式，构建纵向链接和横向平台，促进烟农稳定增收；拓展带动密集烤房、育苗大棚等设施资源的综合利用和立体开发，充分降低烟秆栽培食用菌投入成本；延伸利用废弃菌棒制作肥料，重新施入农田，改善土壤结构，降低种植业施肥成本，实现降本增效、绿色环保和循环发展，全面开启安康烟区"烟农—菇农"的循环经济模式，为烟农增收开辟了一条绿色通道。

【主要做法】

健全组织协调体系，保障项目高效实施。汉滨烟叶分公司作为项目主体，积极主动加强与实施主体和依托单位的协调，协助合作社成立"烟农增收办公室"，对项目试验研究和推广进行系统规划、组织、实施和监管，确保项目有序、高效推进。

设计改装烤房设施，保障菌菇栽培条件。烟叶烘烤结束后，结合烟秆栽培食用菌计划，选定匹配烤房并进行室内设计改装，充分做好设施准备。结合食用菌生长所需温湿度、供氧与二氧化碳排放、光源等条件，将8米×2.7米×3.2米（长×宽×高）密集烤房改装为8档、5层、层间距35厘米、总长8米、宽1.4米、高1.7米的菌棒摆放架。

同步推进试验检测，保障菌菇安全可靠。依托安康市农科所食用菌研究中心、陕西省富硒食品质量监督检验中心、安康市产品质量监督检验所以及烟草研究部门等多家科研单位及质量检测机构，不仅让烟秆原替代料能生产出菌菇，而且对所产菌菇的食用安全性进行了严格检测认定，保证了烟秆栽培食用菌项目的继续延伸和推广价值。

完善配套生产技术，保障成果有效转化。为取得烟秆配比的最佳方案，以边试验边示范的办法，通过同类菇多组试验对比，最终对不同种类菌菇分别优化筛选了一个最佳配比方案，对烟秆收集、粉碎、处理、发酵、拌料、装袋、消毒、接种、养菌、采摘及烘干等操作流程和技术要求进一步细化，建成了一个菌种厂，形成了一套一看就懂、一学就会、一做就成的烟秆栽培食用菌技术。

灵活确定生产方式，保障利益公平分配。在烟秆栽培食用菌推广中，充分尊重广大社员的意愿，采用集中栽培与分户栽培相结合的办法逐步推进。集中栽培是由合作社统一回收干烟秆，集中制成成品菌棒，采摘销售后统一核算社员投工费用；分户栽培是由合作社集中培育成品菌棒，社员依价购回即将出菇的菌棒，并按技术加以管理，采摘销售后超出成本的收入归社员自己所有。

建立多元营销模式，保障产品供求平衡。目前，新禾丰合作社菌菇销售采用的是"自主销售"与"回收统销"相结合的模式，对"分户栽培"的，充分调动社员的自主销售动力，拓展销售渠道；对不能完全自主销售的，依托"忠诚现代农业"旗下多家蔬菜直供店，由合作社按保底价统一回收集中销售，基本实现产销平衡。利用烤房烘干鲜品，做好干品储备，保持长期供应。目前以50%烟秆为猴头菇栽培的基质配方，已达到国内领先水平。本项目正申报国家专利，菌菇产品的"三品一标"认证正在办理，网销模式即将开通。

建立资源配置机制，保障废料循环利用。对食用菌采摘结束后留下的废弃菌棒，及时与有关科研单位合作，将其制成有机肥料，实现间接秸秆还田，不占用场地、不污染环境，促进了绿色、生态、循环发展。

【主要成效】

试验示范效益。2014—2015年，累计示范平菇、猴头菇8.5万袋，总产值达62万元，实现综合收益25.35万元。其中烟秆栽培姬菇2万袋，产菇2万公斤，收入10万元；猴头菇1.5万袋，产菇1.8万公斤，收入22万元；平菇5万袋，产菇7.5万公斤，收入30万元。2016年年底，推广烟秆栽培香菇20万袋，预产鲜菇200吨，产值150万元，净收入60万元，自愿"菇农"21户，户均增收3万元，可帮助3户贫困烟农社员实现脱贫越线。

菌渣肥料效益。2016年栽培香菇20万袋，利用香菇收获后的废弃菌棒生产商品有机肥350吨，为农民节省有机肥成本30余万元。

烤房利用率分析。2016年烟秆栽培食用菌共利用闲置烤房200座。若要消化全市40%的废弃烟秆，按1座烤房放置菌棒1 000袋计，可利用闲置密集烤房8 000多座，烤房综合利用率将全面提升。

经济效益分析。若以每亩回收150公斤干烟秆计算，可替代锯木屑120公斤；按食用菌50%烟秆配比用量计，可装袋200袋，每亩烟秆可节省食用菌生产原料成本投入120元。若全市种烟10万亩，可栽培食用菌2 000万袋，以每袋1.2公斤，可产鲜菇2 400万公斤；以批发价7元/公斤出售，年产值可达1.68亿元、净收益可达0.68亿元。

社会效益分析。废弃烟秆的利用，开发出食用菌和有机肥生产的新型原料，减少了木材消耗、环境污染和病虫害传播，保护了自然生态，美化了农村环境，促进了烟叶产业绿色、环保、循环发展。同时，可解决闲散劳力的集中使用，为社员提供了更多的劳动增收机会，维护了社会稳定。

【主要经验】

烟叶废弃资源的有效利用，有利于提升烟叶产业的增值空间。废弃烟秆来自于烟叶生产，成本低廉、资源丰富。以前烟秆常用作燃料或野外焚烧、烂掉。但烟秆栽培食用菌试验的成功，使烟秆变废为宝，有效提升了烟叶产业的增值空间。或许烟秆的利用价值还远不止此，很可能还有许许多多的用途和价值点正等待着我们去开发和研究。

烟叶设施资源的综合利用，有利于挖掘降本潜力。烟叶烘烤及育苗设施投资较大，但一年中闲置期多达8个月左右，综合利用率很低。本项目正好利用闲置期密集烤房作为食用菌培养室，提高了烤房设施的综合利用率，节约了食用菌栽培的场地投资，从而使增收项目的增收潜力得以充分拓展和挖掘。

行业内外共同重视和支持，有利于推动增收项目的创新研究。促进烟农增收是烟草公司、合作社以及相关科研机构的共同责任，对项目开发和研究要以科学严谨的态度、求真务实的作风、团结协作的精神全力以赴。在试验示范中，生产技术及质量检测部门尊重科学、一丝不苟；合作社主动实施，广大社员积极参与；烟草公司在强化项目组织、监管的同时，给予了40多万元的项目经费支持，有效保障了这一增收项目做稳、做实、做出成效。

注重绿色循环经济的发展，有利于增强助农增收项目生命力。烟秆栽培食用菌项目，采用了土生土长的烟秆资源为原料，生产出"绿色"的鲜美菌菇，又利用废弃菌棒制成有机肥施入农田，间接推进了秸秆还田，实现了物尽其用、循环发展，其生命力得以充分体现。

【综合点评】

　　时下，不少产区以合作社为载体，利用烤房闲置季节发展食用菌。而安康市新禾丰烟农合作社的做法却与众不同，其关键在于选用了资源丰富的烟秆原料，大幅提升了烟叶产业的附加值。更为难能可贵的是，该项目以烟秆栽培食用菌为主线，将闲置设施综合利用、闲散劳力（社员）使用、菌渣配肥还田等有机地结合起来，形成了一条完整的绿色循环产业链，既变废为宝，又绿色环保。

（联系人：吴树良，电话：15991310165）

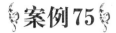

案例75

贵州遵义湄潭探索种养加一体化发展

【项目背景】

2017年中央1号文件把体制改革和机制创新作为农业供给侧结构性改革的根本途径，并指出农业生产必须以体制改革和机制创新为途径，优化现代农业"三大体系"，即产业体系、生产体系和经营体系，促进农业农村发展由过度依赖资源消耗、主要满足量的需求向绿色生态可持续、更注重满足质的需求转变。基于此背景，湄潭县金春烟叶合作社探索建立以"种（种植玉米）—养（养殖肉牛）—加（有机肥加工）"一体、"农经饲"结合的绿色循环产业链，促使"下游"产业链向"上游"产业链延伸，推动农村一、二、三产业融合互动发展，使"种养加"产业链真正实现"鸡生蛋、蛋生鸡"的循环盈利模式。"种养加"一体、"农经饲"结合模式。即：发动烟农利用轮作土地种植青贮玉米，供应养牛场饲料需要；养殖肉牛产生牛粪，供应有机肥加工场生产需要；有机肥加工厂生产成品有机肥，供应烤烟和大农业生产种植。以此进行绿色循环，完整地形成一套"烟农参与、合作经营、服务生产、为民增收"的经营体系。

【发展思路】

围绕农业转型升级、农民增收致富、城乡协调发展的实际需求，瞄准农业供给侧结构性改革目标任务，借助烟草企业生产经营优势，充分利用湄潭得天独厚的优质生态自然条件，以5年为一建设周期，对"种—养—加"一体、"农经饲"结合模式进行探索。通过牢固树立创新、协调、绿色、开放、共享的发展理念，主动适应经济发展新常态，用工业理念发展农业，以市场需求为导向，以完善利益联结机制为核心，以制度、技术和商业模式创新为动力，以农产品质量安全为抓手，优化配套设施，强化推广应用，积极打造"名头响、质量佳、口碑好、价值高"的多元副业，推动为民增收体系做稳做精做强，进一步促进农业增效、农民增收和农村繁荣，为烟草企业持续健康发展提供重要支撑。

【主要做法】

主要通过"公司+合作社+烟农"的合作方式运行。即：烟草企业负责指导管理、出资修建养牛场；合作社负责租赁土地、购买肉牛崽、聘请专业人员饲养、有机肥积制；烟农负责种植青贮玉米。一是坚持"政策+方案"结合，确保行之有效。准确把握《中共中央、国务院关于深入推进农业供给侧结构性改革加快培育农业农村发展新动能的若干意见》精神，瞄准农业供给侧结构性改革，立足当地实际，对"种—养—加"一体化绿色生态循环模式做好前景规划与实施方案，重点考虑措施的实用性和可操作性，让好举措落地生根。二是坚持"专业＋专家"搭配，确保技术到位。有了好专家，才有好"原料"，有了好"原料"，才能养好牛。为了从源头做好产品品质工作，走出一条"产出高效、产品安全、资源节约、环境友好"的发展道路，合作社聘请专业的农技推广人员和畜牧养殖人员"坐"到一起，结合"种—养—加"绿色生态循环模式需求，共同研究相应的配套技术，促进技术与生产零距离对接，让玉米、肉牛和有机肥能尽快转化为成品，切实发挥经济效益。三是坚持"市场＋品牌"营销，确保销路畅通。坚持"以品质亮品牌、以品牌稳市场"理念，做好无公害绿色产品的营销推广。在青贮玉米种植方面，合作社根据肉牛数量提前做好每年每头牛所需玉米饲料的规划，通过向烟农下订单的方式，鼓励烟农利用烟田进行轮作，科学规划种植面积和株数，确保养牛场饲料供给有保障；在肉牛销售方面，与当地知名酒店、餐馆、农家乐等签订销售协议，保障生态牛肉销路畅通；在有机肥积制方面，与当地种烟农户及茶产业、果蔬种植大户签订销售协议，确保有机肥销量稳定。

待一体化生态循环模式运作相对成熟时，还将瞄准互联网平台打出一片"天地"，这也是产业链向上下游延伸的一个突破点。具体来说，就是发展农产品精深加工，拓展产业链条，持续引导合作社整合优势资源，加大科技投入，开展新品种、新技术，创建产品品牌，申请商标注册，提升产业竞争力，更好地发挥带动辐射作用，有效对接生产和流通，创新"互联网＋"现代农业，拓展"三农"发展新空间。

【主要成效】

通过推动"种—养—加"一体、"农经饲"结合的绿色生态循环模式，实现了饲、畜、肥全程无缝对接，走出了一条符合我国国情和一、二、三产业协调发展的特色创新模式。通过初步估计，金春合作社种植青贮玉米500亩，产量1 500吨，按市场价格500元/吨计

算，实现产值75万元；养牛100头，每头牛每年生产牛粪1.5吨，合计150吨，按市场价400元/吨计算，每年可节约有机肥生产投入6万元；按牛肉市场价30元/斤计算，单头牛产肉400斤计算，100头牛能实现120万元左右的产值。除去青贮玉米20万元、其他配方饲料5.5万元、人工成本5.4万元等成本费用，三项加起来总利润达到了171.1万元。合作社将按利润的60%的对社员进行分红，以基地单元计算，每户烟农大约可实现增收252元。

【主要经验】

有机肥原料收集难、回收成本高、生产利润低等问题一直是合作社经营无法突破的发展瓶颈，但建立"种—养—加"一体、"农经饲"结合的绿色生态循环模式后，通过"订单化、生态化、商品化"的经营模式，在实现精准管理的同时，还实现了降本增效，这种将想法融入实践的做法，为探索"合作社＋"多元化经营模式提供了宝贵经验，有效促进了合作社、烟农收入的持续增长。

与此同时，在实践过程中也遇到了一些问题。"种—养—加"环节生产的产品虽然逐步由传统销售模式转向较为稳定的合同和订单模式，但就主体地位而言，"种—养—加"环节的经营主体仍然以合作社、烟农为主，在产业链上位于上游，在利益链条上处于弱势地位，是契约、规则的接受者而非制定者，更多时候要被动作出让步。同时，受区域政策、产业基础及产业特征等方面因素的影响，"种—养—加"一体化模式虽然日益丰富，但就整体而言，一体化运营模式仅在小范围局部区域取得了较大成功，辐射带动能力十分有限，其根本原因在于合作社综合管理水平低、标准化生产能力不高、自身"造血"功能仍比较缺乏。

【综合点评】

湄潭"种—养—加"一体化模式的成功推行，体现了四个显著变化：首先，有机肥加工所用原料基本为自产，将合作社对原料的外部管理转化为内部管理；其次，自己的原料进行自己加工，使有机肥品质、安全等得到完全有效保障；第三，原料和有机肥加工的利益一体化，更有利于产业安定；第四，玉米种植和肉牛养殖实现零距离对接，保证了肉牛的品质，降低了肉牛养殖的风险和成本。总的说来，合作社通过充分利用现有烤烟资源，盘活土地资源，为必要的生产物资提供了原料保障，养殖附加值高，为民增收效果明显。通过养殖技术配套服务，整合资源、配套实施项目，使养殖养殖场（户）得到了发展，取得了较好的经济、社会、生态效益。

（联系人：黄峰，联系电话：13985626348）

第五篇

综合探索

案例76

云南曲靖麒麟兴龙合作社"一社带多元"发展模式

【项目背景】

2011年以来，随着现代烟草农业的不断发展，规模化种植、专业化服务、集约化经营成为了现代烟草农业持续稳定发展的必然选择，随之而来的土地流转难、劳动力外流请工难、关键环节专业化服务难、烟基设施管护难、部分烟农信贷难、烟后烟农再从业难"六难"问题愈加突显。在这种情况下，以服务烟农、实现烟叶生产降本增效为宗旨的烤烟综合服务型烟农专业合作社应运而生。

2011年，由时任麒麟区三宝镇兴龙村委会主任的张小三牵头，动员146户烟农，注册资金1 200万元（其中烤房、育苗工场、农机等烟补资产836万元，社员入股资金364万元），注册成立了曲靖麒麟三宝兴龙综合服务型烟农专业合作社。合作社以开展烤烟专业化服务为主，年均服务面积达1.06万亩。

兴龙村委会作为三宝街道之一，辖3个村民小组，地处半山区，距离街道中心3.60千米，面积14.98千米^2，海拔1 800.00米，年平均气温15.00℃，年降水量1 020.00毫米；现有农业人口6 100人，耕地面积3 152亩，人均耕地0.5亩。人多地少成为了制约兴龙村委会农业产业发展的重要瓶颈。然而，得天独厚的地理环境、良好的社会秩序、发达的交通、便捷的通讯、淳朴的民风，为兴龙合作社发展创造了有利条件。

自成立了合作社之后，烤烟生产逐步走上了"两头工场化，中间专业化"的发展道路，烟农也逐渐实现了"金叶致富"。但由于单纯的烤烟生产服务还不能保障合作社获得丰厚收益，农村集体"有钱办事"难题还无法从根本上得到解决。然而，正是综合服务性烟农专业合作社的发展，让兴龙合作社从"一社多队"的组织机构和运作模式中获得了启示，开始立足当地的土地、砂石资源，以及便利的交通资源、悠久的酿酒文化和养殖优势，提出了"一社带多元"的经营模式，大力引进企业、资金、项目，先后成立和引进了兴龙砂石料协会、农民用水户协会、云南省益健生态农业发展有限公司、巾帼生猪养殖协会，积极推动村级集体经济多元化发展，逐步构筑了目前"企、果、牧"三足鼎立经营局面，形成了"种、酿、养"的循环经济格局，有效推动了当地烟农增收致富，为农村经济社会发展起到了有力支撑作用。

【发展思路】

按照"种植在户、服务在社、自主管理"的要求，坚持"一社带多元、合作谋发展"的思路，以土地流转为前提、市场化运作为平台、专业化服务为基础，以烤烟生产服务为主体，带动发展多元化经营，拓展业务范围，拓宽增收渠道，努力实现"减工、降本、提质、增效"的建设目标，促进烟农增收致富。

【主要做法及成效】

1. 建立完善入股机制，保障社员共同发展 兴龙合作社制定了完善的股权管理办法，依据不同的业务确定不同股金，单项业务个人入股不超过5股。烤烟合作业务现金入股标准500元/股，砂石料厂、培训中心等入股标准2万元/股；烟草补贴形成资产按社员种烟面积折股量化到所有社员；其他可经营性资产经评估后折股入社。管理办法确定了合作性质是社员的、集体的，尤其是对单户社员最高五股数量的限制，防止了合作社变成私人的、老板的，杜绝了合作社被大股控制，出现收益权、话语权集中的现象，确保了全体社员平等共同发展。

2. 创新人力资源管理机制，实现人才优势互补 一是依托"村社合一"的管理模式，实行村委会和合作社一套班子、两块牌子、分工合作、互为补充，极大地降低了用工成本，发挥了人力资源互补优势，提升了办事效率。二是所有合作社的设施设备建设由社员义务投工投劳、齐心协力、共同进退，最大限度地发挥社员劳动积极性。培训中心的建设义务投工投劳7 842个，为整个工程节约劳动力成本近100万元。三是体现在工作人员的工资收入上，所有涉及街道相关业务聘请人员的工资、补贴及社内收入全部纳入合作社，年底由合作社统一考核后据实分发，缩小收入差距，体现共同富裕。四是将剩余劳动力转移输出，派出班组长，实行集中管理，收入纳入合作社再次分配。

3. 健全资源整合机制，保障合作社高效发展 兴龙合作社在资源整合上下足了功夫，不论是历史遗留的，还是新的资源资产，全部统一到合作社名下运营。一是整合资产。按照经营权转移和资产折股入社的方式，将育苗工场、密集烤房、烟水工程等资产整合到合作社，由合作社统一经营管理，既为合作社扩大业务范围和项目奠定了扎实的基础，又增加了村集体收入。二是整合资源。随着合作社的发展壮大，村委会将村、组集体所有的荒山、荒坡、砂石矿山的经营权，财政扶持建成的资产，基础设施建设项目资产以红色股份的形式交由合作社经营管理，合作社单荒山、荒坡一项每年就交村集体30万元。三是整合资金。将社员入股资金、农业科技、红色股份建设资金以及经营提取的发展资金等实行统筹、集中管理，充分发挥了有限资金的作用。

4. 创新土地流转机制，提高效率促增收 合作社把土地流转作为一项制度，每年一流转，每年一调整。引入"竞拍"机制，在农户自愿的前提下，以600元/亩的保底价格将村民零散闲置土地集中到合作社。合作社根据不同区域土地情况，坚持以烟为主，规划布局水稻、玉米、蔬菜等作物种植。再以竞标方式进行土地拍租，拍租所产生的增值收入，全部返还给土地承包经营者。让村民既能以土地出让者身份向合作社流转土地，又能以土地租赁者身份参与土地竞标拍租，确保了土地的顺利流转。同时，因公益事业的发展，需要占用社员的土地，项目建设的补贴资金统一到合作社，在年底统一调整土地，做到补贴资金平均分摊，土地平均分摊。截至目前，合作社以660～1 300元/亩不等的价格流转拍租土地4 816亩，收取竞拍资金397.48万元，全部返还给土地承包经营者；土地平均竞拍租金825元/亩，这一举措提高了农民土地流转的积极性，提升了土地利用效率，增加了烟农的户均烤烟种植规模，增加了农民收入。

5.大力发展多元化经营，领办产业促增收 合作社在资源整合的基础上，以增强自我造血功能为基础，以增强发展后劲为目标，结合自身优势，在砂石料、酿酒、供水服务、生猪养殖、苗木花卉、培训及会议服务等方面进行了大胆尝试，收到了可观的效益，有效带动了当地农民增收致富。

（1）统一石场。将当地7家砂石料经营户、2家商砼搅拌厂、2家沥青搅拌厂吸纳进合作社，成立了兴龙砂石料协会，由合作社统一定价、统一销售、统一运输、统一结算、统一收益，并按照2元/吨的标准收取服务费。经统计，每年砂石料协会可销售砂石料200多万吨，年均收益达400余万元。这不仅壮大了合作社发展实力，还有效解决了私挖滥采、恶性竞争、市场混乱的问题，保护了各方利益。

（2）以水带酒。为了充分利用兴龙村委会亮子龙潭充沛优质的水资源，整合规范长期以来的酿酒散户，做亮、做响"亮子"酒品牌，带动全村经济进一步发展，兴龙合作社积极招商引资，在土地租赁价格上给予优惠（前五年按照大米价格确定土地租赁费），在用水上给予全免，引进了曲靖市益健生态农业发展有限公司（酒厂）。该公司投资2 000多万元落户亮子村，整合、发展和壮大了亮子村白酒产业。酒厂的建成，真正实现了合作共赢的良好局面：解决了兴龙村120余村民就业问题，村民每人每年能有3万元收入（案例：兴龙村委会亮子村土生土长的村民王文宝说，他在村里的亮子酒厂打工，是酿造车间2班班长，公司按计件和绩效发工资，高的时候每月能拿6 500元，最低的时候也有3 500～4 000元）；增加了地方财政收入；宣传了亮子酒品牌；解决了合作社用酒问题，节约了合作社运行成本。初步测算，每年酒厂免费提供合作社用酒折合资金达10万元左右；带动了生猪养殖业的发展，解决了酒糟销路的问题。目前，酒厂高粱酒糟按0.3元/公斤销售，玉米酒糟按0.5元/公斤销售。

（3）开展供水服务。合作社利用自来水厂（于2010年由政府投资建成后经营管理权全部移交给村委会，合作社成立后折股纳入合作社作为集体股份），为兴龙、张家营等村委会和曲靖市益健酒厂提供供水服务，按照低于市场价格（3元/米^3）1.5元/米^{3}的标准向用水户收取服务费；还对亮子龙潭农田灌溉用水进行统一管控，按10元/（人·年）的标准向农户收取服务费，满足了兴龙村委会不同时段农田灌溉用水需求。经统计，合作社每年可收取费用160余万元（生活用水150余万元，农业用水10余万元）。所收取的费用除了用作正常的自来水厂运行成本投入外，还用在本村内各类水利设施的维护保养工作上，实现了"以水养水"的管护模式，确保了村内各类水利设施长久发挥效益。经调查，该村2009年以来由烟草补贴建成的各类基础设施目前仍然能够正常投入使用。

（4）发展生猪养殖。生猪养殖，一直以来是兴龙村村民增收致富的一条路子。尽管部分养殖户逐步发展壮大，但依然停留在单打独斗、各自为政的局面，而且销售价格混乱、卫生防疫难。因此，为了使生猪养殖"工厂化、规模化、合作化、产销加工一体化"，2014年，合作社将辖区内143户规模养殖户吸纳入合作社，成立了巾帼生猪养殖协会。合作社统一供应仔猪、饲料，统一提供防疫和销售服务，统一技术培训，统一服务费用，降低了采购成本，增加了销售收入。养殖户年出栏生猪3万余头，合作社按照10元/头的标准收取服务费，年均收入30余多元，实现了社员与集体双赢。

（5）发展苗木花卉生产。通过合作社土地流转机制的不断完善，所流转的土地除了种植烤烟等经济作物外，还种植了300亩苗木，并给予苗木种植户大量扶持。同时，利用40个烤烟育苗中棚空档期开展多头玫瑰种植，所收租金用于育苗棚的维修等正常开支。共种植多头玫瑰11万余株，销售49万余枝，销售收入98万多元。

（6）开展培训服务。合作社建成一个三面环山，小桥流水、绿树环绕，拥有会议室300米^2、住宿用房23间、餐厅400米^2、鱼塘20亩、果园80亩、养殖场1个、停车场500米^2，集培训、会议、餐饮、休闲、娱乐等为一体的辐射农、林、渔综合开发的多功能教育培训基地。依托培训基地，每年接待各类社会团体培训和拓展训练人数达5 000余人，可增加集体收入达100多万元。

6.科学分配盈余，保障发展成果普惠共享 科学分配盈余，是合作社是否真实合作的核心标准，没有盈余分配，社员得不到利益，这种合作社是不可能持续发展的。合作社严格执行"532"盈余分配制度，即将盈余的50%用于扩大再生产、设施管护和技术培训等，30%用于社员分红，20%作为公益基金用于开展公益性事务。值得一提的是，兴龙合作社利用公益基金，开展的"幸福餐桌""营养中餐""助学教育"等一系列公益事务，真正使老人养起来、小孩管起来、成人干起来、全村经济活起来（主要做法是对高龄、独居、空巢、病残、失能老年人，合作社依托养老中心和养老服务站，年满80岁老人免费就餐、70～79岁每餐4元、60～69岁每餐5元，对行动不便的老人免费送餐上门。两年来，合作社一直持续为128位老人免费供餐，为27位行动不便的老人免费送餐。为450名小学生开办"营养中餐"，让家长能腾出时间、精力从事生产、务工，增加了农民收入。合作社对考取重点中学和大学的社员子女和家庭贫困的社员子女发放奖学金和助学金等），真正体现了"普惠共享"，极大地增强了合作社的凝聚力和发展活力。

【主要经验】

1.准确定位，服务三农 一是稳定烤烟种植规模。首先造册登记闲置土地，由合作社统一规划、合理流转。同时，引导烟农进行田烟种植，稳定烤烟种植规模。二是解决村企无序竞争。兴龙大小企业30多个，覆盖种植、养殖、酿酒、沙石等行业，由于缺乏统一的管理，村内企业为了眼前利益，恶性竞争，导致市场混乱，有的企业甚至濒临倒闭、资产闲置、矛盾激化，影响社会稳定。通过合作社牵头协商，成立砂石料、饮制品和生猪养殖协会，对市场进行有序管控，发展循环经济。在保证质量和市场的基础上，统一价格，并按企业收益的20%收取管理费用，把资源优势转化为经济优势。三是增加农业科技含量。利用合作社搞技术培训、人才培训，导入科技生产理念，培育一批产业带头人，增加科技含量，引领科技生产。四是提高设施利用率。依托合作社，对烟草、农业、水利、国土等部门建设并交付使用的设施，实行统一管理、专人维护，确保设施能长期发挥效益。

2.创新模式，村社合一 实行"一套班子两块牌子、村社合一"的管理模式，即行政村与合作社合署办公，行政村工作人员兼合作社社员。管理中，坚持"民主管理、民主决策、民主监督、利益共享、风险共担"的原则，找准结合点，充分发挥村级行政组织在合作社建设中的指挥体系和合作社在新农村建设中的服务保障作用。一是做到政策宣传与科技落实无缝对接。二是做到行政办公与企业管理"两不误、两促进"。行政村的办公宗旨是全心全意为人民服务，而合作社的理念是专业化、精细化服务群众，两者目标一致，相辅相成，相得益彰。三是做到发展经济与服务群众"双丰收"。突出一个"实"字，真抓实干出实招，干实绩，让群众摸得着、看得见、体会得到。

3. 整合资源，优势互补 一是找准症结，达成共识，形成合力。面对村集体没钱、基础设施建设滞后、为民服务苍白无力等困难，村"两委"班子经过周密调查，达成了"不发展壮大集体经济不行"的共识，并通过学习培训，扫清思想障碍，保证工作方向不偏、工作强度不减。二是突出特色，盘活资源，招商引资。按照"突出特色优势、调整产业结构，壮大经济实力"的总体思路，盘活土地资源，将部分土地有序转让给开发公司或龙头企业，实现规模化、产业化经营。三是典型引路，股份合作，全面发展。按照"股权平等，利益共享，风险共担，积累共有"的原则，对社员及资产入股作了明确规定：烟补资产实行经营权转移和资产折股入社，并严格按社员当年种烟面积折股量化到所有社员；现金入股的社员不得高于5股，避免合作社话语权掌握在大股东手中；其他资产合理估价后折资入股。

4. 以烟为主，循环发展 突出烤烟种植主业，成立综合服务型烟农专业合作社，在服务好传统产业的同时，发展多元经营、循环经济。一是管好烟草设施，开展专业化服务。充分发挥合作社在烟叶基础设施管理中的职能，管好每一处设施。整合各类资金建成了集育苗、烘烤、技术培训、劳务输出功能为一体的漂浮育苗、烟叶烘烤、技术培训基地。二是发挥技术优势，拓宽增收渠道。通过合作社，把烤烟生产技术骨干集中起来、把烟叶基础设施充分利用起来，提供烤烟专业化育苗、机耕、植保、烘烤、分级、人员培训和技术输出等服务。三是发展循环经济，增强内生动力。合作社始终坚持"五大"创新发展理念，围绕烤烟，多元经营，形成了以烤烟、粮食、蔬菜、花卉、苗木种植，以酒厂、冰淇淋冷饮制品加工，以生猪养殖为一体的产业链，增强合作社内生动力。下一步，还将引进有机肥料生产企业，把生猪粪便利用起来，生产有机肥，施用有机肥，打造有机农业示范村，最终形成"种、酿、养、种"的循环发展格局。

5. 民主管理，集体所有 一是把好入社关。烟补资产严格按社员当年种烟面积折股量化到所有社员；现金入股的社员不得高于5股，避免合作社话语权掌握在大股东手中。二是理好经济账。把严守财经纪律作为"讲政治、顾大局、守纪律"的一项具体要求，坚持"四议两公开"，公开村务、社务，建立党员责任区和服务承诺制，亮身份、亮职责、亮承诺，包干负责，同时强化合作社依法理财意识，严格预算管理，严格资金审批程序，层层把关，严控支出，杜绝超预算办事。加强合作社资产管理，确保资产"归属清晰、权责明确、保护严格、流转顺畅"。三是搭好致富台。按照"种植、收购、加工、销售"经营模式和"合作社＋农户＋基地"的产业模式，合作社借助国家扶贫惠农政策，创新发展思路，携手农民走共赢之路。

6. 普惠共享，共建和谐 "吃水不忘挖井人"。经济实力稳步增长的合作社连年投资改善民生，让所有兴龙人共享发展成果。借用云南烟草的一句话，叫"利国惠民，至爱大成"。一是资助新农村建设。合作社投入一定资金，建设施、修道路、治环境、装监控等，极大地方便和改善了当地群众的生产生活，群众出行道路变宽了，生活环境变好了，文体活动场所变多了，村民的幸福感与满意度得到了提升。二是极力改善民生。合作社牵头，多方筹资，建起了兴龙党员干部教育培训中心、兴龙居家养老服务中心、兴龙卫生所等民心工程。开办"幸福餐桌"及"营养中餐"，真正使老年人养起来、小孩子管起来、成年人干起来、全村经济活起来。三是扶贫帮困聚民心。几年来，合作社自始至终坚持为贫困社员及其家庭成员在就医、就学等方面提供相应的经济帮助，哪里有困难、哪里需要帮助，那里就有合作社的身影。

【综合点评】

三宝兴龙合作社建立了村社合一模式，明确了新的入股方式，为合作社创新发展开辟了一条新路子。同时合作社通过资源整合，形成了以烤烟、粮食、蔬菜、花卉、苗木种植，以酒厂、冰淇淋冷饮制品加工，以生猪养殖、砂石料开挖为一体的产业链，增强合作社内生动力。尤其是合作社开展的"幸福餐桌"和"营养中餐"以及社会化服务方面，让广大的烟农共享合作社发展成果，真正做到了普惠烟农。

（联系人：蒋利明，联系电话：13987401203）

案例77

云南昆明石林金叶合作社积极发展多元化产业

【项目背景】

近年来，面对烤烟面积不断调减的大背景，为保障烟农持续增收，国家烟草专卖局及省、市局（公司）多次提出通过烟草资产闲置期的二次开发利用，开展多元化经营，拓展烟农增收渠道。通过石林烟草分公司牵线搭桥，金叶合作社与农业企业合作，充分利用现有的烟叶生产基础设施进行多元化项目经营，实现助农增收。

【发展思路】

以合作社为载体，通过整合土地、劳力、烟草资源，采取招商引资方式，与相关企业进行合作。以"转变观念、多元经营、合作共赢、助农增收"为指导思想，充分利用烤房、育苗工场等合作社现有的资源优势，结合实际，开展多元化业务。努力提高农业产业化、组织化、市场水平化、促进烟农增效，从而推动农业农村的经济发展。

【主要做法】

通过整合当地资源，利用烟草设施，开展多元化业务经营，助推农户在非烟产业的经济增收。

1. 利用烘烤工场进行黑木耳、双孢菇培育，增加烟农收入

（1）栽培黑木耳。2015年起，合作社与昆明旭日丰华农业科技有限公司合作，采用"公司＋合作社＋农户"生产组织模式生产黑木耳：由科技公司提供菌袋生产加工机、技术指导、菌种等，合作社组织烟农进行黑木耳种植，昆明旭日丰华农业科技有限公司对产出的黑木耳统一收购，并根据市场需求，建立现代化包装线，进行统一包装，形成礼品装、商超装、餐饮连锁装9个系列产品，销往长三角、珠三角等地，出口日本、美国。

（2）培育双孢菇。2016年，合作社与富农汇合作，采用"公司＋合作社＋农户"生产

模式，积极探索培育双孢菇。现合作社提供密集型烤房5座，栽培双孢菇200米^2，预计总产量将达3 000公斤左右。2017年10月，计划利用400座烤房，在烤房闲置期间开展双孢菇培育。在整个生产过程中，由富农汇提供双孢菇菌种、技术指导等，合作社组织烟农进行生产，产出的双孢菇由富农汇统一回收包装，销往国内外市场。烟农通过双孢菇培育和劳务用工增加收入。

2.**利用育苗工场培育三角梅，增加烟农收入** 合作社将闲置期间的育苗大棚，租赁给三角梅花卉公司进行三角梅培育，生产过程由三角梅花卉公司全权负责。培育成功的三角梅由公司进行统一规格包装，销往重庆、四川、上海等地。烟农通过劳务用工增加收入。

3.**开展生物质加工和烘烤，降低烟农成本，增加烟农收入** 2016年，石林金叶烤烟技术服务专业合作社在烟草行业的帮助、支持下，建设一条生物质燃料加工线，以烟秆、玉米秸秆等农业废弃资源为原料生产生物质颗粒，开展生物质源供能烘烤。2016年，合作社共生产生物质颗粒450吨，满足了60座烤房生物质燃烧机的原料需求。

【主要成效】

1.经济效益

（1）黑木耳种植促农增收。截止到2016年，合作社共利用密集型烤房加工黑木耳菌袋180万袋，生产黑木耳100吨，产值达540万元，销售额突破1 000万元，实现了良好的经济效益。2017年已探索开展立体栽培黑木耳30亩，农户通过劳务用工、参与种植，每亩净利润为2 500～3 800元，平均利润3 000元/亩，户均收入1.6万元左右。

（2）花卉种植促农增收。利用10个育苗大棚生产11.8万盆三角梅，产值82.6万元。雇佣劳务用工约980个，劳务收入约10万元。

（3）生物质能源烘烤促农增收。自推行生物质燃料烘烤以来，农户可减少用工数量，降低用工成本，节约烘烤成本。传统燃煤烘烤1人只能操作5个烤炉，生物质燃料烘烤1人可操作烤炉达15个；传统燃煤烘烤每炉每隔4小时需要加火，每天需加6次火，但生物质烘烤只需加火2次就可以完成烘烤；传统燃煤烘烤每炉烟需人工成本700元，生物质烘烤每炉烟人工成本仅在240元左右，二者相差460元。烟农向合作社出售烟秆和玉米秸秆，每公斤可增加0.35元的收入。

2.生态效益

（1）多元化业务的开展初步实现了农业废弃资源的循环利用。桑枝、秸秆可以用作生产菌袋，废弃菌袋可用作土壤回填，也可用作堆制有机肥或生产沼气。烟秆、玉米秆可以回收生产生物质颗粒，为烟叶烘烤提供清洁能源。生物质颗粒燃烧后的灰烬富含丰富的钾元素，可用作生产肥料还田。

（2）利用生物质燃料烘烤烟叶实现了硫化氢零排放，烟尘、硫氮近零排放，真正实现了节能减排、绿色环保生产，生态效益显著。

3.社会效益
提高了富余的土地资源和基础设施利用率，拓宽了烟农增收渠道。

【主要经验】

1.提高设施综合利用

（1）拓宽发展渠道。合作社按照"一主多副，充分利用"的基本原则，在坚持组织烤烟专业化服务生产之外，整合场地、设施、环境、市场、技术等多种要素，深入挖掘闲置的育苗棚、密集型烤房设施资源，积极选项目、定方案，实现设施在时间、空间上的综合利用，有效增加合作社及广大社员、农户的经济收入，带动了当地助农增收。

（2）做实主要业务。合作社突出"做精做强"主业，紧紧围绕中心任务，强化技术指导，统筹工作资源，严格操作标准，高质、高效、高标准地完成了育苗、机耕、植保、烘烤、分级共五大烤烟专业化服务，构建了"精一门、懂多门"的产业技术支撑体系，实现了服务能效多重叠加。

（3）确保设备完好。合作社在开展多元化业务时，强化设施设备管理，明确合作单位对设施的责任义务，要求责任单位和人员在使用设施设备的过程中，不改造、不毁损、勤维护、勤修缮。同时，合作社积极组织有关人员开展常态化检查维护，确保设施完好。

（4）坚持科学定价。对设施设备租赁行为，其租赁价格必须通过合作社成员代表大会表决通过，做到民主定价，保证价格合理公道，尽最大努力维护好合作社及社员的利益。

2.强化经营创效合作

（1）强化沟通合作。合作社结合自身实际经营情况，转变观念，拓展思维，科学规划，充分考虑时间、空间、交通、设施设备等要素，积极与其他公司、合作社进行沟通，强化信息共享、资源共享、优势互补，彻底改变了过去单独干、临时干、关门干的发展格局。

（2）坚持以人为本。合作社坚持民需为本，从项目选择、合作过程、指导帮助等方面，强化宣传引导，主动征询意见，有效增强了烟农参与合作的积极性，确保广大社员能够从中获益。

（3）深度融入合作。为了加强双方合作，合作社明确定位，努力做好合作项目的倡导者、推动者、实践者，坚持做到主动参与、姿态开放，不仅仅学习了项目管理经验，确保了设施设备安全，而且提高了自身经营能力，与企业形成了良好合作关系。

（4）谨慎选择单位。围绕资质好、信誉高、技术强的基本要求，对合作单位进行事前全面的调查，强化分析研究，坚决抵制"皮包公司"，有效规避合作风险，确保社员和农户基本利益不受损失。

3.打造特色品牌产品

（1）突出质量管理。合作过程中，合作社突出产品质量意识，积极与合作单位进行沟通，提供必要支持，确保产品符合市场需求、符合质量标准，在同一区域、同类产品中具有明显的质量优势，努力打造特色品牌。

（2）加强品牌建设。合作社不断强化产品品牌建设工作，在特色农产品商标、推介方式等方面，积极与技术、市场、工商等部门沟通，强化指导帮助，努力打造受法律保护的基础品牌，为构建常态化的合作关系、维护广大社员和农户的实际利益做出了重要贡献。

4.拓宽产品销售渠道

（1）推进线下销售。合作社组织专人定期对市场进行调研分析，在产品的销售渠道上不断加大工作力度，并重点围绕连锁商店、大型超市、高档酒店等进行销售，初步挖掘了一批稳健的销售途径，稳定了市场份额。

（2）强化线上营销。积极发挥新媒体作用，通过"富农汇"等电子商务平台进行广泛持久的产品推介，分层次设定市场对象，逐步深入，逐一挖掘，有效强化了线上销售，拓宽了网络销售渠道。

【综合点评】

石林县金叶烤烟技术服务专业合作社通过与农业企业合作，建立"公司＋合作社＋农户"多元经营模式，在利用密集烤房、育苗大棚、烟后土地等烟叶生产资源，发展黑木耳、双孢菇种植等多元产业上探索出一条使烟农增收的成功道路，值得学习借鉴。

（联系人：吴思昊，联系电话15974753531）

案例78

湖北恩施城郊基地单元合作社探索多元化发展

【项目背景】

恩施市城郊基地单元烟农专业合作社成立于2012年4月，覆盖城郊单元舞阳办事处、龙凤镇、三岔乡、白杨乡，辖18个烤烟种植村，入社社员330人，基地单元烟农入社率达100%，历经四年的建设和发展，现有可经营性资产总额4 506万元。城郊烟农专业合作社于2014年启动行业示范社创建工作，并于2016年顺利通过国家烟草专卖局验收。在推进城郊基地单元现代烟草农业建设过程中，城郊烟农专业合作社始终坚持依靠、利用烟草行业资源但不等靠、依赖行业补贴的原则，在发挥以烟草种植为主、探索多元化发展的现代农业探索之路上，创新思路、积极作为，不断提升合作社自身盈利能力，全方位促进烟农持续增收。

【发展思路】

依托恩施城郊地理、气候、交通等区位优势，按照"以烟为主、多元拓展"的工作思路，不断突破创新，以服务烟叶生产为基础，以市场需求为导向，以拓增收为目标，因地制宜，注重效益，科学种植，合理利用，突出优势，有序开展设施设备后续利用工作，参与基础设施项目建设和科技项目推广，开辟增收渠道，延伸产业链条，增强合作社造血功能，促进合作社持续盈利增收，实现烟农多元化增收致富，发挥行业示范社引领带动作用。

【主要做法】

1. **以自主经营为主开展"两场一机"设施综合利用**　采取合作社自主经营的模式，城郊合作社先后在育苗工场开展了羊肚菌试种实验和树苗种植、生态黑花生种植及其他蔬菜种植；在烘烤工场进行了平菇培育，购进菌棒2.5万筒，收获平菇7 000余斤。2016年，城郊合作社与恩施硒来乐农业开发有限公司合作，在育苗工场闲置大棚进行富硒蔬菜培育、香菇种植及蓝色丁草种植。通过开展育苗大棚和集群烤房的后续利用，每年约为30名服务人员提供务工收入5万元，人均可收入1 600元左右。针对因计划调整造成部分烤房闲置的情况，合作社积极联系药材供应商前往基地考察，推广药材烘烤服务，尝试了在集群烤房开展黄连、党参等药材烘烤业务。此外，由合作社机耕服务队组织运输车辆，在育苗、移栽、采收等生产环节运输烟用物资、肥料、烟苗及鲜叶、烤烟用煤等，组织运输服务队在秸秆回收、地膜回收等项目提供运输服务，可为烟农提供务工收入约12万元。

2. **站社合作开展科技推广项目**　合作社与烟叶工作站签订了科研项目推广协议，顺利开展了增温补光育苗、封闭式育苗、生物有机肥秸秆回收加工、甘蓝型油菜与烟叶进行轮作土壤改良等项目。依托州联社生物有机肥分社，合作社2014年、2015年共回收加工秸秆240吨，为烟农提供收入9.59万元，为参与秸秆加工烟农提供务工收入1.96万元。此外，合作社尝试利用轮作烟田开展油菜种植及菜油加工，百亩连片油菜在盛花期吸引了大批游客观光，带动了周边农家乐的经营效益，而生产季节不使用化学农药，为后期菜籽油销售打出了绿色、环保食品的广告，菜籽油加工后将菜饼发酵后重新还田，实现"烟田—油菜—菜饼—烟田"的循环农业模式。烟叶油菜轮作试验除有效实现烟叶提质增效外，还实现了烟农油菜种植亩平增收500元左右，为当地农户提供务工收入共9.2万元，人均可增收1 840元，合作社实现菜籽油收入10万余元。这些项目是对融生产生活、生态休闲、循环农业于一体的景观农业的有益探索。

3. 依托州联社开展部分烟叶基础设施项目建设　依托州联社土地整理分社，合作社以服务队的形式参与部分基础设施项目建设。自2012年以来，在城郊基地共开展土地整理8 963亩、承建烤房270座，投入项目资金5 129.52万元，合作社通过参与基础设施项目建设，为当地农户提供务工收入1 052万元，其中，带动当地烟农参与土建工程建设、后勤服务等，获得收入280万元，户均增收0.47万元以上。

4. 社企合作探索开展地膜收回加工业务　合作社与州物资公司合作，尝试开展地膜回收加工业务。合作社将方家峁烘烤工场闲置烤房清理出来，为地膜回收加工厂提供场地，同时利用已有的劳务资源和管理经验，为地膜加工提供日常生产经营管理、财务管理、后勤及安保服务等。物资公司利用技术优势，在设备采购、厂房及设施建设、加工生产、市场营销等环节进行全程指导和监管。地膜回收加工每年在生产季聘请固定工人15名，人均可收入1.6万元。此外，地膜回收环节给予烟农30元/亩补贴，参与地膜回收烟农可获得收入8.7万元。

【主要成效】

1. 进一步推动了合作社发展　2012—2016年，城郊合作社服务产值2 156.44万元，实现赢利103.73万元，计提公积金、公益金、管护资金后，返利社员共29.98万元，烟农社员户均返利分红908元。城郊合作社建设推动了生产方式的深度转变，为提升全市合作社的服务能力、组织能力、规范水平和发展能力，促进烟叶生产减工降本和提质增效、确保烟农持续增收，起到了良好的示范引领作用。

2. 进一步增加了烟农综合性收入　多元化经营开展过程中，优先聘用当地烟农，两场一机利用为烟农提供综合性收入15万元，参与科技项目推广促进烟农增收25.75万元，烟农参与设施建设服务获得收入280万元，产业链拓展为烟农提供收入32.70万元，共计353.45万元，烟农综合性收入增加效果明显。

3. 进一步保障了设施运行管护　通过开展多元化业务，把设施设备充分利用了起来，提高了设施管护效率和设施利用效益。目前，城郊育苗大棚后续综合利用率提升至30%，烤房和农机后续综合利用率均为10%，在促进烟农持续增收的同时，为烟叶产业健康发展提供了设施保障。

【主要经验】

1.**拓宽思路选择适宜可行项目**　合作社在拓展多元化业务的探索过程中，不断吸取经验教训，根据市场变化，与时俱进，及时调整业务开展。尤其在育苗大棚后续利用上，瓜果蔬菜种植品种由最初的西红柿、黄瓜、小西瓜逐步升级至生态黑花生、富硒山药、蓝色丁草、野油菜等富硒品种栽培；通过不断学习新技术，探索了灵芝和羊肚菌等高端品种培育；针对土培种植造成大棚恢复成本过大的问题，进行了水培生菜试验，改进了无土栽培技术；将大棚利用周期与植物生长周期相结合，在长期闲置大棚开展苗木种植，追求效益最大化。

2.**注重建立完善设施长效利用机制**　在推进城郊现代烟草农业建设进程中，行业共投入2.12亿元建设了约3 071个烟叶生产基础设施项目，逐步改善了烟叶种植生产条件，有效缓解了烟农种烟难的困境，但同时也存在着管护难、长效机制难以建立的问题。城郊在建立管护制度、制定管护措施、落实管护责任、加强建后管护的同时，通过积极开展设施综合利用业务，进一步拓宽了设施管护资金来源，形成了"以棚养棚、以房养房、以机养机"的长效利用循环体系，建立健全了设施设备的长效利用机制，保障了设施设备的持久使用，使其发挥长久效益，增加烟农综合收入。

3.**积极拓展市场化经营思路**　在推行各个项目过程中，时刻以市场为导向，积极协调产品销售渠道。一是对大棚所产的蔬菜瓜果等，积极与大型超市、农贸市场联络，为产品销售牵线搭桥，或者通过行业内如机关食堂、烟草站食堂等内销；二是对所产的食用菌、菜籽油积极与市场对接，达到以烟为主、多种产业循环并进的可持续发展目标。同时，注重生产成本的测算及控制，严格按照成本测算进行日常管理，由合作社直接管理用工，现场管理人员根据所在岗位，督促履行相应的职责。

【综合点评】

恩施市城郊基地单元烟农合作社立足于烟草主业，在多元化经营促增收上进行了全方位的探索，特别是在育苗大棚、烤房及闲置烟田利用上与恩施硒来乐农业开发有限公司的合作项目、"烟田—油菜—菜油—菜饼—烟田"的循环农业项目、地膜回收再利用项目等的实施，有效实现了烟叶提质增效，促进了烟农持续增收，具有一定的可复制性和推广性。

(联系人：刘大武，联系电话：13607244468)

案例79

湖南郴州永兴永旺合作社发展多元生态农业

【项目背景】

湖南省永兴县永旺烟叶农民专业合作社位于永兴县樟树乡。自2012年起，永旺合作社从当地农村常年流转土地1 000余亩，由合作社统一种植烟叶，亩均纯收入可达800元。以往种烟后的田地都是由原出让土地经营权的烟农分户开展晚稻种植，投入产出率不高，主要目的是满足自身口粮。如果由合作社在种烟后充分利用土地、农机、育苗烘烤设施、服务队伍，规划开展"以烟稻为主，兼以烤房蘑菇、绿色蔬菜、油菜为辅"的生态农业，提高生产效率，挖掘烟农增收潜力，具有良好前景。

就永旺合作社而言，开展多元化生态农业具备以下优势。一是生产资料优势：合作社常年流转土地1 000余亩，适合晚稻、油菜种植，且田块集中连片，便于规模化生产；有烤房200余座，烤烟后可利用烤房开展蘑菇种植，同时烟叶翻耕、植保、施肥等设备也可应用到晚稻、油菜、蔬菜生产。二是人力资源优势：合作社管理团队中有4人毕业于当地农校农学专业，理论知识、实践经验丰富，且永旺合作社在烟叶生产服务中积累了丰富的规模化农业生产管理经验。三是地理位置优势：郴州是广东的后花园，合作社可将生产的绿色蔬菜直供广东市场；合作社紧邻樟树镇，也可将生产的部分蔬菜、蘑菇直接在集市销售；菜籽油、优质晚稻米可开拓郴州本地市场销售。四是生态互利优势：烟、稻轮换种植对两种作物均有利，同时种植烤烟、水稻、油菜、蘑菇、蔬菜产生的副产品均可再循环利用，合作社各种基础设施也可共享，资源得到最大限度利用。

【发展思路】

以现代农业为统领，坚持以烟为主、烟稻连作的基本种植制度，定位绿色、优质农业产品商品化供应，通过规模化种植、集约化经营、现代化管理、机械化作业，发展烟后晚稻种植，兼以蘑菇、油菜、蔬菜种植和菜籽油生产、销售，打造高效、绿色、优质的烟稻循环经济模式，挖掘土地增效潜力，促进合作社创收、烟农增收。

【主要做法】

1.以土地流转为重点，优化产业布局 永兴县樟树镇在外经商及务工人员较多。早在2012年，永旺合作社理事长曹忠诚就看到因人员外流导致大量土地无人耕种，造成了很大的资源浪费，他深知土地对发展农业的重要性，下定决心要通过开展流转土地逐步壮大刚起立不久的合作社。经过多方协调，合作社将不愿意再从事农业的农民土地集中起来，同

时又开垦了一部分荒田,合作社流转的土地逐渐扩大到1 000余亩。有了土地,合作社便有了发展的主动权。几个发起人决定采取烟稻连作的模式,利用1 000亩左右土地,前半年种植烤烟,7月份烤烟采收结束后种植晚稻。合作社还在烟稻种植区外种植了150亩油菜和150亩其他蔬菜。蔬菜种植由合作社牵头,与樟树村2户贫困烟农共同经营。同时,投资建设一个榨油厂,收购本地农民菜籽榨油,或免费提供榨油服务(榨油产生的菜籽饼归合作社)。在烤房闲置期,利用30栋烤房,合作社聘请树头村1名家庭贫困的烟农管理、销售食用菌。

2.**以项目管理为重点,优化组织管理** 合作社成立之初在承接烟草外包业务时,便建立了一支7人的本地技术队伍。合作社计划发展晚稻种植,7人无一脱队,均同意继续在合作社负责管理,这样一来,合作社种植晚稻有了人才保障,同时合作社的技术人员转变为农业职业经理人,多了一份收入。在晚稻经营管理上,合作社按企业化管理模式,实行片区化、班组化管理,将所有晚稻田按照村组划分为4个片区,每个片区设1个班组,每个班组设1名组长、1~2名骨干成员,负责200~400亩晚稻种植,零星用工从本地较为贫困的烟农中临时招募,每个班组成员按工计酬,并根据片区盈亏情况分档设立奖励或赔偿比例。在油菜种植、蔬菜种植、榨油厂、蘑菇种植4个项目上,则分项目安排专人管理,其中蔬菜、蘑菇种植指定了3户贫困烟农负责,榨油厂长期聘请1名贫困烟农家庭成员作为雇工,为4户贫困烟农在家门口找到了创收门路,解决了其脱贫致富的难题。

3.**以提质增效为重点,优化生产体系** 合作社利用已有从事烤烟生产的服务队伍、农机手和农业机械,推行标准化生产,统一技术标准、统一采供农资、统一集中育秧(苗)、统一大田管理、统一交售标准。育秧(苗)、施肥、植保、收割、晾晒、运输等主要环节的作业由永旺合作社自行组织专业化服务队开展,实施工序化作业,作业时间、作业方式得到有效控制,确保关键技术措施落地,为保障晚稻、蔬菜、菜籽油、蘑菇等农产品的品质一致奠定了基础。

4.**以循环农业为重点,优化产品品质** 永旺合作社坚持以产品质量安全为核心,以改善口感、提高品质为主攻方向,充分利用烤烟绿色防控设施和手段,建立以烟稻为主的多元化生态循环农业体系。在烟稻连作模式下,土地因水旱交替,适合有水环境的水稻病原物在种植烤烟时相对缺水条件下大量减少,降低了水稻病害发生和农药施用;利用烟田太阳能诱虫灯、性诱剂、食诱剂等诱杀稻田、油菜田、蔬菜田害虫,既减少了杀虫药施用,又增强了合作社开展设施管护的责任心;烟田肥料充足,种植晚稻时可不必施用化学肥料,减少了晚稻种植成本和化肥施用;利用闲置的临时育苗棚钢架搭建蔬菜育苗棚,减少了蔬菜生产成本;同时,利用烟田有机肥堆沤池,加入加工菜籽油时产生的菜籽饼和菇渣、粪肥、油菜秆,并添加有益微生物菌进行堆沤,沤制的"土杂肥"用于晚稻、蔬菜种植,有效改良了土壤，使晚稻米、蔬菜产品安全性也得到了保障。2016年年底，合作社将生产的晚稻米、长豆角、茄子、卷心菜送中南大学化验，农残、重金属等几项重要指标值均远低于国家控制的最低值。

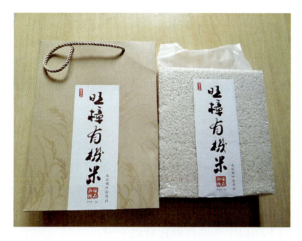

5. 以订单农业为重点，优化销售模式　首先对接高端消费需求，试水优质高档大米开发与直销，依托合作社已注册3年的"旺樟"自有品牌，使用真空礼盒精美包装，通过郴州市五岭大市场粮油经销企业，以"化学肥料、农药零使用"为宣传口号，专攻高端消费市场进行销售，零售价高达100元/包（5公斤装），2016年销售收入5.5万元；卷心菜、长豆角、茄子等绿色蔬菜全部直接销往广东，在东莞虎门镇富民农贸市场、佛山禅城区扶西综合市场进行销售，销售收入达18万元；"旺樟"牌菜籽油颇受当地市场欢迎，2016年销售980桶（5公斤装，78元/桶），收入7.6万元；蘑菇则全部在樟树镇销售，收入6.3万元。合作社还与当地粮食加工企业合作，实行订单生产，按合同约定价格上门集中收购稻谷，销售收入达106.6万元。

【主要成效】

1. 烟农增收明显　2016年，合作社开展"以烟稻为主，兼以烤房蘑菇、绿色蔬菜、油菜为辅"的循环生态农业，除烤烟外，稻、菇、菜、油4项收入达144万元，减去人员工资、生产经营成本、合伙人分红等，合作社利润达28万元，可分配盈余达22.4万元。合作社有农民成员67名，户均增加盈余分配性收入3 343元（见表79-1）。

表79-1　永旺合作社2016年生态循环农业经营情况表

产品	销售收入（万元）	利润（万元）	可分配利润（万元）
普通米	106.6	18	14.4
高档优质米	5.5	3	2.4
菜籽油	7.6	1.8	1.44
蘑菇	6.3	1.6	1.28
蔬菜	18	3.6	2.88
合计	144	28	22.4

2. 生态效益良好　生态循环农业是环保、节约、高效的农业现代化生产模式。在此项目中，土地、烟用设施设备、人力等资源得到最大程度的利用，各种作物产生的副产品得到了有效再利用，化学肥料、农药施用量大大减少，土壤得到改良，产品质量安全得到保障，该模式真正实现了"既经济、又环保"的目标，符合国家绿色发展理念的要求。

3. **社会效益突出** 合作社统一种植晚稻、开展其他辅助作物种植，所需用工从烟农中产生，烟农在家门口就可就业创收，有利于增强烟农幸福感，稳定烟农队伍和烟叶产业，2016年，永旺合作社因该项目带动烟农就业120人次，人均务工收入4 500元，4户贫困烟农参与合作社多元生态循环农业项目，当年即实现了脱贫，合作社受到当地政府、农民高度认可。

【主要经验】

1. **抓住土地流转的良好机遇** 土地是农业最基础、最重要的生产资料，永旺合作社在目前农业形势变化的转折点，主动流转农村分散的土地、开垦农民不愿意耕种的荒田。如今，该社已发展成郴州市拥有可经营土地面积最多的农民专业合作社，已将农业生产经营的主动权牢牢地把握在自己手中。

2. **利用烟叶生产积累的资源** 永旺合作社将烟叶专业化服务队就地转化为晚稻、油菜专业化服务队，利用翻耕机、收割机等开展机械作业，使用诱蛾灯等进行绿色防治、在烘烤工场进行稻谷晾晒和蘑菇种植、利用菜籽饼沤制有机肥，大大减少了合作社经营成本。

3. **做好绿色品牌营销的文章** 销售是产品生产的关键环节。永旺合作社充分借助绿色生态的概念进行宣传，利用目前消费者对食品安全的关注，主打"化学肥料、农药零使用"等宣传口号，迅速打开了消费市场。

【综合点评】

南方稻田烟区种植晚稻，技术和资金门槛低，服务与设施配套好，经营周期短，烟与稻互联互促，相得益彰，是一项可复制、易推广的促农增收项目，再辅以其他有发展前景的作物，将更有利烟农增收。其关键是坚持用现代化的农业模式改造传统生产方式和组织形式，其核心提高投入产出率，挖掘增效潜力，这是永旺合作社成功的秘诀。

（联系人：李斌，联系电话：13707353815）

案例80

云南曲靖马龙朝辉合作社领办企业发展多种经营

【项目背景】

近年来，我国经济正处在新旧动能转换的艰难进程中，传统动能弱化加大了经济下行压力，市场资源的优化配置日趋凸显。传统企业发展后劲乏力，现代农业推进迟缓。企业发展无前景好的项目，现代农业发展缺乏资金后盾。正是在这样的矛盾背景下，一种新型的社会经济组织悄然而生。

2016年1月，马龙县朝辉综合服务型烟农专业合作社在马龙县纳章镇纳章居委会新发居民小组挂牌成立。合作社下属马龙县宏兴养殖农民专业合作社和马龙县兴裕农业生物科技开发有限公司，总注册资金900万元。业务范围：生猪养殖、肉牛饲养和销售，蔬菜、水果、中药材及中药材种苗、林木的种植和销售，有机肥综合利用，生物科技的开发及技术咨询服务、农机机械化作业、烤烟育苗、农业植保、病虫害防治、烟叶烘烤、烟叶分级等专业性业务。合作社拥有固定管理人员36人，每年季节性用工5 000余人次，每年盈利150余万元。

【发展思路】

坚持"植根大地、服务群众、共同致富"的核心价值理念，按照"公司引领、种养在户、服务在社"的管理要求，以服务为基础，带领农户多元化经营、规范化管理，不断拓展经营业务，拓宽增收渠道，服务地方经济社会发展。

【主要做法及成效】

1. **以烟为主，服务专业化** 烟农专业合作社扎实推进专业化服务，努力实现生产减工降本，按照"种植在户、服务在社"的要求，推广应用"公司＋合作社＋农户"的专业化运作模式，立足烟草、服务烟草、实现烟叶生产各环节的减工降本，重点围绕育苗、机耕、植保、烘烤、分级五个主要环节开展专业化服务。目前合作社拥有固定管理员工36人，专用农业机械39台，组建专业化生产服务队5个，烟叶育苗大棚3 149米^2，年育苗500余万株，为全镇10 970亩烟叶种植面积、1 837户烟农提供专业化服务。一是专业化育苗情况。2016年专业化育苗盈利42 915元。二是烤烟生产服务。2016年烤烟生产服务盈利28 536.75元。三是专业化分级情况。2016年专业化分级盈利19 165.05元。四是辅助业务服务费。2016年烤烟辅助业务服务盈利16 094.81元。五是合作社多种经营情况。合作社充分利用育苗大棚等生产设施，在专业化育苗结束后，组织大棚蔬菜种植，盈利23 000元。合作社烤烟专业化服务实现总盈利129 711.61元，不断实现了服务烟农的办社宗旨，利用盈利提升了合作社运行管理水平。

2. 引领致富，经营多元化 烟农专业合作社以马龙县宏兴养殖农民专业合作社、马龙县兴裕农业生物科技开发有限公司为依托，以可经营性资产和扶持资金为基础，切实拓宽增收渠道，积极探索多元化经营，努力实现合作社增收与烟叶产业发展双赢目标。到2016年，年存栏母猪150头，年出栏生猪达2 500头，年实现销售收入432万元，实现利润39万元。烟农专业合作社下属的马龙县兴裕农业生物科技开发有限公司现种植白芨320亩、黄精150亩、红豆杉1 060亩、冬瓜树380亩、苹果160亩。公司年产干品白芨140吨、黄精80吨、年出售肉牛118头、年产值1 200万元，年利润93万元。目前已辐射带动周边农民种植白芨530亩、黄精150亩，带动农户300余户，年种植收益1 500万元，实现了公司与农民共同增收的目的。

3. 长效发展，运行规范化 规范管理是烟农专业合作社健康发展的保障。合作社建立了管理制度和财务管理规定，制定了岗位职责，并对每项业务作相应的成本核算，下属公司均具备独立的核算体系，盈利情况做到了一目了然，为合作社在坚持"减工降本、服务烟农"的前提下输送了造血功能、增强内生发展能力、拓宽增收渠道奠定了坚实基础，有效提升了烟农专业合作社烟叶生产服务与管理水平。

【主要经验】

1. 创新引领，精心服务 坚持"以烟为主、服务三农、专业服务、促民增收"的服务宗旨，组建育苗、机耕、植保、烘烤、分级五个专业化服务队，实行统一供苗、统一机耕、统一植保、统一烘烤、统一分级管理。在烤烟专业化育苗结束后，积极开展多元化经营，充分利用育苗大棚等生产设施，组织大棚蔬菜种植、中药材种苗培育等农副产品的种植，以公司为主体与多家药材企业签订供销协议，采用保底市场价的方式，带领周边农户主动入社参与种植各类中草药。构建"以烟为主、多业发展、生态高效"的现代农业产业体系，以社员增收为主要目的，实现烟叶生产"减工、降本、提质、增效"的目标。

2. 分散种养，集中营销 合作社在自身养殖生猪及肉牛的同时广泛发动村里的养殖户共同养殖，提供技术指导服务和病害医疗咨询服务。2016年带动5家农户种植小白芨200余亩，按当前市场价格预计每亩可实现收益6万余元。带领生猪养殖5家，养殖生猪800头。由合作社统一提供幼苗及猪仔，实行分散养殖，生猪出栏及药材收成后，由合作社统一销售。

3. 低门槛入社，高收益回报 由于合作社的办社宗旨为服务烟农，合作社采用自愿入社的方式，不需要入股资产。个人参与合作社用工的严格按照市场价支付劳务用工费用。合作社一直坚持有风险的项目自己先干，确保收益后再发动农户参与。农户参与合作社不收取任何管理费用，生猪及药材回收与购买商价格一致不赚取任何差价。2017年合作社与云南白药签订了1 000亩的金铁锁种植合同，下属生物科技开发公司种植150亩，剩余的850亩全部交由当地的农户入社种植，签订保底价格100元/公斤，预计亩均最低收益18 000元，实际收益按照采收时期的市场价格执行，所有农户的收益按照云南白药的实际收购价格直接结算给农户，实现了农户收益的最大化。

【综合点评】

马龙县朝辉综合服务型烟农专业合作社整合资源创办企业，壮大了合作社发展实力，同时引领烟农种植特色农产品和中药材，发展农民分散养殖生猪和肉牛，产品合作社统一销售，构建了"以烟为主、多业发展、生态高效"的现代农业产业体系，增加了合作社和社员收入。

（联系人：唐朝辉，联系电话：13769658666）

案例81

湖北恩施组建合作社联合社开展多元项目建设

【项目背景】

2012年2月，国家烟草专卖局在恩施土家族苗族自治州召开了全国部分产区基本烟田土地整理座谈会，国家局领导在会议总结讲话中肯定了恩施烟草"三度、四宜、七步、八有"的基本烟田土地整理工作方法，同时，还充分肯定了恩施由烟农合作社进行土地整理的做法，赞扬"这是全国首创"，"恩施还有一点是创造性地搞出了土地整治专业合作社，有利于降低成本、增强烟农专业合作社活力。以后的土地整治要让合作社自己搞。"

2013年和2014年的中央1号文件也对合作社的发展给予了充分支持。2013年中央1号文件指出："要逐步扩大农村土地整理、农业综合开发、农田水利建设、农技推广等涉农项目由合作社承担的规模"；2014年，中央1号文件再度明确要求"要允许财政项目资金直接投向符合条件的合作社，允许财政补助形成的资产转交合作社持有和管护，推进财政支持农民合作社创新试点，引导发展农民专业合作社联合社"。

根据上述文件精神，鉴于恩施州各基地单元合作社"造血"功能薄弱、自身实力较差等现实情况，2013年1月由全州23家基地单元合作社联合发起，成立了恩施州清江源基本烟田土地整理专业合作社，合作社注册资金1 208.88万元。2013年12月，在第二次社员代表大会上将合作社更名为"恩施州清江源烟农专业合作社联合社"。联合社下辖组织机构为土地整理分社、农机分社、生物有机肥分社。联合社出资成立了恩施州鑫叶建筑工程有限公司，形成了以开展行业自己的项目为主，兼顾农机修理及配件服务、生物有机肥产销等覆盖烟叶生产相关业务的服务型综合联合社。

【发展思路】

通过"三自"，实现"三保"，达到"三赢"。即农民自己的土地自己整，合作社自己的工程自己建，自建工程自受益；确保行业计划圆满完成，确保项目实施规范有序，确保整理质量一流达标；实现土地整理合作社合理盈利，基地单元合作社增强活力，烟农社员普惠受益。通过联合社承接项目获取合理盈利反馈给基地单元合作社，用于烟叶生产配套服务，彻底解决基地单元合作社依赖行业"输血"才能生存的弊端，变被动"输血"为主动"造血"。

【主要做法】

1.严格执行项目施工管理"四个坚持"

(1) 坚持农民自己的工程农民自己建。联合社在施工过程中，除了必要的技术人员外，所有的劳务性工程全部交由农民自己建设；施工社员凭烟农签字确认并附有户口簿复印件的工资兑付单，方能申请项目验收，确保烟农能够在自己的土地上开展建设，通过项目建设受益。

（2）坚持农民自己的工程农民自己管。联合社在项目所在地发动烟农全程参与工程管理，在每一个片区、每一个田块、每一个施工环节，均需要当地烟农签字认可后，联合社方才允许施工社员进入下一个施工环节，确保打造烟农满意的优质工程。

（3）坚持行业既定的质量技术标准。为确保工程质量达标，联合社依托县市公司、烟草站专职管理人员和行业下派的监理，保证每一个项目均有1～2名专业技术人员现场监督工程质量，确保工程质量达到设计标准。

（4）坚持服从政府和行业的领导。联合社根据政府和行业的要求组织施工开展工程项目建设，积极参与行业召开的技术培训会和政府召开的关系协调会，明确责任，服从大局，确保了工程安全、质量和工期。

2. 严格执行"三度、四宜、七步、八有"的基本烟田土地整理工作模式

（1）将土地整理区域划分为三度类型。根据耕地坡度和地块内岩石等障碍物这两个因素，将整理难度分为轻度、中度和重度三种类型。在实施中我们以轻度为主，兼顾中度，控制重度，提高土地整理项目的性价比。轻度治理：烟田岩石比例在10%以内，田块坡度15°～20°；治理方法，去石、挖高、填低，按照田块设计高程，在同一田块进行土方挖填平衡，不致低处填土过厚。中度治理：岩石比例在10%～40%，田块坡度20°～25°；治理方法，移开表土、去石到一定深度、回填底土、夯实人造犁底层、回填耕作层土壤、整平地面。重度治理：岩石比例占50%以上，田块坡度20°～25°；治理方法，移开表土，去石到一定深度，先行铺平地面岩石，回填底土、夯实人造犁底层、回填耕作层土壤、整平地面。

（2）因地制宜执行"四宜"标准。根据耕地原貌，依山就势，按照"宜平则平，宜台则台，宜坡则坡，宜梯则梯"的整理原则，将复杂、不规则耕地整理成适用的平地、缓坡地、台地和梯地四种形态。按照山区的特点，因地制宜地打造适合中、小型机械操作的适宜烟田，不过分追求大场面、大平原。

（3）严格按照"七步"操作法实施过程监管。依托基地单元合作社发动组织，由农民对自家田块整理情况进行监督，每一块田面均严格执行"移土、除石、夯实、回填、清理弃石、砌坎埂、理平田面"七步操作法，节约了宝贵的土壤资源，保证了土地整理的质量。

（4）实行痕迹化管理，达到"八有"。在行业的领导和要求下，联合社项目建设工作实现了"有规划、有步骤、有领导、有依据、有专班、有标准、有程序、有资料"的八项具体工作内容，保障了项目建设的合法化、痕迹化和规范化，确保由联合社建设的项目不仅在工程质量上能够比社会企业更好，而且在资料的完整性上也能满足行业的相关要求，经得起历史的检验。

3. 严格执行联合社盈余分配方案 根据联合社章程规定：联合社社年终盈利按照章程规定和成员大会批准的盈余分配方案进行分配。具体办法是：联合社在当年盈余中提取20%公积金、10%公益金、10%风险金和5%奖励基金；提取"四金"后55%的盈余中，60%作为成员单位参与联社业务的应分配盈余，视其参与项目业务的规模与效益决定分配比例。通过4年的项目实施，联合社累计可为基地单元合作社实现利润反哺超过500万元。

【主要成效】

该项目的实施，既为基地单元合作社注入了新鲜血液，也有力地支持了地方经济的发展：自组建成立至今，联合社共完成土地整理项目约2.5万亩，完成烤房土建项目1 965座，完成产值约1.95亿元，完成利税超过2 500万元，项目所在地烟农通过就近打工、提供住宿、餐饮等方式获得现金收入超过5 000万元。通过土地整理等项目的推进实施，带动了当地的土地流转和适度规模化种植，提高了土地利用率和机械化作业率。其中山坝区土地平整后面积会略有增加，增幅一般在5%以内；在典型山区的喀斯特、石漠化地带，由于岩冠地改造、倒田埂、弃耕地恢复，整理以后面积增幅可达到20%左右，绝大多数田块大中型机械可以自由操作。在烟田整理的同时，联合社进行了机耕路、人行道以及排灌设施配套建设，提高了烟区灌溉及交通条件，方便了农民的生产生活，改善了烟区生产生活条件与环境。

【主要经验】

成立联合社，承接工程建设项目，对于恩施州烟草行业来说，是一次大胆的尝试。联合社的发展壮大，是一个逐步探索、不断完善、日益规范的过程。从成立之初的一穷二白到如今，联合社经历了三个阶段，如今的工程管理模式已日趋成熟。

1.成立初期的经营方式（2012—2013年） 联合社成立之初，因无资金、无资质、无人员，也没有相应的工程施工经验及设备，为了开展业务，完成联合社承接的建设任务，在摸索中采取了"企业入社，比例分成"的办法开展建设。即根据签订的土地整理任务，测算工程标段及所需施工队数量，通过媒体公开招募施工项目经理带企业资质加入联合社，然后通过抓阄的办法确定施工企业，由联合社、工程所在地基地单元烟农专业合作社与成为社员的施工队伍签订三方协议，约定薪酬、质量、工期、安全责任、服从合作社的管理等内容，实行分片作业、分队核算、分队考核。联合社负责派员参与管理，督促工程质量与进度，联络各方关系，入社施工单位带资质、设备、资金、管理人员开展建设，服从联合社的统一管理。

2.第二阶段经营方式（2013—2014年） 2013年4月，联合社成立了自己的子公司——恩施州鑫叶建设工程有限公司，拥有了市政公用工程和房屋建筑工程的叁级建造资质，解决了联合社资质问题；启动资金运行上向各基地单元合作社预借方式进行，解决了联合社的资金问题。为解决战线过长、管理人员不足的问题，联合社在第一批项目实施的基础上，探索实施了"联合社—项目部—施工作业小组"三级管理模式，实行分片管理、分片实施、分片核算的方法。即以片区为单位成立项目部，每个项目部下设若干个作业片区，项目部的项目经理由联合社直接派员进行日常管理，基地单元合作社推荐管理人员组建作业小组，经县市公司、行业主管部门及联合社考核审批后，在项目部的统一管理下开展作业。

3.第三阶段的经营方式（2014年年底至今） 2014年年底，联合社在总结以往经验的基础上，依托基地单元合作社的地域优势，利用联合社两年来培养的一批管理人员，取消了作业小组，采取联合社直管项目部的方法，形成了基地单元合作社负责协调关系、组织人力，联合社直接派员负责日常施工管理和资金使用，接受县市公司及监理的监督、指导和管理的模式。在随后的项目建设中，继续沿用了该种模式，基本实现了全面自建。

【综合点评】

恩施州清江源烟农专业合作社联合社由全州23家基地单元合作社联合发起，下辖土地整理分社、农机分社、生物有机肥分社等组织机构，在实施过程中坚持农民自己的工程农民自己建、自己管，通过项目的实施，既为基地单元合作社注入了新鲜血液，增强了烟农专业合作社活力，也为项目所在地烟农通过就近打工、提供住宿、餐饮等方式获得现金收入，有力地支持了地方经济的发展。

（联系人：唐嗣平，联系电话：13343558738）

案例82

云南曲靖罗平双喜合作社开展多元化生产经营

【项目背景】

随着烤烟严控规模政策的持续推行，严格控制烤烟种植面积和烟叶交售数量将是今后一段时期乃至长期坚持的重要任务，农户从种烟收入上实现持续提升的空间变窄。如何破解农民持续增收难题，罗平县双喜烤烟专业合作社进行了多方面的探索与实践。

罗平县双喜烤烟专业合作社现有成员1 054人，其中农户1 040人，占成员总数的98.67%；育苗工场1个（连体大棚21座共21 500米^2），育苗小棚2 540池，烘烤工场1个（3台卧式密集烤房220座）。合作社主要收入来源靠的是开展育苗大棚和烟田闲置期的综合利用，组织社员在闲置期种植油菜作物、大棚蔬菜，培育苗木花卉，养殖乌鸡等，利用现有资源开展多元化生产经营。但是销路依然是制约合作社发展的关键因素。2015年，合作社总收入607.38万元，社员分红人均年收入5 840.19元；2016年合作社总收入700.31万元，社员分红人均年收入6 733.72元，与上一年度相比，合作社总收入增加92.93万元，社员分红人均年收入增加893.53元，增幅15.30%。目前合作社社员队伍稳定，能充分利用现有资源促进烟农增收。

【发展思路】

以党的十八大和十八大以来中央历次全会精神为指导，深入贯彻落实党中央、国务院办公厅《深化农村改革综合性实施方案》和云南省人民政府办公厅《加快转变农业发展方式推进高原特色农业现代化的意见》相关要求，主动适应当前烟叶生产发展新常态，加快烟叶生产发展方式转变，以促进烟农持续增收为纽带，以培育适度规模种植主体为核心，以设施全面配套为保障，以信息化管理为手段，深入推进烟农专业合作社建设，全面实现烟叶生产产前、产中、产后的全过程专业化服务，利用现有资源，开展多元化经营，实现烟农增收。

【主要做法】

2016年，罗平县双喜烤烟专业合作社召开社员大会，集聚众智、大胆探索，讨论并通过了烟叶生产基础设施闲置期的综合利用方案。在政府、烟草行业等有关部门的帮助指导下，带领社员在做好烟叶生产主业和完善保护设施的基础上，利用烟叶生产基础设施开展多元产业生产经营，进一步拓宽烟农增收渠道，积极探索烟农增收的有效途径。

1. **开展专业化服务**　2016年，该合作社组织烟农种植烤烟1.8万亩，培训并选派人员组成专业化服务队，开展1.8万亩的烤烟生产技术服务，开展供应1.8万亩大田移栽的专业化商品化育苗供苗服务，开展机耕深耕、起垄作业服务0.72万亩，开展专业化植保服务0.5万亩，开展"1+N"烘烤模式技术服务2万担，开展专业化分级服务4.896万担。育苗、植保、烘烤、分级四个环节的专业化服务覆盖率分别为100%、16%、46.5%、100%，服务质量和服务效率进一步提升。除专业化作业队员获得较多的工时费外，合作社实现利润收入20万元。

2. **烟田综合利用**　通过土地流转和统筹布局，2016年，罗平县双喜烤烟专业合作社社员户均种植烤烟17.39亩，采取烤烟—油菜—小黄姜或者玉米—油菜两年轮作制度，种植烤烟1.8万亩，烤烟收购均价32.51元/公斤，售烟收入7 900万元；烟后种植小春作物油菜1.8万亩，油菜亩产量达130公斤左右，每公斤销售价格5元，亩产值650元，共计种植油菜收入1 170万元。第二年大春作物种植罗平小黄姜，小春作物种植油菜。罗平小黄姜亩产2.3吨左右，每公斤3.6元，亩产值8 280元。根据当地小黄姜市场的变化，在种植前期，与收购企业签订种植收购协议，价格根据市场波动，但销售渠道较为固定，因此，种植罗平小黄姜的经济收入比种植玉米作物有明显提高。

3. **育苗大棚综合利用**　利用育苗大棚闲置期种植辣椒、茄子、花椰菜等蔬菜；棚外培育红叶石兰、海桐、杜鹃、蓬莱松、大叶榕、九里香等苗木花卉及盆景110万株（盆）；辅助设施内养殖乌鸡1 482只。利用育苗大棚闲置期进行生产，共计销售收入98.6万元，除去购买种子、肥料、人工等费用76.9万元，纯收入21.7万元。合作社蔬菜、乌鸡的销售渠道主要是本地销售，与当地食堂、酒店合作，能够满足反季节蔬菜和鸡肉的供应。花卉等的培育主要是与昆明花市、当地苗木的销售商合作，开展代培、供应花卉苗木等业务，拓宽了收入渠道，促进了合作社社员增收。

【主要成效】

2016年，罗平县双喜烤烟专业合作社结合实际情况认真研究分析、仔细遴选项目，聘请专家进行培训指导，印发技术资料，通过全体社员的共同努力，增收工作取得显著成效。

1. **设施得到有效管护**　经过实践探索，合作社通过有效运行和经营过程管理，有效解决了烟草设施管护问题，确保了资产完整和持续发挥效益，为烤烟及农业生产可持续发展夯实了基础。

2. **合作社组织资源优势得到充分发挥**　合作社积极发挥了多元化产业生产组织主体、技术指导主体、经营营销主体的作用，做好烟农组织、设施统筹、资金投入、物资采购、用工管理等各项工作，明确了合作社及参与烟农的责任和分工，充分调动烟农参与的积极性、主动性，确保了烟用设施综合利用工作顺利开展；专业服务队员技术和技能水平进一步提升，管理人员的管理水平和业务能力得到进一步提升，合作社资源得到有效整合。

3. **促进了烟农增收**　2016年，通过育苗大棚等烟叶生产基础设施、烟田闲置期的综合利用，烟农收入逐步提高。烟农户均售烟收入6.87万元，较2015年增加了0.5万元；非烟收入户均4.14万元，较2015年增加了0.6万元。

【主要经验】

合作社靠单一的烟叶生产服务很难实现较大盈利，必须扩大经营领域、拓展盈利渠道，不断提高自我造血能力和内生发展能力，进一步探索适合自身发展的增收途径。

1. **从专业化服务上下功夫**　突出合作社市场主体地位，在开展好烤烟生产环节专业化服务的基础上，积极开展烘烤、移栽、施肥、物资配送等服务。

2. **从设施利用上下功夫**　在烟田轮作季节选择种植高附加值的经济作物，在育苗大棚闲置期选择种植反季节、经济价值高的蔬菜和农产品，积极探索烤房、农机的闲置期利用。

3. **从特色农产品上下功夫**　要紧跟农业前沿科技和销售市场，利用烟用设施进行特色产品、特色品种的生产，聘请专家和种植能手进行培训和指导，精心培育出绿色、生态、优质的特色产品。

4. **从组织引导上下功夫**　充分发挥烟草行业组织引导作用，将烟叶生产基础设施建设项目重点向烟叶生产规模稳定、市场需求旺盛、建设主体管护意愿强、项目实施效益明显的地方倾斜，把育苗大棚、密集烤房、农机具等设施经营权和水利设施管护权明确归属烟农专业合作社，突出新建设施经营导向，开展合作社经营管理理念、知识及典型案例培训，举办合作社建设和烟农增收培训班，邀请专家、能手开展现代农业经营理念、劳务法律知识等方面的培训，采用举办合作社经验交流会、现场观摩会等方式提高烟农合作社经营管理水平，增强多元产业发展理性认识。通过培训考核，促使"三师一手"技术队伍在烟叶生产技术服务上更专、更精，促使技术队伍掌握烟用设施资源综合利用技术，使他们成为烟用设施资源多元化利用的技术骨干力量。

【综合点评】

罗平双喜合作社除了在专业化服务上下工夫以外，还利用烟田种植高附加值农产品、育苗大棚闲置期种植反季蔬菜、棚外培育苗木花卉及盆景、辅助设施内养殖乌鸡，既拓宽了合作社收入渠道，又促进了合作社社员增收。

（联系人：阮维灵，联系电话：13887413516）

案例83

湖南郴州桂阳鸿运合作社建设农机综合服务平台

【项目背景】

桂阳县仁义镇是郴州市的产烟大镇，当地采取以烟为主、烟稻连作的耕作制度，常年种植烤烟、晚稻3.3万亩左右，另有瓜果蔬菜种植0.7万亩左右，各类农业生产都对机械化作业需求旺盛。

鸿运烤烟专业合作社位于桂阳县仁义镇内，是一家"国家农民合作社示范社"，拥有社员1 823户。自2010年成立以来，鸿运合作社在烟草行业的帮扶下，拥有了各类烟草专用农机具605台（套）、大农业通用农机具284台（套），农机总资产达1 367.2万元，辖区烟叶生产过程中翻耕、起垄、植保、施肥等农机专业化服务覆盖率达到80%以上。

然而，由于烤烟为季节性作物，烟季过后大量农机闲置，合作社非但没了收入还要承担高昂的管护费用，给合作社的经营带来了困难。为盘活社内资产存量、扩大农机综合效益，鸿运合作社积极探索农机多元化综合利用，稳步开展农机跨产业、跨区域作业，力求在农机多元化综合利用上开辟一条促农增收之路。

【发展思路】

依托烟农专业合作社，以现有农机力量为基础，整合周边农机资源，打造覆盖仁义及周边乡镇，服务水稻、果蔬等多种作物，集信息中介、服务作业、维修保养于一体的高效优质综合农机服务平台，在服务当地农业生产、降低劳动用工的同时，促农增收。

【主要做法】

1. **顺应当地需求，延伸服务链条**　通过对当地产业结构、机械配备、机械化生产服务等情况的调查发现，烟农在烟季结束后，对晚稻旋耕、收割、植保、运输等农事操作依然保持着较大的农机服务需求，而社会农机服务、农机租赁不但数量少，而且价格还高，因此，鸿运合作社确定了以晚稻"旋耕+收割"为主、"植保+运输"为辅的服务定位，利用烟叶生产专业化服务的优势，推出了"烟田

机耕+晚稻机耕""烟田植保+大农业植保""烤烟育苗+物资配送"的套餐组合，并给予15%～30%的价格优惠，吸引了大批农户购买农机综合服务项目，服务链条从以前单纯的烟田机耕作业扩展到晚稻旋耕、收割、大农业植保、烟用物资和农产品运输等10多种农机服务。

2. 实行外引内改，增强服务功能 针对晚稻、蔬菜、瓜果等非烟产业对通用机械的需求，通过带机入社的方式，吸纳了仁义镇零星农机资源和农机服务业务，解决了自身通用机械和技术人才"不够用"的问题。截至2016年年底，社会农机具累计入社水稻收割机、旋耕机183台（套），专业农机手28名，使合作社通用农机具增加到467台（套）、农机服务队伍扩大到86人。针对合作社现有的农机资源，联合生产企业、当地"土专家"对农机具进行小改小革，将部分轮式拖拉机改进为履带式拖拉机，为笨重的担架式植保机械安装了推车、三脚轮，提高了这些机械、农具在丘陵地貌和黏质土壤上的作业效能；根据当地的水稻种植密度调整了收割刀片和喂入量，提高了收割作业质量；通过拖拉机、起垄机、旋耕机、铧式犁的不同搭配组合提高了其在不同地形地貌、不同作物间的作业效率，解决了农机适用性差、功能少等"不好用"的问题。

3. 开展跨区作业，做大服务半径 针对仁义镇周边乡镇、县区烤烟、水稻、蔬菜季节性机械化作业需求，鸿运合作社利用农机齐全、地域便捷优势，积极开展跨区域农机服务。一方面通过网络平台、手机APP等现代信息化工具，与其他烟农合作社、农机合作社、县农业部门共同搭建了农机综合利用信息平台，与21位区域外种植大户签订了长期服务协议。另一方面针对农忙时节用工难、农机短缺的情况，与周边5家烟农合作社、2家农机合作社建立了联合作业机制，以就近原则分为人、机、"人+机"三种方式参与合作社之间的跨区域调配。农机作业范围从仁义镇扩展到周边正和、敖泉、和平镇以及嘉禾县、北湖区等地区，服务半径由原来的30千米扩大到100千米。

4. 成立维修中心，保障服务效率 由于当地农机售后服务网络不健全、网点相对偏少，导致服务响应速度慢、维修时间过长、所需费用偏高，严重影响了合作社的日常作业和运营成本。为此，鸿运合作社利用盈余中提取的管护基金和政府部门的管护资金，自主成立了农机维修中心，配套了1 500米²的钢架停机棚、电焊机、洗车机、维修工具、油料储存罐、常用零配件以及维修车间，组建了一只由电工、电焊工和机械维修师组成的8人维修队伍。维修中心每年定期对所有农机进行一次全面体检，建立农机"健康档案"，避免农机带病出行作业，降低了农机田间作业故障率。专业维修师傅实行常年聘用、专职维修，日常作业随喊随到、故障农机随到随修和提供24小时上门服务，大大缩短了维修等待时间。除了承担本社农机维修外，维修中心还为烟农及周边乡镇合作社提供有偿维修服务，服务涉及农机、烘烤设备、育苗大棚等。

5.优化运行管理，提高服务效益 相比烟田作业，农机综合利用的服务对象零散、作业环境复杂、作业技术性强。为此，鸿运合作社将农机作业队伍细分为旋耕、插秧、植保、收割、配送5支服务队，每支队伍配备1名管理人员、2名维护人员、5～25名作业人员；每台机械捆绑1名农机手；根据距离远近和难易程度将作业区域划分为"A、B、C、D"四大类，按照最高效、最便捷的原则为每类区域搭配不同设备、不同人员的组合，同时实行单机核算管理，即对每台机械的服务收支进行单独核算，机械维修、折旧费、燃料费计入成本，单机效益与服务队绩效挂钩。对于带机入社的，在调度上优先安排开展农机作业，在收入分配上除了由合作社承担燃料、维护和工资等费用外，还根据入社农机价值折算为成员出资在盈余中进行分红。

【主要成效】

2016年鸿运烤烟专业合作社开展跨乡镇、县区机耕作业1 924亩；在当地开展非烟田作业12 031亩，其中晚稻旋耕、晚稻插秧、晚稻收割8 816亩，晚稻、瓜果、蔬菜植保3 215亩；利用拖拉机配送烟苗、农药、化肥、农产品4 170吨。该社全年农机使用率达96.1%，实现了农机"天天有活干，月月有钱赚"，带动烟农增收效应明显，主要体现在"两降两增"。

1.社员生产成本降低 合作社晚稻旋耕、收割的社员价均为130元/亩，分别低于市场价50元/亩、70元/亩，运输业务仅收5～10元/亩的成本价，大农业植保平均收费13.6元/亩·次，整体服务价格低于市场价15%～30%，折合为社员节省生产成本68.7元/亩，按照当地户均种植面积16亩计算，户均减少成本1 099.8元。

2.农机管护成本降低 2016年，鸿运合作社农机维修中心维修社内农机217台（套）、保养农机612台（套），实际产生费用16.74万元，相比以往厂家售后维修节省费用8.25万元，农机故障率下降13个百分点，有效降低了农机业务的成本。另外维修社外农机、设备78台（套），创收2.1万元。

3.带机入社收入增加 由于业务稳定、调度合理，相比原来东奔西跑、单打独斗式的机耕作业模式，带机入社的183户社员在农忙季节，单机单季作业面积平均增加了28亩，户均增收2 560元。

4.烟农收入总额增加 2016年鸿运合作社农机综合利用总收入达到156.33万元，盈利37.6万元，占全年总盈余的33%。依照章程规定，盈余的80%返还社员，在农机综合利用项目上户均返还现金165元，加上户均减少的成本1 099.8元，该社1 823户入社烟农户均累计增收1 264.8元。

【主要经验】

1.科学规划，合理作业 作为烟农合作社，必须坚持优先为烟农服务的原则，在开展农机综合利用时要注意烟叶生产、大农业生产的季节性、相关性和连续性，上段作业不能影响下段生产，不能在使用上相矛盾，应以烟田作业为主，统筹规划全面安排，服务主业，拓宽辅业。

2.**压缩成本，让利烟农** 农机综合利用既要给出实惠的价格，又要保证自身收益，因此就必须从降低作业成本入手，要把改善农机性能与理顺作业工序相结合，通过不断优化人员组成、农机配置、路程选择、作业方式等措施压缩作业成本。

3.**加强合作，借力发力** 加强与政府、烟草公司沟通协调，积极主动争取项目，借助政策东风开展农机综合利用；加强与其他烟农合作社、其他类型合作社的合作，进行优势互补，共享资源，共建服务网络，拓宽服务范围；畅通与烟农的交流渠道，了解烟农之所想、之所需，不断改进和完善服务质量，取得烟农信任。

4.**用养结合，减损增收** 农机一旦损坏或故障将无法提供收益，因此在农机综合利用过程中要形成行之有效的保养维修机制，充分利用合作社农机维修中心和社会服务网点，管好、用好农机管护基金，确保农机整体运行状况良好。

5.**稳中求进，良性发展** 开展农机综合利用既要积极，又要稳妥，业务范围和规模一定要"量力而行"，根据合作社的农机、人力资源等综合状况，做好市场调研和长远规划，以便捷高效为出发点，因地制宜开展业务，切忌盲目跟风，使自身发展陷入恶性循环。

【综合点评】

在当前的双控形势下，许多烟区除了种烟外，还开始种植其他经济作物，机械化服务具有越来越广阔的市场需求，但如何用好、管好、维护好农机一直困扰着大多数烟农合作社。鸿运合作社利用自身资源优势，充分挖掘市场潜力，通过带机入社、小改小革、构建平台、成立维修服务中心等措施将自己的农机综合利用项目成功推向了市场，形成了以用代管、用养结合的良性运行机制，实现了"两降两增"，为当地烟农拓宽了增收路子，具有较大的推广价值。

(联系人：陈瑞忠，联系电话：13574556288)

案例84

贵州毕节大方惠民合作社建设烟用设施设备服务中心

【项目背景】

"九山半水半分田"正是毕节烟区的真实写照。在这个山峦起伏、峰峦重叠、交通不便的云贵高原腹地,烤烟是农民增收、社会发展的重要支柱产业。2007—2013年,毕节市共建设密集型烤房4万余座,解决了烟叶的烘烤问题。但使用近10年后,其中的大部分密集烤房的设备已经老化、损坏,除因烟区转移而闲置的部分之外,有3万余座在用密集烤房的设备在3年内亟需更换。市场上供应密集烤房设施设备的厂家多如繁星,同一厂家又同时供应多种同类型的产品,而且,不同厂家指导培训、设备维修、售后服务等质量参差不齐。同时,烟农由于信息渠道不畅,常常对设备的质量无从了解,仅仅是跟风购买,甚至部分烟农想要换设备却不知道到何处购买,混乱的市场更使得设备供应的价格高昂、质量难以保证。为此,2015年,大方县惠民烤烟种植服务专业合作社成立了全市烟用设施设备服务中心,开展面向全市的密集烤房设施设备供应及维修服务。合作社通过竞争性谈判的方式选择一家厂商、统一采购、统一维护、统一进行使用培训及技术指导。一是解决了零散采购价格不合理的问题,极大减少了烟农投入。二是解决了设备购买渠道不畅的问题,烟农只要提出更换或维修即可得到相应服务,给烟农带来极大的便利。三是解决了设施设备难以维护、人员难以培训的问题,由厂家派出技术人员进行统一维护及使用指导,给烟农带来崭新的服务体验。2015—2016年合作社共供应成套设备748套,其他零部件12 423件。与政府采购的中标价格相比,为烟农节约采购成本375万元。2017年,烟用设施设备服务中心将利用闲置的原复烤厂建设烟用设施设备加工中心,从购买成品供应转变为引入合作企业供应半成品进行焊接、组装,大幅降低了成本,缩短了运输时间,更为烟农提供劳务用工机会,达到普惠烟农的目的。

【发展思路】

1. 指导思想　将烟农需求作为出发点和落脚点,以创新为引领,以实干出成效。延伸烤烟产业链,盘活烟草闲置固定资产,创建加工制造产业,建立市场化运作机制,普惠广大烟农,创造社会价值。

2. 发展定位　建设烟用设施设备加工中心,以烤房设备为起点,进而发展到覆盖全部烟用设备及农机具;以服务毕节烟区为起点,进而发展到覆盖周边烟区。全面构建设施设备生产加工、维修管护、技术培训综合体系,实现烟叶产业链延伸,提高合作社发展水平,带动烟农降本增收。

3.**实施方式**　合作社以"烟农有需求、技术有保障、加工有条件、运输更便利、服务更贴心"为发展思路，以竞争性谈判为手段，选择合作设施设备生产企业，按照烟农需求，由合作企业负责半成品供应、加工技术指导，烟农合作社负责加工及供应，并为烟农提供维修、维护服务及使用、管护技术指导。

4.**预期目标**　从2017年起，合作社采取"生产加工、专业配送、培训指导、维修维护"的一条龙发展模式，组装生产设备4 000套、组织供应零部件15 000个（件），年产值达到2 800万元，减少烟农采购成本720万元，烟农提供劳务用工收入160万元。

【主要做法】

1.**组织形式**　按照"企业＋合作社＋烟农"的经营模式，一方面烟农将设备更换、维修需求上报各县（区）烟农专业合作社，各县（区）统计整理后报大方县惠民烤烟种植服务专业合作社；另一方面由大方县惠民烤烟种植服务专业合作社牵头，通过竞争性谈判选择合作企业，合作企业根据各县（区）上报的需求将设备发到对应的县（区）烟农手中。2017年起，由大方县烟草分公司将原复烤厂的生产车间和仓库租赁给合作社成立烟用设施设备加工中心，合作社向合作企业采购半成品，在烟用设施设备加工厂进行焊接、组装，形成成品后供应给烟农。合作社在整个运营过程中只提取产品价格的5%作为管理费用，最大限度地让利于烟农，在实现微利经营的同时，又能保持合作社持续发展能力。

2.**运行管理**　构建"生产、加工、销售、售后服务"链条，为烟农提供低价格、全方位服务。

（1）生产体系。由合作社开展竞争性谈判选择合作企业，并由合作企业对应需求生产出设施设备半成品。并由合作企业将半成品运输到合作社的烟用设施设备加工中心。

（2）加工体系。合作企业派专人驻厂负责技术指导，合作社聘烟农提供劳务用工，进行烟用设施设备的焊接、组装。

（3）销售体系。各县（区）分公司统计上报当年需求，合作社与各县（区）烟农专业合作社进行对接，以成本＋5%管理费用定价，并销售至各县（区）烟农。

（4）售后服务体系。合作社及合作厂家共同组织开展设备的使用、管护、培训指导，并负责所供应设备的维修。

3.**工作措施**

（1）立足烟农需求。目前毕节市在用的密集烤房设施基本老化，烟农有更换需求，并且需求量还很大，而烟农由于信息不对称，找不到合适的购买渠道。在烟用设施设备的维护管理上，由于目前在用的型号多而乱，也存在难以管理、难以维修的问题。在找准这个切入点后，由毕节市、大方县烟草公司发挥引导和指导作用，在大方县惠民烤烟种植服务专业合作社建立全市烟用设施设备服务中心，集中对设施设备进行采购、加工、供应，为广大烟农提供了极大的便利。

（2）发挥市场优势。原有小而零散的采购方式，难以与商家进行价格及服务的竞争性谈判。将全市烟农需求量集中起来，就能够以市场换取价格和服务。2015年所供应设备的价格由原来的市场价10 500元/套降为7 453元/套，降幅达29%。2016年，降为7 008元/套。同时，供应商还前后派驻9名技术人员在整个设备供应及使用期间进行安装、使用、管理、维修工作。

（3）全面提高合作社管理水平。为解决合作社缺乏管理人才的问题，合作社聘请大方县烟草公司4名骨干人员，引领合作社建设工作。2016年合作社获得省级示范社称号。同时，强化对合作社的制度建设、技术培训、财务监督，全面提高合作社的发展能力。

【主要成效】

1．投入产出分析

（1）设施设备加工供应经济效益。

——固定资产租赁及管护成本（含租赁费、管理工资等）：利用闲置的原复烤厂车间和仓库，每年总成本10万元。

——机械设备投入成本：主要有切割机床、卷板机、焊接安装工装，行车、喷漆设备、叉车等，一次性投资50万元。

——全套烤房设备生产成本（含原材料、水电、人工工资、税收等）：每套总成本6 500元。

——合作社收入：供应价格（含5%管理费用及运费）：每套7 000元，合作社获得收入为每套500元。按照年供应量4 000套计算，合作社年收入200万元。除去实际开支的管理费用及运费，合作社年利润30万元。

——烟农收入：与市场价格（2016年中标价格）对比，市场价格为每套8 800元，合作社供应到烟农的价格为7 000元，烟农每套设备可节约投入1 800元。按5年内仍需更换的烤房设备数量为25 000套计算，5年可为烟农节约投入4 500万元。

（2）烟农务工经济效益。加工一套设备，劳务用工投入约合400元，按照年供应量4 000套计算，每年为烟农创造劳务用工收入160万元。

2．社会效益分析

设立烟用设施设备服务中心，直接加工供应烟用设施设备，既极大地减少了烟农生产投入成本，又给烟农创造了就业机会，还向烟农提供了技术培训和服务保障，对稳定烟农、稳定优质烟区、带动地方经济社会的发展具有十分重要的社会意义。

【主要经验】

一是针对毕节市烤房设施设备亟待更换的问题，发挥烟草公司的资源、信息优势，利用合作社平台与企业联合，有效解决了烟农的迫切需求。

二是通过微利经营、市场化运作，实现"烟农、合作社、合作企业"三方共赢，同时增加烟农劳务就业机会，带来极大社会效益。

【综合点评】

　　密集型烤房是烟叶生产中不可或缺的关键设施。而目前大部分在用密集烤房的设施设备由于年限过长，亟待更换。市场上部分设施设备供应厂家繁多、型号繁杂，而大部分烟农由于信息不对称，出现购买价格过高、购买型号不对、找不到售后服务厂家等问题。大方县惠民烤烟种植服务专业合作社在立足烟农需求的基础上，构建"生产、加工、销售、售后服务"的烟用设施设备供应链条，极大地降低了烟农生产投入，同时给烟农带来崭新的服务感受，获得了显著的经济效益和社会效益，充分彰显了"烟农＋企业＋合作社＋烟草部门"聚力共赢的优势，实为烟农增收的优秀案例，值得各产区学习、借鉴和推广。

（联系人：樊国奇，联系电话：13595705679）

案例85

云南曲靖沾益阳光合作社开展农资电商经营

【项目背景】

曲靖市沾益区大坡乡阳光烤烟生产综合服务社（以下简称阳光合作社）成立于2013年10月，注册资金20万元，合作社现发展社员5 265名，组建了育苗服务队、机耕服务队、植保服务队、烘烤服务队、分级服务队。为更好地服务于合作社社员及辖区内广大农户，合作社不断扩展经营渠道，增加自身造血能力，2015年3月阳光合作社与农业部、农资协会、江苏辉丰股份有限公司组建的农一网（北京）有限公司合作，成立曲靖工作站，充分利用合作社当地人员及技术优势，整合资源，创办农资电商。

【发展思路】

1. **指导思想**　以创新为动力，着力解决合作社发展中的困难和问题，着力完善制度、机制和模式，着力营造规范、诚信、开放的发展环境，为推动烟草产业健康发展和促进农业持续发展提供动力。

2. **发展定位**　立足沾益，放眼曲靖，增强合作社自身造血功能，做大做强。

3. **实施方式**　整合资源，逐步推进，做好"农一网"曲靖工作站平台。

4. **实施步骤**　加大宣传力度，提供平台效应；加强技术培训，提高服务能力；整合资源，发展代购点（每个村委会发展一个代购点）；发展代购员（发动每个烟技员为代购员），服务种植烟农；建立配送体系，增强服务质量。现阶段与农药、肥料为重点，逐步扩展到种子、农机具等服务项目。

5. **预期目标**　2016年现已发展代购服务点53个，代购员75名。2017—2019年计划发展代购服务点150个，代购员235名。整合更大资源，扩大服务区域，完善服务体系，力争到2019年实现服务烟农14万户，实现销售额1 000万元以上，创造盈利100万元左右。

【主要做法】

1. **项目组织形式**　合作社统一管理，"农一网"曲靖工作平台独立核算，合作社实现定期检查、定期考核。

2. **运行机制**　整合资源，抱团发展，互利共赢，在市场竞争环境下服务于烟农。

3. **管理制度**　严格按照现代企业管理制度执行。

4. **商业模式**　"互联网+农资+工作站+烟农"一条龙服务的现代企业农业模式。

5. **工作措施**　整合供销系统、农业系统等现有农资资源作为代购点，减少中间环节，增强一线服务能力。整合资源，发展代购点（每个村委会发展一个代购点）；发展代购员（发动每个烟技员为代购员），通过农一网平台实现农资订购，农资生产企业通过物流将烟农所需物资直接配送到曲靖工作站，再由工作站配送到相应代购点、代购员、烟农手中服务种植烟农。

6. 分配收益　"农一网"曲靖工作平台独立核算，净利润纳入合作社分配。

【主要成效】

1. 项目实施规模　合作社现有工作管理人员15名，已发展代购服务点53个、代购员75名；租用办公场所60米^2，展示厅100米^2，仓库250米^2。

2. 投入产出分析　2015年全乡销售70余万元农药，除去成本费和经营管理费盈余10.5万元；2016年销售100余万元，盈余15万元。

3. 烟农收入增长情况　烟农在直销店采购相关农资按内部社员价，平均每亩可节约农资成本80元，2016年烟农每亩节约农资150元。

【主要经验】

一是人员系统培训。加强管理考核，让烟技员在各村组作为代购员，在广大烟农中当好技术服务员、农资配送员。

二是工作站可以除烟草外，发展农业基地、林果业，再延伸到整个大农业，使农资市场的需求更广阔，发展前景更好。

三是整合供销系统、农业系统等现有资源作为代购点，减少中间环节，增强一线服务能力，增加代购点和代购员经济收入，减低烟农生产成本，便利服务于烟农。

四是"互联网＋农资"是农资市场发展的必然趋势。能够有效解决传统农资市场的混乱问题，减少中间代理环境，缩小利益链，让利给烟农，成为服务三农的重要手段。

五是聘请了具有丰富植保知识和实践经验丰富的专业人员，以微信、图片、实地查看等形式对植保释疑解答，为广大烟农提供烟株病虫害诊断、农药使用技术服务。

六是存在的困难和问题：农资电商模式运行理念需进一步提高；合作社底子薄弱，缺乏较大资金运行；运行业务技能不强；无相关扶持政策；合作社发展与市场服务需求差距较大。

【综合点评】

"互联网＋农资"是农资市场发展的必然趋势，阳光合作社充分利用当地人员及技术优势，整合资源创办农资电商经营模式，方便了烟农、降低农资成本、增加了合作社收入，值得推广应用。

（联系人：袁会斌，联系电话：13987492208）

案例86

贵州毕节七星关开展农药代购代销服务

【项目背景】

七星关区是烤烟种植大县，有着悠久的烤烟种植历史。烤烟是七星关区农村经济的重要支柱，是全区经济发展基础的产业之一。为实现全区烤烟生产可持续发展，切实促进烟农增收，必须加速烤烟生产专业化服务和现代化进程。烤烟生产发展对于助农增收、脱贫摘帽、同步小康起着举足轻重的作用。七星关区从2011年组建烟农专业合作社以来，围绕烟叶生产开展了育苗、机耕、移栽、植保、烘烤、分级等专业化服务，同时积极拓展了多项多元化生产经营服务项目，依托区位优势开展特色蔬菜种植。

为增强合作社持续发展能力，提升发展水平，拓宽服务渠道，促进烟农增收致富，毕节市局按照"围绕烟叶产业延伸产业链，做精、做实、做强合作社"的要求，充分发挥区位优势，全面加强全市烤烟病虫害防控使用农药的监督和管理，完善代管代销农药进货验收、库存保管、配送服务、资金支付等各环节流程管理和服务，进一步规范烟地农药使用，合理选择高效低毒农药，做到烟叶化学防治合理用药、科学用药、高效用药，提高防治效果，最终减少烟叶农药残留，提高烟叶质量安全性，做到生态环境全面安全，实现烟农减工降本。七星关区烟农专业合作社从2015年开始承担全市烤烟生产病虫害防治用农药代管代销配送服务工作，常年配送农药60余吨，配送金额330余万元，有效控制了农药施用量，节约了农药成本，提高了烟叶安全性。

【发展思路】

1.指导思想　以合作社建设为平台，以拓展专业化服务渠道为引领，以促进烟农增收为目标，深入贯彻"创新、协调、绿色、开放、共享、安全"的发展理念；以提高烟叶质量安全性为中心，以减少农药流通环节、降低烟农成本、增加烟农收入为目的，打造烟用农药配送中心建设，为全市烟农药配送提供及时、便捷、优质、高效的服务，推进烟叶生产持续、稳定、健康、协调发展。

2.发展定位　由合作社安排专人管理，成立农药配送中心，建立农药代管代销管理办法，制定代管农药质量监督体系，完善农药代管、配送服务流程，确保所代管代销的农药必须是国家烟草专卖局农药推荐表上所列的产品。农药质量必须符合省局（公司）当年招投标或毕节烟草招投标农药质量，价格必须低于招投标价，确保农药优质、价廉、效果明显。

3.实施方式　以烟农专业合作社专业化服务拓展为平台，按照烟用农药管理规定，建立农药进、销、调、存服务管理机制，完善农药进出台账管理，结合各县病虫测报需求数量、防治对象和面积等情况，按时间节点要求开展配送服务。

4．实施步骤 一是收集各县病虫测报预报当年所需农药品种、数量及防治面积计划，并按照计划需求请示市烟草公司指导，确定代管代销进药品种和数量。

二是对代管代销农药供应商进行考察、评价和选择，对各类证照开展验证评价，并对三证（农药生产许可证、农药生产批准文件、农药标准和农药登记证）开展审察确认。

三是开展代管代销农药比选工作，确定农药供应商。

四是开展农药进货质量、数量验收入库工作，完善验收入库手续，按农药管理规定保管好农药。

五是根据各县病虫测报需求开展农药配送服务。

六是对农药产品质量和防治效果开展跟踪考察和评价，开展烟农满意度调查。

5．预期目标 2017年代管代销配送各类农药60吨，配送金额330万元；2018年代管代销配送各类农药55吨，配送金额300万元；2019年代管代销配送各类农药50吨，配送金额270万元；2020年代管代销配送各类农药45吨，配送金额240万元。努力使配送农药逐年减少，有效提高烟叶质量安全性。每年实现烟农户均降本100元以上。

【主要做法】

1．健全组织，完善配送服务体系 一是成立"农药配送中心"。合作社在烟草部门的指导和帮扶下，于2015年4月组建农药配送中心，明确管理人员3人，专门开展农药代管代销及配送服务工作。二是选定农药仓库。协调烟草部门将田坝桥收购点100米^{2}闲置仓库和3间共75米^{2}物资保管室作为农药管理中心仓库，做好农药收发配送服务工作。三是完善规范服务流程。准确做好农药收发台账、库存保管记录，强化财务管理，严格成本控制，确保配送服务规范运行。

2．规范管理，促进配送流程化服务 合作社在做好烤烟生产各环节专业化服务的基础上，进一步拓宽服务渠道，于2015年4月开始全市烟用农药配送工作。一是按照各县（区）需求计划确定农药品种和数量；二是根据各供应商资质选择合适供应商；三是以竞谈方式确定中选供应商；四是质量验收后入库，按照各县（区）病虫测报需求开展配送服务；五是根据配送情况和数量通知各县合作社与供应商结算货款，结算单价按合作社与各供应商竞谈单价为准。合作社不收取各县（区）任何费用，只开展代管代销，不办理支付结算，没有农药库存，不积压库存资金，不承担库存风险。

3．精准配送，推进配送服务高效开展 各县（区）分公司病虫测报员核准病虫种类、用药品种、防治面积后报合作社由各县（区）烟农专业合作社发送农药需求函到七星关区合作社农药配送中心，再由配送中心按需求及时开展配送服务。农药发放或配送时完善出库信息管理记录发货单，确认药品防治对象、数量、规格和包装完好，确保农药发放的真实性、准确性、及时性。实现"有测报、才有用药，有需求、才有配送"的良好局面，做到农药不浪费、不积压、不库存，确保精确配送、精准施药。

【主要成效】

1．经济效益 合作社2015年代管代销配送农药28.8吨，配送金额118.08万元，较原来由烟草公司统一招投标的700多万元节约了近600万元，使烟农户均降本150余元。2016年代管代销配送农药63.3吨，配送金额328.21万元，较原来由烟草公司统一招投标的700多万元节约了400余万元，使烟农户均降本100余元。

2. 社会效益　一是助推烟农增收。2015—2016年共配送农药90余吨，农药上下车、转运翻包等工作解决了烟农闲置劳动用工150余个，实现了烟农增收15 000余元。二是保证农药质量，降低农药价格及成本，稳定了防治效果，提高了烟农满意度。

3. 质量效益　通过农药"有测报、才有用药，有需求、才有配送"服务模式的开展，一是减少了农药流通环节，节约了流转环节成本；二是农药配送及时，有效控制了烟株病（虫）发生；三是按需配送，及时用药，减少农药浪费；四是有效控制了农药施用量，降低了烟叶农残，提高了烟叶质量安全性；五是有效降低了农药库存量，节约了农药用药成本，降低了农药保管风险，提高了农药保管和使用安全性。

【主要经验】

1. 拓宽服务渠道，促进烟农增收　通过烟农专业合作社平台，在做好烤烟生产各环节专业化服务的前提下，依靠烟草部门大力支持，组建了农药配送中心，拓展了农药代管代销配送服务，节约了烟农用药成本，促进了烟农增收。

2. 壮大合作社实力，实现多方共赢　通过农药代管代销配送服务的开展，降低了烟农种烟成本，增加了合作社收入，全面壮大了合作社经济实力和业务能力，更好地为广大烟农提供服务，实现了"烟农、合作社、供应商"三方共赢，增加了社员的收入。

3. 优化烟叶结构，提升烟叶质量　通过适度农药的施用，有效预防和减少了烟株病虫害的发生，全面降低了烟叶农药残留，提升了烟叶质量安全性，提高了烟叶上中等烟比例，助推了烟农增收。

【综合点评】

七星关区烟农专业合作社在开展好烤烟生产育苗、机耕、移栽、植保、烘烤、分级等专业化服务基础上，拓展了农药配送服务工作，全面坚持了"做精主业、做强辅业"的基本要求，坚持了"普惠制、广受益"的基本原则，充分发挥七星关区地域优势，因地制宜开展了农药配送服务。农药代管代销购进、发放、管理规范，收发流程优化，农药烟叶农残降低，重金属检测达标，农药"监管、监控、监测"到位，有效降低了农药使用成本，控制了农药施用量，减少了烟叶农药残留，提高了烟叶质量安全性。今后要继续巩固和完善，进一步提高烟叶质量安全性，彰显烟叶质量特色，将配送服务延伸、扩展到"非烟"领域，切实促进烟农增收。

（联系人：张志，联系电话：15284628889）

烟农增收典型经验*100*例

案例87

四川攀枝花米易推进产业融合发展

【项目背景】

米易县普威镇位于米易县西北方，距离县城35千米，海拔范围为1 600～2 400米，是优质烤烟的适宜种植区。该镇常年种植烤烟1万余亩，收购烟叶近3万担，400余户烟农在烤烟种植中取得较好收益。但如何利用冬闲地增加烟农收益，一直是困扰政府和烟草行业的大问题。2014年，烟草行业利用烟叶生产基础设施建设补贴资金，开展普威镇现代烟草农业升级版示范区建设，投入1 092万元开展土地整理1 251亩，配套完善了田间机耕道、排灌水、密集烤房等基础设施，将原来只能用来种植一季水稻的下湿田改造成为能种两季的良田。通过政府规划，在改善的土地中建立"烤烟—油菜旅游—油枯还田"的种植制度，带动了当地的经济发展，增加了农户收入，稳住了烟区农民，形成了烤烟产业带动一、三产业良性互动模式。

【发展思路】

近年来，米易烟草围绕打造"高效、现代、稳定、绿色"的四维产业工作总基调，充分发挥现代产业的引领作用，采取以烟为主、产业扶贫、新村建设、一三产互动等措施，稳定烟农队伍这一主体，打造"现代烟草农业升级版"，引领烤烟、三产互动，开创烟农增收新模式。

【主要做法】

1. **配套基础设施，打造集中示范区**　为充分彰显现代烟草农业在烟叶生产和助农增收中的引领作用，在米易烟草分公司和党委政府的通力协作下，利用烟叶生产基础设施建设补贴政策，在米易县普威镇烟叶集中种植区开展"现代烟草农业升级版示范区"建设，规划纳入2014年度普威镇土地整理综合配套项目中。该项目共补贴资金1 092万元，开展土地整理1 251亩，建设各类沟渠60条24.5千米，配套机耕道11条3.2千米，在就近烘烤工场内推广新能源烤房30套。基础设施条件改善后，由辖区合作社对部分烟田进行流转，配套育苗、机耕、植保、烘烤、分级等专业化服务项目，建立"现代烟草农业升级版示范区"模型，为产业带动烟农增收创造了基础条件。

2. **精准产业规划，合理产业布局**　项目实施前，由普威镇人民政府、米易县烟草分公司联合相关单位共同商议、考察实验，制订了以烟为主的种植制度，规划出"烤烟—油菜—油枯还田—烤烟"的轮作制度。与此同时，普威镇政府有计划地引进冬季草莓、郁金香花卉、优质蜂蜜等产业，在示范区内合理布局优质产业，带动周边示范区 5 000 余亩，带动农户 400 余户。

3.依托烟农新村，形成一三产互动 省局（公司）捐赠 980 万元，建设了米易县龙滩烟叶新村，36 户烟农搬进别墅式的新房，173 户烟农房屋面貌焕然一新，烟农培训活动中心更是为提高烟农综合技术水平提供了平台。在政府和行业的引导下，优质烟叶收获后，由政府统一提供优良油菜品种免费发放给农户种植，在每年的 1～3 月，结合米易县"三花"（桃花、梨花、油菜花）旅游品牌，普威示范区是最主要的旅游景点，吸引大批游客和候巢老人来此观光生活。除主产烤烟和附产油菜收入外，很多烟农的其他有机、绿色农产品被游客带至全国各地，当地经济也随之带动。

【主要成效】

1.烟农收入持续增长 全镇种植油菜约 6 000 亩，带动 400 余户农民增加收入 300 余万元，户均增收约 0.8 万元。带动养蜂专业户 40 余户，户均养蜂 120 箱，年产值 230 万元，户均收入 5.75 万元。该项目较好地拉动了全镇农家乐、餐饮、交通等经济主体的发展。据不完全统计，全镇通过该项目带动全镇人均增收约 0.18 万元。

实施该项目以来，米易县普威镇龙滩村烟农查绍美家的收入较项目实施前几乎翻了一番。其中种植烤烟 30 亩，交售烟叶 4 830 公斤，收入 12.78 万元（不计各类补贴），除去地租、肥料、人工等生产成本，净利润约 7 万元。烤烟收获后，种植油菜 27 亩，亩产 180 公斤，单价 4.5 元/公斤，产值 2.2 万元，除生产成本后净利润约 1.3 万元。另外，查绍美家常年养殖蜜蜂 30 箱左右，利用"三花节"期间大批游客赏花旅游，销售蜂蜜约 90 公斤，单价 60 元/公斤，收入 0.54 万元。不计其他收入，以上项目为查绍美家带来纯收入 8.84 万元，较项目实施前增加收入 4 万余元。

2.烟农队伍持续稳定 通过项目实施后，建立的"烤烟—油菜—三花旅游"产业制度稳定，烟农在自家门口就把钱赚，以往外出务工的壮劳力陆续回村种地，有烤烟种植技术的直接种烟，有厨艺的开农家乐把土地流转出去种烟。通过示范引领，普威镇烤烟种植面积从前几年的 8 000 亩，增加到目前的 10 000 余亩，烟农队伍相对稳定，并呈现不断增加趋势。

3.集中规模持续扩大 示范区内通过田形调整，适宜大型机械设备耕作，烟农生产过程中多数环节实现机械化作业，减工、降本效果明显。周围农户纷纷效仿，适宜集中整治的申请纳入烟草行业田形调整项目，较为分散区域的烟农自行出资开展田形调整。全县集中整理的烟田面积达 6 000 余亩，从 2010 年户均种植面积 8.9 亩，到目前的 14.6 亩，集中种植规模不断扩大。

4.烟叶品质持续提高 种植油菜的大多数烟农将油菜榨油后食用或销售，而油枯则是优质的有机肥原料，多数烟农将油枯、油菜秸秆、牲畜粪便集中在一起堆捂成农家肥，用于烤烟基肥。烟叶田间长势喜人，产量亩均高出常规水平约 25 公斤，烟叶质量也高于全县平均水平。普威镇烟叶基地单元生产的烟叶质量受到对应工业企业（上海烟草集团）的高度评价。从每年的质量反馈信息分析，普威单元烟叶质量持续稳定提高。

【主要经验】

1. **选项精准，主动作为** 结合普威镇独特自然环境及地理优势，邀请攀枝花市农林科学院、米易县农牧局、西昌学院、四川省农林科学院等多家专业机构，通过作物对比试验，最终选择油菜作为烤烟的轮作。结合行业烟叶生产基础设施建设补贴政策，精心规划设计，建设设施满足生产实际，在发挥"现代烟草农业示范区"引领作用的同时，主动依托产业助农增收。

2. **服务精准，保障效益** 精准技术服务是产业发展的根基。在烟叶生产、油菜种植、全程机械化运用、新能源烤房烘烤技术、农家肥集造技术等方面，均落实了专业技术人员。这些专业技术人员深入田间地头，为种植农户开"处方"，上门服务，落实到人、跟踪到户、指导到田。实行统一免费供种、统一育苗移栽、统一大田管理、统一病虫防治，鼓励、协助和支持烟农合作社开展专业服务。通过精准服务，农民的利益得到了根本保障。

3. **定位精准，发挥长效** 在烟草行业方面以现代烟草农业"升级版"示范区为定位，基础设施配套完善，烟叶生产技术服务到位，专合组织发挥突出作用，引领产业超前发展，充分彰显产业助农增收的决心和信心。在政府方面充分整合资源，依托"康养城市""三花节"旅游品牌等项目，在轮作油菜的同时，合理布局种植草莓、花卉、果蔬的区域和产量，使烤烟产业与其他农业产业均衡发展。利用烤烟产业充分带动第三产业，烤烟产业与其他产业形成互惠互利关系，产业效益持续、稳定、长效。

【综合点评】

米易县烟草公司与当地政府探索实施的现代烟草农业升级版示范区建设，将烤烟产业与其他产业充分结合，增加了土地复种指数，提高了烟地产出效益，形成了良好的一三产良性发展模式，增加了农民收益，在全县助农增收工作中发挥了标杆旗帜作用。

(联系人：罗富国，联系电话：13540504677)

案例88

贵州黔东南岑巩社社合作多元化经营

在岑巩县烟草专卖局（分公司）的引导和扶持下，岑巩县金叶烟农专业合作社认真组织学习了杨培森副局长在部分产区促进烟农增收汇报会上的讲话精神及部分产区促进烟农增收经验，在"以烟为主"的前提下坚持以市场需求为导向，充分利用可经营性资产在闲置季节开展多种经营，利用闲置烟地开展蔬菜等经济作物种植，有效提升了设施综合利用率，提高了烟地复种指数，增加了烟农收入。

【项目背景】

随着农业产业多元化发展，岑巩县涌现出一批中药材、蔬菜等合作社，这些合作社的优势在于市场渠道，劣势在于土地等可经营性资产不足、规模化生产水平不高。岑巩县金叶烟农专业合作社充分认识到拥有育苗大棚等设施设备和稳定的专业化队伍是自身开展多种经营优势所在，但销售渠道不畅、市场风险大是烟农合作社多元化发展的瓶颈。通过认真分析研究岑巩县金叶烟农专业合作社积极与当地具有一定实力的中药材、蔬菜合作社合作，发挥各自优势联合开展多种经营。

【发展思路】

1. 指导思想 以烟农专业合作社多元化经营增收为前提，在全县范围内加强与各种类型的合作社合作，实现优势互补，在激烈的市场竞争中发挥"1+1"大于2的作用，解决烟农专业合作社开展多元化经营经验少、实力弱、产业化经营水平低、市场话语权小等问题。

2. 实施步骤 寻找全县范围内发展较好的其他合作社，分析双方各自优势与需求，通过资金、资产、资源、技术、人员、机械、设备等生产要素大联合，提高双方经营过程中抗风险能力，有效降低双方生产成本，实现双方利益最大化。

【主要做法】

1. 组织形式 社社联合，签订合作协议，明确双方合作内容，整合双方生产要素，明细双方共同化职能与差异化职能，针对差异化职能，双方单独管理，专业化经营。例如，2014年以来，岑巩金叶烟农专业合作社与岑巩县金苗中药材种植专业合作社合作，双方共同职能是开展金钩藤中药材种植经营。岑巩县金叶烟农专业合作社负责组织专业化育苗队伍培育金钩藤苗，金苗中药材种植专业合作社提供金钩藤育苗资金；金苗中药材种植专业合作社负责金钩藤种植与销售。2015以来，岑巩金叶烟农专业合作社与岑巩县青棚蔬菜种植专业合作社合作，双方共同职能是开展蔬菜种植经营。岑巩县金叶烟农专业合作社负责

组织专业化育苗队伍培育蔬菜苗青，组织专业化机耕队伍对闲置烟地进行翻犁，青棚蔬菜种植专业合作社提供育苗、机耕作业资金；青棚蔬菜种植专业合作社利用岑巩县金叶烟农专业合作社培育蔬菜苗、闲置烟地种植卷心白、萝卜等蔬菜，并负责蔬菜销售。

2. 生产模式 2014年以来，岑巩金叶烟农专业合作社每年初根据金苗中药材种植专业合作社金钩藤种苗需求数量经双方协商签订合作协议，协议中明确育苗数量、播种时间（每年5月15日前播种结束）、供苗时间（每年9月30日前）、育苗价格及付款方式（金苗中药材种植专业合作社按照6.5元/盘的价格支付育苗费用，在双方签订协议后金苗中药材种植专业合作社预付10%育苗费用，供苗结束后支付剩余费用）。2014年以来，岑巩金叶烟农专业合作社为岑巩县金苗中药材种植专业合作社累计培育金钩藤71 270盘（2015年67 062盘、2016年4 208盘），全部按照6.5元/盘的价格订单销售给金苗中药材种植专业合作社。2014年以来，岑巩金叶烟农专业合作社每年根据青棚蔬菜种植专业合作社蔬菜种植计划经双方协商签订合作协议，协议中明确蔬菜育苗种类、数量，用于蔬菜种植闲置烟地翻犁面积、蔬菜育苗价格、翻犁价格及付款方式（青棚蔬菜种植专业合作社按照5元/盘的价格支付蔬菜育苗费用，按照80元/亩的价格支付土地翻犁费用）。

3. 分配收益 岑巩金叶烟农专业合作社通过社社合作培育中药材实现经营收入46.3万元，利润18.8万元，其中支付专业化育苗队伍劳务费20.66万元，支付育苗管理人员2.88万元，支付专业化植保队伍3.96万元。2015年以来，岑巩金叶烟农专业合作社通过社社合作培育蔬菜苗29 000盘（2015年11 000盘、2016年18 000盘），全部按照5元/盘的价格销售给岑巩县青棚蔬菜种植专业合作社，实现经营收入14.5万元，实现利润4.35万元，支付专业化育苗队伍劳务费10.15万元，专业化育苗队伍户均增收763元（2015年育苗专业队户均增收290元，2016年育苗专业队户均增收473元）；岑巩金叶烟农专业合作社土地翻犁实现经营收入23.2万元，实现利润7.25万元，支付专业化机耕队伍劳务费15.95万元（2015年机耕专业队户均增收455元，2016年机耕专业队户均增收744元）。

【主要成效】

一是通过社社合作，拓宽了岑巩金叶烟农专业合作社多元化经营范围，大棚综合利用率和闲置烟地复种指数大幅提升，增加了合作社经营收入，同时有效避免了合作社多元化经营存在的市场风险。

二是有效增加了专业化队伍的经济收入，稳定了合作社专业化队伍，为促进合作社专业化服务和烟区稳定起到了积极作用。

三是为促进烟农增收，实现烟农脱贫起到积极作用。2016年全县多元化经营实现户均增收840元，98户贫困农户通过种烟脱贫50户，脱贫率51%，为实现贫困农户种烟脱贫致富打下坚实基础。

【主要经验】

开展育苗大棚综合利用及闲置烟地综合利用虽然烟农合作社具有设施优势、人员队伍优势，但大多数烟农合作社由于主要从事烟叶生产服务，缺乏其他农产品销售市场资源。经过几年探索，岑巩烟农专业合作社总结出，在没有稳定的市场前提下，也可通过与其他合作社、企业合作开展多种经营，利用自身优势开展多元化经营服务，由合作方负责支付相关费用或进行销售。

【综合点评】

社社合作开展利用育苗设施开展中药材种植、利用冬闲烟地开展蔬菜种植，有效解决了合作社多元化经营的市场问题、技术问题、投入问题，有效规避了市场风险，拓宽了烟农专业合作社多元化经营范围，带动烟农增收效果明显。社社合作是多渠道、多方式开展多元化经营助农增收的有益探索。

（联系人：柳强，联系电话：13984455915）

案例89

湖北恩施科技园区带动劳务输出等增收项目

【项目背景】

湖北恩施"清江源"现代烟草农业科技园区（简称科技园区）位于恩施市西郊，覆盖恩施市小渡船办事处望城村、何功伟村山溪沟组、白果乡茅坝槽村和屯堡乡蒲家垭组，整个业务区域呈东北、西南走向，北部距市中心10千米，南部紧靠白果集镇，面积52千米²，森林面积55 000亩，现有常住户421户，常住人口1 304人，历年来累计烟农97户388人。在科技园区建设之前，当地的几个村落不通公路、无通信设施、无主导产业，加之水源及基础设施严重缺乏，导致农民生产、生活水平十分落后，年人均纯收入不足1 700元。

2008年，恩施州局积极响应国家烟草专卖局关于开展现代烟草农业试点建设的号召，在认真办好州内其他现代烟草农业试点的同时，经过充分调研和论证，在报经省局和州委州政府批准同意后，选择在恩施州城郊区的望城村建立州级现代烟草农业建设的试点。在8年多的建设发展历程中，恩施州局一直致力于打造"六个平台"（科技研发平台、成果转化平台、合作交流平台、人才培训平台、生态旅游平台、展示引领平台），现已得到了行业内外的高度肯定，已初步建成烟草行业的亮点、烟叶科技的平台、绿色生态的名片、现代农业的基地、培训接待的中心、新农村建设的典范和养身康体休闲的胜地。

为切实增加烟农收入，确保烟农自身利益，加快园区建设发展步伐，在恩施州烟草公司引导帮助下，当地烟农于2009年8月7日成立了恩施市白果乡茅坝槽村现代烟草农业开发专业合作，并于2015年1月5日通过全体成员大会，将其更名为恩施市香城现代烟草农业专业合作社。该社依托科技园区，在原有基础上扩大了覆盖区域和经营范围。

【发展思路】

全面贯彻落实国家局、省局关于推进烟农专业合作社建设的等部署要求和相关文件精神，紧紧围绕提升科技园区现代烟草农业建设水平，坚持以科学发展观为指导，以服务成员、谋求全体成员的共同利益为宗旨，以烟农增收为中心任务，按照"自我发展、合作经营、市场运作、规范管理"的定位及"创新、协调、绿色、开放、共享"的发展理念，健全烟叶专业化服务体系，拓展业务范围，增强自我造血能力，带动当地烟农及农民增收致富。

【主要做法】

自合作社扩大覆盖区域和经营范围的两年来，通过"烟农＋合作社＋企业＋烟草公司"四位一体的运作模式，探索出了"产业＋N"经营之路（以烟叶生产专业化服务为主，以多元化经营协同发展为辅）。

1. 以烟叶产业为主线，切实打造生产科研增收平台 烟叶生产专业化服务与烟草科研项目实施服务一直是合作社的立社之本，合作社与烟草龙头企业签订了专业化服务协议和科研项目实施协议，同时，与烟草秸秆生物有机肥料厂签订了劳务组织协议，确保烟农常年有务工机会。

（1）烟叶生产促增收。合作社精确定位，切实做到了上为烟草公司服务，保证各项适用技术能够发挥效益，下为烟农（自身）服务，为烟农做好烟叶生产各环节的专业化服务。针对烟叶生产工作，合作社对覆盖区烟农进行了严格筛选，选择具有相关专业知识和生产经验的烟农组建了育苗、机耕、植保、烘烤等专业化服务队。服务队在烟叶生产各环节为全体烟农提供专业化服务，实现了减工降本、提质增效的目的。同时，建立健全了服务考评机制，服务满意度由烟农（未加入专业化服务队的）评定，服务质量由烟草公司进行考核，服务补贴根据考核结果兑现。2015年各环节专业化服务面积2 000亩，2016年专业化服务面积1 500亩，合作社收取专业化服务费分别为24万元和18万元。累计提供临时务工6 800个，惠及并带动周边农民工1 000余人，烟农实现收入65万元。

（2）科研项目促增收。由合作社牵头筛选出具有相关生产经验和文化素质高的烟农组建科研项目实施服务队，两年来，累计为省烟草科研院、州局技术中心开展科研项目实施服务54个（省科研院23个，技术中心31个），试验面积356亩，共收取服务费180余万元。提供固定岗位2个（异色瓢虫、烟蚜茧蜂饲养员），累计提供临时务工2 300个，烟农累计实现收入29万元。

（3）企业务工促增收。由合作社组织劳动力富余的烟农至肥料厂务工，肥料厂提供岗前培训以及相关生产作业工具，两年来共累计向肥料厂输送优质务工人员24人，烟农累计实现收入72万元。

2. 以生态旅游为辅助，切实打造资源要素增收平台 科技园区在2014年年初开始，经过多方努力，由合作社为申报单位，于2014年12月6日成功被湖北省旅游委评为国家AAA级景区，并于2015年下半年进行试运行，社会反响良好，目前已成为恩施州城人民休闲避暑、生态旅游的后花园。2016年引进了两个大型景区项目（滑翔伞起飞基地、优贝亲子农庄），为景区聚集了人气，吸引的投资完善了景区景点打造，同时增修了登山游步道、生态厕所、完善景区标识系统等。自2015年试运行至今共吸引游客150万人次（试运行期间未产生旅游收入），为烟农农闲务工提供了新机会。

（1）景区建设促增收。合作社组织烟农积极参与景区建设工作，对景区景点、基础设施建设进行逐步完善，2015年由烟农参与修建了登山游步道、生态厕所、生态停车场等基础设施项目，完善景区标识系统、鲜花摄影基地、小吃街等项目。2016年打造了景区亮点"云上花谷"，完善了各类设施设备的保、养、维工作，同时引进的两个大型景区项目（滑翔伞起飞基地、优贝亲子农庄）自2016年5月1日正式营业至今，吸引游客20万人次左右。两年来，合作社景区累计提供固定岗位30余个，临时性务工2 200个，增加烟农收入85万元。

（2）景区管理促增收。随着合作社景区人气的日益递增，往来的游客逐渐增多，车流量逐渐加大，为确保合作社景区健康、持续、稳定发展，合作社组织烟农对景区进行了秩序维护、环卫安全、停车场管理、动植物管护等四个方面规范管理，共提供固定岗位14个，其中景区秩序维护岗位4个、环卫安全岗位6个、停车场管理岗位2个、动植物管护岗位2

个，每年为烟农增加收入42万元。

3. **以自主创业为补充，切实打造第三产业增收平台** 合作社景区自申报运营至今，为进一步增加人气、提升知名度，一直未执行景区收费制度，这推进了景区的发展和人气，为当地烟农营造了良好的创业环境。在合作社的引导下，景区现有烟农自行经营的商户11家，其中农家乐7家、客栈2家、零售商店2家，常年提供固定务工岗位18个。据统计，2016年11家商户纯收入为129万元（7家农家乐120万、2家客栈6万元、2家零售商店3万元），为参与务工的烟农提供收入45万元。同时合作社积极探寻烟农增收门路，引导能人外出创业务工，据统计，现有10余人在外创业务工（承包工程、经商、打工等），年收入在80万元左右。

【主要成效】

从科技园区合作社目前的经营情况来看，合作社对烟草企业真正做到了"扶上马、送一程"，使烟草企业具备了自主造血能力。合作社所有的收益都将根据社员大会形成的决议，用于合作社所在地（科技园区）的水利、交通、文卫教等设施设备维护和园林绿化、社会公益事业。这既发展壮大了合作社的实力，又真正做到了取之于民、用之于民，源于科技园区、用于科技园区。

1. **村容村貌变化大，烟农增收基础实** 曾经合作社覆盖区内的几个村，土墙、石屋是主旋律，交通道路全是泥石结构的羊肠小路，人畜饮水全靠下雨形成的低洼积水，玉米和土豆是主要的经济来源，上下充斥着落后、贫穷，而如今已经发生了翻天覆地的变化。在"合作社＋政府＋烟草公司"三位一体的共同扶持下，覆盖区内基础设施逐步完善，村容村貌得到彻底改观，村民生活质量大幅提高。目前，新建新农村住房59栋（已全部入住），建成柏油路16千米、田间道路50余千米，铺设饮水管道176.8千米、沟渠10余千米，兴建提灌站3座、蓄水池6万米^3，改造农田1 500多亩，开通专线公交车，电信、移动、联通三家通信公司竞相落户，每户家用电器齐全，部分烟农购置了轿车、货车、挖掘机等。

2. **烟农增收后劲足，持续增收保障强** 目前，合作社覆盖区内有特色养殖场1个、菌种加工厂1个、烟草秸秆生物有机肥肥料厂1个、酒店1个、引进项目2个（优贝亲子农庄、飞鸟滑翔伞训练基地）、农民自营农家乐7家、客栈2家、零售商店2家。通过相关产业的创建和发展，极大地增加了农民就业途径和创业平台，同时增添了155个就业岗位，增加烟农收入370多万元，实现了城乡统筹协调发展。

3. **社会经济效益好，烟农增收见实效** 在合作社发展历程中，优先安排当地烟农务工，常年为烟农提供固定岗位155个、零时用工5 000余个，带动辐射农户320多户，惠及人口1 280多人，有效解决了农村劳动力富余的问题，同时也实现了以下三个目标：

（1）烟农收入稳步增长。据统计，合作社（科技园区）烟农2016年年收入796.5万元（烟叶种植收入374.5万元、11商户纯收入129万、园区内务工收入213万元、外出务工收入80万元），人均收入2.19万元左右，户均收入8.75万元，较建园之初增长了近20倍。

（2）烟农增收保障强劲。合作社始终坚持知识就是第一生产力，利用空闲时间，组织烟农进行定向培训（每年开展两次），根据不同岗位需求，从岗位技能、安全生产、生活方式、文化素质、法律法规等方面开展培训（年底对表现优异的农民进行表彰及奖励），以文化知识增强农民自信心，以岗位技能强化农民生存力，以生活方式促进农民与时俱进，以法律法规提高农民对自身合法权益的认识。通过一系列的培训，在科技园区各入驻企业的配合下，做到了科技园区烟农及周边农民人人有事做，月月有收入。

（3）烟农生产生活方式变化大。劳动方式以从体力劳动为主的手工劳动向以机械化为主的技术劳动转变；生产组织从劳动密集型向技术密集型转变；消费方式从自给型向商品型转变，从单一化向多样化转变；消费结构由生存型向发展型转变。

【主要经验】

合作社经近几年的建设发展，覆盖区内的村落社会秩序稳定，百姓生活富足，主要在于以下几个因素：

1. 依靠烟草但不依赖烟草　合作社在注册成立之初就清晰地认识到，合作社要坚持"以生产科研为主、以多元化经营发展为辅"，增强自身造血功能，努力提升合作社服务能力和经营管理水平。同时，以烟农增收为核心目标，在做好生产科研服务工作的同时，从其他渠道为烟农谋福祉。

2. 整合资源促进建设发展　一是与国有林场合作，沿科技园区公路两侧打造生态绿色走廊；二是与科技园区入驻企业合作，签订服务协议，共同经营管理；三是与辖区村委会合作，对辖区社会稳定、精神文明建设、经济发展、环境保护等方面共同管理；四是由合作社根据自身资源，以科技园区健康发展为前提，在不破坏现有规划的基础上招商引资，合作共赢。

3. 树立典型实现辐射带动　一是合作社开展系列培训，发掘烟农潜力，找出"能人"进行重点培养；二是通过合作社自身平台，对"能人"进行技能培训和产业发展引导，将这些"能人"培养成为科技园区建设的典型，辐射带动其他烟农；三是加大典型宣传力度，在这些"能人"的带动和管理下，让合作社烟农传统、落后的种植水平和小生产意识得到冲击和改变，从而增强烟农的市场竞争意识和发展意识，更好地推动烟农增收。

4. 依托平台助力烟农增收　充分利用科技园区完善的烟叶生产基础设施平台、科研项目实施平台、生态旅游开发平台等，加快合作社产业结构调整，着力提高烟农素质，助力烟农增收致富。一是开展基础设施综合利用，既增加了合作社收入、烟农享受红利，也实现了行业补贴资产的保值增值；二是开展科研项目实施服务，既增加烟农收入，也让烟农第一时间接触新技术、新理念，为烟叶生产降本增效奠定基础；三是利用科技园区生态旅游优势，开展旅游服务，为烟农增收拓展渠道。

【综合点评】

"清江源"科技园区立足于园区自然和资源条件的优势，创新建立了"烟农＋合作社＋企业＋烟草公司"四位一体的运作模式，逐步建立了以强大科技能力为支撑，以现代烟草农业为统领，烟叶、有机种养、循环农业、休闲观光农业等多个产业协同发展的园区。合作社在发展过程中，不仅重视产业的发展，更加重视社会和农民主体的发展。目前，望城片区的农户基本100%加入了合作社，这是值得充分肯定和借鉴的。

（联系人：谭志平，联系电话13907263559）

案例90

贵州遵义播州开展特色绿壳蛋鸡生态养殖

随着烟农刘艳从手中丢出一把把的玉米，她所说的"飞鸡"从松树顶端展开双翅汇入抢食的队伍中。此时，刘艳拿着几枚绿莹莹的鸡蛋，笑呵呵的介绍道"这才是赚钱的金蛋蛋"。

在"合作社＋农户"模式的推动下，播州乐山涌现出一批特色产业。去年，乐山科技园已孵化形成增收项目26项，实现了以烤烟合作社为主导的增收带动模式，"造血"增收效果显著。

【项目背景】

刘艳是播州区乐山镇后菁村村民，今年36岁，已连续种植烤烟9年，但在今年烤烟种植计划下调的情况下，今年种植烤烟21亩但还是难以支付赡养老人，孩子上学费用支出，正在踌躇之际，听说合作社正在搞烟农增收项目，就急切切找到当地烤烟专业合作社咨询了解，最后选择了绿壳蛋鸡特色养殖。

鸭枫烟农专业合作社通过对当地缓坡林地、特色项目引进和销售市场等合理整合，统一生态养殖技术、产品质量体系、销售渠道多元的特色绿壳蛋鸡产业规划，并依托产业领办农产品微小企业。

绿壳蛋鸡因产绿壳蛋而得名，其特征为黑毛、黑皮、黑肉、黑骨、黑内脏，所产蛋蛋壳为绿色，是罕见的珍禽。其蛋极易被人体消化吸收，属于理想天然保健食品。绿壳蛋鸡被列为"贡鸡"，其所产之蛋列为"贡蛋"。

1. **经济社会呈现"五化"发展**

（1）种植项目多元化。随着农业科学技术的不断发展、知讯平台和销售平台的普及，种植项目的多元化越来越明显。

（2）种植收益高效化。种植项目的多元化，传统烟农更青睐"短、简、高"的种植项目。即：种植时间较短、种植技术简单、种植收益较高的种植项目越来越受到农民的偏爱。

（3）项目规划功能化。随着农村交通道路与基础设施的不断完善，使得农村土地在城镇化建设不断呈现功能化趋势，如城镇边缘的观光区规划等。

（4）土地使用规模化。土地的村委集中流转与租赁，以便各种植项目体现规模经济的效应。

（5）种植项目农场化。通过土地的集中流转与租赁使得土地使用权集中到少数人、公司和合作社手中，由它们组织专业化的生产，而年富力强的农村人口加剧向城镇流入。

2. **烤烟种植产业边缘化加剧**　在经济社会呈现"五化"发展态势下，烤烟种植产业边缘化加剧。

（1）农村产业结构优化造成部分烟农流失。由于各级政府不断加大对农村的建设力度及产业结构优化，更多、更新和更有利润比的农业种植项目被引进，烟农及各级政府对于烤烟种植的重视程度有所下降。

（2）"城镇化"建设挤占烤烟产业发展空间。由于各地城镇化建设快速推进，土地的集中和成区域规划使得烤烟种植地块连片规模优势被打破，烟区规划呈现"边上划、条件差、坡上走"的趋势，使得种烟因人工投入增加而收益减少的情况加剧。

（3）种植计划的不断缩减导致职业烟农、烟地双流失。由于近几年种植计划的不断下调，烟农种植面积不断减少，种烟比较效益下降，导致种烟烟农与优质烟地双双流失的现象出现。

3.项目提出原因　在烟农、烟地双流失的挑战下，为了贯彻国家局烟农增收座谈会会议精神，确保我区烟地产出值不下降，保证我区职业烟农队伍及烟叶原料生产的持续稳定，根据凌成兴局长的"四个不动摇"要求，突出杨培森副局长所提"控总量、抓规范、促增收"三个方面工作重点，落实陈江华总经理提出的"坚定不移促进烟农稳定增收"工作安排，根据《中华人民共和国农民专业合作社法》及行业合作社相关管理要求，充分利用《关于完善农村土地所有权承包权经营权分置办法的意见》出台的契机，整合遵义市乐山地区良好的缓坡林地，依托鸭枫合作社着力打造"三品一标"的品牌销售优势，结合绿壳鸡蛋良好的销售市场前景，提出乐山烤烟产区利用缓坡林地特色绿壳蛋鸡项目。

4.资源优势分析

（1）有法可依。根据《中华人民共和国农民专业合作社法》及行业合作社相关管理要求，充分利用《关于完善农村土地所有权承包权经营权分置办法的意见》出台的契机。

（2）条件成熟。充分利用遵义市乐山地区良好的缓坡林地自然条件、适宜的气候条件和远离生活聚居区的地理条件。

（3）商标创富。依托鸭枫合作社"三品一标"品牌销售优势，其产品可进入超市等正规销售市场，扩展了产品销售渠道，保障了增收效益。

（4）平台结合。利用合作社、农村淘宝等电商平台，进一步拓展销售渠道。

（5）市场广阔。绿壳蛋鸡被列为"贡鸡"，其所产之蛋列为"贡蛋"。绿壳鸡蛋因其较高营养价值和数量稀少而被当地消费者所追捧，具有良好的市场前景。

5.增收制约因素分析

（1）产业布局集中度低，发展粗放。标准化程度不高，产业区域布局重点不突出，运行结构不合理，产业结合不紧，示范带动效应不凸显，增收带动作用较弱。

（2）产业链条短，龙头企业带动能力弱。现有农民专业合作社功能不完善、家庭农场少、种养大户生产能力弱，生产经营带动作用范围小，加之龙头企业加工还未形成，大多为作坊式生产，初级产品多，产业链条延伸不够，产品占有市场份额低，带动能力弱，存在生产、加工、流通、消费脱节情况。

（3）产品知名品牌少，市场竞争力低。没有形成核心的拳头品牌，能够叫得响、品牌价值高且有一定市场竞争力的知名品牌还未形成。

【发展思路】

1. 指导思想 以中共十八大和十八届三中、四中、五中全会精神为统领，树立创新、协调、绿色、开放、共享的发展理念，以烟农增收为核心，以深化合作社经营体制，着力构建现代烟草生产体系和经营体系。夯实烤烟发展基础，立足山地农业特色，发挥资源优势，稳定烟叶发展，实现烟农增收致富的目标。

2. 发展定位 通过"三品一标"品牌销售优势，使其产品可进入超市等正规销售市场，扩展产品销售渠道。1～2年将绿壳蛋鸡在遵义地区打造成为知名品牌，3～5年形成省内知名品牌。

3. 实施方式 以合作社为主导、职业烟农为主体、区分公司为辅助。即，合作社生产前期的主要投资主体和销售主体，在合作社的带动下逐步推动产业规模的形成；职业烟农为蛋鸡主要养殖主体，逐步逐年形成养殖规模；区分公司协调该产业发展所需的政策与技术人员的培养。

4. 实施步骤 一是蛋鸡养殖扩展阶段，前期形成养殖规模。二是蛋鸡产品拓展阶段，在蛋鸡养殖形成相当规模后，针对鸡肉与鸡蛋进行深入生产与包装销售。

5. 预期目标 在"十三五"期间达到绿壳蛋鸡10万只的养殖规模，年产值达3 200万～3 500万元，直接经济效益2 000万元左右。

【主要做法】

1. 项目组织形式 采取"合作社＋职业烟农"组织模式。合作社签订养殖订单并提供雏鸡苗、补贴部分围林栅栏费用、技术指导和收购绿壳蛋包装、贴牌销售，烟农负责种饲养和日常管理。

2. 运行机制 构建适应市场经济体制下小微企业新的运行机制，使企业实现权、责、利的有机统一，人、财、物的有机结合，产、供、销的有机衔接，成为自主经营、自负盈亏、自我约束、自我发展的市场运作主体。

3. 管理制度 鸭枫合作社有较为完善的财务管理制度，实行每月十日财务定期公开制度；成员与本社的所有交易量，实名记载于各成员个人账户，作为按交易量进行可分配盈余返还分配的依据。健全了其他相关制度，如社员代表大会制度、理事会工作制度、监事会工作制度、议事制度、社务公开制度、成员管理制度、生产销售制度、资产管理制度、成员盈余制度、档案管理制度、项目投资管理制度等制度。

为保证产品质量，合作社还制定了生态特色绿壳蛋鸡养殖技术规程，组织专职技术人员对产区进行检查督促。

商业模式：采取直供商业模式。

4. 工作措施

(1) 健全机制、强化领导。成立烟农增收工作小组，组长为区分公司分管烟叶生产副经理，组员为各烟叶工作站站长，负责烟农增收工作的具体落实、执行、数据及材料上报。

(2) 站社协作、专人负责。为切实抓好烟农增收工作，确保技术到位、取得效益，各站必须与合作社进行协作。合作社作为实施主体，具体负责项目的实施开展，烟叶工作站负责项目相关事宜及利用设施的协调调配、项目及效益评估、技术支持、资金监督等协助工作。

（3）单项考核、确保增收。为确保烟农增收工作的落实、增收效果显著，提取绩效考核奖金的20%用于考核。

5.**开发产品** 一是生态绿壳鸡蛋的开发；二是生态绿壳蛋鸡的销售；三是生态绿壳鸡蛋的衍生产品（如卤蛋、皮蛋、盐蛋和茶叶蛋等）；四是生态绿壳鸡蛋的礼盒装；五是绿壳蛋鸡的深加工（如辣子鸡等）。

6.**配套技术** 一是生态特色绿蛋鸡养殖技术规程；二是鸡蛋消毒清洗包装工作制度；三是生态特色绿壳鸡蛋包装规程；四是鲜鸡蛋的整体包装设计方案。

7.**组织生产** 合作社签订养殖订单并提供雏鸡苗、补贴部分围林栅栏费用、统一技术指导和收购绿壳蛋包装、贴牌销售，烟农负责种饲养和日常管理。

8.**开发市场** 一是通过合作社的品牌建设，进行统一贴牌进入超市等正规市场销售；二是通过农村淘宝进入网络销售；三是通过合作社的电商平台进行销售。

9.**培育品牌** 重点围绕绿壳蛋鸡进行"鸭枫合作社"品牌的打造与延伸。

10.**分配收益** 按照"2+8"的分配模式，即合作社按前一季度产品售价除去成本后的80%进行保底收购。

【主要成效】

1.**项目实施规模** 2017年乐山镇共有三个绿壳蛋鸡养殖场，共养殖1.2万只，涵盖职业烟农42户。

2.**投入产出分析** 每只绿壳蛋鸡产蛋周期为两年，产蛋数量为400枚，每枚售价1.8元，每只鸡3.5斤左右，鸡肉售价20元每斤，合计每只鸡产值为790元。一是围林费用（含鸡舍搭建费用）为每只50元，二是每只蛋鸡养殖成本为180元，三是购药费用为20元，合计每只鸡的成本为250元，直接经济效益540元。通过2017年养殖绿壳蛋鸡，户均盈利3 600元。

3.**生产技术体系构建情况** 一是生态特色绿蛋鸡养殖技术规程，二是生态特色绿壳鸡蛋包装规程，三是鲜鸡蛋的整体包装设计方案。

4.**产品开发与销售情况** 30枚绿壳蛋鸡的平装与礼盒精装产品进入超市、电商平台销售情况良好，无产品滞销情况产生。

入社参与绿壳蛋鸡养殖的职业烟农有18户贫困农户，现已全面脱贫。当地政府通过2016年的观察与了解，将该项目作为重点脱贫项目推广。

【主要经验】

1.**围绕市场、因地制宜** 为了确保多元经营的效益，切实实现烟农经济收入，要求各站及合作社必须在规划布局种植、养殖前紧密围绕市场，与需求厂家签订产品供销协议，实行订单生产，避免产品滞销、不销导致经营亏损。

2.**凸显特色、规模种植** 为保障产品市场竞争力、销售能力、经济效益，各站、合作社在布局规划多元经营时必须凸显特色、规模种植。

【综合点评】

通过"合作社＋职业烟农"组织模式，建设绿壳蛋鸡养殖场，一是发挥了合作社的组织协调作用，技术有保障、产品有销路、品牌有统一、包装有规范，营销理念也比较先进；二是较好地利用了本地的山地、生态等优势资源；三是帮助贫困户实现了脱贫。

（联系人：张灿，联系电话：15120187065）

案例91

湖南衡阳常宁开展"茶山飞鸡"项目

【项目背景】

近年来，常宁市加大品牌建设力度，先后引进10多家规模油茶开发企业，打造油茶种植经营产业链，湖南大三湘油茶科技有限公司（以下简称大三湘公司）便是其中一家。作为一家专业从事茶油等有机食品资源的研发、育苗、种植、精深加工和产品销售的高新技术企业，大三湘公司从2012年开始，与常宁市西岭镇等地农民联合经营，进行油茶林新垦和改造，形成了万亩连片油茶种植基地。在多年发展生态农业的基础上，大三湘公司于2015年在西岭镇平安村帮助村民在油茶林中散养特色土鸡，建立了养殖基地，并搭建了电商销售平台。

【发展思路】

常宁市13个产烟乡镇均有大面积油茶林。在抓好烟叶生产主业的同时，常宁市引导烟农以龙头企业为依托，借助西岭镇平安村特色土鸡养殖基地的辐射作用，以油茶林为场地，利用林下间隙地散养土鸡，发展林下经济，打造绿色生态立体农业，拓宽烟农收入渠道。

【主要做法】

1.明确品牌定位，打造市场卖点　2015年年初，西岭镇平安村养殖户利用广阔茶山进行土鸡养殖，定位于原生态、绿色、中高端农产品供应，抓住了消费者的心理。又因土鸡散养在万亩油茶林中，生长环境无污染，啄食天然虫草，其肉紧体轻，善于奔跳滑翔，当地称之为"茶山飞鸡"，因此，养殖项目从一开始便注册了"茶山飞鸡"品牌，打造了市场卖点。

2.多方合作经营，健全商业模式　"茶山飞鸡"项目位于常宁市西岭镇平安村，2015年启动。在村委会的协助下，烟农成立了专门的养殖合作社，以"烟农＋合作社＋销售商"的模式，合作开展特色土鸡的养殖、销售。养殖合作社与平安村村委会合资建设了恒温育雏室，主要负责联系鸡种并统一进行育雏管理，建设成本约15万，可育雏鸡3万只；育雏结束后幼鸡交由养殖户分户养殖，散养鸡舍由养殖户自行出资建设，规模养殖户的建设成本约110元/米^2，小型养殖户可综合利用或改造原有场所，降低成本；大三湘公司负责收购出笼的食用鸡，并与平安村村委会合资在当地建设了生鲜屠宰场和商品包装车间，投资约70万元，双方各占50%股份，日屠宰包装生鲜鸡能力1 500只以上。

3.规范化开展养殖，保证产品质量　一是严格化品种选择。"茶山飞鸡"品种以湖南特有的"湘黄鸡"为主，湘黄鸡因肉质鲜美细嫩、营养丰富、药用价值高，在1979年就被国家有关部门评为"名贵项鸡"。鸡种由烟农成立的养殖合作社统一联系购买，成本约2元/只。二是规范化育雏管理。"茶山飞鸡"雏鸡需要在封闭式有恒温设备的室内饲养，期间需要严格控制湿度和温度，并统一进行散养土鸡免疫操作。育雏期1个月左右，结束后方可在茶山放养。育雏环节在合作社建设的育雏室内进行，育雏结束后，合作社向养殖户收取约定费用，2016年价格标准为8元/只。育雏期间的饲料等成本费用向养殖户原价收取，合作社主要在统一防疫、管理费用方面盈利。三是生态化茶山放养。在经过1个月左右的育雏室生活后，"茶山飞鸡"幼鸡的免疫力显著增强，体质较为健壮，能够较好地适应野外环境，进入茶山散养期。"茶山飞鸡"虽是规模养殖，但生活方式与散养无异，晨出暮归，散养在茶山上，无需特别的管理措施。"茶山飞鸡"一般养殖密度每亩不超过50只，以啄食茶林中的虫、草为主。幼鸡搭配稻谷、玉米喂养，待长到一定个头、自身觅食能力增强后无需专门喂养。"茶山飞鸡"散养80天左右以后进入产蛋期，养足8个月后方可出笼。"茶山飞鸡"养殖人工方面相对节省，一般人均可养殖5 000只左右（养殖户调查数据，不计养殖户自身劳动力）。

4.搭建销售平台，确保持续发展　目前，"茶山飞鸡"的销售模式主要有两种，即养殖户自行销售和销售商统一收购。养殖户自行销售以供应本地餐饮行业为主，价格方面则是随行就市，2016年"茶山飞鸡"平均价格在80元/只左右，此销售渠道养殖户利润较高，但比例较小。销售商统一收购价格为50元/只，大三湘公司充分利用自身的销售与物流配送渠道，通过搭建电商平台、建立茶山飞鸡微信公众号等方式进行网上销售。依托大三湘公司与平安村共建的生鲜屠宰场和商品包装车间，"茶山飞鸡"实行线上预订，按单宰杀，现捉现杀现发，使用顺丰物流（冷链）配送，最大限度地保证了鸡的鲜美与营养。所有订单按只销售，每只零售价格为128元。

【主要成效】

2016年是"茶山飞鸡"项目实施的第一年，在西岭镇平安村小范围开展并取得了良好效益。养殖规模达到3万只，并已全部销售完毕，产值150万余元，实现了预期成效。

1.**市场认可程度较高**　在消费者日益重视食品安全的市场形势下，"茶山飞鸡"采用标准化育苗、生态放养、无催生无激素，以其绿色生态、肉质鲜美、营养丰富、食用价值高等特点，受到大多数人青睐。从2016年的行情来看，市场供不应求，养殖户的"茶山飞鸡"已提前销售一空。同时，纯谷物、虫、草喂养下的蛋，胆固醇低，含丰富维生素、蛋白质和各种微量元素，茶山飞鸡蛋线上销售2.5元/枚，市场需求前景广阔。

2.**烟农增收效果明显**　平安村烟农以烟叶为主业，2016年共3户烟农参与了"茶山飞鸡"养殖，从实际收支情况上来看，每只净利润可达到10元以上，3户烟农的在"茶山飞鸡"养殖上的利润均超过了种烟纯收入，并且通过在生鲜屠宰场和商品包装车间做零工，烟农额外增加了务工收入，项目的整体增收效果显著（表91-1）。

表91-1　2016年平安村部分烟农收入情况表

| 烟农 | 茶山飞鸡养殖 | | | | | | | 烟叶生产 | | | 总收入（元） |
	养殖规模（只）	销售价格（元/只）	总收入（元）	鸡种成本（元）	饲料、疫苗成本（元）	人工成本（元）	总成本（元）	利润（元）	面积（亩）	纯收入（元）	其他收入（元）	
周二牛	2 000	50	100 000	4 000	53 400	0	72 000	28 000	13	27 600	12 000	68 600
周运生	5 000	50	250 000	10 000	130 000	10 000	192 500	57 500	20	38 000	6 500	102 000
周年花	2 000	50	100 000	4 000	52 000	2 800	74 000	26 000	11	25 800	3 800	55 600

3.**引领带动作用突出**　因"茶山飞鸡"养殖效益良好，平安村以及附近村的烟农都积极盼望加入养殖行列，预计2017年养殖规模能达到10万只。在当地政府部门的牵头和支持下，平安村目前正在与大三湘公司积极洽谈商议扩大生产规模。

【主要经验】

该项目运行虽不到两年，但取得效益较为明显，并已初步实现品牌化经营，主要得益于以下几个方面。一是龙头企业引领。通过与龙头企业合作，借助其农业品牌和产业平台，创新了发展思路和经营理念。二是资源整合到位。按照政府引导、市场主导、企业参与、合作经营的模式，整合了市场、资金、技术、生产资料等多方面资源，为项目持续发展奠定了基础。三是产品适销对路。立足供给侧改革做文章，绿色、原生态、中高端的产品理念迎合了消费者和市场需求。下一步，常宁市将重点从以下三个方面推进"茶山飞鸡"项目持续发展。一是扩大生产规模，促进增收致富。鼓励平安村及附近烟农借鉴成功经验，主业、辅业两手抓，逐步开展"茶山飞鸡"养殖，计划2017年养殖土鸡10万只，实现销售收入500万元以上，增加烟农收入120万元以上。二是完善经营模式，降低运行风险。计划以"常宁市宜城烟业农民专业合作联社"为平台，在全市推广"茶山飞鸡"项目，由合作社联社统一购进雏鸡并免费提供给烟农散养，出笼后合作社统一收购并逐步建立自身销售网络，以求进一步降低风险，增加收入。三是拓宽发展思路，打造产业经济。引进资金，打造茶林、油菜、烟叶等产业经济带，合理连片种植各类农作物，发展生态旅游、休闲、体验农业。

【综合点评】

林下特色畜禽养殖是对林地实施种养业立体开发，减少林地害虫、抑制杂草、培肥土壤、提高林地单位面积收入的重要手段之一，有助于解决农村剩余劳动力的就业问题，是最实际、最直接、最精准的扶贫助农。西岭镇平安村烟农以烟叶为主业，开展农副产品的多元化经营，是对当前形势下农民朋友如何增收的一次重要探索。同时，在食品安全问题越来越受关注的背景下，项目为广大消费者带来一个不一样、真正让人放心的土特产，市场前景较为广阔。

（联系人：刘治平，联系电话：13973438129）

案例92

贵州遵义正安发展蜜蜂养殖

【项目背景】

木耳村是遵义少有的几个烤烟万担村之一，其温和的气候、适宜的海拔、肥沃的土壤非常适应烤烟的生长。多年来，木耳村的村民家家户户都种烟，数量和质量都远近闻名，不少村民依托烤烟实现了脱贫致富。近年来由于市场因素和国家宏观调控，烟叶生产计划年年下调，没有其他产业支撑的木耳村民种烟收入也逐年减少，部分村民开始放弃种烟外出打工。村民组长何世贵在烟草部门的引导下，在合作社的大力支持下，从2015年开始探索养殖蜜蜂增收，通过2年的努力，克服了技术困难，创建了自有品牌，开辟了固定市场，达到了多元增收脱贫致富的目的。现如今的木耳村，家家户户仍种烟，桶桶蜜蜂绕山间，做精主业保收入，多元增收赚大钱。

【主要做法及成效】

1. 公司协调引领统一规划 49岁的何世贵，初中毕业，除种植烤烟外没有什么特别的技术，家里有2个老人和2个孩子，是6口之家的顶梁柱。近10年来全靠种植烤烟维持家庭开支，每年略有结余。随着2个孩子外出读书和老人体弱多病，家庭开支年年增多，又遇烤烟种植计划逐年下调，全家每年种植20亩烤烟的收入已经入不敷出，从2014年开始每年都有近2万元的欠账。计划增加不了，只有在减工降本上很下功夫。何世贵开始大量使用农机具和引入合作社的专业服务，每个生产环节都做到精细化管理，全力提高烟叶的生产和烘烤水平，到年底担均价提高了180元，减工一个80元，每亩增收节支160元，20亩亩均收入3 200元，在保证了烤烟主业收入外，欠账的窟窿还是填补不了。这时的何世贵想到了外出打工，可是本人年纪大了外出不方便，加之又不能照顾家庭和两个老人，还是在家坚持种烟另做打算。何世贵向网格烟叶客户经理谈了自己的想法，网格烟叶客户经理迅速向烟叶工作站和县烟草公司做了汇报。县公司多元办立即与当地政府的扶贫部门取得联系，到实地进行了详细的考察论证。

通过技术人员的现场考察，木耳村多方面条件适宜蜜蜂养殖。一是有丰富的蜜源植物。木耳村各类草、木本植物品种繁多，蜜源植物丰富，野生蜜源植物和人工种植蜜源植物分布并存，这些丰富的蜜源资源，为养蜂生产提供良好的物质基础，是具有开发价值的天然蜜库。二是有适宜的气候条件。木耳村属中亚热带湿润季风气候，气候温和，四季分明，雨量充沛，无霜期长；年均温度为16.14℃，最高温度38.8℃，最低温度零下6.2℃，年均降雨量1 076毫米；无霜期平均290天。三是无工业环境污染，由于木耳村地处边远山区，没有一家工业企业，加上近年农业生产农药使用的规范和控制，整个区域没有环境污染。这些指标非常适合蜜蜂的活动和繁衍。调查论证后，县扶贫部门将木耳村纳入了县扶贫蜜蜂养殖项目，明确由何世贵带头领养，同时对蜂群数量和放置地点都作了详细规划。县烟草专卖局（分公司）也要求各基层烟叶工作站和烟农合作社以烟农为本，坚持"两手抓""两手硬"，主业、副业两不误、同发展。

2.烟农规范养殖创立品牌 为了确保烟农蜜蜂养殖成功，木耳村辖区所在的凤凰烟农合作社主动承担起了技术服务工作，由一个副理事长专职负责多元增收和蜜蜂养殖工作。合作社首先带领何世贵参观了县内外成功的蜜蜂养殖大户，学习了基本的蜜蜂养殖技术，回到村后，召开现场会，向第一批有养殖意向的烟农宣传讲解了养殖蜜蜂的好处。

养殖蜜蜂投入少，见效快。一是不需要专门的场地，不占耕地。房前屋后、田边地角都可成为养蜂场所。二是生产只需一次性投入，发展一群蜜蜂蜂箱加分蜂只需500元左右，一般农户都能承担。三是养殖所使用的工具，有的农民可以自己制作，不需花钱购买，部分专用工具在一些专业店内都可以方便购买，价格也十分便宜。四是养蜂省力，大部分时间不需要专人看管，只要定期消毒、打扫卫生及冬季定期补饲，劳动强度不大。县畜产办的技术员讲解了养殖蜜蜂的简单易行。

"发展蜜蜂养殖，当年投资，当年就可收回成本。养蜂投入与产出比高于养猪、养羊和其他种植业。一群蜜蜂一年生产蜂蜜10～20公斤，产值2 500元以上。另外，蜂群还可繁殖2倍以上，产值约1 000元以上。发展养蜂利用的是自然资源，不必为饲料发愁，一般情况下一个人每年可饲养50群蜂左右，蜂蜜收入8万～12万元；还有蜂王浆、蜂花粉、雄蜂蛹、蜂蜡也有一定收入。其蜂群的发展速度也较快，一群蜂第二年可发展到3～4群，第三年可达7～10群。"被请到木耳村作经验交流的养蜂大户骆科举介绍了养蜂经验。

蜂蜜市场前景广阔，销路好。随着人们城乡生活水平的提高和对健康、食品安全的高度关注，蜂蜜以其绿色、天然、保健等特点受到广泛欢迎，国内市场对蜂蜜的现实和潜在需求将迅速增加，国际市场对蜂蜜市场的需求有较大的拓展空间。特别是土蜂蜜市场前景最好。是采集森林野山花蜜充分酿制而成的蜂蜜。蜜色泽深、口味独特、香甜味浓，含有多种能被人体直接吸收的微量元素，由于酿蜜周期长，药用价值相当高。具有润肠、润肺、解毒、养颜、增强人体免疫力等功效。是老人、女士、小孩最好的保健品、美容品，其他蜂蜜产品在市场上也不缺销路。县扶贫蜜蜂养殖项目办主任韦圣将专门给烟农们分析了市场前景。

为了打消烟农们的顾虑，引导烟农规范养殖，凤凰合作社的理事长大胆表态，第一批养殖蜜蜂的烟农，蜂箱、蜜蜂由合作社投资购买，并全程提供免费服务。如果烟农赚了钱就分批偿还合作社；如果赚不到钱就不要烟农偿还了。2015年何世贵就领养了30箱，其余5户烟农每户各领养了10箱，在烟农户的认真管理和合作社周到细致的服务下，何世贵和另外5户烟农蜜蜂养殖全部成功，做到了规范养殖，为创立山区生态蜂蜜品牌打下了坚实基础。

3. 合作社延伸服务保证销路 养马得骑，养牛得犁，养殖蜜蜂多酿蜜。 蜂蜜多了需要销路好烟农才没有后顾之忧，凤凰合作社在指导烟农养殖蜜蜂时，把蜂蜜质量当作一大事来抓，在烟草部门的支持下要求烟农在放蜂区一律不准使用除草剂，烟草其他农药使用也必须是规定名录上的无残留农药，同时号召全体村民，在大农业上也要广泛推广使用无残留农药。2015年何世贵等6户烟农生产的蜂蜜经送技术监督局部门检测，全部达到了生态蜂蜜的标准，县城很多居民和单位职工都驾车到养蜂烟农家中购买，春夏季生态蜂蜜每斤100～120，秋冬季药蜂蜜每斤150～180元。剩余的部分蜂蜜在合作社的统一调配下全部销往了重庆、贵阳等地。凤凰合作社和养蜂烟农还向消费者承诺，如果检验不是正宗的生态蜂蜜，一律退蜂蜜并双倍还钱。当年何世贵的30箱蜂蜜就收入了8.2万元，其余5户烟农也收入了2.5万～3万元。

2016年通过何世贵的现身说法，有更多的烟农发现发展蜜蜂养殖是农民脱贫致富，实现多元化增收的好项目，都表示要试养。为了解决终端市场和吸引更多的烟农养殖蜜蜂，凤凰烟农合作社将生态蜂蜜样品和省级质检报告送到了就近的遵义最大的野木瓜公司，该公司产品野木瓜蜜饯和木瓜饮料都需要大量的蜂蜜作为原料。野木瓜公司技术部门看了样品和质检报告，认为木耳村的生态蜂蜜符合该公司的原料要求和产品风格，产品有多少签多少。有了固定的市场，还要有品牌意识和对外销售形象，合作社向工商管理部门申报了"凤凰山"生态蜂蜜商标，辖区烟农的蜂蜜成品统一由合作社包装后对外销售。

有了烟草公司的协调引领，有了烟农合作社的延伸服务，有了广阔的市场依托，木耳村烟农养殖蜜蜂犹如雨后春笋争先恐后的"冒"了出来，2016年就有28户烟农养殖蜜蜂，多的50多箱，少的30箱，户均年度增收8.2万元。在家种烟的烟农全部表示稳定下来坚持种烟为主，养殖蜜蜂实现多元增收。因为计划下调外出打工的烟农也纷纷打电话回来要加入种烟养蜂的"队伍"。由于一箱蜜蜂需要一定面积的蜜源，一个地方不能盲目增量，否则产量会急剧下降，合作社对新申请养殖蜜蜂的烟农进行了劝导。在2016年的助农增收经验交流会上，木耳网格烟叶客户经理郑维禄将何世贵带领烟农养殖蜜蜂实现多元增收的事迹编成了快板进行宣传。"现代烟草要持续，助农增收是出路；烤烟主业作引领，其他产业来帮助；铁杆烟农何世贵，种植烤烟有技术；十年历史不放弃，依托烟草致了富；与时俱进观念新，多元增收迈大步；养殖蜜蜂收入高，奔向小康"甜蜜路。"

【主要经验】

贵州山区植被好，蜜源植物丰富，加之近年旅游业的发展，各类"花园""花海"越来越多，非常适宜蜜蜂养殖。养殖蜜蜂不占耕地，不用粮食，投资少，见效，收益大，是传统的速效产业。天然的蜂蜜、蜂王浆，是加工保健食品的重要原料；蜂花粉、蜂胶、蜂蜡、蜂毒、蜂蛹等生物产品市场前景广阔。对木耳村烟农何世贵带领烟农养殖蜜蜂增收的成功经验，正安县局（分公司）坚持"以烟为主、多业发展、共同富裕"的发展思路，积极引导烟农开展多元化经营，在"十三五"期间，采取"烟草协调引导＋烟农规范养殖＋合作社延伸服务"方式，计划发展600户烟农年养殖蜜蜂4.8万箱以上，实现蜂产值1 200万元以上。贵州正安烟农依托养殖蜜蜂增收的"甜蜜"之路将越走越宽广。

【综合点评】

正安县局（分公司）以"合作社＋农户"的模式发展烟农养殖蜜蜂，资源资金、劳力投入都互不影响，实现了"主业""副业"两不误双促进，是烟农切实可行的多元增收路子之一。

（联系人：何楷，联系电话：13985622550）

案例93

云南玉溪峨山育苗池试养泥鳅

【项目背景】

峨山的40个育苗点全部为固定育苗点，共配置育苗小棚11 962个，各育苗点水、电、路等设施条件完善，但全年只有2.5个月的使用期，5月上旬烟苗供售结束后，有9.5个月时间处于闲置状态，还要开支守护育苗设施的费用。为提高设施综合利用率，峨山县近年来也进行了多方探索，一是进行场地出租种植白菜、青花等叶菜类蔬菜，这种方式虽然不影响下一年的育苗，但所收租金支付掉育苗前的场地平整和消毒费用后，收益较低；二是出租育苗棚盘培育除虫菊苗，但需求不大。养殖泥鳅一是可提高育苗设施的综合利用率，二是技术相对简单且预测回报率可观，三是病害交叉感染的风险较低。2017年2月20日，峨山县在小街龙马槽育苗点利用10个闲置小棚试养泥鳅，初步掌握了小棚改造方法和小棚泥鳅养殖方法，为后期大规模养殖提供了较好经验。

【发展思路】

增强烟农服务性收入、多元化收益，全面提升烟农增收工作水平。峨山县认真探索了育苗小棚泥鳅养殖方式，目前已在小棚改造、泥鳅养殖等方面取得了一定的成效，并进行了成本测算，计划在育苗工作结束后投入规模生产，开展设施综合利用，在提高设施利用率和合作社发展能力的同时，实现以烟养烟、促农增收。

【主要做法】

1.**完善配套设施**　根据泥鳅生活习性和生长要求进行小棚改造，一是保证水深不低于30厘米；二是加装进水管、出水管和水循环装置，解决水体净化和供氧问题；三是养殖水葫芦、浮萍、水白菜等水生植物，在适度遮阳的同时，为泥鳅营造一个仿自然的生存环境。

2.**解决技术问题**　一是解决养殖品种问题。经调查，目前我县水产品市场主要的泥鳅品种为本地野生泥鳅、黄泥鳅及台湾泥鳅。本地野生泥鳅产量低，投入产出情况不理想，且养殖难度大。黄泥鳅肉质粗糙，消费市场需求不旺，价格也不理想。台湾泥鳅成长周期短、抗病性强、经济效益高、回报率可观，因此决定养殖台湾泥鳅。二是积极与县农业局开展技术合作，由农业局人员进行技术培训和指导，同时提供种苗信息及销售市场信息。

3.**建立运作模式**　利用育苗设施养殖泥鳅，泥鳅销售收益用于维修维护育苗设施，同时反哺烟农，减少烟农购苗成本，实现降本增效，促进烟农增收。泥鳅养殖实行合作社统一组织生产、统一技术标准、统一组织销售、统一利润分配。

【主要成效】

经初步测算，1个棚池内养殖泥鳅800条，成活率最低可达80%，每尾泥鳅可长至80克，市场价格为35元/公斤，每池产量可达到51.2公斤，可增收1 792元，扣除成本921元（包括小棚改造费、购苗成本、人工管理费、水电费等），每个育苗小棚纯收入可达871元左右。

【主要经验】

一是从目前试点养殖情况预测，使用闲置小棚进行泥鳅水产品养殖收入可观，合作社养殖技术也在不断完善中，5～9月正是泥鳅养殖的最佳时期，若将龙马槽育苗点892个闲置小棚全部投入泥鳅养殖，可创造出776 932元的纯收入，获得的纯收入20%作为合作社的管理费，用于合作社的自身发展；剩余80%用于补贴烟农，用于开展烟叶生产专业化服务，减少烟农在购苗、机耕、烘烤中的投入。

二是积极探索销售渠道，组织人员与水产品市场销售户、各大超市以及餐馆酒店进行沟通协商，寻找稳定的销售市场。

三是在做好小棚泥鳅养殖的同时，可对小棚养殖鳝鱼、鲫鱼等进行探索，实现产品多元化，提高市场供给能力和竞争能力。

【综合点评】

新渠道的开辟不仅能给合作社带来盈利，同时也能起到示范带头作用，带动其他合作社开展多元化经营，积极探索烟农增收新渠道，切实提高合作社的经营管理水平和对烟农的服务能力。

（联系人：普云飞，联系电话：13988478731）

❦案例94❧

四川凉山会理"土地银行"助推集约经营

【项目背景】

四川省凉山州会理县南阁乡南阁村位于会理县城郊，水土资源丰富，劳动力充足，以农业种植及外出务工为主要经济来源。2009年初，南阁村谭溪河旁565户农户承包耕地面积1 976亩，户均耕地面积3.69亩，但地块高低不平、大小不一，且每家农户所承包的地块分散，1 693个地块中最小的0.13亩，最大也只有3亩。受土地因素制约，南阁村农户亩均种植收入仅为1 100元左右，多数农户年均收益不足4 000元。迫于生计，多数青壮年外出务工，出现了农村劳动力严重流失的现状。为提升土地种植收益，有效解决当地闲散劳动力用工，当地党委、政府以南阁"新农村"建设为契机，由烟草行业对南阁村谭溪河旁土地进行适当整合、整理或适度改造。为解决改造后土地分配问题，烟草行业向当地政府、农户提出了"土地银行"的概念。经过三个月的探讨、动员，全国首家"土地银行"在南阁村挂牌成立。

【发展思路】

"土地银行"依托南阁村交通便利、光照充足、水土资源丰富的优势，为加快现代烟草农业建设步伐，推进适度规模化种植，以土地流转为突破口，积极推进农村土地经营权流转，按照"三权"（所有权、承包权、经营权）分离、自主自愿、形式多样、市场契约、政府保障、加强管理、稳步推进的方针，进一步优化土地资源配置，推进集约化经营、

规模化种植水平的提高，为探索新形式下的农村经济产业化发展开拓新路子。

【主要做法】

2009年，为响应现代烟草农业发展要求，按照党中央关于积极推进土地经营权流转的相关政策，会理县率先成立了全国首家"土地银行"——"南阁村土地银行"。按照惠民利民、

增加农民收入和依法、自愿、有偿的原则，"土地银行"采取银行运作模式，农民自愿将土地承包经营权存入"土地银行"，收取存入"利息"，"土地银行"再将土地划块后贷给愿意种植的农户，收取贷出"利息"，种植农户则按照"土地银行"要求进行种植，实现了土地的规模化、集体化、集约化经营。

1. 健全组织机构 　拟订《南阁村土地银行章程》，建立健全内部组织机构。建立了成员大会、理事会，选举了"土地银行"行长、理事长、监事长、会计、出纳等成员。成员大会作为"土地银行"最高权力机构，由全体成员组成。行长负责日常工作，对成员大会负责。财会人员实行持证上岗、统一管理。

2. 完善管理制度 　按照公司化管理模式，南阁"土地银行"搭建理事会，每季度召开3次理事会会议作出"银行"各项决策，并制定完善详细的管理制度、岗位职责及财务制度，引入年度外部审计制度，聘请会计师事务所在次年2月对上年度财务账目进行审计，同时聘请县级银行、审计等部门专业人员指导运作，为规范经营提供基础保障。

3. "土地银行"运作流程 　在不改变土地性质、土地用途的前提下，烟农自愿将土地存入"土地银行"，"土地银行"对存入的土地实行竞争性拍卖经营权管理。

（1）土地存入。土地所有者把自己的土地在"土地银行"进行合理估价，估价按当年500斤大米市价计算，在保证土地经营权能够长期由"土地银行"管理的前提下，每5年签订一次土地流转协议。在土地存入"土地银行"时，按照惠民利民、增加农民收入和依法、自愿、有偿的原则，2009年，按750元/亩（其中：大春500元、小春250元）的价格存入。随着农产品价格上涨，土地存入价格不断上涨，截止2013年，土地存入价格已达到1 900元/亩（其中：大春1 400元、小春500元）。2014年为保障当地烟农生产积极性，保障烟叶产量，通过成员大会决议土地存入价格稳定为2 000元/亩（其中：大春1 500元、小春500元）。"土地银行"收取100元/亩的管理费，用于开展烟水、烟路维护和支付每年产生的审计、运营等费用。

（2）土地整合。由行业投入资金，政府适当配套补贴后对农民存入的土地进行适当整合、整理或适度改造，同时综合配套基础设施。2009年农户存入土地1 976亩，通过土地整治后可经营土地面积达2 086亩，新增110亩，新增土地面积5.67%。其中102亩用于配套修建烟叶工场、烟水、烟路等基础设施，可流转土地1 984亩。

（3）土地流转。"土地银行"对存入土地整合后进行公开、公平、竞争性流转，流转价格实行年度管理，当前，亩均价格达到2 000元/亩。2013年"土地银行"与烟农合作社协商，对连续三年流转土地进行规模化烟叶种植20亩以上的烟农，给予购买分红保险的奖励，农户缴纳900元保金，烟农合作社补贴2 100元保金，到2018年农户可获得5 400元现金。

截至目前，南阁村"土地银行"流转土地1 984亩，涉及农户565户，实现了土地的100%流转。

【主要成效】

1. **经济效益** 通过"土地银行"进行土地流转，流转后农户就地打工，为烟农合作社提供专业化服务和多元化经营的劳动力，解决当地327名劳动力用工。通过获取土地流转费用，向合作社输出劳动力，为当地村民创造收入768.62万元，烟农收入增收225.38万元，户均增收1.35万元。

（1）通过"土地银行"土地流转获取土地"利息"。土地流转价格连年上涨，农户土地流转价格较常规流转高出600元/亩（常规土地流转市场价1 400元/亩），仅流转一项农户增收500元/亩（土地银行提留100元/亩）。2016年，通过"土地银行"土地流转农户收入376.96万元，烟农收入增收99.2万元，户均增收0.18万元。

表94-1 务工收入明细

	育苗	机耕起垄	植保	植保指导	商品烘烤	全程烘烤	烘烤指导
服务数量	10 162亩	8 875亩	3 175亩	6 987亩	3 036担	5 796担	16 215担
务工标准	45元/亩	95元/亩	7.8元/亩	2.5元/亩	33元/担	34元/担	8.5元/担
务工收入	45.73万元	84.31万元	2.48万元	1.75万元	10.02万元	19.71万元	13.78万元

（2）通过参与合作社专业化服务获取务工收入。其中，参与专业化育苗服务、专业化机耕机起垄一体化服务、专业化植保服务、专业化植保指导服务、商品化烘烤服务、专业化烟叶全程烘烤服务、专业化烘烤指导服务、专业化分级服务，务工收入合计290.37万元，参与专业化服务人员186人，人均工资性收入1.56万元，烟农收入增收66.96万元，户均增收0.54万元。

（3）通过参与合作社多元化经营获取务工收入。其中，参与原生态有机肥生产2 100吨，人工费372.14元/吨，务工收入78.15万元；参与工厂化腐熟菌剂堆沤370吨，人工费627.30元/吨，务工收入23.21万元。参与合作社多元化经营务工收入101.36万元，参与多元化经营人员141人，人均工资性收入0.72万元，烟农收入增收59.22万元，户均增收0.63万元。

2. **社会效益**

（1）土地整合带动农村转型。有利于村级集体经济不断壮大。突出彰显了集体土地资产价值，促进农民获得财产性增收，实现土地效益、劳动力效益最大化。

（2）土地流转带动村民增收。进一步激活农业剩余劳动力的转移，为其他产业提供劳动力资源保障。一部分农户外出务工学到了新技术、新理念后回乡再创业，翻开了水泥管厂、采摘园、生态农业种植等多元化的致富经，有效增加了村民收入。

（3）土地银行带动产业升级。有利于进一步促进烟叶规模化种植、集约化管理，为现代烟草农业规模化、集约化、高效化运作提供广阔空间。培育了家庭农场和职业化烟农队伍发展的土壤，有利于在创新农业生产组织形式上探索和积累可以借鉴的经验和办法。

【主要经验】

通过"土地银行"促进土地流转，使有资金、有技术、善经营的烟农能获得土地，提升规模化种植水平；同时，推进了土地适度规模整治，提高了机械化作业率，土地综合生产能力和保障能力得到进一步提高。在"土地银行"多年的经营过程中，比较突出地存在以下两方面的问题：

1. **土地流转中的价格问题**　土地整合后，仍然存在部分地块因为光照、排水、土壤等问题流转价格不高甚至无人问津。在部分地块价格高涨的情况下，"土地银行"按照统一标准支付农户"本金和分红"造成地块价格较高的农户不满。

2. **土地流转后的种植品种问题**　随着近几年农产品市场行情趋于利好，果蔬种植大户向"土地银行"流转土地价格日渐高涨，特别是茭白、西瓜等农产品利润远远高于烟叶，对当地烟叶产业发展造成了一定冲击。

【综合点评】

会理县南阁村"土地银行"项目，开展时间长，经验沉淀丰富，为农户收入增长和烟农合作社发展具有较大推动作用。但在土地流转过程中仍受土地承包权转移政策的限制，建议在项目推广前与当地党政机关、农户充分沟通协调，以确保项目顺利开展。

（联系人：周然，联系电话：15181591076）

案例95

江西赣州兴国行业对口帮扶经验

【项目背景】

兴国县埠头乡枫林村，位于埠头乡的西南面，毗邻平江河畔，是"十二五"国家扶贫开发重点村，也是国家烟草专卖局对口援建打造的精品示范点之一。全村面积9千米^2，辖15个村小组，2 237人；耕地面积1 600亩（水田面积1 500亩）、山林6 000亩，特色产业有葡萄、脐橙、柑橘、大棚蔬菜、灰鹅、烟叶等。

随着兴国区域经济发展转移，该村地理位置优势逐渐显现，但因长期处于贫困阶段，贫困人口分布广，基础设施建设滞后，总体经济发展水平低，村、镇财力投入扶贫开发非常有限，仅依靠财政救济，杯水车薪，且不能从根本上帮助他们增收脱贫。全村人均收入3 293元，贫困人口有42户197人。

2013年，国家烟草专卖局对口援建兴国新农村建设，利用该村位于县城"卫星"位置，通过改善基础设施条件，配套产业发展资金，带动当地新农村建设，显著改善了当地的生产生活条件，帮助贫困户实现增收脱贫。

【发展思路】

坚持以烟草行业为依托，以新农村建设为基础，以迁得出、住得进、富得起为目标，按照统一整地、统一规划、统一建设、统一户型、统一安置的要求，分三期打造移民搬迁扶贫、创业就业扶贫、科技支撑扶贫、启智教育扶贫、产业发展扶贫等"五型旺业"新农村示范点。

【主要做法】

1. **移民搬迁扶贫**　将农村危旧土坯房改造、移民搬迁、"两红"人员及革命烈士直系后代等集中安居工程紧密结合，根据农户实际情况，采取套房、连体住宅和经济适用房等各种方式进行移民安置，安置住户172户。为实现移民贫困户"搬得出、稳得住、能致富"，引导贫困户到县城、经济开发区、产业基地务

工就业，迁居人员务工人均年收入可达1.8万元，有效破解移民户"背井离乡无田无土、生活窘困、无门无路"的瓶颈问题。

2. **创业就业扶贫**　充分利用兴赣高速公路连接线路口规划的有利条件，大力发展"道口经济"，着力引导贫困户发展开心农场、垂钓乐园等休闲旅游经济，鼓励农户充分利用自有房屋大力发展集餐饮、住宿、休闲观光于一体的"农家乐"消费旅游经济，积极打造红色旅游和乡村旅游有机结合的乡村旅游经济，引导群众通过自主创业、参与就业，开辟贫困户脱贫致富新渠道；充分发挥新村毗邻县经济开发区、万亩脐橙园、蔬菜基地的区位优势，积极引导贫困户在家门口就业。县局以金叶夜校为平台，以烟叶阶段技术知识培训为引领，年度开展金叶夜校11期，培训人次400人，组织粮农专家、龙头企业技术员，定期组织开展烟叶、蔬菜、脐橙、水稻等种养技术培训，促进农户增收脱贫。整合资源和力量，实施贴息贷款、免费培训、对接企业等配套服务，全方位帮扶贫困户和有创业愿望的返乡农民创业。到2016年，发展农家乐7家，其中吸纳贫困户就业25人，带动就业200余人。

3. **科技支撑扶贫**　投入资金900万元，着力打造集新品种、新技术、新模式于一体的"三新"现代农业科技示范园，园内建有占地708米^{2}的鸟巢温室大棚、130米的观光走廊、145亩的芦笋品种展示园，建设温控连体钢架大棚3座，栽种精品水果6 900株。园区以运用智能温室、节水灌溉、快繁种苗、气雾栽培、管道培育等新技术为支撑，培育种植生产性能好、市场价值高的精品果蔬新品种。采用"合作社+农户（贫困户）"的经营方式，发展精品果蔬种植大户3户，带动农户（贫困户）40人就业或承包种植，人均增收2万元。县局充分利用蚜茧蜂防治推广技术，积极与大农业相结合，在枫林村等蔬菜大棚集中区域，集中在3～5月份开展蚜虫生物防治，为有机蔬菜提供科技支撑。

4. **启智教育扶贫**　投入援助资金600万元，高标准建成了金叶幼儿园。园内设有功能齐

全的现代化教室7个、多媒体教室1个、舞蹈室1个。金叶幼儿园还配备晨检室、医务室等功能用房，教职工24名、适龄儿童195名，是我县乡村示范幼儿园。积极推动社会力量开展"一对一"助学帮扶，初步建立了从幼儿启智至高中的全过程教育扶贫体系，有效避免了因学返贫和因贫不学的现象，助学30人。关心和关爱是扶贫先扶智的重要措施，干部职工充分利用节假日深入园区帮助打扫卫生、走入贫困户家中开展义务劳动、组织贫困儿童踏青活动，简单的活动，温暖的关怀，让贫困儿童感受到童年的乐趣。

5. **基础建设扶贫**　2013年以来，围绕"规范、特色、口碑"的援建项目建设要求，用足用好国家局援建政策，把好关键环节要点，担当好项目落地生根的协调者、资金使用的

监管者。通过与县委、县政府和相关职能单位的沟通协调，将行业援建项目管理要求传达到位，将兴国援建取得的成效汇报到位，落实了一批新农村、水源工程、烟叶生产基础设施建设项目。其中国家局援资 3 224.06 万元建设埠头乡平江右岸防洪工程，可保护人口 1.5 万人，耕地 1.2 万亩；援建 460 万元建设埠头枫林铭恩新村，枫林村进户道 1 200 米，改坡顶 4 200 米^2，檐阶水沟 1 200 米，改水 51 户，改厕 51 户，改房 15 户；投资 22.2 万元建设密集型烤房 6 座。基础设施的投入有效地改善了当地农民的生产生活条件。

6. 产业发展扶贫　立足变"输血"为"造血"，实施产业扶贫，高标准打造烟叶产业示范带，兼带推进蔬菜、脐橙、葡萄、食用菌等产业基地建设，辐射带动群众脱贫增收。一是做精烟叶主业助扶贫。围绕"提质、适产、降本"的增收主线，在优化种植布局、技术体系、烟农队伍建设及专业化服务上下功夫，提高烟叶产值。优化种植布局，对易涝区域进行重点调控，在源头上减少无效面积；加强技术落实，紧紧围绕湖南中烟"4+1"项目，以"三深一高"、平衡施肥、合理密植和"一深四带"移栽技术为依托，土壤综合改良、营养土堆沤全区覆盖，打牢提质增效基础；狠抓烟农管理，取消"三无"烟农，加强对烟农培训，提高烟农的理论知识和实操技能，建设职业烟农队伍，为主体落实标准化生产技术打牢基础；实现全程专业化服务，以"节约一个工、增收一百元"为引领，大力提升专业化服务比例，亩用工数量由 26 个降至 20 个，为烟农减少用工 6 个，亩节约成本 390 元。枫林村 2016 年种植烟叶 100.2 亩，收购烟叶 271 担，实现烟叶收入 34.21 万元，解决劳动务工就业 2 000 人次，增加当地群众务工收入近 12 万元，人均突破 5 600 元，取得了良好的产业帮扶效果。示范带动了埠头乡及周边烟叶产业的快速发展，形成了埠头乡、龙口、长冈、高兴烟叶产业示范区，周边烟叶发展一举达到 9 500 余亩，同比 2015 年增加烟叶种植面积近 3 000 亩，烟农增收户均达到近 9 万元（户均规模 44.4 亩）。烟叶种植成为我县产业扶贫的支柱产业之一，得到了地方党政的高度认可，县委、县政府授予县局公司 2016 年度精准扶贫先进单位。二是做好辅业增收助扶贫。依托官桥千亩蔬菜基地，打造"田间扶贫超市"，引导贫困户通过流转返包蔬菜大棚的模式，参与产业开发，每户返包 6 个大棚（3 亩），按照"保底＋提成"的承包方式获得收益，保底 1 500 元/月，年收入 2.4 万元。以烟叶合作社为平台，后期正在加紧利用烤房、育苗工场发展食用菌等高附加值项目，助推产业扶贫和烟农增收达到新高度，预计烤房食用菌项目每座将为烟农增收 3 000 元/年。利用育苗大棚和蔬菜大棚换季，发展夏季高品质食用菌收入项目，每亩大棚食用菌收入将达 1.5 万元。

【主要成效】

通过国家局新农村建设和产业扶贫，埠头枫林村基础设施建设条件得到明显改善，完善了通村、通组、通户路硬化，完善了农田水利设施等基础设施建设，美化了农村环境，使村民的生产、生活条件有了较大改观，为此枫林村被评为首届江西十大秀美新农村。更重要的是，依据该村地理优势，充分利用政策资源，因地制宜发展农业产业，形成了有规模、有特色、有保障的农业产业链，为农民自主发展和务工就业提供了平台，使多数农民很快走上了脱贫致富的道路，日子过得越来越好。

【主要经验】

利用国家局对口援建有利政策，科学规划、科学合理布点村庄，建设风貌特点鲜明，防止重复建设和投入浪费，做到了完善服务功能与彰显乡村特色的有机统一；因地制宜，结合村情实际，注重遵循乡村发展规律，体现农村特点，根据人口规模、发展基础、资源禀赋、民俗文化等各方面的差异，探索不同类型的发展模式，打造各具特色的发展风格，彰显不同风格的乡村风貌，是确保秀美乡村建设有效推进的重要原则；尊重农民意愿，在促进新农村发展的过程中，坚持以农民群众满意为标准，从农民最期盼、最需要的地方做起，让农民获得看得见、摸得着的实惠，切实维护农民权益。发展产业是基础，注重通过政策鼓励、典型示范等方式，以一户一策、一村一品为抓手，全力推进烟叶产业主业增收扶贫，将新农村建设与产业扶贫紧密结合，筑牢产业扶贫、增收致富的基础，实现可持续发展。充分利用烟基等设施资源，为烟农和贫困户降低投资成本，降低投资、销售风险。充分调动农民群众的积极性和主动性，提高内生发展动力，促进持续稳定增收。

【综合点评】

通过依托新农村建设，改善农民生产生活和教育条件，提高综合农业发展水平，走出了一条农民增收、农村和谐秀美的道路。

（联系人：张慢慢，联系电话：18797870816）

案例96

湖北十堰竹溪依托产业扶贫助推精准扶贫

【项目背景】

竹溪县是全国592个扶贫开发重点县、全省12个山区特困县之一,也是国家烟草专卖局对口扶贫县之一。1992年开始,国家烟草专卖局对口帮扶十堰市,四任局长先后到十堰调研。2015年12月15日,国家烟草专卖局副局长杨培森带着对山区人民的厚爱,在十堰对口扶贫调研时创新性提出:"要依托产业扶贫带动烟区烟农实施精准扶贫"。

【发展思路】

1. 指导思想 深刻认识精准扶贫不仅是保持行业持续健康发展的重要举措,更是贯彻落实中央"精准扶贫"工作的具体体现。通过加大扶贫帮困的研究力度,坚持将帮扶客户工作列入议事日程,纳入目标管理,与年度目标考核挂钩。实行"一把手"负总责、亲自抓,分管领导具体抓,层层落实好帮扶工作责任制,把帮扶工作的目标细化具体到人,各负其责,确保帮扶工作的落实。

2. 实施方式和步骤

(1)认真确定帮扶对象。竹溪县烟叶分公司在全面了解了烟区贫困户基本情况,为下一步制定脱贫计划夯实基础。5个种烟乡镇共有81个村、14 216户、总人口53 446人。其中有贫困户6 927户、贫困人口21 813人,分别占总户数的48.73%、总人口的40.81%。5个乡镇现有种烟村41个、种植面积26 025亩、1 054户、4 137人,种烟户数、人口分别占烟区总户数、总人口的7.4%、7.7%。经驻村技术员对所有种烟贫困户进行实地走访核查,了解贫苦户实际家庭状况及贫困原因,对照2015年售烟情况对贫困户进行评定,最终确认烟农贫困户共计202户、789人,其中老烟农89户、345人,新发展烟农113户、443人。

(2)分类建档立卡,制定产业帮扶规划。根据贫困户种烟能力及种烟意愿,将有意愿有能力种烟的132户、526人定为一类贫困户,将有意愿无能力种烟的70户、259人定为二类贫困户,将烟区内无意愿种烟户6 725户、21 025人定为三类贫困户。对不同类别的贫困户进行建档立卡,有针对性地制定帮扶规划。

(3)分类实施扶贫措施,落实脱贫规划。一是倾斜烟叶种植计划,向二类有意愿无能力的贫困户70户倾斜烟叶种植面积;二是优先开展技术服务,对有意愿无能力的贫困户通过"三包三带"政策帮扶其发展烟叶生产脱贫;三是依托合作社帮扶种烟贫困户,加大专业化服务补贴力度,降低贫困烟农生产成本。

3. 预期目标 通过把计划资源继续向烟区贫困户倾斜,特别是对第三类贫困户做工作,让他们通过种植烟叶脱贫，让烟叶产业成为烟区贫困户的脱贫产业。在资金、技术、资源、信息等方面给予帮扶，力争"十三五"期间烟农全部脱贫。用好专业化服务补贴政策，把贫困烟农收费标准降低到50%，亩平节减费用20元；合作社组织聘请懂技术的分级人员帮助贫困烟农开展初分级，按照市局划拨的专业化服务费用标准，剔出专分散收所需的费用外，全额用于初分级补贴使用，实现户平减工达到20个的目标，同时提高分级纯度，保障烟农利益。

【主要做法】

1. **组织形式** 2016年年初，竹溪县烟叶分公司组成专门班子对向坝乡、桃源乡、丰溪镇、泉溪镇、天宝乡5个烟区，通过走访调查、入户核查，全面了解烟区贫困户基本情况，为下一步制定脱贫计划夯实基础。

2. **工作措施** 近年来，为保障烟叶产业稳定发展，更好地维护烟农利益，我们把"控总量、调结构、提质量、增收入"作为烟叶工作的首要任务，千方百计保障烟农增收，使烟农不因减少种植面积而减少收入。主要围绕三个方面做了工作。

(1) 围绕烟叶生产提升烟叶质量。一是优化烟区布局。竹溪烟叶充分利用有限的资源，按照气候、土壤和烟区状况24项指标，优化烟叶生产布局。二是全面提升烟叶标准化生产水平。按照烟叶生产"三度""五一致"的要求，全面落实八项关键技术、八项常规技术和三项特色技术，实施科技创新服务烟叶生产九件实事。积极与四川中烟沟通，全面推广更适宜于我区种植的云烟87烤烟品种。100%推广深翻冬炕，全面落实深开沟、高起垄技术，使肥料层深度达到18厘米左右，与井窖式移栽深度相一致。全面开展土壤pH普查，分海拔布点93个开展地温监测，建立数据库，科学指导烟叶移栽。有针对性地进行土壤酸化治理和精准施肥，亩均施氮量同比减少0.4公斤，亩栽烟株数同比增加90株/亩。培育中棵烟，解决上部叶烟碱含量偏高工业可用性不强的问题。

(2) 积极开展专业化服务体系。我县从2008开始在向坝乡金竹园村正式启动现代烟草农业试点工作以来，在合作组织建设、专业化服务和辅助产业发展等方面进行了有益的尝试，先后成立了3个村、乡（镇）级合作社。2014年以来，我县以基地单元为依托，将全县3个乡（镇）、村级合作社整合成竹溪桃花源基地单元综合服务型烟农专业合作社。在专业化服务开展方面，针对山区特点，在确保育苗、机耕、植保、烘烤、分级因地制宜落实到位的基础上，积极向供煤、运输、设施管护等专业化服务环节拓展，积极探索各项专业化服务。

(3) 加强管理促进降本增收。围绕降本增效，我县在生产成本控制、物资采购、技术推广上加强管理，通过降低烟农投入，实现烟农增收。

【主要成效】

1. **烟叶质量明显提升，烟农收益增加** 在几十年不遇的干旱灾害之年，通过狠抓关键技术落实，加大对烟农技术服务指导力度，稳定了烟农收入。2016年亩均单产同比增加了5.71公斤，亩均收入与2015年基本持平。同时，烟叶质量得到大幅提升，在国家局工商交接检查中，平均合格率65.3%，比全省平均合格率63.9%高1.4个百分点，实现了"烟农、工业、企业、政府"四方满意。

2.专业化服务体系不断完善,烟农增收明显 今年,我县基地单元烟农专业合作社以站为单位组建综合型服务队5个,每个服务队下设若干服务小组,在专业化服务覆盖区域已实现亩均用工减少2.98个、亩均降低成本237元。其中:专业化育苗,每亩减少1.5个工;专业化起垄,每亩减少0.53个工;专业化打孔,每亩减少0.15个工;专业化植保,每亩减少0.5个工;正在实施的水肥一体化施肥器,亩均用工比常规追肥方式减少0.3个。在种植分散、不能集中开展专业化服务的区域,组织烟农自购本地适用的旋耕机、起垄机、打孔机,替代人工操作减工降木。对整地起垄环节引导烟农新购置耕地起垄机275台套、打孔机187台套,同时将烟农自制发明的开沟施肥放线器、开沟锄在全县范围内加以推广,提高了"5+N"专业化服务比率。

3.管理更加规范,降本增效显著 通过加强管理,实现了亩均降本51元。一是采购育苗浮盘32 410张,每张降低0.5元,亩均节约成本3元;二是采购饼肥763.5吨,每吨成本由1 760元降至1 560元,节约成本152 700元,亩均降低成本6元;三是采购煤炭5 000吨,每吨成本由697元降至647元,亩均降低成本12元;四是推广烟蚜茧蜂防治烟蚜虫15 000亩,替代传统药品防治,亩均降低成本30元。

【主要经验】

1.研究烟农增收的途径,稳定职业烟农队伍 围绕提高质量、强化管理、拓宽服务工作思路,确保烟农增收。一是通过加强病虫害和灾害天气的预测预防,出台应急预案,减少病虫害和灾害天气对烟叶生产的影响,强化下部和上部不适用烟叶处理,提升烟叶等级结构;二是加强采、编、烤过程管控和专分散收的组织管理,进一步提高烟叶烘烤质量和分级质量;三是加强职业烟农队伍建设与培育,力争达到150户,通过职业烟农带动贫困户脱贫。

2.探索实践实施设备的综合利用及合作社多种经营 一是继续落实各项专业化服务。集中连片区域开展专业化植保、专业化烘烤、专业化分级、组织烟叶专业化运输等服务,进一步降低烟农生产成本、降低贫困烟农专业化服务费用的收取,在专业化植保上,从机制、设备上进行创新优化。吸收有劳动能力的贫困劳力到合作社,根据其特长组建专业化服务队开展专业化服务,实现专业化服务减工增效和贫困户增收双赢。二是进一步加强设施综合利用探索。育苗结束后,合作社根据大棚的闲置期限合理确定多种经营项目,对阶段性闲置大棚吸收贫困户种植时令蔬菜,对长期闲置的大棚探索种植苗木、花卉,寻求专业技术支撑,重点吸收贫困户来做短工,获取劳务收入,通过合作社帮带,逐步实现脱贫。利用闲置烤房对香菇、山野菜、土豆干、核桃等山货开展烘干服务。三是调查种烟农户劳力需求信息,建立专业化需求信息库。组织贫困户为种烟大户和劳力缺乏的农户定向做工,解决种烟农户劳力短缺问题,同时为贫困户增加收入。

3.依托国烟扶贫,全力做好互动衔接 一是针对当前摸底排查的实际情况,积极争取国烟扶贫的支持,为困难烟农提供差异化、特色化帮扶,彰显烟草行业扶贫帮困的社会形象,改善困难烟农生活条件;二是组织开展职业化烟农培训。组织专人为困难烟农开展有针对性的培训,传授简单、易学、实用的生产技能,通过宣传与培训增强烟农致富信心,为扶贫脱贫打下良好的基础。

4.完善考核机制，狠抓落实 制定困难烟农扶贫帮困机制，加大各层级对扶贫帮困工作的考核力度，以考核为导向，确保产业扶贫发力，实现烟农增收，力争在"十三五"期间使竹溪烤烟产区的烟农全面实现脱贫。

【综合点评】

一是依托产业开展扶贫帮困是行业应尽的社会责任，行业在帮助贫困户脱贫致富奔小康上可以大有作为。

二是依托产业扶贫应采取不同形式，比如烟叶种植计划倾斜、烟草专业化服务用工等多方面发力。

三是在贫困户种烟上面，应充分尊重贫困户意愿，对愿意种烟的贫困户，应加大对其技术指导，尽可能提供专业化服务，实现减工降本目的，增加烟农收益。

四是利用各种扶贫、惠农政策合理开展帮扶的思路很好，差异化、特殊化帮扶与现行的"精准扶贫"政策吻合。

（联系人：张凯，联系电话：15271380622）

案例97

湖南株洲茶陵"1+X"产业扶贫发展模式

【项目背景】

株洲茶陵县，罗霄山脉集中连片特困地区重点扶持县、省级贫困县，全县农村人口53.7万，贫困村68个，其中高陇镇石冲村就是一个。石冲村共有254户1 090人，经济比较落后，2015年度该村人均收入仅为2 779.8元，贫困户人均收入2 230元，生活十分穷困。2015年10月，株洲市烟草专卖局（公司）扶贫工作队入驻石冲村，通过充分挖掘该村自然生态条件优势，因地制宜、集约发展，围绕"烤烟种植主业＋关键特色产业"的"1+X"模式实施产业精准扶贫，帮助该村贫困户脱贫致富奔小康。

【发展思路】

指导思想与发展定位：以"科学谋划、合理布局、精益管理"为指导思想，以"烤烟种植主业＋关键特色产业"为发展定位，以生产优质烟叶为主，重点发展该村脐橙种植、有机稻种植、家禽养殖产业等"X"产业。

实施方式与实施步骤：一是科学论证，通过成立产业扶贫调研小组，开展"一进二访"活动，组织技术员队伍进入该村实地调研，重点对水源、田地、山林、经济作物等进行调查，科学论证该村烤烟种植、有机稻种植、脐橙园构建等项目的可行性。二是"量体裁衣"，针对不同条件的贫困户，量身定制帮扶对策，规划脱贫项目，明确脱贫"步子"。三是土地集中流转，流转植烟土地400亩，集中连片种植烤烟；在原有700亩脐橙林地的基础上，流转山地300亩，集拢林地构建1 000亩生态脐橙种植园。四是资金帮扶，扶贫工作组计划投资100万元新建烤房群及其附属设施，投资30万元为其中16户贫困户解决住房、家禽养殖产业难题。

【主要做法】

1. **转变工作模式，强化扶贫"责任心"**　一是落实服务责任。扶贫工作组牵头，市、县公司相关部门联动，摸排村里33户贫困户家庭情况，定制产业发展计划表，实现"白＋黑""5+2"、全天候扶贫工作服务网络全覆盖。二是开展结对帮扶。落实包户责任，结对帮扶33户贫困户，户户挂靠帮扶责任人，定点指导，长期跟踪，了解产业发展进展，及时为贫困户增收脱贫排忧解难。三是给予贫困户人情关怀。2016年度帮扶党员人均入户6.5次，节假日积极开展送米、送油、送红包等慰问活动，通过物资帮扶和现金帮扶两种形式，贫困户人均获得帮扶资金达1 600元。四是注重"智慧"扶持。2016年共向该村村集体活动室捐赠生产养殖、历史人文等各类书籍350余册,帮助贫困户解决"打发闲余时间"问题,减少"精神贫困户"户数。五是开展产业技术培训。2016年组织开展各类技术培训8次,培训人员560余人次,发放技术培训宣传资料2 200余份,培训针对烟叶生产、有机稻栽培、脐橙病虫害防治等精准指导,并适时现场技术帮扶,有效克服了农户的技术依赖思维,提高了贫困户自我奋斗、勤劳致富的信心。

2. 加大各类投入,突破产业"瓶颈期"

(1)注入资金,解决产业"起步难"。在烤烟主业上,2016年株洲市公司共计投入扶贫资金103万元,在石冲村修建烤房20座及烤房群附属设施,用于该村发展烤烟种植产业。在"X"产业发展上,投入资金7.1万元,帮助贫困农户购买家禽幼崽880只(其中雏鸡320羽、猪仔80头、雏鸭480羽),改造"养圈"5个,解决了10户贫困户家禽养殖成本问题;投入22.5万元改造贫困户住房6座(包括墙壁粉刷、窗户安装、线路改造、防漏处理等);投入3.4万元用于脐橙、有机稻种植技术资料印发、组织召开生产培训会等。

(2)改善布局,解决产业"规划难"。一是在烤房群建设上,遵循"方便烟农、有利管理"的原则,做到布局合理,把设施建设当作民心工程来抓,重点监管工程质量和资金流向。二是组织村集体严格按照生态环境适宜、土壤条件较好、没有除草剂残留等要求选择布局烟田、有机稻种植田块。三是在集中连片、规模种植上下功夫,以连片种植推动村集体土地流转,组织流转烟地400亩、有机稻种植地块150亩,在原有的700亩脐橙种植林地基础上流转扩充300亩,构建成规模化脐橙种植园1 000亩。

(3)打通市场,解决产品"销路难"。一是借助卷烟销售网络,联系卷烟销售网点(南杂店)36家,推介石冲脐橙产品,共计帮助19户贫困种植户解决了30%(7.56万斤)脐橙产品的销路问题。二是利用短信发送平台,向种植户提供气象信息396条、产品销售信息113条及技术指导信息140条。三是寻找"大买家",牵线搭桥,组织有机稻种植农户与广州福乐康生物科技有限公司签订产销合作合同,产前签约,化解农户产品销路之忧。四是打造"石冲生态橙"品牌,引导消费者进村自摘自购,借鉴"农家乐"模式,实现品牌溢价,突出地方特色,形成产业越做越大、消费者反响越来越好的局面。

3. 突出政策扶持,垒好产业"新根基" 一是烟叶税分成向烟农倾斜,按照烟农25%、乡镇15%、村15%、县烟叶发展基金12.5%、烟基管护2%、县财政25%、地税3%、烤烟办2.5%的比例分配。二是稳定产业风险保障,将烤烟生产、有机稻和脐橙种植纳入农业保险,实行政府、烟草、农户共同承担的保险机制,烤烟、有机稻、脐橙分别投保50元/亩、15元/亩、20元/亩。三是推行实用技术补贴,依托湖南中烟"4+1"项目,对火土灰、深翻耕等技术完成好的农户给予生产投入资金补贴。四是发挥合作社优势,利用烟农合作社大型机械为贫困烟农"X"产业发展提供服务保障。2016年民惠合作社共计向石冲村出动大型农用机械15台,收割有机稻132亩,翻耕烟田360亩,大大减少了贫困烟农生产投入成本,实现降本增收。

【主要成效】

通过"1+X"产业发展模式的驱动,2016年,石冲村产业发展有了质的飞跃,全村年度总收入达到476.8万元,相比2015年度的303万元,增收了173.8万元。全村人均收入

4 374.3元，人均增收1 594.5元，增收来源主要有：种植烤烟408亩，帮扶13户46人，交售烟叶701担，实现收入97.9万元；种植脐橙1 000亩，帮扶13户43人，产量25.2万斤，收入75.6万元，新增产值25.2万元；发展有机稻种植155亩，帮扶12户38人，生产有机稻9.4万斤，实现收入37.6万元；家禽养殖产出肉禽860只，收入13.4万元。

以石冲村刘文喜等3户烟农为例，2016年的在烤烟主业上的收入支出情况见表97-1。

表97-1　石冲村3户贫困烟农2016年种烟收支情况表

烟农	种植面积（亩）	收入			支出				利润（元）
		亩产（公斤）	均价（元/千克）	售烟收入（元）	农资（元/亩）	煤电（元/亩）	用工（元/亩）	其他	
刘文喜	27.8	137.40	27.59	105 392.5	518.45	273.25	750	50	61 143.3
江太平	13.9	134.03	26.30	49 006.0	518.45	273.25	500	50	30 356.4
刘春连	13.9	148.91	27.81	57 568.6	518.45	273.25	600	50	37 529.0

相比没有种烟的2015年，3户烟农户均收入提高了2.12万元，收入实现翻番，单靠种烟就实现了脱贫。该村贫困户借力"1+X"产业发展模式，在做好烤烟主业的基础上积极发展副业增收，基本实现脱贫致富。其中刘文喜等3户烟农年度产业收入情况见表97-2。

表97-2　石冲村3户贫困烟农2016年产业收入情况表

烟农	种烟		有机稻种植		脐橙种植		家禽养殖		总收入（元）
	面积（亩）	纯收入（元）	面积（亩）	纯收入（元）	面积（亩）	纯收入（元）	类别	纯收入（元）	
刘文喜	27.8	61 143.3	5	5 800	/		鸡	500	67 443.3
江太平	13.9	30 356.4	6	7 200	/		猪	3 000	40 556.4
刘春连	13.9	37 529.0	5	6 100	10	10 800	/		54 429.0

2016年，在"1+X"产业模式驱动下，株洲市公司帮扶石冲村刘文喜在内的26户贫困户103人顺利脱贫，贫困户幸福指数大幅提升，扶贫攻坚工作取得了较好成效。2017年，株洲市公司将借此模式继续发力，争取帮助石冲村年底实现全面脱贫的工作目标。

【主要经验】

1. **优化产业布局**　面对当前贫困村的种植产业规模普遍偏小的现状，想要在烤烟主业基础上发展其他产业，必须以市场为导向，优化布局，集约发展。像脐橙种植一样，集约土地，扩大规模，构建大型生态种植园，将有利资源集中起来，产业根基才会牢靠。其次，要解决部分贫困户信心不足、观念落后的问题，增强自力更生、艰苦奋斗精神，把"1+X"产业发展模式全面推广开来。

2. **提高服务质量**　一是确保信息服务通畅，及时搜集有用技术信息提供给广大贫困种植户。二是要根据养殖、种植业发展的需要，适时对种植户进行技术指导，帮助他们解决生产中遇到的实际问题。三是充分发挥烟草合作社平台优势，利用大型机械帮助农户减工降本增收。

3. 解决关键问题

（1）项目选择问题。项目实施前，要对产业基础、传统优势、生产条件及地理位置等进行实地调研，对贫困户的家庭劳动力状况、年龄结构、文化程度、发展意愿等进行摸排清底。项目选择要按照既着眼于当前增收，又立足长远发展的思路，每户制定一个"脱贫计划表"。

（2）项目发展问题。一是劳动力短缺问题。依托烟草合作社优势，发展连片种植，推广机械化，实现生产环节减工降本。二是服务模式问题。为贫困户及时提供产前、产中、产后各项服务，对贫困户进行结对帮扶。三是发展资金的问题。由烟草公司牵头，积极向政府部门争取项目资金和财政配套资金，确保解决贫困村产业发展资金短板。

（3）产品销售问题。一是打造特色品牌，重点发展"优质烟""有机稻""生态橙"等绿色农产品。二是发展新型营销模式，借助烟草配送网络，通过实体店等渠道推介产品，实现"卷烟零售店+特色农产品"宣传模式，来解决贫困户的农产品销售问题。

【综合点评】

产业扶贫是实施精准扶贫的"铁抓手"，石冲村"1+X"的产业发展模式，有效解决了我们扶贫工作中方法措施单一、脱贫效应不够强、政策落地不精准的关键问题，实现了贫困村农业发展的转型升级，解决了贫困烟农稳定增收的难题，对其他贫困村脱贫致富有很好的指导和借鉴作用。

（联系人：邓浏平，联系电话：15675353626）

案例98

重庆巫溪彭庄整村推进产业扶贫

【项目背景】

　　巫溪县位于重庆市东北部，处于大巴山东段南麓，是典型的山区农业县。县内地形以山地为主，属于典型的中深切割中山地形，境内山大坡陡，立体地貌明显。种烟前整个农村状况：一是道路交通严重不足。在2 000年以前，境内交通及主要货物运输，除大宁河水运外，仅有一条通往外县的土路。二是龙头企业严重缺乏。种烟前，作物布局以自给自足、满足日常生活为主，主要为红薯、洋芋、玉米，个别地区养殖少量生猪、山羊，部分区域种植药材，没有形成稳定规模，缺乏商品价值。近几年来，巫溪县委、县政府提出"1122"目标，把烤烟、畜牧养殖、中药材、洋芋作为四大重点产业，但除烟叶外，其他均无具有明显优势的龙头企业带动。三是生活水平严重偏低。种烟前，多数农村家庭收入微薄，未有稳定经济来源。2010年巫溪启动"万元增收工程"，但在实施过程中，除烟叶产业外，其他产业收效甚微。

　　彭庄村位于重庆市巫溪县古路镇南部，东至黎坪村，南至斑竹村，西至青龙村，北至白家村，幅员面积4.08千米^2，平均海拔850米，所辖3个社，村民366户，人口1 281人，可耕用地1 200亩，连片率高，具备种植优质烤烟的土地优势与人力优势，2010年，被确定为整村推进现代烟草农业试点村，以期通过烟叶产业的带动促使彭庄村走上脱贫致富的道路。

【发展思路】

　　为加快现代烟草农业推进步伐，运用烟叶产业带动当地经济发展与农民增收，我们将古路镇作为全县烟叶产业重点规划打造的"万亩乡镇"，将彭庄村作为其中的典型代表，整合资源，优化产业，加快基础设施建设，彻底解决人畜饮水困难、交通出行困难，使生产方式基本实现现代化，有效降低生产劳动强度，提高种烟效益。随着产业发展，促使村民经济条件、生活条件大幅改善，村容、村貌发生显著改变，将彭庄村打造为全县现代烟草农业的"示范村"。

【主要做法】

　　彭庄村地形坡度适宜，光照充足，是生产优质烟叶的适宜地区。自2009年开始种植烤烟以来，在产业发展上一年迈出一大步，生产实力迅速跻身全县前列。这一方面得益于各级党政的高度重视，特别是古路镇党委政府坚定不移地把烟叶产业作为本地支柱产业来抓，彭庄村支"两委"认真分析农民增收致富门路，把烤烟生产作为第一要务抓落实，致力于解决产业发展的土地流转等各种难题，创造产业发展的良好环境和氛围。另一方面得益于行业的倾心指导和扶持。彭庄村烟叶产业发展的起步期，正值现代烟草农业试点推进期，作为整村推进试点，分公司整合现代烟草农业资源，迅速完成了对该村产业发展的设施配套，全面推进烟叶标准化生产，有效提升了生产技术水平。

短短7年间，彭庄烟叶发展大致历经了四个阶段，产业发展持续向好，综合效益突出，各方积极性空前高涨。

1. **规模扩张期** 作为新烟区，2011年以前，扩大规模曾占主导地位。2009年，该村种植烤烟100亩，2010年发展到460亩，2011年突破500亩，烟叶从200多担迅速发展到1 000多担。烟区虽然急剧扩张，但发展仍处于相对粗放状态，烟叶产量、质量不高，种烟效益低下，发展举步维艰。

2. **转向质量期** 发展中的困境，促进思路的转变。2012年，随着全县"烟叶质量年"的提出，各方更加关注烟农种烟效益和资源利用效率，彭庄村也由此逐步走上了由"量"的扩张到"质"的提升的道路。当年，上中等烟比例达到93.5%，同比提高10个百分点，平均亩产量335斤，同比提高77斤；亩产值3 528元，同比增加1 490元，经济效益显著提升。产业发展的状态，由行政手段主导的"要我种烟"，成功转变为主动自愿的"我要种烟"，烟农心态发生了根本性的转变。

3. **布局调整期** 2013年，控规模成为烟叶工作的主导方向。根据现代烟草农业发展趋势，大力优化种植布局，对于种烟能力差、效益差以及种植地块偏远分散、生产成本较高的，强化剔除，实现"优胜劣汰"，为整体效益的提升打下坚实基础。2013年，户均规模达到73亩，农民全部发展成为职业烟农，烟农户均收入24万元。

4. **提档升级期** 2014年以来，在行业试点推进精益生产的情况下，巫溪分公司率先在彭庄村启动试点，推进烟叶种植规模化、区域化、连片化、专业化。近年来，通过烟叶精益生产的不断推广与深化，减工降本，为彭庄村烟叶产业发展与促农增收工作作出了突出贡献。

【成效与经验】

1. **经济效益持续提升，烟叶增收致富成效明显** 2016年种植烟叶530亩，亩均收入3 939元，总产值209万元，烟叶产业已成为该村第一大产业。职业化烟农常年稳定在10户左右，户均规模50亩左右，户均收入基本稳定在20万元左右，最高达到30万元以上，成为名副其实的"农场主"。当前，烟叶产业已经从最初作为烟农谋生的手段，转变为增收致富的主要事业。

2. **标准化生产强力推广，"科技兴烟"取得实效** 在烟草公司的广泛宣传和悉心指导下，彭庄村在烟叶标准化生产的推广落实中，坚持"走正步"，积极创新探索，各项适用技术落实率100%，稳居全县各个种烟村前列。"科技兴烟"成为烟叶提升效益、健康发展的核心保障。100%采用漂浮育苗移栽，所有烟苗均在育苗工场购买，严格确保无病壮苗标准；全面推广"三带两小一深栽"移栽技术，因地制宜确定移栽期，严格移栽行株距规格，实行地膜烟移栽，地膜覆盖率100%，烟叶大田长势整齐均匀；全面实施科学施肥、化学抑芽、盛花打顶，确保有效留叶，提高了烟叶品质；利用烤房群资源率先推行"采烤分一体化"和"滚动式烘烤"模式，工序化作业，提高用工效率，降低用工成本；严格执行"三段六步式"烘烤工艺，烤后烟叶质量明显提升。2016年，上中等烟比例达到100%，烟叶均价达到12.84元/斤。

3. 现代烟草农业建设纵深推进，烟区生产生活条件大幅改善　一是基础设施配套更加完善。围绕"八大基础设施"，配套建设水池2 414米^3、管网11.6千米、烟田机耕路5.8千米、卧式密集烤房5处36座，实施土地整理991.5亩；建设气象站1处、赤星病观测点2处；援建惠民工程烟区硬化道路5.84千米。二是生产方式逐步现代化。彭庄村以综合服务合作社为依托，根据地域特点及区域实际，由合作社组建了机耕、植保专业服务队，服务于片区内所有烟农，全村机耕覆盖率80%以上、植保专业化100%，专业化运输70%以上；同时，以烤房群为依托，以烘烤车间模式组建采烤分一体化作业组，基本实现了专业化分工作业，提高了作业效率和质量，亩用工已降低到20个以内，达到了烟农"减工降本、提质增效"的目标。

4. 完善服务保障体系，烟农满意度和幸福感显著增强　按照"责任烟草""阳光烟草"的要求，烟草公司切实强化规范自律意识和烟农服务意识，关心、关爱烟农，切实增加烟农的归属感和身份认同感。在发展的过程中，针对烟叶大户前期投入资金量大、土地租用困难等问题，落实差异化的扶贫贴息贷款政策，积极协调土地流转，重点解决规模种植户生产所需资金、土地等问题，开辟发展的绿色通道；完善灾害保障体系，做到指导救灾、争取灾害补贴、购置风灾保险等项措施相结合，解决烟农后顾之忧；落实烟农对接帮扶工作，40亩以上的大户，全部由公司领导及中层干部"一对一"帮扶，切实解决烟农生产经营中存在的困难；积极改善收购场所的硬件设施条件，认真做好售烟服务工作，做到让烟农满意，让烟农舒心；进一步完善收购监管机制，推行大学生员工驻点收购。把控关键环节，加强对烟叶收购人员督查力度，严格杜绝了压级压价、短斤少两等不规范行为，切实维护烟农利益。

5. 推动难点问题解决，烟叶产业综合效益更加突出　一是烟草农业现代化示范带动作用明显。随着烟草农业中适合山区作业的小型农用机械的推广，有效降低了农事劳动强度，同时，通过烟叶合作社的建设运行，有效促进了产业内部分工，提高了生产水平。烟草农业现代化，在整个农业现代化的进程中起到很好的示范带动作用。二是产业发展带动农村就业以及和谐家园建设。当前，彭庄村烟叶种植不仅成为11户职业烟农的主业，同时还带动了本村近150余人就业。2016年，全村在耕作、移栽、田管、采收烘烤、运输等烟叶生产环节，支出的劳务务工费用近100万元，带动了大量村民返村，在家门口就业。随着产业的发展，外出务工人员数量持续减少，农村留守老人、儿童重新融入美满、和谐的家庭。三是推进农村耕地有序流转。根据产业发展需要，公司与当地党政部门、村委会一起研究，制定并推行"六个统一"的土地流转模式，找到优化产业与推进耕地流转的结合点。即充分发挥村委会的主导作用，将土地流转纳入村规民约，将宜烟田块全部纳入村委统一管理；根据烟田条件、交通条件和烤房现状，连片规划种植区域，逐步形成相对集中、作业便利的区域布局；种烟土地承包人提出租地申请后，由村委会统一分配，租赁价格由村委会及村民大会共同协商，确保流转过程有序可控，土地价格公开公平。四是持续助力新农村建设。随着村域道路的畅通，彭庄村地理区位更加开放，村民与外界的联系更加便捷，在内外的信息沟通中，村民更加开放、更加自信。同时，随着生产生活条件的改善，村民更加乐观、心态更加积极，民风持续改善，精神面貌焕然一新。

【综合点评】

巫溪分公司充分利用自身产业优势，以产业发展带动巫溪县彭庄村整村脱贫，2009—2016年，全村实现烟叶销售总收入1 164.9万元。自扶贫工作启动以来，巫溪分公司以烟叶产业激活全村土地资源、人力资源，完成"土坷垃"到"金坷垃"的财富蜕变，实现农民收入逐年递增；通过完善配套基础设施，全村生产生活水平得到极大改善，经济和社会面貌焕然一新；依靠完整的资源投入、人员培训、设施配套、订单销售的市场专卖体系，走出了一条农村脱贫致富的可持续发展道路。

（联系人：刘冲，联系电话：18523246363）

案例99

云南红河蒙自推行"档案式"管理精准扶贫

【项目背景】

为推动整合资源优势，创新产业扶贫机制，蒙自市局（分公司）认真贯彻落实《蒙自市人民政府办公室关于建立扶贫攻坚"领导挂点、部门包村、干部帮户"长效机制　扎实开展"转作风　走基层　访贫困村、贫困户"工作的通知》的精神，和三家村结成了以烟草产业扶贫为主的帮扶对子，以烤烟产业扶贫为主要手段，以打牢贫困地区的发展为基础，以促进贫困户增收为目标，科学引入"档案式"精益化管理，完善精准扶贫工作计划和推进措施，确保扶贫工作落实到位。

【发展思路】

蒙自市局（分公司）严格执行《蒙自市"十三五"脱贫攻坚规划》要求，按照"整村推进"的工作思路，紧紧围绕"扶贫解困明显推进、乡村面貌明显变化、干部作风明显转变、基层组织明显加强"的目标任务，充分发挥烤烟种植产业"短、平、快"优势，带动三家村发展非烟种植业和养殖业；为贫困烟农建档立卡，通过精益化管理，实现扶贫工作不脱靶、脱贫后不返贫，加快脱贫摘帽步伐，打响扶贫攻坚战，将社会主义新农村建设落到实处。

【主要做法】

蒙自市局（分公司）2016年度重点帮扶对象为蒙自市冷泉镇兴隆村委会三家寨村，按照攻坚扶贫流程的具体要求，开展以下工作：

1. **开展实地调查，"档案卡"构筑精益化数据平台**　深入挂钩点走访三家寨贫困村，认真填写《蒙自市贫困村访谈问卷》，做好走访记录，将收集的数据整理成农户档案卡，切实掌握贫困状况，用数据指导相关工作开展。

2. **贫困村信息动态管理，做到"一户一策"**　通过贫困户"档案卡"，准确掌握导致贫困农户贫困的原因和实际需要，做到确保数据真实可靠、动态管理，对每一位贫困户进行针对性指导，做到"一户一个扶贫对策"，引导贫困群众转变观念，克服"等靠要"思想，形成合理预期，摆脱意识贫困和思路贫困，增强脱贫致富的信心和决心。

3. **干部模范带头，政策宣传到位**　分公司班子把打赢扶贫攻坚战作为一项重要的政治任务，从挂钩扶贫前期调研、方案制定到技术指导、督促落实，各个环节亲自参与其中，注重模范带头作用的发挥。挂钩联系期间，结合烟草实际工作，积极广泛宣传各级支农惠农和扶贫开发政策，确保了扶贫帮扶工作的整体推进效果。

4."三位一体"扶贫机制，惠农助农形成合力 为保证挂、包、帮、扶措施得到有效落实，分公司以加强烤烟生产技术服务指导为核心，建立多部门、多岗位协调推进扶贫工作的工作机制。按照精准扶贫要求，以"政府＋公司＋专业合作社"的"三位一体"发展模式，多方形成扶贫工作合力，在人员配备、技术资金支持等方面加大帮扶倾斜力度。一是分公司充分发挥沟通协调作用，积极与市委、市政府协调解决农户补贴事宜和贴息贷款事宜，切实帮助农户解决生产投入资金不足的问题。二是加强督导推进，安排分公司烘烤师和烤烟生产技术室副主任定点联系指导三家寨村烟叶生产，确保责任落实到位、技术指导到位。三是专业合作社指派专人驻点指导，长期蹲守在扶贫挂钩工作一线，专门负责指导三家寨村烟叶生产全过程管理，深入一家一户跟踪指导，确保政策宣传到位、技术运用规范。

【主要成效】

1.档案式精益管理，烟农增收显成效 蒙自分公司2016年为重点帮扶对象兴隆村委会三家寨村的24户种烟农户编制了详尽的贫困烟农档案卡：三家寨村种植面积160亩，收购总量21 600公斤，收购金额74.90万元，户均交售收入3.12万元，亩产值4 681.25元。深入一家一户走访调查，贫困户档案卡详细地记录了贫困户的贫困情况、劳力情况，精益管理走进烟农，真正做到落实为精，见效为益。

2016年，蒙自市烤烟种植共涉及9个乡镇、33个村委会、4 050户种烟农户，种植面积4.26万亩。累计收购烟叶11.5万担，收购金额17 978.487万元，亩产值4 220.30元，户均收入44 391.33元，较2015年增加1 577.59元，均价31.27元，较2015年增加0.44元。其中，建档立卡贫困烟农1 123户，种植面积9 985亩，收购总量1 331 966公斤，收购金额4 212.80万元，户均交售收入3.75万元，亩产值4 219.13元。对1 123户贫困烟农均进行了详尽的数据统计，后期将进一步完善贫困户数据，将"档案式"精益管理深化推广。

2.支持硬件设施建设，生产条件改善显成效 蒙自分公司大力支持扶贫点烟叶生产基础设施建设。一是专门划拨10座卧式密集烤房建设指标到三家寨村。按照每座烤房4.5万元的建设标准，公司给予每座烤房3万元补助，共计补助30万元。剩余部分由合作社出资补贴。二是设施基建工作跟进及时。分公司多次组织基础设施建设管理人员，对三家寨村烤房群建设工作进行指导，积极跟进烤房群建设工期，并对工程是否符合施工标准进行检查，为后期烤烟烘烤提供硬件保障。三是大力支持贫困户住房建设。在三家寨村易地扶贫搬迁项目建设中，分公司拨款15万元作为三家寨村贫困户新房建设补助，进一步为贫困户减轻负担。

3.建立"脱贫不返贫"的长效机制，素质提升显成效 在扶贫工作中，蒙自分公司把工作重心放在打基础、强本领、立足长远、注重对贫困户的自我发展能力的培养，倡导扶贫工作由"扶持"向"扶植"转变，切实增强贫困地区的发展后劲，促进贫困地区发展的可持续性、稳定性和长期性。一是创新扶贫模式，通过"三位一体"扶贫机制，建立贫困户"脱贫不返贫"的长效机制，杜绝基层"摘帽不脱贫"的数字脱贫。政府、公司、专业合作社齐发力、齐作为，把原来的"输血式"帮扶转变为"造血式"帮扶。二是思想观念转变显著，"等靠要"等消极思想基本杜绝。通过把握精准要义，坚持"一户一策"的原则，抓好因人施策。充分尊重农户自己的意愿，使贫困户深入了解到党的精准扶贫政策、工作方针和措施，树立脱贫信心和决心。三是贫困户综合素质提升显著。"授人以鱼不如授人以渔"。蒙自分公司通过开展技术指导入户，手把手教会烟农技术要领，切实解决贫困户发展愿望强烈与发展能力不足之间的矛盾，实现生产技术推广全覆盖，全面提升烟农素质，打牢发展基础，促进精准扶贫工作向稳、准、好迈进。

4. **发挥产业优势，"以点带面"显成效**　蒙自分公司从做好烤烟种植产业规划着手，继续稳定扶贫区的烟叶种植面积，加大烤烟产业扶贫力度，充分发挥烤烟种植产业"短、平、快"的发展优势，带动贫困地区其他种植、养殖业发展。

【主要经验】

1. **精益管理走进烟农**　蒙自分公司科学运用精益思想，将精益思想贯穿方案部署、组织实施、监督考核的方方面面，创新型地引入"档案式"精益管理，为重点帮扶对象兴隆村委会三家寨村24户设立了详尽的扶贫档案卡，全面摸清贫困村基本情况，做到"一户一策"。

2. **创新扶贫机制**　通过"三位一体"扶贫机制，增强了内生动力，通过政府、公司、专业化合作社三方联动，发挥以帮扶促自强的联动作用。通过创新社会扶贫资源筹集、配置、使用、监管机制，形成扶贫工作合力。通过大力培育一批有文化、懂技术、会经营的新型职业烟农，提高贫困地区群众自力更生、增收致富的能力。

3. **积极探索烤烟产业扶贫"1+N"模式**　着力探索产业发展扶持到户、生产条件改善到户、致富能力提升到户的"1（专业合作社）+N（多种产业反哺）"产业带动扶贫新模式，充分发挥烤烟种植产业"短、平、快"优势，带动三家村发展非烟种植业和养殖业，使三家村迈开"双腿"走路，共同努力早日打赢脱贫攻坚战。

【综合点评】

此典型案例科学地引入精益思维，助力扶贫机制创新。为民之计当计之深远，扶贫不单要打赢攻坚战，还要为打好持久战未雨绸缪，瞄准临时性、突发性、相对性贫困。在下一步工作中，要将"档案式"精益化管理进行到底，用数据说话，进一步完善扶贫长效机制。

（联系人：钟源，联系电话：13887588434）

案例100

广东梅州大埔精准帮扶贫困烟农

【项目背景】

大埔县青溪镇下坪沙村，坐落于梅州市大埔县著名的革命老区青溪镇，地处大埔深处，是粤闽两省和梅县、永定、大埔三县的交界地。下坪沙村耕地少、山地多，以种植水稻、蜜柚等农作物为主，有烟叶种植传统。下坪沙村是青溪镇最大的种烟村，该村共有21个村民小组415户2 098人，全村共有耕地面积1 178.82亩，人均耕地面积0.56亩，以种植烤烟和粮食农作物为主。该村常年种植烤烟800多亩，种植烤烟是该村主要经济支柱，也是农民一年的主要经济来源。现年52岁的丁秋昌是大埔县青溪镇下坪沙村的一名普通农民，家庭有人口6人，有劳动能力人口4人，其父母因年老体弱而失去劳动能力，大的小孩毕业后无固定工作，小的小孩还在就读大学。该户在被帮扶前主要靠种些农作物赚点小钱，家庭无稳定生活来源，长期处于贫困状态。该村有很多都是像丁秋昌那样，缺乏技术、不懂经营、难上规模，所以村人均收入较低，是新一轮扶贫"双到"省级重点扶贫挂钩点。

【发展思路】

结合当前行业精准帮扶要求，计划通过动员丁秋昌加入烟农专业合作社，帮助他做好土地流转工作，扩大他的烟叶种植规模，对他烟叶生产技术指导，以提高烟叶产量及质量、增加全年收入、解决脱贫问题。实施步骤：

1. **动员加入烟农专业合作社** 烟农传统的烟叶生产管理模式相对粗放，人力成本投入较高。烟农专业合作社通过组织专人为社员提供专业化的育苗、机耕、植保、烘烤、分级服务，极大地提高了生产效率。因此，积极动员他加入专业合作社，一方面有助于缓解他的"可雇工量少"的压力，另一方面，也有助于减少他在生产成本上的投入。

2. **帮助扩大种植规模** 目前，许多烟区镇、村对农村土地流转认识不足，大部分的烟田土地流转还是以农户间的小规模自发流转为主，难以成片流转，导致一些懂生产、会管的种烟大户想扩大种植规模却租不到土地。因此县局（公司）积极与县政府沟通，建议县政府出面鼓励农户间进行土地流转，并给予土地流转的先进个人适当奖励。

3. **加强烟农技术培训与指导** 烟叶种植是一门技术活儿，如果没有良好的田间管理，将大大影响最后的烟叶产质量，进而直接影响烟农的增收。因此，在烟叶生产季节，县局（分公司）应当组织烟技员进村入户，对烟农进行烟叶大田种植管理技术指导。另外合作社还要经常组织烟农培训，邀请当地种烟能手分享种植经验，帮助烟农有效控制成本，切实解决烟农生产中遇到的困难。

4. 完善烟叶生产基础设施　烟叶生产基础设施建设是一项惠及当代、利及子孙的民心工程，不仅能带动社会经济和生态环境协调发展，还能树立烟草行业勇于担当、回报社会的良好形象。县局（分公司）要围绕建设"优质、特色、高效、生态、安全"烟草农业，以行业政策为导向，进一步加大资金投入力度，有计划地在各烟区、镇建设机耕路、沟渠、烤房及移动育苗大棚等烟叶基础设施。

5. 给予适当的扶持政策　一方面县局（分公司）应积极向市局（公司）提出建议，对能较好完成烤烟种植计划及收购任务的烟农给予适当奖励；另一方面，县局（分公司）要与县政府加强沟通协调，尽可能争取增大烟叶税返还烟农的力度，为烟农创造实实在在的优惠。

【主要做法】

局（分公司）接到扶贫"双到"工作任务后，深入村户调研，针对下坪沙村是烟区的实际情况，结合行业烟叶产业发展优势，对贫困户进行分类指导，科学制定脱贫规划，做到"一户一策"，强力实施精准扶贫。丁秋昌家就是实施"一户一策"中较为突出的受益者。

增强种烟信心，帮助他加入烟农合作社。丁秋昌在被帮扶前种植烟叶约5亩，虽说近年来烟叶收购价格稳定且有政府和烟草行业扶持，但碍于种植技术瓶颈，一直都未敢扩大种植规模。当了解到这一情况后，帮扶人员心中有数了，心想丁秋昌脱贫路子有了方向了。2013年下半年，驻村干部与丁秋昌深入详谈，动员丁秋昌申请加入大埔县烟叶种植农民专业合作社，为其学习、掌握烟叶生产技术提供平台，奠定其扩大种植烟叶规模的信心与技术能力。

加强工作协调，助他扩大烟叶种植规模。当年底，丁秋昌主动找到烟站长，想得到烟草部门的帮助，他想通过烟站和政府出面，帮忙他租赁更多村里的田块种烟，他想建立家庭农场，想种更多的烟。在烟草公司的积极指导下，丁秋昌先后通过土地流转，把村里20亩土地流转过来。在烟叶种植上他什么都听烟技员的，从机耕、育苗、施肥盖膜、移栽、培土、采收烘烤到分级扎把等环节有什么不懂的就给烟技员打电话，有时还会把驻村烟技员请到家里交流。那时每年种烟二十几亩，一亩纯收入几百元，全年下来也有近万元。

提供技术服务，解决生产遇到的问题。2015年，由于种植烤烟面积规模扩大、规范作业、精耕细作、烟叶质量好、在青溪烤烟种植行列中成效突出，丁秋昌成为大埔烟区通过土地流转发展规模化种植的典型烟农、种烟大户，现在他家里拖拉机、起垄机、培土机等烟叶生产农事操作工具一应俱全。丁秋昌最怕的就是烘烤烟叶，烟叶烘烤不好将直接影响他的种烟收入。为了减轻丁秋昌的烤烟压力，驻村干部充分发挥其自身技术优势为他授课辅导，并给予他参加专业化烘烤及分级的培训机会，让他改变传统的生产模式，掌握密集式烘烤技术。

加强基础建设，解决烤烟难的问题。在驻村干部、烟站驻区人员和烟农合作社的帮助下，2016年，根据丁秋昌的种烟需求，在他所在的青溪镇下坪沙村建了五座密集式烤房群，这些新式烤房采用智能化烘烤，使烤烟累、烤烟繁琐的难题得到破解。其实，对于种烟的农民来说，每棵烟都连着他的心，每片烟都含着他的汗水和心血！今年，当人们还沉浸在春节的喜庆之中，丁秋昌就组织人员开始了烟叶移栽，目前20亩烟叶长势喜人，那都是他从育苗到移栽，从起垄到盖膜，从中耕培土到现在的专业化植保，每个生产环节都严格按照规范作业所取得的成果。丁秋昌还说，现在烤烟长势良好并不代表着烤烟丰收，关键是要能否坚持到采收烘烤才行。

【主要成效】

县局（分公司）不但从烟叶产业上给予了丁秋昌大力帮扶，而且还从扶持新建密集式烤房、蜜柚种植、合作医疗、节日慰问等方面给予他物力、财力、心理上的支持，让他深受感动。近几年，种植烤烟为丁秋昌实现了脱贫致富，在10亩山坡地上的蜜柚将为他的致富路锦上添花，过上好日子的梦想已经实现。2015年，他共投入资金9万多元，收益了5万多元；2016年他又投入生产资金11万元，共收益了7万多元。他打心眼里感谢大埔烟草为他脱贫致富铺路。

【主要经验】

通过多方面的跟踪指导，现在的丁秋昌已成为该村的种烟大户、职业烟农，不但种烟技术好，而且已成为烟农专业合作社的机耕手、烘烤师。丁秋昌以自己的勤劳和集约经营的生产方式成了当地的种烟大户，2016年仅烤烟单项收入就达到了6.09万元；截至2016年年底帮扶结束，其家庭年人均纯收入已达到13 628元，是帮扶前的4倍多，实现稳定脱贫。

【综合点评】

本案例是梅州大埔烟草部门响应党中央精准扶贫的号召，利用烟叶产业政策结对帮扶贫困烟农脱贫致富的典型，曾在当地广泛宣传报道，具有一定的社会影响力，对贫困农民脱贫致富具有较强的示范带动作用，具有较强可操作性和可推广性。

（联系人：张锦粼，联系电话：13450715918）

图书在版编目（CIP）数据

烟农增收典型经验100例 / 中国烟叶公司编著. —
北京：中国农业出版社，2017.11
ISBN 978-7-109-23533-5

Ⅰ. ①烟… Ⅱ. ①中… Ⅲ. ①烟农－农民收入－收入
增长－研究－中国 Ⅳ. ①F323.8

中国版本图书馆CIP数据核字(2017)第280130号

中国农业出版社出版
（北京市朝阳区麦子店街18号楼）
（邮政编码 100125）
责任编辑 贾 彬

文字编辑 陈 瑁 贾 彬

中国农业出版社印刷厂印刷　　新华书店北京发行所发行
2017年11月第1版　　2017年11月北京第1次印刷

开本：787mm×1092mm　1/16　　印张：23.25
字数：620千字
定价：60.00元
（凡本版图书出现印刷、装订错误，请向出版社发行部调换）